WORK DESIGN

ワークデザイン

What Works:
Gender Equality by Design
Iris Bohnet

行動経済学でジェンダー格差を克服する

イリス・ボネット
池村千秋：訳
大竹文雄：解説

NTT出版

マイケルとドミニクとルカ、
そしてルースとポールとブリジットへ、
愛をこめて

WHAT WORKS
Gender Equality by Design
by Iris Bohnet

Published by arrangement with Harvard University Press
through The English Agency (Japan) Ltd.

WORK DESIGN（ワークデザイン）

行動経済学でジェンダー格差を克服する

第Ⅱ部　人事のデザイン

第Ⅲ部　職場と学校のデザイン

第Ⅳ部 ダイバーシティのデザイン

WORK DESIGN

行動経済学でジェンダー格差を克服する

序章　行動デザインの力

カーテンの向こうのバイオリン

1970年代後半、アメリカの5大オーケストラでは女性演奏家の割合がわずか5%にすぎなかった。しかし、いま一流オーケストラでは、演奏家の35%以上が女性だ。演奏の質も高い。この変化は、偶然の産物ではない。それは、「ブラインド・オーディション」が導入されてはじめて実現した。演奏家の採用試験で審査員と演奏家の間をカーテンなどで隔てて、誰が演奏しているか審査員に見えないようにするやり方のことだ。ボストン交響楽団を皮切りに、1970〜80年代にかけてアメリカの有力オーケストラの大半がこの方式を採用した。たいていは予備審査での導入だったが、女性演奏家が次の段階に進む確率は1・5倍上昇し、最終的に採用される割合も飛躍的に増えた。[*1]

本来、オーケストラの音楽監督が演奏家の採否を決める際は、フルートやトランペットやファゴットが奏でる音を基準に判断し、演奏家の人種や民族、性別は気にしないはずだ。しかし、現実は違う。ウィーン・フィルハーモニー管弦楽団には、1997年まで女性の演奏家が1人もいなかった。20世紀末と言えば、けっして遠い昔の話ではない。しかし、オーケストラの演奏家の採用を決める人たちは、団員が白人男性だけで構成されることにまったく問題を感じていなかった。おそらく、自分たちがバイアス（偏り）をもっているという認識もなかったのだろう。

この状況を変えるために、特別なテクノロジーは必要なかった。必要だったのは、問題についての認識と1枚のカーテン、そして1つの決断――選考プロセスをどのようにデザインするかという決断――だけだった。たった1枚のカーテンが採用候補者の母集団を一挙に2倍に拡大させ、素晴らしい演奏を可能にし、オーケストラの様相を一変させたのだ。しかし、なぜこんなに長い年月を要したのか？

図序-1を見てほしい。AのマスとBのマスを見比べて、どう感じただろう？

ほとんどの人は、Bのほうが Aよりも色が明るいと感じる。しかし、これは錯覚だ。あなたの脳は、目に入ったものにパターンを見いだそうとし、この模様をチェッカーボード模様（市松模様）と判断する。明るいマス目と暗いマス目が交互に並んでいるものと考えるのだ。また、あなたは無意識に円柱の影も考慮に入れる。つまり、影に惑わされて正しいパターン（チェッカーボード模様）を見間違わないようにしよう、明るいマス目を暗いと思い込まないようにしようと気をつける。その結果、Aが暗く、Bが明るいと判断する。しかし実際は、AもBも明るさは変わらない。両方とも色は同じだ。

次に、**図序-2**を見てほしい。チェッカーボードの上に2本の棒を置き、模様を分断してある。こうすると、Bをありのままに見られるようになり、Bの色が暗いとわかる。Bが特定のカテゴリーの規則性に従うと決めつける必要がなくなるからだ。2本の棒があなたをパターンに基づく思い込みから解放したのだ。1枚のカーテンがオーケストラの採用チームに起こしたのも、これと同じ現象だ。プロの音楽家は、演奏を評価するときに自分が視覚的要素に強く影響されていることを知ると、たいていショックを受ける。音楽コンテストの審査員たちは、意識レベルでは音楽的要素を

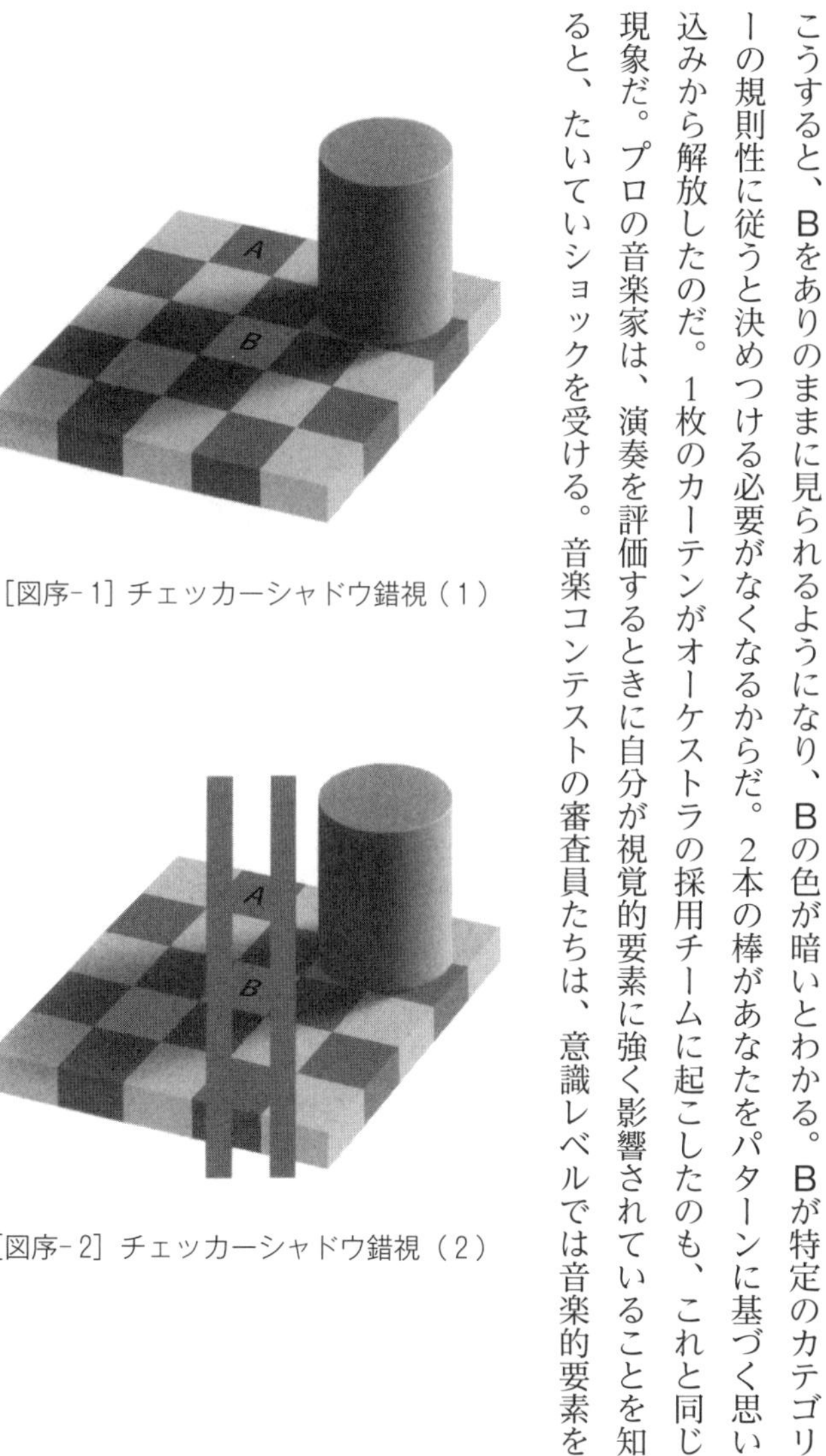

[図序-1] チェッカーシャドウ錯視(1)

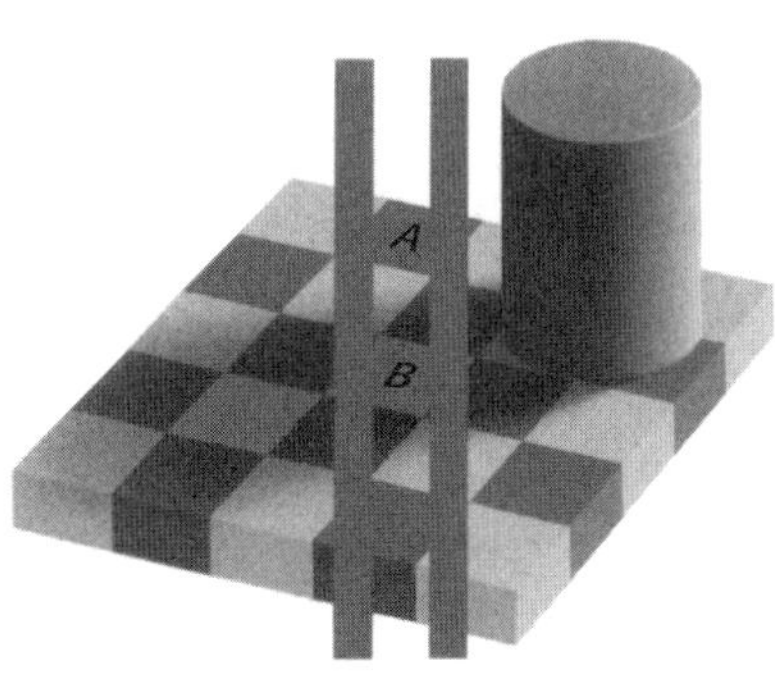

[図序-2] チェッカーシャドウ錯視(2)

中心に評価しているつもりでいるが、最近のいくつかの実験によると、実際には視覚的要素に大きく左右されることがわかっている。[*2]

事例をもう1つ紹介しよう。イスラエルの裁判所による仮釈放の判断について調べた研究がある。それによると、裁判官は昼休みの直後に仮釈放を認める傾向が非常に強い。これは、空腹や疲労、集中力の消耗、そして「デザイン」が意図せずに影響した結果だ。休憩直前の裁判官は、現状維持という安易な結論に走り、仮釈放を認めない場合が多い。それに対し、休憩後はもっとじっくり検討する。裁判官の休憩のタイミングと回数——これも1つのデザインだ——が思いがけない影響を及ぼしているのだ。悪いデザインは悪い結果を生む。この点は、意識的に選択されたデザインであろうと、意識せずに選択されたデザインであろうと同じことだ。バイアスは、私たちの頭の中に根を張っているだけでなく、制度や慣行にも根を張っている。この点に着目すると、バイアスを取り除けるという希望が出てくる。[*3]

行動経済学のアプローチ

本書の目的は、読者に好ましいデザインを提案することだ。バイアスの影響を受けずにいられない私たちの脳がものごとを正しく認識できるように、適切な手助けをするためのデザインを紹介したい。学術的な研究成果を活用すれば、私たちが生活し、学習し、仕事をする環境を変えることができる。本書では、一向に解消せず、莫大な経済損失を生み出しているジェンダーの不平等を主なテーマにするが、以下で示す提案は、ジェンダー関連に限らず、さまざまな局面での意思決定と行動に関する膨大な研究を土台にしている。

人は間違いを犯すものだ。頻繁に、そして多くの場合は自分でも気づかずに間違いを犯す。この状況があらゆる人の幸せを減退させている。この問題に対して、本書では行動経済学のアプローチによる解決策を示したい。実技試験の会場にカーテンを設置したり、裁判官の休憩時間を増やしたりというような方法論をいくつも提案する。すべて、人間の精神に関する研究に基づいたものだ。読者のみなさんには、ぜひ行動デザインを試してほしい。このアプローチは簡単だし、たいていはコストもあまりかからず、誰もが平等な条件で才能を開花できる環境をつくり出せる。

人が目的を達成するための環境をつくるという点では、行動デザインの設計者も、インテリアデザイナーや都市空間デザイナーと変わらない。何を目的とするかは決めないが、目的を実現する手助けができるのだ。行動デザインは、リチャード・セイラーとキャス・サンスティーンの画期的な著作『実践 行動経済学』（邦訳・日経BP社）で「選択アーキテクチャー」と呼ばれているもので、法規制やインセンティブ制度を上回る効果が期待できる。法規制やインセンティブ制度が今後も重要な役割を果たすことは間違いないが、それらがうまく機能する場合ばかりではない。デンマーク国民の行動に関する４１００万点のデータがそれを実証している。貯蓄を奨励するためのインセンティブ制度として税優遇措置が設けられたが、貯蓄はほとんど増えなかったのだ。

この種の制度が効果を発揮するためには、人々がそれに反応して行動を起こす必要がある。しかし、85％のデンマーク国民は行動を変えなかった。それに対し、行動デザインは、人々がインセンティブに反応することを当てにせず、人々が自動的に望ましい行動を取るように仕向ける。たとえば、企業で働く人たちが自動的に年金積立金を増やすような仕組みをつくる。私たちは、自分自身や組織や世界のためにいつも好ましい行動を取るとは限らない。ときには、軽く背中を押してもらう必要があるのだ。[*4]

たった1枚のカーテンがアメリカのオーケストラの様相を一変させ、採用候補者の母集団を（男性だけから男女両方へと）2倍に拡大させた。人口の50％ではなく、100％のなかから団員を選べることは、団員（と演奏）の質を向上させ、オーケストラのビジネスにも好影響をもたらす。同様の効果は、オーケストラ以外の組織にも期待できる。一方、裁判官に適切なタイミングで休憩を与えれば、より正確で公正な判断を促せることもわかった。メリットは、ビジネス面だけにとどまらないのだ。行動デザインは、道徳の面でも好ましい結果を生み出せる可能性をもっている。

デザインの影響をまったく受けない世界はありえない。企業などの組織は、新しいメンバーを探して選抜する仕組みの設計、すなわちデザインを決めなくてはならない。求人のメッセージをどのような内容にし、それをどこで告知し、応募者をどのように吟味して、どのように絞り込み、どのように面接をおこない、どのように合格者を決めるか――これらはすべて「選択アーキテクチャー」の一部だ。そのデザインは、慎重に決めたほうがいい。デザインの質が高まれば、優れた人材を採用できる確率が高まるからだ。

本書では、そのための具体的な方法を紹介する。たとえば、私たちの研究によると、採用担当者に複数の候補者を比較して評価をくだすように求めた場合、性別などの属性に基づく先入観に左右されずに、一人ひとりの資質を評価しやすくなるとわかっている。ほかの候補者と比較して判断できるので、自分の内面にある先入観という物差しを持ち出す必要がないのだ。私はハーバード大学ケネディ行政大学院の学部長を務めたとき、教員の採用と昇進に関して、この方法や本書で紹介するそのほかの方法を導入した。

重要なことなので繰り返すが、私たちの社会にデザインと無縁の場はない。私たちはつねに、情報の示し方や面接の仕方、職場のチームの築き方などを選択し、その選択の結果に日々さらされている。たとえば、企業年金を「オプト・イン方式」（参加の意思表示をしない人は全員不参加）にするか、「オプト・アウト方式」（不参加の意思表示をしない人は全員参加）にするかによって、人々が退職後に潤沢な生活資金を手にできるかが決まる場合もある。企業がどのように人材の採用・昇進を決めるかによって、業績が左右されることもありうる。

私たちは、デザインを変えることにより、ものごとの結果を変えることができる。好ましいデザインは、人々の背中を軽く押すことにより、好ましい結果を生み出せる。具体的には、好ましくない行動を生んでいる根本原因をあぶり出し、それを改めるのに適したデザインを考えればいい。ただし、悪い行動を生む原因に関しては、1つのやっかいな現実を認めなくてはならない。それは、人は誰もバイアスと無縁ではないという現実だ。

人は誰もバイアスと無縁ではない

数年前のある日、私は自分の職場であるハーバード大学の保育所にはじめて子どもを連れていった。幼い息子を抱っこした私は、不安でいっぱいだった。はじめて子どもを預ける親は、誰でもそういうものだろう。保育所に到着した瞬間、そんな私の目に飛び込んできたのは、男性保育士の姿だった。回れ右して引き返したくなった。いちばん大切な宝物である息子を男性に委ねるなんて、とんでもない！　男性保育士は、私がいだいていた「親切で優しい保育士さん」のイメージと違ったのだ。このときの私の反応は、じっくり考えた結果ではなく、腹の底の深い部分に根差した本能のようなものだった。私は性差別主義者なのだろうか？　おそらく、それは否定できない。

幸い、私はバイアスに満ちた反射的な拒絶感を乗り越えて、息子を託すことができた。結局、その男性は素晴らしい保育士で、私は全幅の信頼を置くようになった。しかし、あのときにいだいた拒絶感を思い出すと、いまでも後ろめたい気持ちになる。アメリカでは、小学校教師に占める男性の割合は約10～20%どまり。世界の多くの国も似たような状況だ。数少ない男性教師たちは、きわめて不利な状況に置かれている。かつてオーケストラの団員がそうだったように、小学校教師に関しても活用されていない人材が大勢いるらしい。この点は、社会にとっても大きな問題だ。

経済協力開発機構（ＯＥＣＤ）の２０１５年の調査によると、15歳の男の子は、同じ年齢の女の子に比べると、読解と数学と科学の基礎学力を欠いている子の割合が１・５倍に達する。男性教師という身近なロールモデル（お手本になる人物）がいれば、男の子は、自分も勉強すれば学べるのだと知り、勉強することに意義を見いだせるかもしれない。みずからの目で実例を見ることの効果はきわめて大きい。

ステレオタイプ（類型化された先入観）は、経験則を導き出す材料になる。しかし、経験則による判断は、手っ取り早く情報を処理するには好都合だが、間違っていることが珍しくない。それに、「世界がどうなっているか」というステレオタイプは、しばしば「世界がどうあるべきか」という話にすり替わってしまう。多くの心理学の研究から明らかなように、私たちはどうしてもほかの人たち（やその他の対象）をカテゴリーわけせずにいられない。そして、ほとんどの場合、私たちが特定の人種や性別に対してどのように考えるかは、意識的な思考を経ずに決まる。ある人物の性別を知ると、自動的にジェンダーに関するバイアスが作動し、意図せずして暗黙の差別に陥ってしまうのだ。[*5]

行動デザインを活用すれば、女性の音楽家や男性の保育士など、すべての人のために平等なチャンスをつくり出せる。現状では、ちょっとしたことで好ましい結果を得られるのに、それが実現していないケースが少なくない。それは、私たちが悪い意図で行動しているからというより、私たちの精神につきものの「不具合」によって判断を曇らされているせいだ。その点、優れたデザインは、問題の解決に効果を発揮する場合が多い。平等の実現、教育や保健の充実、人々の自己決定権の強化、そして仕事と家庭の両立支援などの分野では、これまでもさまざまなアプローチが試みられてきた。行動デザインは、これらのテーマで社会が変革を実現するための新しい道具になりうる。

平等はビジネスと経済にもプラスになる

ジェンダーの平等がビジネスに好影響を及ぼすという研究結果は、続々と報告されている。しかし、どのくらいの経済的恩恵があるかを断言することは難しい。採用選考などの意思決定プロセスに欠陥があれば、効果は限られるからだ。オーディション会場へのカーテンの導入がオーケストラに恩恵をもたらしたのは、それによって最も優秀な演奏家を選び、最高のチームを築けたからだろう。女性の割合が増えたのは、あくまでも実力本位の選抜が実現した結果だったのだ。

これは細かいことかもしれないが、見落とされがちな点だ。企業の取締役会における女性の割合が業績に直結するかどうかは、取締役（男女両方）の選考方法、取締役会の組織形態、議論や意思決定のやり方などにも影響される。ジェンダーの平等を単なる数合わせの問題と考えてはならない。数字はもちろん大事だが、どのように具体的な人選をおこない、選ばれた人たちが互いにどのようにかかわり合うかのほうがおそらくもっと重要だ。

しかし、こうした留保をしたうえで言えば、ジェンダーの平等がビジネスに好影響を及ぼすというデータが蓄積されてきている。たとえば、１９６０年から２００８年にかけてのアメリカ経済に関する研究がある。それによると、労働市場で性別や人種の壁が低くなった結果、より適材適所の人材登用が可能になり、労働者の生産性が15～20%上昇したという。１９６０年、アメリカの医師と弁護士は、94%が白人男性だった。しかし、状況は大きく変わった。２００８年には、医師と弁護士に占める白人男性の割合は62％まで下がっている。このように、白人男性だけでなく、女性やアフリカ系、アジア系、中南米系、アメリカ先住民系の人たちも機会を得られるようになったことは、経済的にも好ましい結果をもたらしている。[*6]

女性にとって平等な環境をつくり、職をもつ女性を増やすことは、多くの国で経済的な必須課題になっている。たとえば、日本では２０１１年の時点で男性の労働参加率が84％なのに対し、女性は63％にすぎない。ＯＥＣＤの推計によれば、この状況を放置し、女性の労働参加率を引き上げられなければ、向こう20年間で日本の労働力人口は10％以上減ってしまう。しかし、この面での男女格差を解消できれば、国内総生産（ＧＤＰ）が20年間で１・２倍近く上昇するという。これは日本だけの話ではない。経済活動への女性の参加を増やすことが大きな経済的恩恵をもたらすというのは、ドイツ、イタリア、シンガポール、韓国、スペインなど、出生率の低い国全般で言えることだ。[*7]

労働市場から女性が完全に排除されたと仮定してシミュレーションをおこなうと、すべての人の１人当たり所得が40％近く減る計算になる。国際労働機関（ＩＬＯ）の１２６カ国のデータをもとに、地域別に労働参加率の男女格差（データが手に入る場合は、雇用されずに働いている人の割合、および所得の男女格差も調べた）を算出したところ、この格差によって１人当たりの所得が押し下げられている割合は中東・北アフリカ圏が最も高く、27％に達している。多くの国で教育の男女格差が逆転し、大学卒業者の数で女性が男性を上回るようになったことで、この問題はますます見過ごせなくなっている。たとえばアメリカでは、１９８０年代半ば以降は大卒者の過半数を女性が占めており、21世紀初頭の時点でその割合は60％近くに達している。

女性の労働参加率の上昇がＧＤＰにどのような影響を及ぼすかについては、エコノミストの間でも意見がわかれている。しかし、少なくとも、国際通貨基金（ＩＭＦ）のクリスティーナ・ラガルド専務理事の指摘は間違っていないだろう。ラガルドはこう述べている。「女性を排除することは、経済的に考えれば理屈に合わない。女性の参加は、21世紀のグローバル経済に計り知れない恩恵をもたらす[*8]」

一方、ミクロのレベルでも、女性のほうが男性よりも生産的にお金を使うことを示す事例がある。たとえば、アフリカのコートジボワールには、「男の作物」と「女の作物」という考え方がある。男性は、コーヒー、カカオ、パイナップルなどを、女性は、バナナ、プランテン（バナナに似た作物）、ココナッツ、野菜などを育てるのだ。研究によると、男の作物が豊作だった年は、アルコールやタバコに多くの金が費やされるのに対し、女性の作物が豊作だった年は、食料に費やされる金が増えるという。

アメリカでおこなわれたラボ実験でも、さまざまな課題についてグループの「集団としての知性」を調べたところ、女性がメンバーにいるかどうかで結果に違いがあった。男性だけのチームや女性だけのチームより、男女混合チームのスコアが高かったのである。ここで注目すべきなのは、グループの「集団としての知性」とメンバーの個人単位の知性の間に、ごく緩やかな関連性しか存在しなかったことだ。ジェンダーの多様性があるチームは、個の総和以上の成果を達成する場合があるのだ[*9]。

ただし、ジェンダーの平等がビジネスに好ましい影響を及ぼすというマクロレベルとミクロレベルのデータがあるといっても、平等を確保すればかならず経済面の効果が生まれるわけではない。したがって、ジェンダーの平等を訴える主張の最大の根拠は、道徳的な理由に求めるべきである。平等を実現するのは道徳的に正しいことだ。この点は議論の余地がない。[*10]

命にかかわる問題

不適切な状態を容認することはできない。極端な場合は、人の生死にもかかわるからだ。国連の推計によれば、女児の堕胎と間引き、5歳までの育児放棄、性別が原因の暴力、そして性差別によって命を奪われている女性や女児は2億人に上る。このように特定の性別の人たちが命を奪われている状況、言ってみれば「ジェンダー大量殺戮」は、人類史上最悪の人権上の悲劇と言えるかもしれない。もし今日のアメリカからこれだけの数の女性が消滅すると、アメリカは男性だけの国になってしまう。ジャーナリストのニコラス・クリストフとシェリル・ウーダンによれば、2億人という数字は、20世紀に起きたすべての戦争における戦場での男性の死者数を上回る。

こうしたジェンダー大量殺戮は、それ自体も十分におぞましいが、それがもたらす余波も大きい。中国社会科学院が2010年1月に発表した予測によると、2020年には中国の男性の5人に1人が結婚相手を見つけられなくなる。結婚相手にあぶれる若い男性は、3000万~4000万人に達する見通しだという。これは、アメリカの若い男性の人口に匹敵する数字だ。一般に、女性不足が起きると、年齢の低い女性まで結婚市場に取り込まれる傾向がある。そうなると、女性の教育機会や経済的機会が阻害されるほか、少女の人身取引、ドメスティック・バイオレンス（DV）、「名誉殺人」などの犯罪も増える。[*11]

問題の手ごわさに途方に暮れる人も多いが、ハーバード大学ケネディ行政大学院在籍時に私の同僚でもあったペンシルベニア大学ウォートン・ビジネススクールのロバート・ジェンセンは、素晴らしい実験を考案した。インドの農村部で女性の経済的可能性について周知すると、娘に対する親たちの接し方がどう変わるかを調べる実験だ。

1990年代のインドでは、企業の業務プロセス（コールセンター業務など）の外部委託を受注するビジネスが急成長を遂げ、とくに女性の雇用が大量に生まれていた。ジェンセンはある人材仲介会社の協力を得て、無作為に選んだ3つの村で3年間にわたり女性向けの求人をおこなった。そして、これらの村とほかの似たような村の間で女性の就労率に違いが生じたかを調べた。また、それが娘に対する親たちの姿勢に影響を及ぼしたかも調べた。すると、求人をおこなった村では、女性の就労率が大幅に高まった（男性の就労率への影響はなかった）。しかも、それらの村では、5〜15歳の女の子の健康状態も際立って改善し、就学率も大きく上昇した。

コールセンターで働く女性たちを目の当たりにすることで、親たちは娘の未来について新しいシナリオを思い描けるようになったのだ。新たにコールセンターで働きはじめた女性の割合はごくわずかだったが（実験前に比べて2・4パーセンテージポイントの増加）、このささやかな可能性ですら、親たちの思い込みを揺さぶり、女性がもつ可能性に関する固定観念を変えさせる効果があったのである。[*12]

行動デザインは、アメリカ東海岸のハーバード大学で教員採用のあり方を変え、インドのニューデリー郊外の農村で旧来の固定観念を覆すロールモデルをつくり出した。本書で紹介するような発見が人々の人生、そしてさまざまな組織と世界を改善する助けになっている例は、ほかにもたくさんある。しかし、こうしたことを実践するのはあまりに難しいと感じるかもしれない。利害関係がぶつかり合ったり、トレードオフの問題が生じたりする場合があることは、私も否定しない。誰かが得をすればほかの誰かがかならず損をする「ゼロサムゲーム」になるケースもあるだろう。しかし、誰もが得をするケースも少なからずある。

行動デザインは、勝敗を争うチェスより、力を合わせて高いパフォーマンスを目指すダンスに似ている。このアプローチを用いれば、インドの村で男の子の状況を悪化させずに、女の子の健康や教育を改善し、女の子たちの機会を増やすことができる。また、組織がステレオタイプではなく、個人の能力や資質を見て採用選考をおこなうようになれば、組織の成果と平等性を両方とも高められる。

新しいことを試し、失敗から学ぶ

ところで、デザインの有効性は、どのように判断すればいいのか？　そのためには、さまざまな戦略を試し、効果を比較すればいい。具体的には、新薬の評価と同じような方法を用いる。新薬の臨床試験のように、人や学校や村を無作為に選び、試したい措置の対象となる「介入グループ」と、比較対照するための「比較グループ」にわけて実験するのだ。2つのグループを無作為に選ぶのは、実験で試す措置以外はほぼ同様のグループを比較することにより、実験後にあらわれる違いがその措置の影響とみなせるようにするためだ。本書で紹介するデータの多くも、このような「ランダム化比較試験（RCT）」を通じて得られたものである。この手法を用いることで、特定のデザインと結果の間の因果関係を明らかにできる。

こうした実験は次第に広がりはじめている。政府が政策を決定するに当たり、社会科学者の力を借りて政策の有効性を事前に分析させるケースも増えた。企業も最新のテクノロジーとソーシャルメディアを駆使し、マーケティング戦略や人事手法の効果をテストするようになっている。NGOも科学的にしっかりした実験をおこない、ホームレス状態に陥る人や犯罪を繰り返す人を減らすための最も有効な方法を探すようになった。それでも、まだ十分でない。あらゆる局面で、新しいことを試し、失敗から学べるような環境をつくる必要がある。

しかし、新しいことを試して失敗することへの恐怖心は大きい。それが原因で新しい試みに踏み出せない人も多い。私はこの問題を軽く考えすぎていた。研究者として「学ぶこと」を仕事にしている私は、誰もが過去の失敗をあぶり出して意思決定の質を向上させることを望んでいると思い込んでいた。現実には、過去の誤りを認めることが大きなリスクをともなう組織もある。そのような組織では、CEOや社長が失敗を明らかにして新しいアイデアを試すことに前向きだったとしても、社内の各層のマネジャーたちはリスクを恐れて行動できない可能性がある。この落とし穴にはまらないために、政府や企業は、実験のための安全な場をつくり、失敗から学習できるようにすべきだ。

本書では、新しいアイデアをいくつも紹介する。ほとんどはジェンダーにかかわるものだが、それ以外の分野の研究成果も取り上げている。ジェンダー以外の面で平等を実現するために有効なデザインは、男女が同じ条件で競争する道を開くためにも有効な場合があるからだ。ただし、ジェンダーの平等を目指すために、アメリカの人種問題やインドのカースト問題についての研究から学ぶべきだとはいっても、あらゆる知見がすべての局面にそのまま当てはまるわけではない。ある分野での実験結果を参考にして、別の分野で同様のデザインの有効性を実験してみるという発想をもつべきだ。

人種問題とジェンダー問題についてはメディアの関心も高いが、さまざまな社会的属性の相互作用に関してはわかっていないことが多い。たとえば、白人女性のデータがアフリカ系、アジア系、中南米系、アメリカ先住民系の女性にどの程度当てはまるかは、あまり明らかになっていない。男性の学業成績の不振とその解決策についての研究も、まだ始まったばかりだ。

2015年春、エコノミスト誌はジェンダー、教育、雇用に関する特集記事を掲載し、多くの国で学力の低い男性たちが直面している逆境に光を当てた。このような男性たちは、学校だけでなく、仕事の世界や社会全般でも後れを取っている。こうした状況に対処するために「文化を改める」べきだと、同誌は主張した。「男性たちは、昔ながらの肉体労働の雇用がもう戻ってこないことを理解すべきだ。看護師や美容師の仕事に就いたとしても、男らしさを失うわけではないと考える必要がある[*13]」

バイアスを克服するためのデザイン

バイアスは、ジェンダーや人種、民族、国籍、階級、カーストなどのステレオタイプに反する人たちを不利な立場に追いやる。シミュレーションによれば、ある集団に対するバイアスが成績評価にわずかでも影響すると、その集団が組織の最上層に占める割合にきわめて大きな影響が及ぶ。典型的なピラミッド型組織の企業を考えてみよう。一握りの人しか最上層に到達できないような組織だ。あるシミュレーションでは、ほかの条件がすべて同じだと仮定した場合、バイアスの影響で社員評価のスコアが1％でも歪めば、女性が最上層に占める割合は35％にとどまる。バイアスがまったくなければ、この割合は50％になるという。[*14]

直感のままに行動すると、悪い結果を招く場合がある。本書の第I部では、この点をさらに掘り下げ、問題についての理解を深めたい。なぜ、ジェンダーに関するバイアスが蔓延しているのか、なぜ、研修だけでそれを克服することが難しいのかを明らかにする。女性が仕事の世界をうまく渡っていき、もっと上手に競争し、強く自己主張し、戦略的にリーダーシップを振るえるように支援する取り組みの有効性も論じる。フェイスブックのシェリル・サンドバーグはその著書で、女性が「リーン・インする（前に踏み出す）」方法を学び、そのような行動を取るべき局面を知ることの重要性を雄弁に訴えた。しかし、女性の能力を開花させるための取り組みについて調べた研究によれば、女性がすべて自力で実践することは不可能らしい。[*15]

第Ⅱ部以降は、行動デザインによる問題解決策を論じる。第Ⅱ部では、新しい人事デザインの方法を紹介したい。第Ⅰ部に続いて、エビデンス（科学的根拠）の重要性を強調するが、それに加えてデータ収集の改善とビッグデータの活用を訴える。ビッグデータの新しい活用法の1つが「ピープル・アナリティクス（人材分析）」だ。ある求職者が採用後1年以内に退職する確率がどのくらいかは、その人物に精巧なテストや面接を受けさせるより、過去の退職者と残留者のデータを分析したほうがよくわかると、このアプローチの支持者は主張する。

直感や非公式の人脈、昔ながらの経験則などの代わりに、計量可能なデータの徹底的な分析を重んじることは、ジェンダー・バイアスを乗り越える第一歩でもある。クレディ・スイス、ゴールドマン・サックス、グーグル、リンクトイン、マイクロソフト、ティーチ・フォー・アメリカなど、成功を収めている営利企業や非営利組織のなかには、財務部門やマーケティング部門と同様の方法で、つまりエビデンス重視で人事部門を運営する組織が増えている。人事部門を「ピープル・アナリティクス部門」と呼ぶ組織もあらわれた。[*16]

組織でジェンダーの不平等を解消するためには、その組織に加わることを検討する人たちに向けて発するメッセージにも気を配る必要がある。いま、あなたの組織は望ましい人材を引きつけられているか？　どのような人たちを引き寄せ、どのような人たちを遠ざけているか？　求人広告のあり方や、職務内容の説明の仕方、社員に求める資質の描き方などに、ジェンダー・バイアスが影響していないか？　教育機関なら、多様な学生・生徒を呼び込めているか？　意識的もしくは無意識的に特定の集団の応募を阻害していないか？

競争や不確実性に対してどのくらい前向きかの度合いには、男女間で違いがある。また、男女はそれぞれ、特定の教科や分野、職種への適性について、性別による「自己ステレオタイプ」をいだく場合も多い。こうしたことを理解すれば、募集告知を通じて発するシグナルに注意を払い、誰もが「自分の応募が歓迎されている」と感じられるように工夫できるだろう。

実行できる対策はほかにもある。第Ⅲ部では、私たちの生活や教育や仕事の場を点検し、意図せざるバイアスが入り込んでいないかを考える。学校やオフィスの廊下に飾られている歴代のリーダーたちの肖像がことごとく男性だったりしないだろうか？　こうしたことは、社員や学生がみずからの能力についてどう考えるかに影響を及ぼす。自己ステレオタイプは、ごく些細なことをきっかけに頭をもたげる場合もある。テストの受験者が解答前にみずからの性別や人種を申告させられるだけでも、影響が生じかねない。アジア系のほうが白人より数学が得意だとか、女の子のほうが男の子より読解と作文が得意だというステレオタイプが、現実の結果に反映されてしまうのだ。だから、環境からバイアスを取り除く必要がある。

人事のあり方を見直したり、学校や職場の環境を変えたりするだけでなく、行動科学の知見は、ダイバーシティの成功を後押しするためにも利用できる。第Ⅳ部では、異なる社会集団の人たちと接触することにより、ステレオタイプに基づく思い込みを修正し、集団間の協力を促せることを示す。ただし、すべての集団が等しい条件に置かれているわけではない。そこで、チーム内に少数派の集団の人を一定数以上、いわば「閾値」以上含めることが不可欠だ。また、いくつかのデザイン上の原則に基づいて人々のかかわり方と意思決定のルールを定めることも好結果をもたらす。つまり、「正しい人数」と「正しい手順」を選択することにより、チームの成果を改善できるのだ。

本書では、このような行動デザインにより、教室や取締役会のあり方、テストや成績評価の方法、採用・昇進の決定方法、政策決定と意思決定の手法を改善するためのツールや方法論を示していく。多くは比較的容易に実践できるもので、ほとんどは実験によるエビデンスを土台にしている。そうした研究を紹介することを通じて、ときには小さな変革が目を見張るような違いを生むことを明らかにしたい。たとえば、ビッグデータを活用すれば、どこに問題があり、何を修正すべきかを知る手がかりを得られる。また、採用選考時に候補者の素性を隠して評価したり、ほかの候補者と比較して評価したりすれば、うわべだけ立派な人物ではなく、真に最も優れた人物を採用できる。そして、適切なロールモデルを用意できれば、人々がみずからの可能性をどのように考えるかを変えることができる。

効果が実証されている方法論を用いれば、行動デザインによって、よりよく、より公正な組織と社会を築くことができるのだ。ジェンダー関連のあらゆる問題を解決できると言うつもりはない。それでも、変化を生み出す効果はある。しかも、多くの場合は、驚くほど小さなコストで、驚くほど速いペースで変化を起こせる。

第 I 部

問題

第1章 無意識のバイアスはいたるところに潜んでいる

「ハイディ」と「ハワード」

ハワード・ロイゼンという男性を紹介しよう。元起業家で現在はベンチャーキャピタリストとして活躍しており、人脈豊富な人物だ。多くのビジネススクールで採用されているケーススタディでは、ハワードがシリコンバレーの重要人物にのし上がったプロセスが描かれている。テクノロジー企業を共同創業して大成功に導いたのち、アップルの幹部を務め、ベンチャーキャピタリストに転身した。最近は、いくつかの有名企業の取締役にも名を連ねている。マイクロソフトのビル・ゲイツとは友人で、アップルの故スティーブ・ジョブズとも親しかった。人脈の広さは、シリコンバレーでも指折りだ。

あるビジネススクールで学生たちに資料を読ませ、ハワードに対する評価を尋ねた。すると学生たちは、ハワードが非常に有能で、高い成果を上げていると評価した。そして、好感がもてて、部下として採用したい、あるいは一緒に働きたいと答えた。

しかし、この話には続きがある。実は、このような経歴をもつハワードという男性は実在しない。この人物の本当の名前はハイディ、つまり女性だ。別の学生たちに、実在のハイディ・ロイゼン——架空の人物であるハワードとまったく同じ経歴をもっていて、性別だけが違う——のケーススタディを読ませて評価させると、ハイディはハワードと同じくらい能力と成果を高く評価された。しかし、彼女はハワードのようには好感をいだかれず、一緒に仕事をしたいと思ってもらえなかった。ビジネスで目覚ましい成功を収めているのに、である。

ハイディ・ロイゼンのケーススタディは、2000年に私の友人でもあるハーバード・ビジネススクールのキャスリーン・マギンによって執筆された。ねらいは、成功している起業家がどのように私的な人間関係と職業上の人脈を築いているかを示すことだった。その数年後、私はある研究セミナーでこのケーススタディと再会した。そのとき研究発表をおこなった2人の研究者は、実験で学生の半分にマギンの執筆したケーススタディを読ませた。ハイディの名前をそのまま用いた資料だ。残り半分の学生には、まったく同じ内容のケーススタディを主人公の名前だけハワードに差し替えたものを読ませた。これにより、学生たちがハイディとハワードに対していだく評価の違いを浮き彫りにできたのである。*1

能力と好感度のトレードオフ

多くのビジネススクールの授業で同じ実験がおこなわれてきた。学生たちにみずからのジェンダー・バイアスを認識させることが目的だ。この実験を経験した学生たちは、自分が頭の中でいだいている「リーダーの典型像」が男性だったことに気づく。女性であるハイディは、そのイメージに合致しない。そのため、「有能で、感じもいい」ことはありえないと思われてしまう。男性なら、立派な起業家精神、称賛に値する自信、スケールの大きなビジョンとして評価される要素も、女性の場合は、高慢で出しゃばりとみなされる。

これは、女性にとって袋小路の状況だ。「女性は他人の世話をするもの」というステレオタイプに従って行動すれば、好感をもってはもらえるが、敬意をいだかれない場合が多いのだ。さまざまな研究により、女性たちが能力と好感度のトレードオフに直面していることが明らかになっている。「男の仕事」というステレオタイプをもたれている分野で活動する女性たちは、採用、給料決定、昇進など、ことあるごとに逆風にさらされる。

心理学者によれば、このような否定的な反応が生まれるのは、女性とはどういうものか、女性はどうあるべきかというステレオタイプ（言い換えれば、女性に期待される性別役割）と、典型的な「男の仕事」で成功するために必要と思われている資質が衝突するからだ。ハイディのような女性は、「男の仕事」で成功できることを実証すれば、「理想の女性像」についての暗黙の固定観念に抵触する。要するに、女性に関する社会規範から逸脱してしまうのだ。人は、規範を破る人物を魅力的とは感じない。規範を破る女性は、社会的な代償を払わされることになる。[*2]

このテーマに関する研究の大半は、アメリカの白人男性と白人女性を対象におこなわれてきた。同じ力学がほかの人種や民族にも作用するかは、あまり研究されていない。多様な環境での再現実験がなされておらず、これまでに得られている知見の多くは、少数のサンプルに基づく実験結果にとどまっている。このような実験結果の解釈には注意が必要だ。アメリカの白人女性に科される「主体性へのペナルティ」は、アメリカのアフリカ系、アジア系、中南米系、先住民系の女性にも科されるのか？

包括的な研究は存在しないが、アフリカ系アメリカ人女性に関しては、ロバート・リビングストンらの研究がある。それによると、アフリカ系アメリカ人女性は、典型的な女性とも典型的なアフリカ系アメリカ人とも みなされていないようだ。では、アフリカ系アメリカ人女性は、白人女性に対するジェンダーのステレオタイプの一部を逃れられるのか？

実験によると、アフリカ系アメリカ人女性は、共同性より支配性を前面に押し出しても、白人女性のような反発を買わない。それに対し、支配性を示すアフリカ系アメリカ人男性にはペナルティが科される。これは、白人のアメリカ人男性には見られない現象だ（アフリカ系アメリカ人男性は、周囲に威圧感を与えないほうが得をする。アメリカでは、温かみと柔らかさを感じさせる外見をもっていることは、アフリカ系アメリカ人男性のＣＥＯにとっては強みになるが、白人男性のＣＥＯにとっては逆に弱点になる）。

この発見は、いわゆる「二重の危険」の考え方を否定するものと言える。二重の危険とは、複数の「従属的アイデンティティ」の持ち主（たとえば、アフリカ系アメリカ人女性）は、それが1種類だけの人（たとえば、アフリカ系アメリカ人男性や白人女性）よりも厳しい偏見にさらされるという考え方のことだ。

人がもっている複数のアイデンティティの影響は、単純に累積するのではなく、さまざまな形で互いに作用し合っているらしい。その相互作用については、まだ研究が始まったばかりだ。たとえば、人のジェンダー面の人物像は、生物学上のジェンダーと、人種のジェンダー（それぞれの人種に対する「男性的」「女性的」というイメージ）によって形成されると、エリカ・ホールらの研究は指摘している。ホールらによれば、ある職種にどのような人物が「ふさわしい」とみなされるかを真に理解するためには、こうしたジェンダー面の人物像も考慮に入れる必要があるという。[*3]

ステレオタイプに反する仕事

ジェンダーに関するステレオタイプは、ある程度まではあらゆる文化に共通する部分があるようだ。多くの文化では、地位の高い社会的集団に属する人たちは、有能だが温かみに欠けるというステレオタイプをもたれている。また、その文化において好ましいとされる資質は、男性のステレオタイプと結びついている場合が多い。このように深く根を張っているステレオタイプは、人がどのように評価されるかにも影響を及ぼす。[*4]

航空機メーカーの営業部長のように、「男の仕事」というイメージの強い仕事に就いている女性がどのように評価されるかを調べた実験では、以下のパターンが繰り返しあらわれている。

＊仕事の成績が明確な場合、成功している女性は、同程度の成績の男性よりも好感度が低いとみなされる。

＊仕事の成績が曖昧な場合、成功している女性は、同程度の成績の男性ほど有能ではないとみなされる。

後者のケースでは、仕事の質を数値評価するのが難しいため、人々がその空白をステレオタイプで埋めていると言えそうだ。キャシー・ミルクマン、モデュープ・アキノラ、ドリー・チューがおこなった実験では、実在しない学生の名前を使って、アメリカの何千人もの大学教員に電子メールを送った。その教員が教えている博士課程について聞きたいので、翌週に10分間面談してもらえないか、という内容である。その際、学生の名前は何通りも用意した。性別の面では、男性的な名前と女性的な名前を、人種や民族の面では、白人、アフリカ系、中南米系、インド系、中国系に多い名前を含めた。

問い合わせに対して、70％近くの教員が返信し、ほとんどが面談に同意した。しかし、白人男性以外が返事をもらえた割合は、白人男性を大幅に下回った。この傾向は、経営管理の教員の場合、とくに際立っていた。白人男性の87％が返事をもらえたのに対し、それ以外（女性と有色人種男性）

は約62％しか返事をもらえなかったのだ。ただし、教員の人種や性別との関連はほとんど見られなかった。中南米系の女性教員も白人の男性教員と同じくらい、白人男性を好意的に扱ったのである（例外は中国系学生から面談を申し込まれた中国系教員）。教員たちは無意識に、白人男性のほうが優秀、もしくは自分たちの時間を割くに値すると感じたのかもしれない。[*5]

もう1つのフィールド実験も示唆に富んでいる。大学の研究室事務責任者の求人に、1人の男性と1人の女性を応募させた。2人の資格や経歴は、性別以外はすべて同じだ。すると、科学系の教員たちは、男性求職者を女性求職者よりはるかに有能と評価し、男性を採用する確率が高かった。女性に対するバイアスが評価に影響を及ぼしたのだ。

STEM（科学、テクノロジー、エンジニアリング、数学）分野におけるジェンダー・バイアスをさらに掘り下げた研究もある。その研究では、被験者たちに、数学の問題を解く人物を採用させた。実際の正答率に男女で違いはないが、被験者が候補者の性別しか知らない場合、男性が採用される確率が女性のおよそ2倍に達した。

しかも、候補者にみずからの資質をアピールする機会を与えても、被験者たちのバイアスはほとんど解消されなかった。多くの研究が明らかにしているように、自己アピールの機会を与えられると、男性は自分の能力を誇張し、女性は能力を控えめに述べる傾向がある。被験者たちは、こうした男女の違いを考慮に入れずに評価をおこなったのだ。被験者たちがいだいていたバイアスは、候補者たちが過去に同じ課題に取り組んだ際の成績を示されてはじめて緩和された。しかし、それでもバイアスが完全に解消したわけではなかった。[*6]

「男性的でない」とみなされている職に就く男性は、バイアスの影響を受けるのか？　研究はまだ少ないが、ステレオタイプに反する役割に就いている男性に対する評価も、ある程度はバイアスの影響を受けるらしい。しかし、女性の場合とは重要な違いが1つある。男性は、ステレオタイプに反する役割に就いていても好感度が下がらないのだ。男性の人事マネジャー（「女性的」というステレオタイプのある仕事だ）は、女性に比べて能力面で低い評価をくだされるかもしれないが、女性の人事マネジャーより好感度が劣ることはない。この点で、女性は男性と異なり、板挟みの状態に置かれる。「仕事ができる」という評価と「感じがいい」という評価の片方しか手に入らず、両方を得ることはできないのだ。

この点が女性たちに及ぼす影響は大きい。好感度が低い状況に置かれれば、不愉快というだけでなく、キャリアが傷ついたり、ひどい場合はキャリアが台なしになったりしかねない。とくに割を食うのは、子どもがいる女性かもしれない。さまざまな研究によれば、母親は「やさしい」というイメージをもたれているため、「女性的」でない仕事で成功した場合は好感度がひときわ下がりやすいようだ。

好感度の低い人物は成績評価が低くなりやすく、それが昇給や昇進にも響く。このこと自体は、女性だけに見られる傾向ではない。しかし、人が同僚を嫌う理由は不誠実さや傲慢さなどさまざまだが、「その人の性別にとって非伝統的な職で成功したことを理由に嫌われるのは、女性だけ」だと、この分野の権威であるマデリン・ヘイルマンらの論文は指摘している。もっと率直な表現に言い換えると、私たちはバイアスの影響により、成功している女性に対して、嘘つきの男性に対するのと同じような態度を取るのだ。そのような女性を嫌い、一緒に働きたくないと思うのである。[*7]
ほかの多くのフィールド実験でも、性別が異なる以外はすべて同等の資質をもった男女に同じ職に応募させた場合、バイアスの影響がたびたびあらわれている。アメリカでウェイターやウェイトレスの職に応募する場合も、イギリスで会計士、エンジニア、プログラマー、秘書に応募する場合や、フランスで財務アナリストに応募する場合も、性別による差別の影響を強く受けるのだ。具体的には、男女ともに異なる性別のイメージが強く、異性の人たちが多数を占めている仕事では、差別的な扱いを受ける傾向があった。秘書の職に就こうとする男性や、エンジニアの職に就こうとする女性は、差別されるのだ。[*8]

「ガラスの天井」と変化の兆し

しかし、データはまだ少ないが、変化の兆しも見えはじめている。２０１３年、ＣＮＮの番組『アンダーソン・クーパー３６０度』がニューヨーク大学スターン・ビジネススクールの学生を対象にハイディとハワードの実験を再現した。この実験では、成功している女性リーダーは、同じプロフィールの男性ほど信用してもらえなかったが、異性に比べて好感度は低くなかった。むしろ、同程度に成功している男性より一緒に働きたいと思ってもらえた。

２０１５年に米国科学アカデミー紀要に掲載された論文によれば、大学の新人教員レベルの職でも同様の変化が起きている。論文の著者であるウェンディ・ウィリアムズとスティーブン・セシは

５つの実験をおこない、大学教員たちに助教授の採用選考をさせ、架空の男性候補と女性候補のプロフィールを評価させた。実験の対象になった学問分野は、生物学、工学、経済学、心理学だった。経済学以外の分野では、なんと女性候補を好む傾向がはっきりあらわれた。ＳＴＥＭ分野で男女が等しい条件で競争できるようにするための取り組みは、少なくとも新人教員レベルの職ではようやく実を結びはじめたと言えるのか？

　結論を出すのはまだ早い。もしかすると、生物学、工学、心理学の教員たちは、採用におけるジェンダーの平等を重んじる結果、過去の不平等を埋め合わせようと過剰反応した面があったのかもしれない。あるいは、これらの分野も、すでに新人レベルの職でジェンダーの多様性が高まっている分野に追いつきはじめたのかもしれない。一方、そうした変化を尻目に、私も一員である経済学の世界で変化が見られない理由はわかっていない。[*9]

　新人レベルの職でジェンダーの多様性が大幅に高まった分野としては、法律の世界も挙げることができる。イナ・ガングリ、リカード・ハウスマン、マルチナ・ヴィアレンゴが、ある世界屈指の大手法律事務所に２００３～11年に採用された６０００人以上の弁護士のパネルデータを分析したところ、事務所の経営に参加しないアソシエートレベルの弁護士には、男女がほぼ同数採用されていた。もっとも、事務所のトップレベルで格差が埋まったわけではない。事務所のパートナー（共同経営者）に占める割合では、女性は23％にとどまっていた。この格差は、昇進格差と強い関連があることがわかっている。アリス・イーグリーとリンダ・カーリが著書『迷宮を通って』（未邦訳）で指摘したように、ジェンダーに関するステレオタイプが女性のリーダーへの昇進を妨げている。

最も高い地位を目指す女性は、とりわけバイアスの影響を受ける。いわゆる「ガラスの天井」が存在するのだ。新人レベルの職はともかく、トップレベルでの格差が解消される気配はまだない。[*10]

その理由は、ガングリらの研究が浮き彫りにしている。ガングリらは、4つの大陸の23カ国に33のオフィスをもつ大手法律事務所の弁護士たちに関して、膨大なデータを入手した。給料、ボーナス、成績評価、学歴、雇用形態、キャリアの道筋、長期休業、人口統計上の属性などのデータだ。

このデータによると、退職率の違いなど、ほかのすべての要素の影響を取り除いても、男女間には昇進格差が存在していた。しかし、格差の度合いには、国によって違いがあった。少なくとも建前上は、どの国のオフィスでも同じ方針と慣行に従っているはずなのに、である。女性弁護士の昇進がとりわけ難しいのは、ジェンダーの役割に関するステレオタイプがとくに際立っている国だった（ステレオタイプの強さは、「世界価値観調査」と世界経済フォーラムの「グローバル・ジェンダー・ギャップ指数」の調査データ、国ごとの政治への関与度の格差に基づいて判断した）。具体的には、ロシア、シンガポール、タイといった国である。それに対し、女性弁護士が比較的等しい条件で競争できていたのは、ベルギー、オランダ、スウェーデンなどだ。[*11]

別のある研究は、アメリカ軍の部隊指揮官など、それぞれの分野で大きな成功を収めている女性の成績評価に、バイアスがどのような影響を及ぼすかを調べた。その研究によると、成績評価をおこなう上司は、地位の高い女性部下に対して男性部下よりも厳しい評価をする傾向があるという。論文の著者たちは、この現象を「ジェンダー・ヒエラルキー脅威」という言葉で説明した。客観的な成績が良好な女性部下は、ジェンダーの規範を破ったことにより、男性上司から「制裁」を加えられるのだ。この現象は、部下が男性の場合や、上司が女性の場合には見られない。[*12]

生存者バイアス

男女がリーダー層に占める割合に格差があり、それが性別による昇進格差と関連していることは間違いない。そして、昇進格差はステレオタイプと関係がある。こうした力学は多くの国のさまざまな場面で見られるが、それが白人以外の人種にどのくらい当てはまるかは、まだ十分に研究されていない。

「リーダーにふさわしいのは男性だ」というステレオタイプには、根拠らしい根拠がない。リーダーの地位に就いている女性の絶対数が少ないため、イメージが湧きにくいだけだ。興味深い研究がある。２０１１年の大規模な調査によると、リーダーは男性のほうが好ましいと思っている人たちに、実際の女性リーダーを目の当たりにさせると、女性リーダーを男性リーダーより低く評価することはない。つまり、女性の上級マネジャーが男性より劣るという現象は、私たちの頭の中にしか存在しないのだ。スタンフォード大学の経済学者ポール・ミルグロムとジョン・ロバーツの組織経済学の教科書『組織の経済学』（邦訳・ＮＴＴ出版）は、こう記している。「この思い込みがまったく根拠のないものであっても、それを否定する証拠は出てこない。女性たちは、思い込みが間違っていると立証するチャンスを得られないからだ。その結果、根拠のない思い込みが存続し、不当な差別も続く[*13]」

私たちの頭脳は、いわゆる「生存者バイアス」に惑わされやすい。偏ったサンプルに基づいて、ものごとを判断してしまうのだ。第二次世界大戦の爆撃機に関する研究は、それを浮き彫りにしている。爆撃機の生還率を高めようと考えた軍は、生還した爆撃機が機体のどこに多く被弾しているかを精査し、その箇所の防御を手厚くしようと考えた。しかし、言うまでもなく、このやり方は間違っている。機体のどこが弱点かを知るためには、撃墜されたものも含めてすべての爆撃機を調べるべきだった。せめて、コロンビア大学の数学者であるエイブラハム・ウォルドが指摘したように、生還した爆撃機のどこが被弾していないかを見るべきだった。生還できた爆撃機と撃墜された爆撃機の運命をわけたのは、そのような場所への被弾だったのだから。[*14]

人の直感に反する結論だと感じたかもしれない。実際、そのとおりだ。私はハーバードの授業で、こうしたサンプルの偏りに基づくバイアスについて教えるために、1986年のスペースシャトル「チャレンジャー号」爆発事故のケーススタディを使う。学生たちには、この事故の前にアメリカ航空宇宙局（NASA）のエンジニアたちが直面したのと同じような性格をもつ状況で意思決定をさせる（ただし、人命には影響がない状況設定を選んである）。授業では、学生たちに過去の成功例と失敗例のデータを示し、さらに情報を求めるよう促す。しかし、与えられた以上の情報を知ろうとする学生はごくわずかにとどまる。ほとんどの学生は、偏ったサンプルに基づいて判断をくだしてしまうのだ。そのようなバイアスは、NASAのエンジニアたちがチャレンジャー号の打ち上げを中止できなかった主たる要因の1つとされている。[*15]

もっとも、バイアスが蔓延していることは事実だが、直感に基づく判断がすべて間違っているわけではない。正確なステレオタイプ――ある集団に多く見られる性質を反映したステレオタイプ――に基づいて、直感的な判断がなされる場合もあるからだ。次のストーリーを考えてみてほしい。心のトリックとして有名な事例だ。父親と息子が交通事故に遭った。父親は死亡、息子は重傷を負い、救急車で病院に搬送された。運び込まれた男の子を見た瞬間、外科医が思わず叫び声を上げた。手術なんてできない、その子は私の息子だから、と。

ほとんどの人は、このストーリーを読むと、まず頭が混乱する。けれども、落ち着いて考えれば納得できる。医師は、少年の母親だったのだ。

アメリカの女性外科医の割合は、全体のおよそ3分の1にとどまる。だから、「外科医」と言われたとき、とっさに男性医師だと思うのは不思議でない。このように、ある個人について判断するとき、その人物が属する集団の平均を基準に考えることを、経済学者は「統計的差別」と呼ぶ。人は直感的にこのような判断をくだしている。これには、完全な情報がない状況での判断を助けるという効用もある。

女性とアフリカ系は中古車店で不利になる

統計的差別が存在することを実証したフィールド実験を紹介しよう。その実験では、中古車販売店にさまざまな買い手を送り込み、セールス担当者と交渉させた。すると、女性やアフリカ系アメリカ人は男性や白人に比べて、最初に大幅に高い売値を提示される傾向があった。女性やアフリカ系アメリカ人の中古車購入者は平均的に見て、車の価格に関する知識が乏しい。セールス担当者は、それにつけ込もうとしたのだろう。統計的差別をおこなったのだ。統計的差別の呪縛はときにきわめて強く、抜け出すのが難しい。最初に高い売値を提示されると、知識の多い女性やアフリカ系アメリカ人も、最後まで価格のギャップを埋められなかった。白人男性に提示される金額まで値引きさせることができないのだ。[*16]

実験の教訓は明らかだ。私はすべての教え子に、とくに女性と有色人種の教え子に対し、中古車販売店を訪れるときは――というより、あらゆる交渉に臨むときは――事前によく準備していくよう助言している。しっかり下調べして相場を把握するだけでなく、中古車の年数と走行距離をどのような比重で考慮に入れるべきかも知っておく必要がある。そして最も重要なのは、セールス担当者から最初に売値が提示される前に、自分が十分な知識をもっていると相手に理解させることだ。

私たちはある個人を評価するとき、その人物が属する集団の特徴を基準にしている場合が多い。このことの影響は、無意識のバイアスが生む影響と同じくらい大きい。労働市場では、子どもがいる女性は不利に扱われ、子どもがいる男性は有利な扱いを受ける。女性が「子どもによる給料ペナルティ」を科され、男性が「子どもによる給料プレミアム」の恩恵を受けていることは、データ上も明らかだ。こうした状況を生む一因は、統計的差別にある。雇用主は、母親のほうが勤務時間を減らしたり、会社を辞めたりする確率が高いと考えて、給料を決めているのだ。この認識自体は間違っていない。アカデミズムの世界でも、育児休業を取得する圧倒的多数は女性だ。

ある研究によると、終身在職権の取得を目指す前提で採用されている既婚教員で、2歳未満の子どもがいる人のうち、女性の69%が育児休業を取得するのに対し、男性の取得率は12%にとどまっている。また、育児休業を取得した教員は給料が低い。そのため、教員たちはできるだけ育児休業を取らずに、バイアスの影響を回避しようとする。[*17]

統計的差別は、男女間だけで見られる現象ではない。アメリカでは、警察による「人種プロファイリング」が論争の的になっている。警察は、ある人物の人種や民族だけを理由に、その人が法を犯しているという疑いをかけ、職務質問などを実施しているとされる。人口統計上の属性に基づく予断をどの程度許容するかは、それぞれの社会の政治的、さらには倫理的な判断によって決まる。私たちは、社会のシステムや法律、組織の手続きに自分たちの倫理観を反映させようとする。その結果、多くの国では、ある人が属する集団に関する知識に基づいて採用選考をおこなうことが非道徳的とみなされ、しばしば違法とされている。性別や人種、民族、国籍、その他の人口統計上の属性が異なる人たちの間で平等を確保するかどうかは、第一義的に道徳の問題なのだ。[*18]

注意すべきなのは、一般に統計的差別だと思われているものの多くが、実は統計上も正しくないということだ。私たちはよほど注意深く考えないと、ステレオタイプがどのくらい正確か見極められない。しかし、ステレオタイプは、最初から不正確だったり、時間が経つにつれて実態と乖離してしまったりする場合も多い。女性が男性より数学が苦手だと思い込んでいる人はいまも多いが、実際のデータを見ると、話はそう単純でない。国による違いもある。近年、いくつかの国では、数学力のジェンダー格差が逆転する現象も起きている。成績の平均で女の子が男の子を上回るケースが出てきているのだ。ところが、ステレオタイプの変化は現実の変化に追いついていない。[*19]

代表性ヒューリスティック

行動決定理論の研究によれば、人がステレオタイプを更新するのは難しい。私たちはある集団について考えるとき、（統計的差別の考え方の想定とは異なり）かならずしもその集団の平均に目を向けるわけではない。多くの場合、その集団で最も目立つ人物を思い浮かべる。私たちが他者に対していだく評価は、その人が属する集団の最も突出した存在に影響されるのだ。アメリカのフロリダ州に住んでいる人というと、あなたはどのような人物を思い浮かべるだろう？

たいていのアメリカ人は、フロリダの住民のほとんどが高齢者だというステレオタイプをもっている。温暖なフロリダは、お年寄りの老後の移住先というイメージが強いからだ。だが、現実は違う。２０１３年のデータによれば、フロリダ州の住民の82％が65歳未満だ。この割合は、全米平均の86％とほとんど変わらない。しかし、アメリカの高齢者のなかでは、フロリダ州在住者の割合がほかのどの州よりも大きい。「フロリダには高齢者が多い」というステレオタイプは、同州の住民の平均ではなく、代表的と感じられる住民の属性に基づいているのだ。このステレオタイプをいだいた人は、同州に移り住んだおばあちゃんの顔を思い浮かべたのかもしれない。これは、「代表性ヒューリスティック」と呼ばれる一種のバイアスの産物である。[*20]

フロリダと言われて、老後の生活を送る人たちを連想したとすれば、あなたの思考は「システム1」に支配されている。この心理学用語については、２００２年にノーベル経済学賞を受賞した心理学者ダニエル・カーネマンの著書『ファスト&スロー』（邦訳・ハヤカワ文庫）の説明がわかりやすい。同書で述べられているように、心理学では「システム1」と「システム2」という2種類の思考モードを区別して考えることが多い。直感に動かされる「システム1」は、さほど苦労したり、意識を集中させたりしなくても自動的に作動する。これは、情報を素早く評価するのに適した思考モードだ。ものごとを即断するために、さまざまなメカニズムを駆使して実世界の複雑性に対処していると言ってもいいだろう。具体的には、ヒューリスティック、つまり経験則を活用して世界を解釈し、あるカテゴリーに属するものの典型例を基準に判断をくだす。

それに対し、熟慮をおこなう「システム2」は、意識的な推論を土台にしており、苦労して意識を集中させないと作動しない。「システム1」に比べて結論に到達するまでに時間を要するが、抽象的な分析と規範に基づく思考をするのに適している。

看護師、教師、エンジニアなどと言われたとき、「システム1」は、それぞれの集団で「普通」ないし「典型的」とみなされる人物を想起する。私たちは、そうしたステレオタイプに従って他人のことを判断している。「システム1」は、目の前の情報だけに基づいて結論を導き出す傾向がある。カーネマンの言葉を借りれば、「自分の見たものがすべて（What You See Is All There Is＝WYSIATI）」になってしまうのだ。また、「システム1」は、一貫性のある世界認識を維持しようとし、元々もっている思い込みを肯定する傾向もある。そのため、情報を更新したり、新しい情報を受け入れたりすることが難しくなる。

第一印象はどのように形成されるのか?

心理学者のスーザン・フィスクは、このプロセスがどのように進むかを研究してきた。フィスクと共同研究者は、「印象形成の連続体モデル」を確立した。これは、私たちが他人に対する印象をどのように形成するかを理解するための枠組みだ。それによると、ほとんどの人は、性別、人種、年齢、階級などの社会的カテゴリーに基づいて第一印象をいだく。そのあと、第一印象の裏づけ作業をおこない、新しい情報に照らしてその評価が妥当でないと思えば、カテゴリーわけを見直す。そして最後に、必要性を感じた場合にかぎり、その人物の個人的特性を評価に織り込む。

フィスクによれば、「社会的カテゴリーに基づいて評価をくだす傾向は、ときとして不幸な結果をもたらすが、それは人間の認知機能が生み出す必然の副産物でもある」。他人を既存のカテゴリーに当てはめて考えれば、手っ取り早く世界を理解できる。過去の経験をもとに人を評価し、分類できるからだ。このような印象形成の方法は、認知的労力の節約になるのだ。

私たちが他人を評価する際は、目に見える手がかりによって、目に見えない手がかりがかき消されてしまう場合が多い。たとえば、肌の色や髪型は言葉の訛りよりも強い影響をもつ。視覚的な手がかりのなかでも、それぞれの環境でとくに目立つ要素は、とりわけカテゴリーに基づく印象形成を生む場合が多い。企業で唯一の女性取締役や学校で唯一の男性教員は目につきやすい。そのため、私たちはすぐにそういう人をカテゴリーに当てはめて考える。

もっとも、私たちが誰かをなんらかのカテゴリーに分類するのは、その人が際立った外形的特徴をもっていたり、まわりの人と目に見えて違っていたりする場合ばかりではない。人や物体に「紫組」「オレンジ組」などのラベルを無作為に張ったとしても、観察者はそれぞれのグループ内の人や物体に共通点を見いだし、異なるグループ間の違いが目につくようになる。極端な場合は、人々を「内集団」（自分と似た人たち）と「外集団」に分別して異なる扱いをし、内集団のメンバーを優遇するケースもある。

残念ながら、カテゴリーに基づく評価を頭から振り払うことは不可能に近い。そのような評価が形成されると、それ以降に入ってくる情報は、ことごとくバイアスがかかった形で解釈される。最初の印象に合わせて、すべての情報が解釈されてしまうのだ。この現象は「確証的なカテゴリーわけ」と呼ばれる。ハーバード・ビジネススクールのマイケル・ノートンらは、さまざまな実験を通じて、私たちの頭脳がいかに創意工夫を凝らしてそれをおこなっているかを明らかにした。

ある実験では、被験者に対して、建設会社で「男の仕事」というステレオタイプをもたれている職の採用候補者を評価するよう求めた。その職には業界経験と高度な教育の両方が必要だと、被験者には伝えておく。2人の有力な候補者のうち、片方は経験で勝っており、もう片方は教育レベルで勝っている。しかし、この職は「男の仕事」なので、たいていの被験者は男性候補者を高く評価する。性別という社会的カテゴリーに基づいて、バイアスのかかった判断をくだすのだ。

このとき被験者は、候補者の経験と学歴に関する情報を都合よく用いて、みずからの判断を正当化する。男性候補者が女性候補者より豊富な経験をもっているが、学歴で劣っている場合は、教育より経験が重要だと主張する。逆に、男性候補者が女性候補者より学歴で勝っているが、経験が乏しい場合は、学歴が非常に重要だと考える。同様の事後正当化は、ジェンダーだけでなく、人種に関するバイアスについても見られる。[*21]

こうしたデータを見せると、多くの人は「自分は違う」と言う。実験の被験者たちはバイアスをいだいていて、「確証的なカテゴリーわけ」の罠に陥っているが、自分はもっと適切に判断できると考えるのだ。これは、過半数の人が自分の運転技術を「平均以上」と自己評価するのと似ている（実際には、過半数の人が平均以上ということは理屈の上でありえない）。「自分は違う」と思う人たちは、次の実験をやってみてほしい。まず、次ページの図1-1を見て、それぞれの単語の文字の色を口頭で答える。すべて答えるのに要した時間を記録しよう。

次に、図1-2を見て、同じことをする。

2回目のほうが手こずったに違いない。単語の意味と文字の色が食い違っていると、脳が混乱をきたすからだ。こうした現象は、赤やグリーン、ブルーなどの場合、もっと強くあらわれる。私たちの脳は、どうしてもまず文字を読む。目に入った文字の意味は、とくに意識をはたらかせなくても判断できる。これは「システム1」の活動だ。この思考モードは、図1-1の課題では非常にうまく機能する。しかし、図1-2の課題をおこなうためには、「システム2」が「システム1」を助け、単語の意味と文字の色を切り離さなくてはならない。ことさら難しい課題ではないが、普通と異なる結びつきを見いだす必要があるため、単語の意味と文字の色が一致している場合よりいくらか時間を要する。「グレー」という単語がグレー色に見えない場合は、脳が少し努力しなくては

GRAY　BLACK　WHITE　WHITE　BLACK
GRAY　BLACK　GRAY　BLACK　WHITE
BLACK　GRAY　BLACK　BLACK　GRAY
WHITE　WHITE　GRAY　WHITE　GRAY
GRAY　BLACK　WHITE　WHITE　BLACK

［図1－1］ストループ・テスト（1）

GRAY　BLACK　WHITE　WHITE　BLACK
GRAY　BLACK　GRAY　BLACK　WHITE
BLACK　GRAY　BLACK　BLACK　GRAY
WHITE　WHITE　GRAY　WHITE　GRAY
GRAY　BLACK　WHITE　WHITE　BLACK

［図1－2］ストループ・テスト（2）

ならないのだ。

これは、「ストループ・テスト」と呼ばれる実験だ。教室でバイアスについて教えるときは、本書よりもっと多くの色が出てくるストループ・テストを用いる。そして、私の息子が4歳のときはこの課題を楽々とこなしていた、と学生たちに話す。息子が苦もなく文字の色を言えた理由は、いたって簡単だ。4歳の息子は、色の呼び名は知っていたけれど、文字はまだ読めなかったのだ。

バイアスを浮き彫りにする「潜在連合テスト」

マーザリン・バナージとアンソニー・グリーンワルドは、人が無意識のうちに自分と他人についてバイアスのかかった判断をするプロセスを明らかにしようとしてきた。その研究で大きな役割を果たしたのが「潜在連合テスト（ＩＡＴ）」だ。これは、私たちの脳内で起きていることを知るための新しいツールとして、１９９４年にグリーンワルドがストループ・テストを土台に開発したものである。

ＩＡＴでは、異なるカテゴリーに属する2つの言葉を結びつける作業を被験者にさせる。バナージとグリーンワルドの共著『心の中のブラインド・スポット』（邦訳・北大路書房）の表現を借りれば、「システム1」は、その作業を「さまざまな社会的集団に関する断片的な情報」に基づいて自動的におこなう。ある人が暗黙のバイアスをどの程度強くいだいているかは、その人が2つの言葉をどのくらい速く結びつけるかによって測られる。

たとえば、「ジョン」(男性名)と「数学」を、「スーザン」(女性名)と「作文」を結びつけるのと同じくらい速く、「ジョン」を「作文」と、「スーザン」を「数学」と結びつけるのかを見る。これまで何十万人もの人たちがオンライン上でIATを受け、多くの場合は、自分自身について不愉快な真実を思い知らされてきた。無意識に性差別や人種差別をしていたり、特定の外見や身長、宗教の人に対してバイアスをもっていたりすることを気づかされるのだ。あなたもIATを受けてみてほしい(https://implicit.harvard.edu/)。そうすれば、自分が「スーザン」から「作文」を、「ジョン」から「数学」を連想しやすく、さらには無意識にもっと悪い連想もいだいていることを知るだろう。

IATでジェンダーのステレオタイプに沿った連想をいだきやすい人は、性差別的なジョークに笑う傾向が強いとわかっている。問題は、それだけにとどまらない。IATで人種的なバイアスが強くあらわれる人ほど、実際にさまざまな場面で人種差別をしやすい。そのような人たちは、人材採用の場面を想定した実験の被験者なら白人の求職者を好み、医師なら白人の患者に対して最善の治療法を提案する傾向がある。そうした人たちは、2008年のアメリカ大統領選でアフリカ系アメリカ人のバラク・オバマより白人のジョン・マケインに投票する確率も高かった。

本章の前半で、数学の問題を解く人物を選考させる実験を紹介した。その実験では、IATで無意識のバイアスが強い人は、女性に対してバイアスのかかった評価をくだす傾向があった。しかも、IATの結果は、候補者の詳しい情報を示された場合に、自分の判断をどのくらい修正できるかとも関係していた。バイアスが強い人ほど、個人の能力に関する情報を判断材料にできないケースが多かったのだ。
　理解しておくべきなのは、こうしたことがほぼ無意識で起きるという点だ。しかも、気がかりなことに、コロンビア大学の神経科学者であるエリック・カンデル（２０００年のノーベル医学生理学賞受賞者）によれば、私たちの精神の活動のなんと80～90％が無意識のものだという。
　私たちは、他人を評価するときにステレオタイプに従うだけではない。自己評価もステレオタイプに沿っておこなう。ジェンダー・バイアスを調べるためにＩＡＴを受けた女性の多くは、無意識の思考がいかに強力かを思い知らされる。キャリアの追求に関して男性のほうが当然優れているという主張を明確に支持する女性は、きわめて少ない。しかし、ＩＡＴを受けると、女性たちはしばしばショックを受ける。女性でも、キャリアと男性を、家庭と女性を結びつける発想を直感的にいだいている場合が多いのだ。自動的にステレオタイプをもつ結果、女性たちは自己ステレオタイプに陥り、自分でも気づかずにみずからを縛ってしまうことがある。[*22]
「競争的環境における男性リーダーシップの出現」と題された研究は、自己と他者に対するステレオタイプが互いに微妙な作用を及ぼし合うことを明らかにした。この研究では、シカゴ大学ブース経営大学院のＭＢＡプログラムを舞台に実験をおこなった。それによると、同プログラムで学ぶ女性たちがリーダーに選ばれる確率は、スキルの高さと釣り合わないくらい低かった。この現象は、男性だけでなく女性も、ジェンダーに関する思い込みに沿って考えていたことが原因だった。そうした思い込みに影響されて、男性は女性に比べて過度に自信満々に振る舞い、リーダーに選ばれる確率が高かったのだ。

この実験では、最初に全員が数学のテストを受け、自分の成績を知らされて、それに基づいて報酬を支払われた。そしてその15カ月後に、学生たちを無作為にいくつかのグループにわけ、それぞれのグループごとに代表者を選ばせた。その人物が新たな数学テストに取り組み、その人の成績に応じてそれぞれのグループへの報酬が決まるものとした。

代表者を決めるための話し合いの時間は5分間。このとき、全員に対して、自分が代表者に選ばれた場合の成績を予測し、それをみんなの前ではっきり述べ、紙にも記すよう求めた。すると、男性は概して、女性よりも自分の成績に楽観的だった。その原因は、前回の成績についての記憶が女性に比べてきわめて不正確だったことにあった。男性は、前回の成績を実際より約30％高く記憶していた。それに対し、女性も前回の成績を実際より高く記憶してはいたが、過大評価の度合いは約14％にとどまった。このような自己評価の違いゆえに、男性のほうが女性よりもリーダーに選ばれるケースが多かったのである。しかし、リーダー選びを誤ったグループは、そのツケを払わされた。お察しのとおり、成績を予測する材料としては、過去の成績に関する本人の記憶、とりわけ自分の成績を過大評価した男性たちの記憶は当てにならなかったのだ。[*23]

この状況を放置することには、明らかに問題がある。これでは社会の人的資源をすべて活用できないし、適材適所の人材配置もできないからだ。もっと大きな問題もある。世界のほとんどの社会が万人に等しい機会を与えていると自負しているにもかかわらず、過去何十年もの間に蓄積されてきた膨大な量の研究によれば、実際はそうなっていない。

しかし、明るい材料もある。可能な対策がたくさんあるのだ。手早く実行できる対策もある。ジェンダーの不平等のあらゆる面を改めることはできないにしても、是正できることは多い。デザインによって平等を実現することは可能だし、実践的でもある。演奏家たちの採用選考の場にカーテンを持ち込んだオーケストラの例のように、そうした取り組みはすでに始まっている。ただし、行動デザインの限界も認識しておくべきだ。性暴力や人身取引など、女性が被害者になる深刻な人権侵害の一部は、行動デザインによって解消できない。

私は、ハーバード大学の「性暴力防止タスクフォース」の活動で行動科学の知見を利用しているし、それを通じてキャンパスでのジェンダー間の関係を変えていきたいと思っている。しかし、ある種の非道な行為をなくすためには、行動デザインによるナッジ（＝軽く肘で押す）ではなく、もっと強力な介入が必要だ。この点に関しては、ニコラス・クリストフとシェリル・ウーダンの著書『ハーフ・ザ・スカイ』（邦訳・英治出版）が参考になる。*24

差別への嗜好

意識的に女性を差別する人たちがいることは否定できない。おぞましい犯罪をおこなう人もいるし、職場で意図して女性を不平等に扱う人もいる。そのような人たちは、コストを上回る恩恵があるかぎり、差別を続ける可能性が高い。１９９２年にノーベル経済学賞を受賞したゲーリー・ベッカーの表現を借りれば、「差別への嗜好」をもっているためだ。そこで、多くの社会では、差別的な嗜好のままに行動することのコストを高くしている。また、ベッカーによれば、競争が差別解消を後押しできる可能性もある。この点は実証研究によっても裏づけられている。激しい競争にさらされている企業は、競争から守られている企業に比べて女性を多く採用することがわかっているのだ。多くの企業は、女性を——高い資質をもっているけれど、望まれていない人材を——差別できる余裕があるとき、差別をおこなう。[*25]

しかし、完全な競争はまず存在しないし、競争だけに頼って「嗜好」に基づく差別を解消しようとしても成功しない。それ以外の強力な介入も不可欠だ。たとえば、法律によって、すべての人に等しい権利を認め、人々を差別と搾取から守り、差別者が払う代償を大きくして差別が割に合わないようにすることも重要だ。

あらゆる面で非常に重要なことなので、もう一度確認しておきたい。ジェンダー格差は、無意識のバイアスだけが原因ではない。バイアスは、不当に誰かを差別し、誰かを優遇する状況をつくり出す要因の1つでしかない。したがって、行動デザインによる介入は、不正義を正すために用いるべき手立ての1つにすぎないと思っておくべきだ。とはいえ、行動デザインを活用すれば、強力な介入によっては達成できないことを達成できる場合がある。行動デザインは、ある種の成果を簡単に実現するためには、ことのほか優れた手段と言える。

女性は能力と好感度の二者択一を強いられるべきではないし、組織と社会は最良の人材を確保する機会を奪われるべきではない。本章の冒頭で紹介したハイディ・ロイゼンは、みずからをテーマにしたケーススタディが話題になったあと、インタビューでこう述べている。「ある空間や状況に足を踏み入れると、自分が歓迎されていないと感じるときは確かにあった。そうした壁に頭からぶつかっていくのは、あまり有効な方法だと思わない。そのことは、比較的早い段階で学んだ[26]」

誰も壁に頭をぶつけることを強いられるべきではない。壁のデザインを変えるべきだ。

第2章 バイアスを取り除くのは容易でない

和解するか、裁判に持ち込むか？

あなたが裁判で原告の弁護士を務めているとしよう。原告は自動車事故で大けがを負った。事故原因は自動車販売店の修理ミスだと、あなたは主張している。原告は回復までに何カ月も要する見通しだ。医療費も莫大な金額に上る。あなたは、販売店の責任を立証できるという確信はなかったが、それでも75万ドルの賠償金を求めて裁判を起こした。すると、販売店が加入していた保険会社が和解協議をもちかけてきた。話し合いの過程で、あなたは金額を30万ドルまで引き下げる。それに対し、保険会社は2万5０００ドルを提案してきた。

あなたは、顧客である原告にどのような助言をすべきだろうか？　当然、その判断は、裁判になった場合に勝てる見通しがどれくらいあるか、どれくらいの賠償金を勝ち取れると思うかによる。あなたは検討を重ねた末、勝訴の可能性は60％、認められる賠償金は26万ドルという予測に行き着いた。それを前提にすると、和解を蹴って裁判に突き進んだ場合、期待できる利益は26万ドルの60％、つまり15万6000ドルとなる（ここでは、議論を複雑にしないために、裁判費用などのコストは度外視し、あなたと顧客がリスク中立的だと想定している）。したがって、相手方が15万6000ドルより高い金額を提示すれば和解を受け入れ、相手方の提示金額がそれを下回る場合は裁判に進むべきだということになる。

私が教えているハーバードの授業では、学生たちは15ページにわたる詳細な資料を読んだあと、以上のような結論に達する。ただし、この作業をおこなう学生はクラスの半分だけ。残り半分の学生には、被告の弁護士の立場に立って考えさせる。この状況で、被告側はどのような判断をくだすべきなのか？

被告側は、いくらの和解金を提示し、どういうときに和解を断念して裁判に進むべきかを決めなくてはならない。平均すると、被告の弁護士役を割り振られた学生たちは、裁判で敗訴する確率が40％、認定される賠償金が18万ドルという判断に達する。被告側にとって裁判に進むコストは、18万ドルの40％、つまり7万2000ドルだ。したがって、被告がリスク中立的だとすれば、和解金が7万2000ドルまでで話がまとまるのなら和解し、それで合意できなければ裁判に進むのが正解ということになる。

どうして、原告の弁護士役を割り振られた学生たちと、被告の弁護士役を割り振られた学生たちの到達する見通しがここまで大きく食い違うのか？　現実世界の話なら、両者がもっている情報が違う可能性もある。しかし、授業では両者がまったく同じ資料を渡されている。事実関係、証人の証言、法律の内容など、すべて同じ情報を土台に判断をくだしているのだ。両者の見通しの違いは、情報をどのように解釈するかの違いによるものと考えざるをえない。

両者とも、情報を評価するときにそれぞれのバイアスの影響を受けている。原告側弁護士役の学生は、原告の主張に都合のいい情報に意識が向きやすい。一方、被告側弁護士役の学生は、被告に有利な情報に主として目が行く。学生たちは、「事故の事実関係と証人の証言、法律の規定だけを基に判断する中立の部外者」の視点で考えるよう明確に指示されていたが、バイアスの影響を逃れられなかった。自分がどちらの代理人かを意識すると、もはや客観的に情報を解釈できず、このような「自己奉仕バイアス」に陥ってしまうのだ。

原告側の和解条件が和解金を15万6０００ドル以上受け取れること、被告側の和解条件が和解金を7万2０００ドル以下に抑えることだとすれば、合意に達するのは不可能だと思うかもしれない。しかし、原告側と被告側の予測として挙げた前記の数字は、あくまでも平均値だ。これまでこの授業に参加した学生は、合計９００人以上に上る。そのなかには、原告側にも被告側にも平均より弱気な学生がいて、和解を選択している。具体的には、半分を少し上回る学生が和解に応じており、和解金額は平均で約13万ドルとなっている。ちなみに、このケーススタディのもとになった実際の事件では、20カ月にわたる交渉の末、17万5０００ドルで和解が成立した。[*1]

自己奉仕バイアス

ときとして、自己奉仕バイアスに陥ることの代償はきわめて大きい。対立が長期化したり、当事者の関係がより険悪になったりする場合もあるし、話し合いが暗礁に乗り上げたり、大きなコストをかけて裁判で決着をつけざるをえなくなったりする場合もある。交渉を始める前にバイアスを取り除き、当事者が正確な判断をくだせるように支援したほうが好ましいのではないか？　人々が無意識のバイアスを克服し、ステレオタイプの思考を捨て、偏見を弱められるように後押しできたら、どうなるだろう？　こうしたことを考える人は少なくない。多くの組織は、それを期待してダイバーシティ研修をおこなっている。あなたの職場でも、そのような取り組みを実施しているかもしれない。しかし残念ながら、この種の研修が効果を発揮しているというデータはほとんどない。

カーネギーメロン大学のリンダ・バブコックとジョージ・ローウェンスタインは、自己奉仕バイアスを解消する方法を知りたいと考えた。ペンシルベニア州の教員組合と教育委員会が給料の交渉で自己奉仕バイアスに陥っている状況を目の当たりにしていたからだ。双方とも交渉前に、参考になる他地区の実例を探した。その際、それぞれが自分たちに都合のいい実例を見つけ出していたのだ。教員組合が挙げる参考事例と教育委員会が挙げる参考事例を比べると、前者のほうが大幅に給料水準が高かった。このように、どの地区の給料水準を参考にすべきかで合意できない状況のもと、教員のストライキも多かった。対立を解消するには、どのような措置が有効なのか？　この点を明らかにしたいと考えたバブコックとローウェンスタインは、ラボ実験をおこなった。

具体的には、本章の冒頭で紹介したような法的紛争を題材にして実験を重ねた。その結果、自己奉仕バイアスをいだく人は非常に多く、しかもそのバイアスを乗り越えるのはきわめて難しいことがわかった。たいてい、原告側は被告側に比べて、判決で期待する金額がおよそ2倍も高く、勝訴する確率についても大幅に楽観していた。専門知識をもっている人でも、自己奉仕バイアスからは逃れられない。弁護士や裁判官も、教師や学生、ラボ実験に参加する未経験の被験者たちと同じくらいバイアスの影響を受けた。しかも、誰も自分のバイアスには気づいていなかった。多くの研究が明らかにしているように、経験を重ねるだけではバイアスを矯正できないらしい。

人々の予測の客観性を高めるために、バブコックとローウェンスタインはさまざまなバイアス除去方法を実験した。たとえば、一部の被験者に対し、判断の前にバイアスとその影響について教えてみた。人はバイアスの存在を認識すると、ステレオタイプへの追従を克服しやすくなる場合があるという実験結果があるからだ。これは、心理学で言う「ステレオタイプ・リアクタンス（抵抗）」による現象である。女性は、「リーダー＝男性」「交渉者＝男性」というステレオタイプの存在を明確に意識させられると、ステレオタイプが暗黙に作用する場合に比べて、交渉で好ましい結果を得られることがわかっている。

しかし、法的紛争でみずからが得られる結果の予測では、ステレオタイプについて知ってもバイアスの影響が和らぐことはなかった。それに対し、相手がどのような予測をするかという予測の正確性は増した。バイアスの存在を教えられた人は、相手がバイアスの影響を受けることは想定するが、みずからは客観的に判断をくだせると信じて疑わないようだ。バイアスを認識させることによってその影響を取り除けるのは、他人がバイアスをもっているケースだけなのかもしれない。*2

「ハロー効果」と「後知恵バイアス」

人は他人のバイアスにはすぐ気づくが、自分のバイアスは見落とす。ある実験では、被験者に、数学講師の外見、訛り、所作を採点させた。採点の前に、講師が質問に答える。その際、一方のグループに対しては、冷たい態度で答える。もう一方のグループに対しては、温かい態度で答える。被験者の前に登場するのは、どちらのグループも同じ人物だ。

被験者たちは、「温かい人物」を「冷たい人物」より好感度が高いと感じた。実験の最後に、被験者たちに、外見、訛り、所作の3つの側面で講師を採点するよう求めると、予想どおり、「冷たい人物」は、この3側面で低い評価をされた。同じ人物であっても、好感度が高いと思われている場合のほうが、高い評価を受けたのだ。ところが、被験者たちは、自分の判断が好感度に左右されたことに気づいていない。「この人に好感をいだいたので、外見を高く評価したのです」とは言わない。自分の評価がその人物に対する好感度に影響されているとは思いもせずに、外見に関する評価をくだしたのだ。

人はいとも簡単に「ハロー効果」に影響されてしまう。ある人物に対して最初に好ましい印象をいだくと、その後の評価も好ましいものになりやすい。ハロー効果とは、このような現象のことを指す。心理学者のエドワード・ソーンダイクが考案した言葉である。この実験の被験者たちは、最初に講師に好感をもったことにより、自分では気づかずに、その人の外見、訛り、所作に対する印象と評価が影響を受けた。こうした現象は、いたるところで見られる。あとで述べるように、それは採用面接の人物評価も歪める場合がある。

バイアスの影響を受けずに評価をくだしているか自己点検するよう被験者に指示しても、ハロー効果は消えない。たとえば、温かみのある雰囲気の講師の授業カリキュラムを高く評価した人たちは、自己点検をしても、自分が好感度に判断を曇らされたとは考えず、そのカリキュラムが素晴らしい理由をすぐに主張しはじめる。人は自己点検をしても、自分の思い込みを見つめ直すのではなく、自分の評価が間違っておらず、合理的に結論を導き出したのだと再確認するだけに終わるのだ。また、自分がどのくらいバイアスやステレオタイプの影響を受けやすいと思うかと尋ねると、被験者はたいてい、自分は平均より影響を受けにくいと答える。[*3]

問題は、バイアスの存在を教えても、自己点検を促しても、効果がないというだけではない。ステレオタイプに基づいて判断しないよう指示すると、むしろ逆効果になる場合もあるのだ。

ある実験では、無意識のバイアスをあぶり出すことを目的に、前出の「潜在連合テスト（IAT）」をおこない、虫より花を、黒より白を好む傾向を抑えるよう被験者に指示した。しかし、被験者たちはその指示を守れなかった。反射的にステレオタイプに沿った判断をしないよう被験者に指示した21件の実験結果を集約した研究によると、そのような指示には効果がないとわかっている。極端な場合、ステレオタイプをはねのけるよう命じると逆効果になることもある。ステレオタイプがより際立ち、バイアスの影響を受けやすくなるのだ。たとえば、被験者の学生たちにダイバーシティ研修の動画を見せ、高齢者を不利に扱わないよう求めると、かえって高齢の求職者に厳しい評価をくだす傾向が強まる。また、人種に関するバイアスを抑え込み、人種に言及するのが自然な場面でそれを避けようとした人は、より人種的バイアスが強いと評価されやすい。[*4]

同じことは、「後知恵バイアス」にも言える。これは、「前からわかっていた」と思い込む現象のことだ。ひとことで言えば、いまの状況が実際以上に予測可能だったと思い込む傾向のことである。たとえば、気象予報士が降水確率を50％と考えていた状況でも、実際に雨でずぶ濡れになった通勤客が「雨になると１００％わかっていた」と言うようなケースだ。このバイアスの克服法に関する研究結果も、ここまで述べてきたことと同様の現実を明らかにしている。被験者にバイアスについて教え、それを避けるよう明確に指示しても、結局はバイアスに陥ってしまうのだ。

この分野の草わけであるバルーク・フィッシュホフによれば、バイアス除去の取り組みが成功するためには、少なくとも以下の４つのステップを経なくてはならない。その４つのステップとは、バイアスに影響される可能性の認識、バイアスがはたらく方向性についての理解、バイアスに陥った場合の素早い指摘、頻繁なフィードバックと、分析とコーチングをともなう研修の実施である。

これを実践するのは容易でない。倫理観をもってつねに自分の行動や姿勢をチェックし、その根本原因を分析し、対処法を自分に言い聞かせている人がどれだけいるだろう？　そんな人はほとんどいないのではないか。少なくとも、つねにそれを実践できている人はまずいない。たいていの人は、自分がバイアスの影響を受けていることに気づいていない。特定の行動や態度がバイアスに影響されていることをただちに指摘してもらえるケースはもっと少ない。せっかく指摘されても、多くの場合はその情報に従って行動しない。みずからの行動を変えるためには、大多数の人が取ろうとしない行動を取る必要があるのだ。[*5]

研修で見落とされていること

ところが、企業のダイバーシティ研修の多くはこの点を考慮しておらず、予算を浪費している（アメリカ企業がこの種の研修に費やしている金額は年間80億ドルに上る）。ダイバーシティ研修は、社員にみずからのバイアスを認識させるだけで終われば、人々の考え方を変えられない可能性が高い。ましてや、行動を変えさせることはきわめて難しい。効果があまり明らかになっていないにもかかわらず、大半のアメリカ企業を含めて非常に多くの企業がダイバーシティ研修を実施している。具体的な取り組みはさまざまだ。専門の講師を招いてワークショップを開催している企業もあるし、ウェブセミナーをおこなっている企業もある。採用と昇進のプロセスに着目し、マネジャーに差別をさせないための戦略を実施している企業もある。全社員を対象に研修をおこない、包摂的な文化と職場環境をはぐくもうとしている企業もある。

このテーマに関する大規模な研究の1つに、プリンストン大学のエリザベス・リーヴィー・パラックとイェール大学のドナルド・グリーンが1000件近くの研究結果を調べた論文がある。この論文の最も強力な結論は、こうした取り組みの実効性を裏づける「証拠は乏しい」というものだ。

「モラル教育、ダイバーシティ研修、広報キャンペーン、医療・警察関係者の異文化適応力の改善など、偏見を緩和するための取り組みは、全般的に効果がまったく検証されていない。広い意味での啓蒙プログラムの効果についても同様である」と、パラックとグリーンは記している。また、２００５年のある論文は、医療関係者向けの異文化適応力トレーニングの効果に関する約60件の研究結果を調べている。それによれば、これらの研究は調査方法の厳密性を欠くため、トレーニングの有効性についてなんらかの結論を導き出すことはできないとのことだ。[*6]

しかも、妥当な調査方法を用いている数少ない研究の結果も、明るい内容とは言えない。あるフィールド実験では、アメリカの小学1年生と2年生のクラスを舞台に、バイアス解消策の有効性を調べた。無作為に選んだ61のクラスで、性別、人種、体型に関するバイアスについて4週間のプログラムを実施した。プログラムの目的は、「子どもたちの包摂の輪を広げ、自分とは異なる人たちをもっと受容できるようにする」こと。参加した子どもの数は８３０人に上った。

しかし、こうしたプログラムは、子どもたちのバイアスに影響を及ぼさなかった。トレーニングを受けた子どもたちが自分と異なる子どもたちと一緒に過ごしたり、抵抗なく一緒に遊んだりする割合は、トレーニングを受けていない子どもたちと同様に低いままだったのだ。それでも、異性や異人種の子どもに対する姿勢はわずかに改善したが、体型に関するバイアスにはまったく影響がなかった。[*7]

ダイバーシティ研修と職場のダイバーシティの相関関係を調べた研究は多くないが、その1つは「最善手か、希望的観測か？──企業のアファーマティブ・アクション（積極的差別是正措置）とダイバーシティ促進措置の効果を検証する」と題されたものだ。この研究では、1971〜2002年の30年以上にわたり、アメリカの800社を超す中規模企業と大企業を調べた。その結果、ハーバード大学社会学部のフランク・ドビンらは、ダイバーシティ研修と職場のダイバーシティの間に直接の関連性はないと結論づけた。それどころか、ダイバーシティ研修をおこなうと、一部のマイノリティがマネジャーに昇進する割合はわずかながら下落するという。[*8]

この研究では、ダイバーシティ研修と職場のダイバーシティの間に関係がなさそうに見える理由はよくわからないと述べている。しかし、ほかの多くの研究から答えが見えてくるかもしれない。脳の「システム2」が熟慮の上で思考するためには、注意力と労力が要求される。その結果、認知的作業を多く抱えている人ほど、うわべしか見ずに判断し、性差別的な言葉を使いがちだ。この点を前提にすると、人々は多忙で疲弊しているために、自制心を発揮できず、多様な人たちを受け入れられる職場を築けないのかもしれない。社員の超多忙な「システム2」にはたらきかけようとするダイバーシティ研修は、無思慮で直感的で、しばしばバイアスに歪められた「システム1」の思考に扉を開きかねないのだ。[*9]

免罪符効果

また、ダイバーシティ研修は、「免罪符効果（モラル・ライセンシング）」を生む可能性もある。人は好ましい行動を取ったあとに、悪い行動を取る傾向がある。この現象を浮き彫りにする実験が台湾でおこなわれている。被験者に錠剤を飲ませ、一部の人には「マルチビタミン剤」だと説明し、一部の人には「偽薬」だと説明した。すると、マルチビタミン剤を飲んだと思っている人はその後、タバコを吸う割合が大きく、エクササイズやヘルシーな食事を実践する割合が小さかった。実際は全員が偽薬を飲んだだけだったが、サプリメントの健康効果を信じた人たちは、多くのタバコを吸う「免罪符」をみずからに与えたのだ。

「免罪符効果」の研究はまだ比較的歴史が浅いが、この現象は、差別も含めてさまざまな行動において見られる。ある実験によれば、２００８年のアメリカ大統領選でバラク・オバマへの支持を表明する機会を与えられた人は、その後、アフリカ系アメリカ人を差別する確率が高まったという。このような影響は、人種偏見を元々いだいていた人ほど強くあらわれた。

ここから、ぞっとするような可能性が浮上してくる。職場でとりわけ悪質な差別をおこなっている人の行動を是正するために、ダイバーシティ研修を受けさせると、完全に逆効果になる危険があるのかもしれない。差別的なマネジャーがダイバーシティ研修を受けると、それにより自分が「免罪符」を得たと感じ、面接をするときに差別的な態度を取ってもかまわないと思いかねないのだ。差別に関する研修を受けることにより、かえって性別間や人種間の違いが目につきやすくなる可能性も考えられる。実際、先に紹介したパラックとグリーンの論文によれば、無意識のステレオタイプの影響を和らげるためには、社会的カテゴリーに目が行きにくくするような措置がとりわけ有効なのかもしれない。

以上の点を考えると、ダイバーシティ研修には効果がないと結論づけざるをえない。少なくとも、どのような条件下で効果があるかを判断できるだけのデータはない。このような研究結果を知れば、ダイバーシティ研修に莫大な金額を費やしている企業は方針を再検討すべきだ。ダイバーシティ研修が期待どおりの成果を上げられていないことも一因になって、一部の企業は新しいアプローチを試みはじめている。無意識のバイアスについての研修から、「ミクロな不平等」〔職場などで無意識にそれとなく表現される差別意識〕の是正を目指すプログラムに転換しつつあるのだ。しかし、そうしたミクロな不平等についでは、明らかになっていないことがもっと多い。では、真の成果を生み出したい企業は、どのようなことをすべきなのか？[*10]

何が有効か？

さまざまなバイアス解消方法の効果を調べたバブコックとローウェンスタインの研究が参考になる。この研究では、ほかの局面で有効性が明らかになっている2種類の対策を試してみた。1つは、「パースペクティブ・テイキング（視点取得）」だ。ビジネススクールの交渉法のクラスで、ほぼかならず教えられる手法である。

交渉をうまく運ぶためには、相手の身になって考え、その人の視点でものごとを見て、その人がどういう背景で交渉に臨んでいるかを理解すべきだとされる。この手法は、本章の冒頭で取り上げた法的紛争のケースでは大きな効果がなかったが、人々の考え方に影響を及ぼせる場合もある。たとえば、高齢者の視点でエッセーを書いて「お年寄りの身になって考える」経験をした人は、高齢者へのステレオタイプが和らぐ。同様に、差別についての文章を読ませたり、映像を見せたりして、アフリカ系アメリカ人に感情移入させると、その人の姿勢に好ましい影響が及び、アフリカ系アメリカ人との交流に前向きになる。

ある実験で、インドの有力ビジネススクールの学生たちに、人気映画スターが進行役を務めるテレビ番組『サッティヤメーヴァ・ジャヤテ（真実のみが勝利する）』を見せたところ、下位カーストに対するバイアスが和らいだ。この番組では、下位カーストの人たちがしばしば経験する残虐行為や不平等を描いている。感情的な表現を用いたナレーションが流れ、下位カーストの人たちが非人間的な仕打ちについて語り、そのあとで元最高裁判所判事がインド憲法における平等、友愛、自由、正義の価値を説明する。最後にドキュメンタリー作家が差別の実態を述べ、統計を紹介する。

いささか強引なやり方に思えるかもしれないが、これは多くの心理学的な知見に基づいたアプローチであり、実際に効果があった。番組視聴後に潜在連合テスト（IAT）を受けさせたところ、学生たちの無意識のバイアスが弱まり、視聴しなかった学生に比べて、下位カーストの人たちに好意的な態度を取る確率が高まったのだ。こうした結果は、3カ月後にあらためてIATを実施しても失われていなかった。この実験をおこなった研究者たちの推測によれば、「感情のこもったナレーションが偏見の緩和に大きな役割を果たした」という。ダイバーシティ研修を成功させるためには、パースペクティブ・テイキングを通じて感情移入を促すことが有効なのかもしれない。[*11]

バブコックとローウェンスタインは、もう1つのバイアス解消方法も実験している。それは、多くの人が最も汎用的と考えるアプローチ、すなわち「反対を考える」というものだ。具体的には、被験者にみずからに対する厳しい審問官役を演じさせ、自分の思考と結論が誤っている可能性を主張させるのだ。実験では、原告役と被告役の被験者に、自己奉仕バイアスという現象について教え、「そのようなバイアスは、みずからの主張のあらを見落とす結果として生じる可能性がある」と告げた。そのうえで、自分の主張の弱点を文章に書かせた。

こうしてみずからの思考の弱点を認識すると、両者とも楽観的な見方が弱まり、和解に応じてもいいと思う金額の開きもほぼ埋まった。和解の話し合いが暗礁に乗り上げた割合は、「反対を考える」ことをさせなかったグループが35%だったのに対し、それをさせたグループはわずか4%だった。ほぼすべてのペアが和解に合意できたのである。

人種バイアスの緩和にどのような措置が有効かを比較調査したカルヴィン・ライらも、同様の結論に達している。実験によると、有効だった手法の1つは、ステレオタイプに反するものを見せるというアプローチだった。反射的なステレオタイプを解消する方法についての実験を集約した研究を見ると、この方法はジェンダーに関しても有効らしい。ステレオタイプに反することを考えるよう指示したり、ステレオタイプに反するものを見せたりすると、反射的なステレオタイプを和らげる効果があるのだ。ただし、効果は大きいとは言えず、効果がどれくらい持続するかはほとんど明らかになっていない。[*12]

「反対を考える」アプローチは、思考法にはたらきかける戦略の一種と位置づけられる。この種の戦略のなかには、論理的推論や統計的手法などのアプローチも含まれる。数学、経済学、統計学の標準的な内容を学んだ学生は、意思決定の際にそれぞれの分野の基本原則を適用し、判断ミスを減らせる可能性が高いとわかっている。たとえば、いくつかのラボ実験によると、統計的推論のトレーニングを受けた人は、不正確なステレオタイプを信じにくくなるという。[*13]

自分の内部の集合知

旧来型のダイバーシティ研修を補強するには、人々にもっと明瞭な思考を促すことが有効なのかもしれない。そのための1つの方法が、「集合知を活用する」ことだ。手の込んだ予測手法を用いるより、多くの人の予測の平均を取ったほうが正確性が高いのだ。少なくとも、いちばん声の大きな人の主張を採用したり、グループで議論したりするより正確なことは間違いない。グループでの議論は、「集団思考」に陥ることが非常に多いという問題がある。集合知を活用する方法を応用して、自分でいくつかの予測を考えて平均を取ることによっても、判断の質を改善できる。言ってみれば、「自分の内部の集合知」を活用するのだ。[*14]

この章の冒頭で取り上げた自動車事故の和解交渉の例で考えてみよう。あなたは原告側弁護士で、裁判に持ち込んだ場合の勝訴の確率と、受け取れる賠償金の金額を予測しようとしている。まず、頭に浮かんだ数字を紙に記す。そのあと、予測に用いた情報を改めて検討する。注意深く検討すると、最初に直感的に考えたときとは異なる情報に目が行くだろう。その2度目の予測も紙に記す。このあと、同じことをもう一度繰り返す。最初の2回で見落としていた情報に注意を払うよう、自分に言い聞かせるのだ。普段は目を向けないようなところにも、あえて目を向ける。いつもは発しないような問いをあえて発してみる。こうして導き出した3度目の予測も紙に書く。最後に、3度の予測の平均を計算し、その数字を自分の予測として採用すればいい。研究によると、このように「自分の内部の集合知」を活用することにより、判断の正確性が大幅に高まるという。*15

別の形でも、ほかの人たちの存在を意識させることには効果がある。そのアプローチが有効なのは、企業のダイバーシティ研修だけではないようだ。アフリカのルワンダでおこなわれた実験を紹介しよう。フツ族とツチ族の部族対立により内戦に突入したルワンダでは、1994年に大規模なジェノサイド（大量虐殺）が起き、全人口の10％、少数派のツチ族の75％が殺害された。実験は、その10年後に実施された。

研究グループは、「ラベネフォレンシヤ」というNGOと協力してフィールド実験をおこなった。被験者には、1年間にわたり、「啓蒙エンターテインメント」のラジオ番組を聞かせた。目的は、人々が偏見と暴力、心の傷を克服し、部族の壁を越えてコミュニケーションを取り、協力し合うよう促すうえで、ラジオにどの程度効果があるかを明らかにすることだった（ラジオは、ルワンダで最も影響力のあるマスメディアだ）。被験者たちは、村ごとにグループで集まってラジオを聞いた。その際、半分の村では多様性と包摂を説く内容を、もう半分の村では健康情報の番組を聞かせた。つまり、地域コミュニティ単位でのランダム化比較試験を実施したのだ。

結果はどうだったか？　ラベネフォレンシヤの期待に反して、ラジオ番組により人々の固定観念が変わることはなかった。しかし、思わぬ効果があった。固定観念はそのままでも、人々の行動が変わったのだ。ダイバーシティの大切さを説く番組を聞いた人たちは、他者への共感を強く示し、部族間の結婚にも抵抗しなくなった。そして、反対意見をオープンに述べ、みずからの心の傷を語り、他者と協力する姿勢が目立つようになった。

この結果を見ると、人の行動は、その人自身の考え方よりも、社会規範に照らして好ましい行動とはどのようなものだと思うかと密接に結びついているように思える。この発見は、ルワンダにおける部族間の和解の促進にとどまらず理論的にも大きな意味をもっている。人々の行動を変えるためには、個人の思い込みを変えるより、何が適切な行動かという社会の共通認識を改めるべきだ、という可能性が出てくるからだ。おそらく両方の対策が必要なのだろう。社会規範は、行動デザインの影響を受けやすい。行動デザインの考え方を応用した研修を導入することにより、ダイバーシティの向上を実現できるのかもしれない。[*16]

解凍→変容→再凍結

では、科学的データに基づいて考えると、ダイバーシティ研修を実施したい企業は、何をすべきなのか？　私が企業に勧めているのは、能力構築に研修の力点を置き、「解凍(アンフリーズ)→変容(チェンジ)→再凍結(リフリーズ)」の枠組みを採用することだ。この方法論は、応用社会心理学・応用組織心理学の草わけであるクルト・レヴィンが考案したもので、マックス・ベイザーマンとドン・ムーアの著書『行動意思決定論』（邦訳・白桃書房）で詳しく紹介されている。重要なのは、意識を高めようとするだけでなく、好ましい意思決定を助ける手立ても与えること。そして、研修で学んだ新しい考え方や行動を定着させる（再凍結する）ための方法も考えることだ。[*17]

「解凍」が成功するのは、人々が現在の行動に疑問をいだき、ほかの選択肢に興味をもったときだ。たとえば、潜在連合テスト（IAT）を通じてみずからのバイアスに気づかせることも、人々の目を覚まさせるうえで有効かもしれない。いずれにせよ、研修は解凍のためのエクササイズから始めるべきだ。本書の第1章の記述も、あなたの思考を解凍することを目的にしていた。人は、みずからのバイアスについて知り、誰もがバイアスの影響を受けることを学べば、どうしてそのような結果が起きるのか、どうすればその弊害を取り除けるのかに興味が湧いてくるものだ。

解凍したあとは、少し時間を割いて、組織がいまやっていることに目を向けよう。本章でおこなったように、現行のアプローチを見直し、それをどのように改善すべきかを検討するのだ。研修を成功させるためには、変革を後押しする仕組みをつくることが不可欠だ。変革を成し遂げるのは簡単なことでないからだ。私たちの思考と行動は、一人ひとりの行動パターンや組織の慣行と密接に結びついている。勝手知ったやり方を捨てて、経験したことのない世界に足を踏み入れる人には、リスクがついて回る。現状を見直せば、これまでのやり方が好ましくない、ことによると非生産的だったと思い知らされる場合もある。このような学習をすることには、痛みがともなう。恐怖を味わわされるかもしれない。

それでも、本書で紹介していくツールを使えば、それを実行できる。私が推奨するアイデアをすべて採用する必要はない。あなたの組織の実情に合わせて選択し、経験を通じて学んでいけばいい。さまざまな研究によると、人はプロセスに主体的にかかわっているときほど、既存のやり方を「学習棄却」し、新しいやり方を学ぶことに前向きになる。だから、人々に新しいやり方を一方的に押しつけるのではなく、同僚たちと協力して取り組もう。また、プロセスがフェアだと思えば、人は自分にとって好ましくない結果も受け入れやすい。どのような方法を試みるかで合意したら、その方法論を実験してみよう。[*18]

どのような方法が有効で、どのような方法に効果がないかを検証することの重要性は、どんなに強調しても強調し足りない。学術的研究をもとに、本章では意図的に、さまざまな国とさまざまな文脈の多様な実例を取り上げてきた。ジェンダーだけでなく、人種、階級、カースト、民族、外見、年齢に関するバイアスや、さまざまな認知バイアスを取り除くためのテクニックを紹介した。これらの事例はヒントになるだろうが、有効な方法をみずから検証する必要がなくなるわけではない。あらゆる局面で通用する「魔法の杖」は見つかっていない。それが見つかる日は、けっして来ないかもしれない。

たとえば、マサチューセッツ工科大学（ＭＩＴ）のエヴァン・アプフェルバウムらによれば、どのような方策を採用すべきかは、マイノリティの登用がどの程度進んでいるかによって変わるという。「人種的マイノリティの人たちは、白人女性に比べて著しく登用が遅れている場合が多い。そのため、人種的マイノリティの人たちの関心に応えるには、あらゆる社会的カテゴリーの人たちを等しく公正に扱うことを重んじるのが有効かもしれない。それに対し、白人女性の関心に応えるには、違いを明確に認め、女性たちがもつ強みを意識することがとりわけ有効かもしれない[*19]」

最後に、新しい考え方を定着させる、つまり「再凍結」するための方策を見いだす必要がある。

古いやり方や悪い行動に引き戻そうとする誘惑は強い。だから、バイアスをもった人たちが正しい行動を取りやすくなるような組織変革に力を注ぐべきだ。

多くのホテルでは、宿泊客が部屋のカードキーを挿入しないと照明がつかない。そして、部屋を出るためにカードキーを抜くと、自動的に照明が消えるようになっている。どんなに環境保護意識の高い客でも退室時に照明を消し忘れることが多いと、ホテル側は気づいたのだ。ホテルにとっては、この問題を放置し、電気代のコストを宿泊料の値上げという形で宿泊客に転嫁する選択肢もあった。チェックインの際に注意喚起したり、部屋に標識を掲げて消灯を呼びかけたりしてもよかった。しかし、ちょっとしたテクノロジーと賢明なデザインによって問題を解決しようとしているホテルも多いのだ。

本書で推奨している「再凍結」の手法は、行動デザインの方法論に土台を置いている。それは、旧来のコンプライアンス手法のようにアメとムチに頼るものではないし、人々が新しい規範を血肉化することを期待するものでもない。ルワンダでの実験が証明しているように、適切なデザインを導入すれば、人々の価値観が変わっていなくても行動が変わる場合がある。この点が行動デザインの魅力だ。人々の思考様式を変えるのではなく、環境を変えることによって行動を改めさせることが可能なのだ。

「多様性と包摂を目指す個人や組織のなかに、このような方法論を試しているケースはあるのか?」という感想をいだいた人も多いだろう。本書を読み終わるまでに、その感想が「この方法論を試していないなんて、ありえない!」に変わることを願っている。

ジェンダー平等のためのデザイン――慣行とプロセスを変える

- 意識向上を目指すダイバーシティ研修をやめる。
- 理性的な判断を促すために、「反対を考える」「自分の内部の集合知を活用する」といった戦略の訓練を積ませる。
- 「解凍（アンフリーズ）→変容（チェンジ）→再凍結（リフリーズ）」を実践する。

第3章 主張する女性が直面するリスク

ある学部長のジレンマ

ハーバード大学ケネディ行政大学院の学部長を務めていたとき、教員の採用と昇進を決めるのは、私の重要な仕事の1つだった。その仕事の一環として、報酬の交渉もしなくてはならなかった。この職務は、私に深刻なジレンマを突きつけた。ビジネススクールで交渉について長年教えてきた私は、自分に交渉役が務まるかという不安はまったく感じなかった。ジレンマの原因は、むしろ交渉に長けすぎていることだった。というのも、私の親しい友人でもある3人の研究者、リンダ・バブコック、ハナ・ライリー・ボウルズ、キャスリーン・マギンの研究によれば、女性は男性に比べて交渉することに消極的で、仮に思いきって交渉する女性がいても、相手がその女性にいだく好感度が下がるとわかっているからだ。

私は2004年以降、ハーバード大学でジェンダーと交渉をテーマにした学術会議を毎年開催し、多くの研究者たちとこの問題を論じてきた。このイベントは、ケネディ行政大学院内で私が所長を務める研究センター「女性と公共政策プログラム」が主催しているもので、ハーバード・ロースクールの「交渉プログラム」や、シモンズ大学経営大学院の「組織におけるジェンダー研究所」と協力して開催した年もあった。ここに集まった社会科学者たちは、女性が交渉の場で気後れしやすく見える理由と、それを解決する方策を明らかにしたいと考えてきた。これらの学術会議の成果は、2008年に刊行されたネゴシエーション・ジャーナル誌の特別号（ボウルズと私が客員編集者を務めた）にまとめられた。本章の記述の多くは、そこに掲載された研究と、それに触発されたその後の研究に依拠している。[*1]

膨大な数の研究が明らかにしているように、どの国でも、大学の学長や学部長、そのほか人事上の決定をくだす立場にある人たちは、給料や報酬を交渉する女性がジェンダーの規範に反していると感じる傾向がある。しかも、女性に対して、協調的で、愛想がよく、コミュニティ重視であることを期待するバイアスをもっているだけでなく、これらの規範に反する行動を取る女性とは一緒に働きたくないと感じる場合が多い。第1章で紹介した実験で「ハイディ」が「ハワード」ほど好印象をもたれなかったように、女性は「主張しない」ほうが部下や同僚として好まれるのだ。

ボウルズとバブコック、レイ・ライの一連の研究によれば、女性社員が昇給を求めると、マネジャーたちから一緒に働きたくないと思われるのに対し、男性社員が昇給を求めても、そのような見方をされることはほとんどないという。ボウルズらは４つの実験を通じて、「要求」する女性が不利益をこうむる現実を浮き彫りにし、女性が交渉の場で強く主張しない理由を明らかにした。

１つ目の実験は、採用のプロセスを再現し、大学の学部学生たちに銀行のマネジャーになったつもりで質問に答えさせた。被験者の学生たちには、求職者の要望事項を列挙した書類を読ませた。求職者の名前は男女どちらでもありうるものにしたが、それぞれの求職者のことを「彼」と呼ぶケースと「彼女」と呼ぶケースを設けた。すると、被験者の反応は、「彼」よりも「彼女」に対してはるかに否定的だった。

２つ目の実験は、採用されたばかりの新人に対する反応を調べることを意図していた。大学卒の大人に、シニアマネジャーになったつもりで質問に答えさせた。ある新人が採用時にどのくらいの報酬を求めたかを被験者に伝え、その新人と一緒に働くことをどの程度歓迎するかを尋ねたのだ。すると、新人の「彼」が採用時に報酬の交渉をしていても（「最高レベル」の給料と業績連動ボーナスを求める「柔らかい要求」の場合もあれば、最高額の給料とその25~50%相当のボーナスを求める「強硬な要求」の場合もあった）、被験者たちがその人物と一緒に働くことへの意欲に大きな影響はなかった。しかし、「彼女」が同様の要求をしていた場合、被験者たちがその人物と一緒に働くことへの意欲は大幅に減退した。

３つ目の実験は、基本的には２つ目の実験と同じだが、採用面接時の新人の言動を記録した動画を被験者に見せた。これは男優と女優に演技をさせたもので、演者は発言や振る舞いを互いにできるだけ似せるようにした。すると、男性被験者も女性被験者も、強い要求をした女性の新人と一緒に働きたいと感じる度合いは、同様の要求をした男性の新人に比べてずっと弱かった。男性被験者は、強い要求をした男性の新人と一緒に働くことに前向きだったが、女性被験者は、男性にせよ女性にせよ強い要求をした新人と働くことにうしろ向きだった。この実験により、男性被験者は女性の新人を「やさしい」か「主張が強い」かという基準で評価するため、強い要求をする女性の新人と一緒に働きたがらないことも明らかになった。

4つ目の実験は、これまでとは逆に、被験者に求職者役を演じさせた。被験者は、採用面接を想定した場面で、最高レベルの給料と業績連動ボーナスを要求するか、そのような要求をしないかを選択するよう求められた。すると、面接担当者が「彼」とされている場合、女性被験者は男性被験者に比べて強い要求をしない傾向が際立っていた。一方、面接担当者が「彼女」とされている場合は、男性被験者も女性被験者も強い要求をあまりしなかった。被験者たちは、面接担当者の反応を予想して自分の行動を決めていたようだ。男性の面接担当者は、要求の強い男性に好意的で、要求の強い女性に不利な扱いをするが、女性の面接担当者は、男女を問わず、要求の強い人物に否定的な評価をする——被験者たちはこのような予想に基づいて行動したのだ。実際、面接担当者はそのとおりの行動を取る傾向がある。

ほとんどの調査結果では、評価する側の性別は評価される側の性別ほど強い影響をもたないが、地位が低い集団の人物（この場合は女性）はしばしば、地位が高い集団の人物（この場合は男性）と向き合うとき、規範を破らないように細心の注意を払う。ボウルズとミシェル・ゲルファンドの研究によると、このパターンは性別の違いだけでなく、人種の違いに関しても見られる。そればかりか、実験で被験者を無作為に「地位が高い集団」と「地位が低い集団」に割り振った場合も同様の結果になる。地位が高い集団の人物は、規範に反する行動を取った人物を評価するとき、自分と同様に地位が高い集団の人物より、地位が低い集団の人物に厳しい態度を取る。一方、地位が低い集団の人物が評価をくだす場合は、どちらの集団の人物も同様に扱う。[*2]

なぜ女性は交渉しないのか？

交渉を軽く考えてはならない。交渉は非常に重要だ。報酬を交渉しない人は、交渉する人に比べて大幅に不利な扱いを受ける。リンダ・バブコックとサラ・ラシェーヴァーの著書『そのひとことが言えたら…』（邦訳・北大路書房）によれば、カーネギーメロン大学の修士号取得者のうち、女性の圧倒的多数（全体の93％）は、雇用主から最初に提示された金額をそのまま受け入れた。それに対し、男性で最初の金額をそのまま受け入れた人は半分に満たなかった（43％）。男性の初任給は約４０００ドルで、女性よりも８％近く高かった。

交渉への積極性は、採用されたあとのキャリアにも影響を及ぼす。私の教え子であるフィオナ・グレイグがアメリカのある投資銀行について調べたところ、交渉への積極性は昇進にも関係してくる。この投資銀行でも、女性は男性に比べてあまり交渉したがらず、交渉に積極的な社員は交渉に消極的な社員よりも出世が速かった。注意すべきなのは、グレイグによれば、交渉への積極性と仕事の成績が無関係だということだ。自己主張の強い人物は、かならずしも優秀な成績を上げているわけではないのに昇進していたのである。[*3]

女性はたいてい、交渉するとしても大きな要求をしない。ある調査では、スウェーデンの社会科学系の大学卒業者に対し、採用面接で給料の希望額を問われたことがあるか、その場合にいくら要求したのか、そして最終的にいくらの給料が提示されたかを尋ねている。それによると、女性たちは、同程度の資質をもっていて同様の職に応募した男性に比べて、採用面接で要求した金額が少なく、最終的に企業側から提示された金額も少なかった。企業側は、女性たちのただでさえ低い要求に対して、さらに低い金額を提示し、女性たちが自己主張しようとした場合も好意的な態度を取らなかったのだ。

女性は、男性にとって有効な昇進戦略を実践する道も閉ざされている。イギリスの経済学者に関する実証研究がある。それによると、女性経済学者は男性経済学者に比べて、よその大学から条件提示を引き出すなど、現在の勤務先との交渉を有利に運ぶための戦略をあまり実行しようとしない。まず、女性経済学者は、生産性が同レベルの男性経済学者ほどは、ほかの大学から条件提示を引き出せない。しかも、男性経済学者と違って、女性経済学者がほかの大学から条件提示を受けたとしても、現在の勤務先から提示される条件はほとんど変わらない。この状況では、女性経済学者がほかの大学とあまり接触しようとしないのも無理はない。[*4]

学部長に就任した私は、ジレンマにぶつかった。組織の利害を重んじて交渉に臨むなら、ジェンダー・バイアスを利用することになりかねない。女性の同僚たちがしっぺ返しを恐れて（ここまで述べてきたように、そのような不安をいだくのは理にかなっている）、昇給やその他の待遇改善を求めたがらないことにつけ込む結果になる。一方、女性の同僚たちの身になって行動し、バイアスの影響を予期し、その影響を中和しようとしすぎれば（ジェンダー・バイアスが交渉のプロセスを歪めることは、私は十分すぎるくらい知っている）、学部長に期待される役割を十分に果たせない。学部長には、限りある予算を最大限有効に使うことが求められるからだ。

しかし、予算を有効に使うためには、優秀な人材を獲得し、つなぎとめる必要もある。マネジャーたちも次第に、女性が交渉で直面するジレンマを理解しはじめた。不利な条件で雇われたと気づいた女性社員が不満をいだいて辞めていくような事態は、マネジャーも避けたい。

アカデミー賞女優のジェニファー・ローレンスは2015年10月、ハッキングにより暴露された情報を見て、自分の出演料が男性共演者たちよりはるかに少なかったことを知り、落胆をあらわにした。彼女はエッセーにこう記している。「嫌われたくないがために、真剣に戦わずに同意してしまった面がないと言えば、それは嘘になる。気難しいとか、思い上がっていると思われたくなかった。そのときは、それでもいいと思っていた。でも、インターネットに暴露された報酬額を見て考えが変わった。これまで共演してきた男優たちはみな、気難しいだの、思い上がっているだのと思われることをまったく恐れていないのだから」[*5]

オバマ大統領が女性記者だけ指名した理由

ジェンダー・バイアスから目を背けるのも、それにつけ込むのも、賢明ではないし、ましてや公正でもない。では、マネジャーはどのような態度を取るべきなのか？　私が実践した戦略を紹介する前に、いくつかのデータを簡単に紹介しておきたい。ボウルズ、バブコック、マギンがおこなった研究は、交渉は可能なのだという事実を明らかにすることの重要性を浮き彫りにしている。

ボウルズらがMBA取得者を対象に実施した調査によると、その人たちが修了後に最初に就いた職の男女の給料格差は平均6000ドルに上った（ほかの要素の影響は調整済みの数字）。それでも、何が交渉可能かがはっきりしている分野では、男女の給料格差はほとんど存在しなかった。それに対し、この点の不透明性が高い分野では、男性の給料が女性より平均1万ドルも高かった。この傾向は、多くの実験によっても裏づけられている。バイアスの影響があらわれるのは主として、どのような行動が要求されるかがわかりにくい場合だ。ある役職の給料の相場がはっきりしている場合は、女性も男性と同様にうまく交渉できる。

アンドレアス・レイブラントとジョン・リストは、フィールド実験でこの点をさらに掘り下げて調べている。その実験では、アメリカの9つの大都市で事務アシスタントの求人広告を公開した。広告の内容は2種類だ。片方は、給料に交渉の余地があることを明記し、もう片方は、その点を曖昧にしていた。応募してきた2500人の求職者の行動には、性別により興味深い違いがあらわれた。男性は、給料が交渉可能だと明示されていない求人に応募する傾向が強かったのだ。

ボウルズらのラボ実験によれば、この点の曖昧性は男性に有利にはたらくという。レイブラントらのフィールド実験の男性求職者たちがこの研究結果を知っていたとは思えないが、曖昧な状況に居心地の悪さを感じず、交渉が前提とされていない環境のほうが好結果を得られるという自信があったことは間違いなさそうだ。実際、求人広告に給料が交渉可能だと明示されていない場合、交渉しようとする人の割合は、女性よりも男性のほうが多かった。女性は、交渉可能であることが明確で、交渉を歓迎する旨が求人広告に明記されている場合のほうが交渉しようとする傾向があった。交渉におけるジレンマに直面している女性たちは、交渉してもいいのだとお墨つきを与えられたほうが思いきって行動できるようだ。*6

1つのエピソードを紹介しよう。2014年12月19日、アメリカのバラク・オバマ大統領は、冬期休暇で家族とハワイに旅立つ前に記者会見した。いつもどおりの記者会見だったが、小さな違いが1つあった。このことは、たちまちニュースでも取り上げられた。この日、オバマは女性の記者しか指名しなかったのだ。当然、意図的にそうしたのだろう。ホワイトハウスの記者会見に出席した女性記者は、1960年にヘレン・トーマス記者が許可されるまで1人もいなかった。そのような男性優位の世界で、この日の出来事は目を見張るべきことと言えた。

オバマはともかく、一部の政権スタッフは間違いなく、このテーマに関する研究成果を知っていた。ハーバード大学ケネディ行政大学院の「女性と公共政策プログラム」のメンバーであるヴィクトリア・バドソンから数度にわたり説明を受けていたからだ。多くの研究によれば、女性は交渉を避けようとし、男性ほど自己主張せず、抜擢される機会も少ない。バドソンは「ホワイトハウス女性・少女評議会」に対し、この点を繰り返し強調していた。

グーグルは、こうした点について自社のデータを把握していた。そのことは、人事担当上級副社長を務めたラズロ・ボックの著書『ワーク・ルールズ!』(邦訳・東洋経済新報社)に詳しく記されている。同社が自社のデータを分析したところ、女性社員は男性社員ほど昇進希望を出さないことがわかった。ハーバード・ビジネススクールのフランチェスカ・ジーノらの研究によれば、女性が昇進を好ましいと思わず、それを望まない場合が多いのは、高い地位に就けば、悪い結果を招くと思っているからだ。具体的には、ストレスと不安、厳しい選択や犠牲、時間的な制約、重くのしかかる責任、人生のほかの重要事項との衝突などを恐れている。

ボックやグーグルの面々は、この状況を変えたいと考えた。そこで、技術系の社員すべてに対し、以下のような電子メールを送った。「女性が昇進希望を出すことを後押しするために、私たちが始めた最新の取り組みをお知らせしたいと思います。これは非常に重要なことで、私は情熱をもってそれを推進したいと思います。昇進にふさわしいグーグル社員は、誰でも名乗りを上げてほしい。マネジャーは、部下がそうしようと思えるように努めてほしい……自分や他人に対する小さなバイアスは、長い年月を通じて積み重なっていきます。それを克服するためには、意識的な取り組みが不可欠なのです*7」

「リーン・イン」の代償

女性は、自分を売り込んでもいいのだとはっきり言われても、リスクを恐れて行動できない場合がある。これは、女性たちが臆病だからではない。そのような行動を取れば、悪い結果を招くと知っているからだ。人気テレビキャスターのケイティ・クーリックの番組に出演し、『ＬＥＡＮ ＩＮ

（リーン・イン）』（邦訳・日本経済新聞出版社）の著者シェリル・サンドバーグと意見を交わしたボウルズとバブコックは、女性が要求することのコストを指摘した。私たちは男性と女性の行動を異なる基準で評価しているというのだ。バブコックは、世界女性リーダー評議会のローラ・リズウッドの言葉を引用してこう述べた。「女性が怒りをあらわにすれば、攻撃的すぎると思われる。古い慣用句がある。『男はほかの国に爆弾を落とすと、攻撃的すぎると言われる。女は相手を電話口で長く待たせただけで、攻撃的すぎると言われる』」[*8]

女性が安全に「リーン・インする（一歩を踏み出す）」には、上司などのお墨つきを得ていると言える必要があるようだ。ボウルズとバブコックの研究では、女性たちに次のように言わせてみた。「研修プログラムのチームリーダーから、給料について話し合うよう勧められました。私が最も高い水準の給料を支払われていないのではないかと思えたのです」。すると、女性たちの要求が受け入れられやすくなった。

そのほかの方法としては、みんなの利益を強調しながら自分の要求を訴えるアプローチ（専門家の言葉を借りれば「関係的説明」）を好む女性が多いかもしれない。女性は、組織全体の文脈のなかに個人の要求を位置づけたほうが、交渉によって好ましい結果を引き出し、自己主張することの悪影響を減らすことができる。組織を大切にする姿勢を前面に押し出せば、交渉スキルを発揮することにより、自分が組織にとって有益な資質をもっていると実証し、要求を正当化できるのだ。[*9]

小さなことに思えるかもしれないが、それが大きな成果を生む場合がある。たとえば、サンドバーグは、「私」の代わりに「私たち」という言葉を用いることが非常に有効だと主張している。そのような言葉遣いをすることにより、共同体的な価値観を表現し、個人の要求を組織全体の文脈のなかに位置づけやすくなる。ボウルズとバブコックが実験で試した手法にせよ、サンドバーグの「私たち」話法にせよ、要求を正当化するアプローチは女性にとって役に立つ。

しかし、彼女たちは意気揚々とこのようなアドバイスをしているわけではない。その気持ちは私も痛いほどわかる。ジェンダー・バイアスが蔓延していて、男女が等しい条件で競い合えず、女性が自分にふさわしい報酬を要求するときに男性よりも苦労する現状を事細かに説明するのは、どうしても気が滅入る。私自身、女子学生にこれらの研究結果を紹介するのはいい気分がしない。けれども、私は自分に言い聞かせている。社会のシステムが改善されるまで辛抱強く待つようにと女子学生たちに言うのは、もっと悪い選択だ。[*10]

自己ステレオタイプの影響

自己主張するよう明確に促されるなり、お墨つきを与えられるなりしないと、リーダーの地位にある女性ですら、男性ほど発言しない。スウェーデン議会では、議員の40%以上を女性が占めているにもかかわらず、女性議員は男性議員に比べて演説する回数が際立って少ない。女性議員が40%以上というのは、ヨーロッパ諸国の平均（約25%）やアメリカ（20%に満たない）よりずっと大きな割合なのだが……。アメリカの上院では、男性議員の場合、議員の実力（在職年数、成立させた法律の数、役職経験など）が大きければ、議場での発言機会も多くなる傾向がある。しかし、女性議員の場合は、実力があっても発言機会が多いとは限らない。

イェール大学のヴィクトリア・ブレスコールは、このような現象が生じる原因を突き止めるために実験をおこなった。その実験では、男女の専門職の人たちに最高経営責任者の能力を評価させた。すると、男性の最高経営責任者の場合、多く発言する人はあまり発言しない人より高く評価されたが、女性の最高経営責任者は、多く発言する人のほうが大幅に評価が低かった。この傾向は、評価する側が男性の場合にも女性の場合にも見られた。積極的に発言する女性は罰されたのである。

女性たちは、単に好みで話したがらないのではない。周囲の環境をよく観察し、「男性流」が自分たちに好ましい結果をもたらさないと知っているので、男性とは異なる行動を取っているのだ。ここに、女性たちの置かれている不利な状況がよくあらわれている。男性的なやり方は昇進のための方法論として定着しているが、女性にとっては効果がないばかりか、それを実践すると罰されるのである。これでは、女性たちが発言しようとしないのも無理はない。[*11]

社長や上司が女性に自己主張を促すのは有効な方法だが、男女が対等な条件で競い合い、組織がすべてのメンバーの力を生かせる状況をつくるためには、それだけでは十分でない。現状では、すべてのメンバーが活躍の機会を等しく与えられず、その結果として、最も優れたメンバーの声を聞けていない組織があまりに多い。

私の教え子であるオハイオ州立大学のケイティー・ボルディガ・コフマンの実験によれば、知識の豊富な女性が能力を十分に発揮できないケースがとくに多いが、男女とも、それぞれの性別が不得意というステレオタイプをもたれている分野ではほとんど活躍の機会を得られないという。コフマンの実験では、男女の被験者を無作為に2つのグループにわけ、さまざまな分野の多肢選択問題に答えさせた。そのなかには、「芸術と文学」や「スポーツとゲーム」など、性別によって得意不得意がわかれるというステレオタイプが存在する分野も含まれていた。

それぞれのグループでは、誰か1人の解答をグループの解答として採用する。具体的な手順としては、一人ひとりの被験者が自分の解答をグループの解答として採用したいかを答え、その希望を最も早く表明した人物（それが最も強い希望の持ち主だとみなした）の解答を採用するものとした。

多くの人は、女性は芸術に詳しく、男性はスポーツに詳しいというイメージをもっており、実際にそのような傾向があることは否定できない。しかし、被験者たちは、異性が得意とされている分野で異性の知識を過大評価して、控えめな態度を取った結果、グループに貢献する機会を逸していた。この実験がひときわ注目すべきなのは、匿名が守られていて、失敗しても批判や制裁を受ける心配がない状況だったにもかかわらず、被験者たちがこのような行動を取ったことだ。すべてのメンバーが――とりわけ優秀な女性たちが――性別に関係なく、もっと積極的に主張していれば、みんなが恩恵に浴せたはずだ。

ところが、匿名という安全な場に身を置いていても、最も知識豊富な女性たちですら、自分の意見を述べることを控える傾向があったのだ。彼女たちは、自己ステレオタイプの落とし穴にはまったのである。[*12]

重要なのは透明性

こうした点を踏まえて、私は学部長に就任したとき、給料の交渉に関して一般とは違うことをいくつか実践した。

第一に、相手の能力をよく見極めるようにした。うっかりすると、「高い給料を要求するくらいだから、質の高い仕事をしたいという意欲が誰よりも強いのだろう」と思いたくなる。しかし、現実のデータを見ると、そうとは限らない。そこで、そのような思い込みをしないように気をつけた。

第二に、相場を把握するように努めた。交渉では、どうしても相手の要求内容を前提にものを考えてしまう。交渉理論で「アンカリング効果」と呼ばれる現象だが、私はそれを避けたいと思った。男性が女性より大きな要求をするとすれば、典型的な交渉のプロセスどおりに私と相手が互いの間の溝を埋めていく形になると、男女間に給料格差が生まれてしまう。そこで、相手の要求事項ばかりを見るのではなく、同様の人材に支払われている給料の一般的な相場や組織内の相場を前提に考えるように心がけた。

第三に、相手に自分の希望を述べるよう促した。すべて希望に沿えるとは約束しないが、何が交渉可能かはできるだけ透明にした。

第四に、ケネディ行政大学院における男女別の——そして、そのほかの属性別の——報酬額、昇進率、昇給状況、その他の関連データをチェックするようにした。特定の属性の人たちを意図せずに差別しないようにするためだ。

ここで白状すると、私は1998年にハーバード大学の助教授の職を提示されたとき、大学側から示された条件をそのまま受け入れてしまった。その後、交渉の余地があったことを知り、次の機会にはしっかり交渉しようと心に決めた。その機会は、2006年に終身在職権を獲得し、待遇について学部長と話し合ったときに訪れた。終身在職権つきの正教授に昇進するのは、研究者にとっては大きなステップだ。収入も大きく変わってくる。

1998年当時よりもジェンダーの不平等に関する研究に詳しくなっていた私は、十分に準備をして交渉に臨んだ。幸い、ほかの名門大学からの誘いも受けていたが、強く主張する女性が不利をこうむる場合が多いという研究結果も知っていた。高い給料は欲しいけれど、人間関係は壊したくなかった。私が選択した戦略がほかの人にも有効かはわからないし、その有効性を体系的に検討できてもいないのだが、そのときはそれが正しい選択だと思った。私が取った行動、それは、本章で論じてきた内容を学部長に説明し、そのうえで要望を述べるというものだった。

この戦略を実践した結果、当時の学部長（男性）と私の関係が壊れることはなく、私たちはいまでも良好な関係にある。みずからが学部長に就任して全員の給料を知る立場になって、あのときの交渉で自分が公正に扱われていたことがわかった。もしかすると、このようなやり方は、交渉相手の上司が別の人物だったり、研究に基づくデータが尊重されるアカデミズムの世界以外だったりすれば、成功しなかったかもしれない。しかし、あなたの職場でも効果を発揮するかもしれない。ケネディ行政大学院の幹部人材研修プログラムを終えた女性たちのなかには、自分の組織に戻って給料の再交渉を試みた人も多い。彼女たちはプログラムで学んだテクニックを実践しただけでなく、女性を取り巻く状況全般について話し、女性が直面している逆境を説明した。それがいつも昇給につながるとは限らなかったが、実のある話し合いへの道が開ける場合が多かった。

他人のために交渉する

もう1つ、学生たちに紹介している重要な研究結果がある。それは、人は多くの場合、他人のために交渉するということだ。私はこの発見にことのほか勇気づけられた。女性は誰かのために交渉するとき、交渉におけるジレンマをまったく感じなくなる。この要素は、男性には影響を及ぼさないが、交渉に臨む女性の背中を強く押す。依頼主のために弁論を展開する弁護士や、患者の利害を代弁する医師、教え子を推薦する大学教授などを思い浮かべてほしい。このような状況では、女性が強い姿勢で交渉しても、女性に期待されている役割と衝突しない。世話すべき人を大切にし、その人のために果敢に戦うことは、女性に期待される行動だからだ。合計1万人以上（そのなかには学生も企業幹部も含まれている）を対象にした研究結果を集約した研究でも、何が交渉可能かが明確であることに加えて、ほかの誰かのために交渉することの効果が確認されている。[*13]

多くの女性は――そして多くの男性も――昇給を要求するとき、自分だけでなく、家族のために交渉している。ある研究によると、家族のために昇給を求める人は、自分のためだけに交渉する人よりも、交渉することにお墨つきを与えられたように感じる。この現象は、交渉の結果が公になる場合、とくに際立っていた。家族という要素は、対外的な交渉に臨む人たちに力を与えられるのだ。ただし、この点についての研究はまだ始まったばかりだ。

一方、対外的な交渉とは別に、家庭内では、時間の使い方、所得、ケア、消費、子育てなどをめぐって、多くの対内的な交渉がおこなわれている。ボウルズとマギンは、分析の枠組みとして2段階の交渉という考え方を提唱している。人々が対内的な交渉（配偶者やパートナーが相手）と対外的な交渉（企業などの組織が相手）の両方をおこなっていると考えるのだ。この2種類の交渉は互いに影響を及ぼし合う。家庭内での交渉力の大きな源泉になるのは、家庭外でお金を稼ぐ力だったりする。したがって、ジェンダーの規範により女性が給料の交渉で強く主張できなければ、それは女性たちの家庭内での立場にも悪影響を及ぼす。

逆も言える。家庭内におけるジェンダーの規範は、家庭外で女性がどのような機会を得られるかに影響を及ぼす場合がある。たとえば、「夫が妻より多く稼ぐべきだ」という固定観念を変えるのは難しい。研究によると、この規範を破ると深刻な結果を招く可能性があるらしい。国勢調査を見ると、アメリカでは、男性より多く稼げる女性が増えるにつれて結婚率が下がってきた。これは、ほかの国々でも見られる傾向だ。ラテンアメリカ諸国では、男女の教育レベルが逆転し、男性より教育レベルの高い女性が増えるとともに、結婚率が下落しはじめた。

話はそれだけにとどまらない。シカゴ大学ブース経営大学院のマリアンヌ・ベルトランらの研究によると、夫より多く稼げる可能性がある妻ほど、専業主婦になる人の割合が高いのだ。そうしたケースで妻が働いてお金を稼ぐ場合、妻はその埋め合わせのために家事にいっそう精を出す傾向がある。これは明らかに、経済的に効率のいい分業とは言えない。家庭内の交渉のあり方について、さらなる研究が必要と言えそうだ。[*14]

家庭内の力学を変える

ナヴァ・アシュラフがフィリピンでおこなったのは、夫婦の交渉力が世帯のお金の使い方に及ぼす影響を実験により明らかにしようとした数少ない研究の1つだ。具体的には、夫婦が相手のお金の使い方をどの程度知っているかによって、どのような違いが生まれるかを調べた。よく言われるように、知識は力だ。夫や妻は、相手が何にお金を使っているかを詳しく知っていればいるほど、相手の選択に口を出し、文句を言える。実験の結果、そのような情報は、家計をあずかる人物、多くの場合は妻の交渉力をとくに強めることがわかった。情報が明らかにされない場合、夫は稼いだお金を自分のものにしてしまうケースが多かったが、お金に関する情報を妻に伝えるよう求められると、稼ぎを家計に入れる確率が高まったのだ。[*15]

家庭内の交渉を直接観察できるケースはほとんどないので、研究者はたいてい、結果を見ることにより、どの程度理にかなった交渉がなされたかを推測しようとしてきた。アフリカのブルキナファソの農家の例を見てみよう。アフリカでは、結婚後も夫婦がそれぞれ自分の畑を所有し続けることが珍しくない。夫婦は共同でお金を蓄え、そのお金で農具や種子や肥料を買い、両方の畑で一緒に作業して、収穫物による利益をわかち合う。しかし、共同のお金の使い方については、夫婦間で意見が食い違う場合も多い。そのせいで、2人で利益をどのように分配するかという以前に、しばしば夫婦の合計の収穫高を最大化できずにいる。

調べてみると、夫の畑には妻の畑よりはるかに多くの資源がつぎ込まれており、時間を経るにつれて生産性も夫の畑のほうが大幅に高くなっていた。ほかの要素の影響を排除して考えると、最も大きな要因は、夫の畑に多くの肥料が用いられていたことだった。しかし、追加的に投入される肥料の効果は、投入量が増えるにつれて急激に落ち込む。肥料は、すでに大量の肥料が用いられている農地でも効果を発揮するが、あまり肥料が用いられていない農地ほどの効果はない。つまり、夫の畑ではなく妻の畑に肥料を用いていれば、もっと収穫を増やせたはずだった。ブルキナファソの農家は、夫が家庭内で強い交渉力をもっているために、みすみす儲けそこなっていたのである。

この状況は見過ごせない。経済開発と女性の地位について示唆に富んだ研究結果を発表したマサチューセッツ工科大学（MIT）のエステル・デュフロは、家庭内で理にかなった交渉がなされていないとすれば、「家庭に任せているかぎり社会における不均衡を解消できない」と指摘した。社会に定着しているジェンダーの規範は、家庭内にも影響を及ぼす。その結果として不平等が生じているだけでなく、すべての人が経済的にも損をしている。女性たちが会議で自分の知識を披露できず、必要な資源を得られなければ、私たち全員が不利益をこうむるのだ。[*16]

アシュラフとマギンは、女の子に交渉の仕方を教えることが状況の改善につながるかを調べている。アフリカのザンビアでランダム化比較試験をおこない、女の子たちに、両親や保護者、その他の大人たちとの交渉の仕方を教えることの効果を明らかにしようというのだ。ザンビアの少女たちにとって、そうしたことを学ぶ意義は大きい。学校に通い続け、若すぎる結婚を拒み、学費の支援と引き換えにセックスを求める男性たちにノーと言うために、しばしば交渉する必要があるからだ。アシュラフとマギンの実験は本書執筆時点でまだ続いており、ザンビアの首都ルサカの公立中学校に通う約３０００人の少女を対象に、交渉のトレーニングが教育と健康に及ぼす影響が調べられている。初期の結果は期待のもてる内容だが、少女たちが数々の公式・非公式の制約に直面していることも浮き彫りになった。[*17]

どんなに高いスキルの持ち主でも、職場にせよ家庭にせよ、強いバイアスが存在する環境をすべて自力で乗り越えるのは容易でないし、それには大きなリスクがともなう。この点は、ザンビアだろうと、アメリカだろうと同じことだ。２０１４年春、アメリカで大きく報道された出来事があった。ある女性研究者が終身在職権を取得可能なポストを求めて交渉したところ、裏目に出た一件だ。この女性がいくつかの要求をすると、大学側はポストの提示を撤回したのである。この出来事を取り上げたニューヨーカー誌の記事には、「リーン・アウト――交渉する女性たちが直面する危険」という当意即妙なタイトルがつけられていた。[*18]

「ナッジ」の効用

誰もが「リーン・イン（一歩を踏み出す）」できるようにしたければ、そのような行動が危険をともなわない状況をつくるべきだ。そのためには、人々が直面している制約を解消すればいい。行動デザインはその手段になりうる。ザンビアの少女たちが身を置いているような複雑な環境でそれを実践するのは、簡単でない。それでも、これまでの歴史を通じて女性たちはさまざまな制約から解放されてきた。

たとえば、女性がみずからの教育に多くの時間や資金を投資するようになったのは、女性を取り巻く制約が和らいだ結果だった。経口避妊薬が手に入るようになると、専門職の学位を取得し、家庭の外で働く女性が増えた。人工ミルクの普及も、幼い子どもがいる既婚女性に対して同様の効果をもった。食器洗い機や電子レンジのような家電の進化も、あらゆる女性たちの経済参加を促進してきた。[*19]

これらの技術的イノベーションは、簡単に実現するものではないし、人々の行動に直接介入するわけでもない。それでも、「自助努力」にすべてを委ねるよりはよほどいい（アン＝マリー・スローターは著書『仕事と家庭は両立できない？』〔邦訳・NTT出版〕で、女性がジェンダーの平等を自力で成し遂げようと試みることを「自助努力」という言葉で表現している）。一連のイノベーションがもたらした成果は、人々が得られる機会を拡大することの効用を浮き彫りにしている。多くの人は、いや大半の人は、機会を与えられれば、それを活用するものだ。

ときには、強く背中を押すまでもなく、そっと肘で押す（＝ナッジ）だけで効果が得られる場合もある。たとえば、子どもを学校に通わせると約束した家庭に現金給付をおこなうのは（条件つき現金給付）、子どもの通学率を高めるために有効な方法だが、多くのコストを要するし、行政上の手間もかかる。その点、モロッコでの最近の研究によれば、もっと少額の投資でも、これと同等、もしくはもっと大きな効果を上げられる可能性がある。子どもを学校に通わせることを条件とするのではなく、教育支援のためのお金であることを明示して現金給付をおこなう方法だ（「標識つき現金給付」と研究者たちは呼んでいる）。給付額はけっして多額ではなく、それ自体は強力なインセンティブになるようなものではない。しかし、政府が給付金と教育を明確に結びつけたことにより、教育が重要だというメッセージを発信し、親たちの行動を変えられたのだ。[*20]

交渉の環境を変えることにも、同様の理由で効果が期待できる。本章で述べたように、女性の交渉に対する積極性を高める要素としては、交渉に関する透明性の確保、みんなの利益を強調しながら自分の要求を訴える姿勢（「関係的説明」）、そして誰かのために交渉する姿勢を挙げることができる。最後の2つは女性たち自身が実践するための戦略だが、透明性の向上は、国や組織がただちに採用すべきデザイン上の要素だ。研究によると、透明性が高い環境で交渉できるチャンスがあれば、女性は――そして男性も――そのチャンスを生かして交渉するとわかっている。

アメリカのオバマ政権は、こうした研究成果を政策に取り入れた。2014年4月8日、オバマ大統領は大統領令13665に署名した。この大統領令は、連邦政府と商取引をする業者を対象に、同僚に自分の給料の金額を教えた社員に制裁を科す行為を禁じるものだ。そのような行為が性別や人種による給料差別を助長しかねないと、政府は恐れたのである。同僚同士が給料について情報交換することを禁じられれば、社員が得られる情報が乏しくなり、不透明な状況がつくり出されて給料の交渉が妨げられるからだ。

この大統領令は、社員が解雇を恐れずに給料について話題にできるようにし、会社の人事方針を透明化することで、給料差別を緩和できる可能性がある。大統領上級顧問だったヴァレリー・ジャレットはこう述べている。「これにより透明性が高まれば、率直な会話が可能になります。女性たちは多くの場合、自分が差別されていることすら知りません。そもそも、ほかの人がいくら受け取っているか知らないのですから[*21]」

透明性を高める措置は、すぐにでも実践できる。それは、バイアスを取り除くためのデザインのなかでは採用しやすく、実践的なものだ。この対策を実行しないのは、倫理的に問題というだけでなく、女性の能力を十分に生かさず、いわば最も肥沃な土地を耕さずに放置しているのに等しい。

ジェンダー平等のためのデザイン――交渉の機会を等しく確保する

- 女性に発言や交渉を促す。
- 何が交渉可能かについて透明性を高める。
- 女性が他人のために交渉するよう促す。

第4章 ダイバーシティ研修の限界

女性のリーダーシップ研修は効果がない？

「フラウエンフェルデルングス・プログラム」というドイツ語がある。女性支援プログラムという意味だ。ヨーロッパ最大の経済大国であるドイツでは、その種のプログラムを採用している企業が多い。大きなきっかけになったのが、２０１５年３月に成立した新しい法律だ。この法律は、ドイツの大企業１００社に対し、監査役会（ドイツ企業の最高意思決定機関）に占める女性の割合を30％以上とすることを義務づけ、これに次ぐ規模の３５００社に対しては、女性幹部を増やすための目標設定とその達成状況の公表を義務づけた。しかし、リーダーシップ研修やメンタリング、人脈づくりの支援など、女性幹部を増やすことを意図したプログラムは、実際に効果があるのだろうか？

　私たちの心理に無意識レベルでバイアスが深く根を張っている状況では、ダイバーシティ研修によってバイアスを取り除く試みはあまりうまくいかない。とはいえ、女性たちに自力で問題を解決させるのは困難だし、たいていリスクが大きい。「リーン・インする（一歩踏み出す）」女性は、不利益をこうむる場合があるからだ。では、女性が自力で平等を実現できないなら、助けがあればもっとうまくいくのか？

　最初に指摘しておくべきなのは、これまで女性に対する支援が不十分だったということだ。1995年にアメリカ労働省の「ガラスの天井委員会」が指摘したように、アメリカのビジネス界では何十年にもわたり、マネジメントの訓練が不足していることが女性の出世の妨げになってきた。さまざまな研究によれば、企業は女性に男性よりわずかな研修の機会しか与えないという形で、女性への統計的差別をおこなう傾向があったのだ。

　今日では、ハーバード大学ケネディ行政大学院、ハーバード・ビジネススクール、スタンフォード大学ビジネススクール、ロンドン・ビジネススクール、ＩＮＳＥＡＤ、ＩＭＤビジネススクールなどの多くの専門職大学院が女性向けに幹部教育プログラムを提供している。これらのプログラムで扱われるテーマはさまざまだ。一般のリーダーシップ・プログラムのカリキュラムをそのまま用いたものもあれば、「男の世界」で女性が成功するためのスキルを重視したものもある。女性リーダーの登場を難しくしている組織環境に光を当てたものもある。多くのプログラムは、こうしたさまざまな要素やそのほかの要素を織り交ぜている。

男女に等しく研修の機会を提供する動きが始まったのは、歓迎すべきことだ。しかし、そうした研修がどのような効果を生むかは別の問題だ。私の知るかぎり、女性向けのリーダーシップ開発プログラムの有効性について徹底した研究はおこなわれていない。最近は、この種のプログラムに対して批判的な声も上がりはじめている。2014年の研究は、ドイツ、オーストリア、スイスの人事担当マネジャーの聞き取り調査をもとに、このような女性向けプログラムが逆効果になる可能性もあると指摘している。「女性たちが育成プログラムやコーチングをせっせと受けている間に、男性たちは出世していく」というのである。

コンサルティング大手のマッキンゼーは同じ年、「なぜ、リーダーシップ開発プログラムはうまくいかないのか?」と題したレポートを発表した。このレポートもプログラムの効果に疑問を投げかけ、改善策を提案している。具体的には、その会社のビジネスにとって中核的な能力に特化したプログラムを用意すること、実際の仕事と結びついた研修をおこなうこと、行動の変革を妨げるような「水面下の思考、感情、思い込み、固定観念」をあぶり出すことである。このレポートは、既存のプログラムの有効性が厳しく検証されていない現状を嘆き、改革を呼びかけた。同様の主張は、2015年にハーバード・ビジネス・レビュー誌に掲載された「あなたのリーダーシップ開発プログラムの評価をおこなおう」という論文にも見られる。[*1]

水漏れするパイプライン

マッキンゼーによれば、アメリカ企業がリーダーシップ開発プログラムに費やしている金額は年間140億ドルに上る。しかし、ショッキングなことに、そのようなリーダーシップ研修、とりわけ女性向けプログラムの効果はほとんど明らかにされていない。そうしたなかで、リーダーシップ研修の効果に関する因果推論を導き出している数少ない研究の1つに、リーダーシップ研修とメンタリングを組み合わせたプログラムに関するものがある。

そのプログラムは、アメリカ国立科学財団とアメリカ経済学会の取り組みから出発した。きっかけになったのは、フランク・ドビンらが800社以上の企業を対象に実施した研究だった。その研究によれば、メンタリングとマネジメント層のダイバーシティの間には、関連性が見られるという。メンタリングを導入すると、社会で差別されてきた7つのグループ（白人女性、アフリカ系アメリカ人の男性と女性、中南米系の男性と女性、アジア系の男性と女性）のすべてに関してダイバーシティが高まったのだ。さらなる研究が必要だが、リーダーシップ研修とメンタリングを組み合わせるのは非常に期待のもてるアプローチと言えそうだ。[*2]

2004年以降、アメリカ経済学会の女性支援委員会（CSWEP）は、女性の助教授を対象に特別なワークショップを開催してきた。私が博士課程を指導した若手研究者のなかにも数人の参加者がいて、「素晴らしい」「ぜったいに価値がある」という感想を述べている。終了時の意見調査でも、大半の参加者が最も高い評価を与える。ワークショップの有効性を裏づける材料は、私の教え子の言葉や終了時の意見調査の結果だけではない。ワークショップを立ち上げた4人の有力研究者、フランシーン・ブラウ、レイチェル・クロソン、ジャネット・カリー、ドナ・ギンサーは、しっかりしたデータに基づいて結論を導き出すために、ランダム化比較試験を実施している。

ほかの多くの職業と同様、経済学の世界にも、いわゆる「水漏れするパイプライン」の問題がある。パイプラインが水漏れしていると、先に進むにつれて水量が減るのと同じように、高い地位に進むほど女性の割合が小さくなっていくのだ。経済学博士号を取得する女性の数に比べて、終身在職権をもつ女性教授の数はずっと少ない。このような現象を生む原因はいくつもあるが、経済学界でとくに大きな要因は昇進率の男女格差だ。

さまざまな研究によると、男女の昇進率の差は14~21パーセンテージポイントに達している（具体的な数字は、個々の研究の調査対象期間や比較対象によって変わる）。いくらジェンダーの不平等が社会に根を張っているとはいえ、この格差は他分野に比べてひときわ大きい。経済学では、政治学、統計学、生命科学、物理学、工学などに比べて、終身在職権を取得する女性の割合が小さいのだ。そこでCSWEPは、若手女性研究者が終身在職権獲得へのハードルを乗り越えるのを支援するためにメンタリング・プログラムを開始し、その効果を測る仕組みも設けた。

2004年の初回以降、ワークショップは1年おきに開かれており、3回目が終わった時点で主催者がデータを確認した。このランダム化比較試験では、2004年、06年、08年のワークショップ参加希望者のうち、半分より少しだけ多くの人を無作為抽出して研修を受けさせ、それ以外の人たち（比較グループ）には支援をおこなわないものとした。参加を申し込む人はみな、自分が比較グループに割り振られる可能性があることを承知していて、有効なデータを集めるために欠かせない手段としてそれを受け入れていた。

ワークショップは、２日間にわたって実施された。参加者は研究分野ごとに少人数のグループにわかれて、地位の高い研究者からメンタリングを受けた。具体的には、一人ひとりの活動についてのフィードバックのほか、アカデミズムの世界で成功するために必要なスキル（研究と成果の発表、教育、研究助成金の申請書作成、人脈づくりと宣伝、終身在職権の獲得に向けた活動、ワーク・ライフ・バランスなど）の講義もおこなわれた。一部のスキル（研究や教育など）はアカデミズムに特有のものだったが、ほぼあらゆる分野で通用するスキル（人脈づくりや宣伝など）も扱われた。成果そのものだけでなく、「売り込み」の仕方によって成功の度合いが左右されるのは、多くの職種で見られる現象だ。

このワークショップでメンタリングを受けた人と受けなかった人の結果を比較したところ、支援に効果があったことが明らかになった。ワークショップに参加した若手女性研究者たちは、対象に選ばれなかった人たちよりも、多くの論文を発表し、研究助成金の獲得にも成功していたのだ。[*3]

職場におけるメンタリング全般（つまり、対象は女性に限定されない）に関する43件の研究結果を集約した分析でも、報酬、昇進、キャリアの満足度について好ましい効果が認められた。しかし、その効果は比較的小さなものにとどまった。若者に対するメンタリングの効果を調べた70件以上の研究を集約した研究でも、同様の結果があらわれている。メンタリングは若者の能力開発に好ましい影響を与えるが、効果は比較的小さく、長期的な効果も明らかでないという結論が導き出されたのである。[*4]

メンターとスポンサーの違い

ビジネスにおける女性の機会拡大に向けて活動している有力NGO「カタリスト」や、非営利研究機関「人材イノベーション・センター」のシルヴィア・アン・ヒューレット所長など、この分野の多くの有力な論者は、メンタリングよりも「スポンサーシップ（後援）」のほうが有効なのかもしれないと指摘している。２００８年と10年に、カタリストが４０００人以上の男女を対象に調査をおこなった。対象者はすべて、１９９６年から２００７年の間に世界の有力ＭＢＡプログラムを修了した人たちだ。その調査によると、女性は男性に比べて、メンターがいる人の割合が少しだけ多かった。しかし、女性社員のメンターは概して男性社員のメンターより社内の地位が低く、影響力も弱かった。また、女性社員のメンターはコーチングとアドバイスをするだけの場合が多かったのに対し、男性社員のメンターはもっと積極的な役割を果たし、「弟子」の利益を代弁し、出世を強く後押しする傾向が目立った。男性社員のメンターたちは、メンタリングだけでなく、もっと積極的にスポンサーの役割を果たしていたのだ。

スポンサーたちは、弟子が脚光を浴び、チャンスを与えられるように努める。弟子のために交渉し、興味深い仕事や昇進、昇給を得られるように骨を折るのだ。スポンサーは、弟子が成功すればうれしいし、もっと直接的な恩恵をこうむる場合もある。会社によっては、スポンサーに弟子の成功に責任をもたせ、それをスポンサーの給料決定の一要素にしているケースもあるからだ。

どうして女性社員のメンターたちがスポンサーの役割を果たそうとしなかったのかは、明らかでない。もしかすると、社員に占める男女の割合が大きく影響しているのかもしれない。女性社員にとっても、社内でメンターとして確保できる人物は男性の場合が圧倒的に多いのだ。暗黙のバイアスが影響している可能性もある。バイアスの影響により、女性は積極的にメンターの力を借りようとせず、メンター役の男性も自己主張の強い女性を無意識に罰しているのかもしれない。いずれにせよ、はっきり言えるのは、調査対象の男性社員たちは、女性の同僚たちに比べて15％多くの昇進を果たしていたということだ。[*5]

カタリストの調査結果を受けて、ケイティー・ボルディガ・コフマンは母親のナンシー・ボルディガとともに、メンタリングとスポンサリングのいくつかの側面を詳しく検討するためのラボ実験を計画した。具体的には、以下の2つの点を明らかにしようとした。第一に、男女がいだく自信の度合いの違い（この点に性別による違いがあることは、さまざまなデータにより確認されている）は、スポンサーによる支援の成否に影響を及ぼすのか？　言い換えれば、スポンサーによる支援が女性より男性に有効なのは、男性のほうが強い自信をもっているからなのか？　第二に、スポンサーに報酬を与えるなどの制度づくりは、男性だけでなく、女性にも有効なのか？

実験では、スポンサーによる支援の効果を測る指標として、どのくらい競争に積極的になるかという点を選んだ。（少なくとも欧米の多くの国では）女性は男性ほど競争に前向きでないという研究結果があるからだ。自分に目をかけてくれる人がいると思えば、女性も自信を深め、競争することに積極的になるのか？　スポンサーが特定の人物を弟子に選ぶことにより、その人物の能力を信じているというメッセージを伝えられると、コフマンらは考えた。弟子がそのメッセージに感じる説得力は、自分の成功にスポンサーの直接的な利害がかかっていると思える場合にとりわけ強くなるのだろうか？　この実験では、スポンサーの報酬を弟子のパフォーマンスに連動させることにより、そのような状況を再現した。

しかし、コフマンらの実験でも、スポンサーから目をかけられることの効果は、女性よりも男性のほうが大きかった。スポンサーがいてくれると、ほとんどの男性は競争に積極的になり、所得が増えたのに対し、ほとんどの女性にはなんの効果もあらわれなかった。飛び抜けて能力の高い女性たちだけが例外だった。このような現象が生じた理由は明らかでない。もしかすると、ある程度の自信をもっていないと、スポンサーの恩恵に浴せないのかもしれない。そうだとすれば、男性は一般に女性よりも自信があるので（詳しくは後述する）、女性よりスポンサーの恩恵に浴せる。トップレベルの女性たちが例外なのは、データを通じて自分の能力に自信をもっていることが理由なのかもしれない。[*6]

人数が少ない集団は不利になる

スポンサー制度を設けている企業はたいてい、それが効果を上げていると主張する。自己評価を鵜呑みにはできないが、この主張はラボ実験の結果とも矛盾しない。企業の説明によれば、スポンサーがいる社員は高い地位に昇進する人が多く、離職率も低い。しかし、会社はランダム化比較試験を実施しているわけではない。才能のある人物を選んで、適切な支援を与えただけの可能性もある。それに、企業のデータを見ても、スポンサー制度の有効性が性別によって異なるかどうかはほとんど見えてこない。

この種のプログラムを支援してきた経験を通じて、私が実感していることがある。女性は男性よりもはるかに、（リーダーたちから得る知識と支援だけでなく）同輩との結びつきを大切にしているということだ。人的ネットワークの重要性については、多くの研究結果が報告されている。たとえば、女性にとっては同性のネットワークがとりわけ重要だと言われてきた。これは、ロールモデルになりうる女性幹部が少ないためだ。人は一般にスポンサーやメンターとして自分と同じ属性の持ち主を好むが、組織のメンバー構成によってはそれが難しい、あるいは不可能な場合があるのだ。

私がファルザド・サイディとおこなった共同研究では、それが原因で女性が情報の面で不利な立場に置かれていることが明らかになった。この現象の根底には、きわめてシンプルな統計学上の事実がある。それは、手に入るサンプルが少ないほど、情報のノイズが多くなるというものだ。新入社員が「取引先との商談に着ていくのにふさわしいのは、どういう服なのか？」と思ったとする。この場合、参考にできる同僚が2人しかおらず、片方がビジネススーツ、もう片方がカジュアルな服装をしていたら、適切な服装を判断するのは難しい。それに対し、参考にできる人が50人いれば、より正確な推測ができる。

私たちの研究によれば、このような情報面の不利は、ときとして仕事の成果にも悪影響を及ぼす。その結果、女性のように人数が少ない集団の人たちは、白人男性のように人数が多い集団の人たちほど高い成果を上げられない場合がある。これは、ジェンダーだけに当てはまる現象ではない。宗教や出身国、言語が同じ人たちのネットワークが充実していると、ビジネス上の人脈づくり、職探し、さらには福祉受給でも有利になることがわかっている。[*7]

有力ビジネススクールのＩＮＳＥＡＤで教えているハーミニア・イバラは、ある広告会社で働く男性社員と女性社員の人間関係のネットワーク分析をおこなった。それによると、組織デモグラフィー（さまざまな属性の持ち主が組織内で占める割合）は、人間関係の量だけでなく、質にも影響を及ぼすことがわかった。男性社員は、男性の友人に加えて男性のメンターもいる場合が多い。一方、女性社員は、女性の友人はいるが、就職や昇進の機会は男性の人脈を通じて得ている場合が多い。高い地位に就いている女性が少ないため、そうせざるをえない面もあるだろうし、同性の友人を私利私欲のために利用したくないという意識がはたらく面もあるのだろう。

イバラはこうした発見をもとに、「ネットワーク・アセスメント・エクササイズ」を考案した。これは、人々が自分の加わっている人的ネットワークについて理解を深め、そのネットワークがキャリアと昇進のチャンスを得るうえで役に立っているかを知るためのものだ。このエクササイズはリーダーシップ開発プログラムで実践されることが多く、参加者は自分のネットワークの広がりと深さをほかの人たちと比べる。

女性の人的ネットワークに関しては、不利な点と期待できる点が明らかになっている。まず、女性は男性に比べて、友人関係を戦略的に用いたがらない。そのような行動を取れば友情にひびが入る、もしくは正しい友情のあり方に反すると考えるのだ。また、女性は多くの場合、自由に使える時間が男性より少ないという問題もある。有益な人間関係はしばしば終業時間後のつき合いを通じてはぐくまれるが、男性より重い家事負担を担う場合が多い女性たちは、そうしたつき合いにあまり参加しないからだ。

しかし、悪い材料ばかりではない。研究によれば、明るい材料もある。人間関係では、量よりも質がものを言う。自分のことをよく知っていて信頼してくれている何人かのスポンサーがいることは、自分に対して深い関心がない人と大勢つき合うより有益だ。前出のフランク・ドビンらの研究は、充実した人的ネットワークがダイバーシティを高めるという因果関係を裏づけるものではないが、人的ネットワークが充実しているとマネジメント層の女性が増えるという事実を明らかにした。*8

現在バイアス

とはいえ、まだ解明できていないことは多い。どのような人物にとってどのような人的ネットワークが有効なのか、スポンサリングとメンタリングが効果を発揮する人としない人がいるのはなぜなのか、リーダーシップ開発プログラムの効果を最大化するためにどのような改革が必要なのかといったことを明らかにするためには、もっと多くの研究が必要だ。

男性を対象にした研修に関しては、わかっていないことがさらに多い。オーストラリアの政府機関「職場における男女平等局（WGEA）」は2015年、男性が仕事と私生活を両立させるための支援に力を入れはじめた。その一環として、上級マネジャーの地位にある5人の男性の日々を追ったドキュメンタリーを製作した。そのうちの1人である法律事務所のパートナー（共同経営者）の言葉を借りれば、「柔軟な働き方は男女両方にとって重要だ。私たちはみな家族がいて、仕事以外に大切なものがあるのだから」と男性たちも思っていた。しかし、オーストラリア最大の通信会社テルストラの上級マネジャーで、仕事中毒を自任する男性は、こう打ち明けている。「私の仕事の習慣は15年かけて築かれてきた。喫煙みたいなものだ」

長時間労働を依存症と重ね合わせて考えると、そのような習慣に介入する糸口が見えてくる。依存症的な状態が問題の本質だとすれば、研修では、どのような行動を取るべきかだけでなく、どうすれば好ましい行動を継続できるかも教えるべきだ。喫煙と「現在バイアス」の関係を考えると、この点はよく理解できる。人が禁煙に失敗するのは、たいていこのバイアスが原因だ。

意識的な「システム2」の思考モードはたばこをやめたいと計画しているのに、直感的な「システム1」の思考モードがいますぐにたばこを吸いたいと望む（この2つの思考モードについては第1章を参照）。その結果、禁煙したいという思いに嘘はないが、それを明日や来月に延期しようと考えてしまう。現在バイアスの影響を受ける行動は、喫煙だけではない。私たちが健康な食生活や運動習慣をなかなか実践できないのも、このバイアスのせいだ。いまチョコレートを食べたい、家で寝ていたいと思い、フルーツを食べたり、ジムに出掛けたりするのを明日にしてしまう。人間には、先延ばし癖がある。「明日やろう」と先延ばしを繰り返し、その「明日」はいつまでも訪れない。

こうして1カ月後も、チョコレートをおいしく食べているのだ。*9

プレコミットメントの効用

しかし、打つ手がないわけではない。ギリシャ神話の英雄オデュッセウスにならえばいい。誘惑が存在することを明確に認識し、その誘惑に屈しないように予防策を講じるのだ。オデュッセウスは戦いを終えて祖国に戻る船旅の途中で、美しい歌声をもつ全裸の美女セイレーンが住む岩礁のそばを通ることがわかっていた。セイレーンたちの歌声を聞いた船乗りは、そばに駆けつけようとし、遭難して命を落とす。そこでオデュッセウスは、部下に命じて自分の体をマストに縛りつけさせた。こうすれば、歌声は聞けるが、そばに行こうとして危険に陥ることは避けられる（部下たちには蠟で耳栓をさせた）。こうして一行は誘惑に屈せず、船旅を続けることができた。

これにならうなら、家にチョコレートを持ち込まないようにしてもいいだろう。あるいは、もう少し手の込んだ対策を実践し、少量ずつにわけてあるチョコレートを買うという方法もある。「システム1」の自分がチョコレートを食べようとしたときに、「システム2」の自分があらかじめ決めた量しか食べられない仕組みを用意しておくのがねらいだ。ジョージ・ローウェンスタインが言うように、「誘惑に屈しないための計画を立てるときの私たちは、冷静な状態にある」。しかし、立食パーティーでデザートの前に立つと、冷静さは消し飛び、誘惑に負ける。友達と食事に行けば、1杯だけにしようと心に決めていたはずなのに、自制心を奮い起こしてもう1杯の誘いにノーと言うのは難しい。

デザートやお酒だけでなく、仕事も同じだ。仕事好きの人は、とくにその傾向が強い。朝、出社する前、「システム2」の自分は、夕食の時間までに帰ると配偶者に約束する。ところが、終業時間が近づくと、「システム1」の自分が頭をもたげ、きりがいいところまで仕事を済ませてしまいたいという誘惑を感じる。その瞬間、家族と一緒に時間を過ごすという未来の（漠然とした）満足よりも、目の前の仕事を仕上げるという現在の（目に見える）満足を優先させたくなるのだ。

仕事中毒を自覚している人や、人々のワーク・ライフ・バランスを支援したい人は、人が自分を縛るための仕組みを活用すればいい。保育園に子どもを迎えに行く時間を決めておいたり、ジムで友達と会うことを約束しておいたりしてもいいだろう。一般的に、前もって自分で選択しておくと、望ましい行動を取る確率が高まることがわかっている。たとえば、企業年金制度では、社員が好きなときに加入を選択するのではなく、入社時に加入するかどうかを決めさせると、加入率が30％近く上昇するという。

あらかじめ自分で自分を縛る「プレコミットメント」の賢い方法はほかにもある。カロリー摂取を減らすために、小さなお皿やグラスを買うのも有効な方法だ。ただし、プレコミットメントはコストをともなう場合もある。スポーツジムの1年分の会費を先払いすれば、ジムに通ってバーベルを挙げたり、バイクをこいだりしようという気持ちになりやすいかもしれないが、場合によっては高くつく。ウルリケ・マルメンディーアとステファノ・デラヴィーニャの研究によると、長期の会費を先払いした人はジムへの足が遠のくケースも多く、1回当たりの出費は、1回ごとに支払う場合に比べて平均で70％高くなるという。

プレコミットメントをおこなうためには、StickK.comというウェブサイトも役に立つ。行動経済学者のディーン・カーランらは、人々が目標を貫徹するのを助けるメカニズムをつくりたいと考えた。そのアイデアを形にしたのがStickK.comだ。10キロ減量したいと思うなら、このウェブサイトにアクセスし、未来の自分と契約を結んでみてはどうだろう？　目標を宣言し、それが達成できなかった場合にみずからに科すペナルティを決める。たとえば、どこかの慈善団体に決まった金額を寄付することにしてもいいだろう。ここで重要なのは、目標の達成度を誰かに監視してもらうこと、そして、目標を達成できなかった場合に支払う金額を十分に高く設定することだ。6カ月で10キロ減量できなければ10ドル支払うと約束しても、あまり意味がない。しかし、1万ドル支払うことにすれば、ジムに行こうという気になるだろう。

有効なインセンティブをつくり出すためには、ペナルティが痛みをともなう必要がある。カーランともう1人の仲間は、そのようなメカニズムにより、9カ月で15キロ近く減量することに成功した。片方が目標を達成できなければ、相手に1万ドル支払うことを約束したのだ。2人は、減量した体重を維持するためのインセンティブも設計し、何年もの間、互いの体重をチェックし続けた。そして、少なくとも1回、片方が所定の体重を超過し、実際に罰金を支払った。[*10]

継続するための支援

リーダーシップ開発プログラムでも、好ましい行動を継続させるための仕組みが重要だ。この点でとりわけ興味深い取り組みが、ビジネス界以外の場でおこなわれている。多くのＮＧＯがさまざまなプログラムを試みているのだ。たとえば、マイクロファイナンスに携わっているいくつかのＮＧＯは、融資だけでは人々を貧困から脱却させられないと気づき、ビジネスに関する研修も実施しはじめた。[*11]

ビジネススクールの幹部向け教育プログラムや、欧米のコンサルティング会社が提供するリーダーシップ開発プログラムには及ばないが、これらの取り組みは、研修プログラムの有効性をある程度明らかにしている。ハーバード大学ケネディ行政大学院のロヒニ・パンデらは、インドのアーメダバードで「女性自営労働者協会（ＳＥＷＡ）」が実施したビジネス研修プログラムの効果を調べた。このプログラムは、18～50歳の約６００人の女性零細起業家を対象に2日間おこなわれた。研修のテーマは、ビジネススキル、金融リテラシー、リーダーシップだ。バンデらの調査によると、研修の結果、ヒンドゥー教徒上流層の融資と収益は増加したが、ヒンドゥー教徒下流層とイスラム教徒には効果がなかった。

金融リテラシーの研修では、効果がある人と効果がない人が生まれることが珍しくない。１００人を超す研究者たちと、世界銀行、経済協力開発機構（ＯＥＣＤ）、ロシア連邦が協力して実施した研究によれば、人々の意識を向上させ、知識とスキルを提供するだけでなく、学んだことを継続しやすくするために行動に介入することが重要らしい。金融リテラシーの研修にとどまらず、金融能力の構築を目指すべきだというのだ。[*12]

金融教育に関してとくに説得力のある発見の1つは、「教育内容をシンプルにすべし」というものだ。ある研究グループがドミニカ共和国における企業オーナー向けの金融教育について調査し、旧来型のプログラムと、シンプルな経験則だけを教えるプログラムの効果を比較している。それによると、シンプルなプログラムのほうが圧倒的に効果が大きかった。この研究結果は、最近の2つの重要な書籍、キャス・サンスティーンの『シンプルな政府』(邦訳・NTT出版)と、センディル・ムッライナタンとエルダー・シャフィールの共著『いつも「時間がない」あなたに』(邦訳・ハヤカワ文庫)のテーマにも通じる。人が新しい考え方を学び、それを実践するために割ける関心と認知能力には限りがあるのだ。1日1日を生き抜くことに必死な貧困層は、この傾向がとくに強い。[*13]

また、インドでおこなわれたフィールド実験によれば、コンサルティング大手マッキンゼーの指摘どおり、マイクロファイナンスの借り手にとっては、万人向けの金融教育より、個人向けの金融カウンセリング、とくにお金に関する目標設定の支援が有効だという。

確かに、目標設定の重要性は見過ごせない。目標を決めれば成果が高まることは、多くの研究により明らかになっている。しかし、どんな目標でもいいわけではない。適切な目標設定をするには、理論とコツが必要らしい。具体的で手ごわい目標を定めれば、集中力を発揮し、粘り強く努力するよう促される場合が多い。あまりたくさんの目標を立てすぎず、自分が立てた目標を心から大切に思っていれば、うまくいく可能性がいっそう高まる。目標と自分の価値観をすり合わせる必要があるのだ。目標によっては、達成が容易でなく、長い年月を要する場合もある。行動科学の知見によれば、目標を達成するまでに決意をくじけさせないためには、漠然とした大きな目標や遠い目標を掲げるより、明確で、段階を追って前進していける目標を設定するほうがうまくいくようだ。*14

しかし、目標設定には副作用がともなう場合もある。リサ・オルドネスらの論文によると、主な懸念としては、目標に関係のない活動がないがしろにされること、目標達成を優先させるあまり非倫理的行動を取りがちになること、内発的なモチベーションが低下することなどが挙げられる。たとえば、ダニエル・シモンズとクリス・チャブリスによる「非注意性の見落とし」の研究が有名だ。実験の被験者たちは、動画を見てバスケットボールのパスの回数を数えるという明確な目標を課されると、黒いゴリラの着ぐるみの男性が画面の真ん中を通過しても（おまけに、ゴリラのように胸を叩く仕草をしても）気づかなかった。目標設定によりモチベーションを生み出そうとするときは、細心の注意を払い、副作用が生じる可能性についてよく考えるべきだ。*15

「意図」と「行動」のギャップを埋める

こうした懸念はあるにせよ、目標設定により「意図」と「行動」のギャップを埋められる場合があることは確かだ。マイクロファイナンスの借り手は、融資されたお金を賢く使いたいと意図していても、目の前のニーズを満たすためにお金を使いたいという強い誘惑にさらされる。同じように、さまざまな研修に参加した人たちも、学んだことを職場で実践したいと考え、その崇高な意図を貫徹しようと本気で思っているかもしれない。しかし、日々の生活に戻ると、素晴らしい意図は「やるつもり」のままで終わってしまう。

目標を達成するためには、それを成し遂げる方法についても計画を立てなくてはならない。ジェンダーのダイバーシティを高めるための計画策定を義務づけられたドイツ企業のように、ある目標を、いつ、どこで、どのように達成するかという計画を立てれば、それがみずからを縛る要素として機能する。自分自身との間で心理的な契約を結ぶことになるからだ。ランダム化比較試験によれば、計画を立てると、選挙の投票や健康のための運動、インフルエンザの予防接種などを実行しようという意図を貫徹できる確率が高まるという。それに、計画を立てれば、締め切りを守りやすくなるという利点もある。この点は、私のように本を書いている人間にはとりわけ重要なことだ。[*16]

ほかの人たちによる評価やコメントを聞くことにも効果がある。ここでも、人的ネットワークの役割が大きい。ウガンダでおこなわれたフィールド実験を紹介しよう。女性の綿花栽培農家に栽培法を学ばせるうえで最適な方法を明らかにするための実験だ。その実験では、男女両方が参加する標準的な研修よりも、女性だけが参加し、参加者同士の人的な結びつきをつくり出すことを目指したプログラムのほうがはるかに大きな効果を発揮したという。女性だけを対象としたプログラムでは、それまで面識のなかった参加者同士に無作為にペアを組ませた。2人は研修で一緒に学ぶだけでなく、その後も継続的に連絡を取り、状況を報告し合うものとした。すると、研修後、参加者の生産性は平均約1・6倍に上昇した（従来型の研修の参加者は約1・4倍）。

インドのマイクロファイナンスに関するフィールド実験でも、同様の結果がはっきりあらわれている。はじめて融資を受ける人たちは、ほかの借り手と頻繁に会い、強い結びつきを確立すればするほど、のちに協力し合う確率が高かった。マイクロファイナンスで借り手にグループを形成させることが有効なのは、新しい人的ネットワークをつくり、人と人の結びつきを生み出せるからなのかもしれない。

人的ネットワークが形成されていれば、相互のモニタリングが可能になる。コロンビア大学のエミリー・ブレザとスタンフォード大学のアルン・チャンドラセカールがインドでおこなった研究では、世帯が銀行口座を開設して貯蓄の目標を立てる支援をし、その後も頻繁に訪問して状況を確認するようにすると、貯蓄を増やす効果があったものの、その効果はさほど大きくなかった。貯蓄額は約10％増えただけだった。しかし、これらの取り組みに加えて人的ネットワーク内で互いにモニタリングをさせると、貯蓄額は34％増加した。興味深いのは、モニタリングを担う人物を本人が選ぶより、無作為に割り当てるほうが効果的だったことだ。理想的なモニター役は、人的ネットワークの中心にいる強力な人物だ。ネットワークの周縁にいる人物は、人間関係の面で立場が弱く、計画の貫徹を強く要求できない。[*17]

あらゆるデータに照らして考えると、教育だけにとどまらず、能力構築を目指した研修をおこなうことが重要だとわかる。ものごとのやり方を教わるだけでは、達成に向けた支援を受けるほどの効果はない。この点は、どのような研修プログラムにも当てはまる。それは、場所がウガンダだろうとアメリカだろうと、目標がジェンダーの平等だろうと収穫高の向上だろうと同じだ。

ハーバード大学ケネディ行政大学院では、世界経済フォーラムによって選ばれた世界の若手リーダーである「ヤング・グローバル・リーダーズ」の面々を対象に、私が責任者を務めて幹部向けプログラムを開催している。このプログラムでは、開幕時に参加者を少人数のリーダーシップ開発グループに振りわける。グループのメンバーは授業の前に毎朝集まり、ハーバード・ビジネススクールのビル・ジョージが開発したカリキュラムに取り組む。2週間近くのプログラムの最後には、グループで学んだことをクラス全体に発表する。そしてそれ以上に重要なのは、メンバーがプログラム終了後も連絡を取り合い、支援グループをつくるよう促されることだ（たいてい、オンライン上でミーティングをおこなう）。

この支援グループは、これまで多くの人にきわめて大きな恩恵をもたらしてきた。ヤング・グローバル・リーダーズの面々は、すでに大きな成果を上げている人たちだ。政治やビジネスの分野で影響力のある組織の一員だったり、そのような組織に加わろうとしていたりする。このような人たちにも、インドのマイクロファイナンスの借り手やウガンダの農家と同様のフィードバックの仕組みが効果を発揮するのだ。

女性のリーダーとしての能力をはぐくむためには、リーダーシップ研修で既存の競争環境への対処法を教えるだけでなく、競争環境を変えるための介入も継続する必要がある。メンタリング、スポンサーによる支援、人的ネットワークづくりは、その1つの手段になりうる。このような取り組みを通じ、一般的なリーダーシップ研修で扱われるような知識とスキルの一部を学ばせるだけでなく、もっと長期的な効果も生み出せるかもしれない。これらの仕組みが組織に根づき、人々がみずからの行動を縛る手段として機能すれば、研修で学んだことを継続し、みずからや組織が設定した目標を貫徹しやすくなる可能性がある。

しかし、システムに根を張っているバイアスを取り除くためには、もっとシステム全体にかかわる取り組みが不可欠だ。私たちは、働き、学び、生きる環境をつくり変えなくてはならない。

ジェンダー平等のためのデザイン——能力を築く

- 女性に——そして男性にも——汎用型のリーダーシップ研修を受けさせるのをやめる。
- メンタリング、スポンサーによる支援、人的ネットワークづくりなど、成功するために必要な要素を提供し、リーダーシップの能力をはぐくむ。
- 計画立案、目標設定、フィードバックなどの行動デザインを駆使して、好ましい行動を継続するための支援をする。

第 II 部

人事のデザイン

第5章 人事上の決定にデータを活用する

ピープル・アナリティクスがグーグルのママたちを助けた

「計測できないものは重要でない」とよく言われる。しかし、もっと重要なのは、「計測できないものは修正できない」ということだ。だから、学習と改善を目指す組織は、つねにエビデンス（科学的根拠）に基づいて判断をくださなくてはならない。システムに根を張っている無意識のバイアスが問題の原因である場合は、その必要性がとりわけ大きい。

ジェンダーの不平等を解消するためにデータの裏づけがある対策を実行すれば、2つの恩恵を得られる可能性がある。正義の実現と利益の増加だ。そうした取り組みは、まず現状の問題点を把握することから始まる。現状を知るためには、人間の精神に関する新しい知見に加えて、新しい評価分析手法も役に立つ。なかでも、いわゆる「ピープル・アナリティクス」ほど、人事のあり方を根本から変えられる手法は少ない。このアプローチは、ジェンダーの不平等を解消するための新しいデザインを考えるうえでも有効な手がかりを与えてくれる。[*1]

アメリカの労働力人口は1億5000万人、欧州連合（EU）は2億2000万人を超す。インドは推定4億8000万人以上、中国は推定8億人近い。世界全体では、30億人以上が職に就いているか、職を探している。この30～40年、私たちは働く人たちについてさまざまなデータを集めてきた。仕事の内容、働いている場、教育を受けた場、人口統計上の属性、仕事の成績、ときには、どのくらい所得があるかも調べられている。しかし、そうしたデータが人事上の決定に活用されはじめたのは、最近になってからだ。[*2]

最もシンプルなピープル・アナリティクスは、データを大量に収集し、高度なプログラムを使ってさまざまな変数の関係を明らかにして、パターンやトレンドを見いだすというものだ。たとえば、一流大学の卒業生を採用すれば、アナリストや営業担当者やプログラマーとして優秀な人材を確保できるのか、といったことを知ろうとする。ハーバード大学の学位は、仕事の成果との間に強い相関関係があるのかもしれないし、ないのかもしれない。どの学校で中等教育を受けたかは、職種によって大きな意味をもつかもしれないし、もたないのかもしれない。こうしたことは、データを集めてみないとわからない。

すでに、データ分析は、犯罪対策、自然災害の予防と対処、医療の改善、経済の生産性向上などのために活用されている。最近は、選挙運動にもデータ分析が導入されるようになった。２００８年のアメリカ大統領選でのバラク・オバマ陣営の選挙運動は、「カリスマ選挙参謀の勘」に頼るのではなく、ビッグデータを体系的に活用した最初のケースだった。こうした変化が起きているのは、アメリカだけではない。２０１４年のインド総選挙について、ある記者はこう述べている。「ビッグデータ分析、つまり膨大な量のデータを収集し、それを分析して有益な情報を引き出す試みは、インド人民党（ＢＪＰ）と友好政党が地滑り的圧勝（インドの選挙で30年以上ぶりの大勝だった）を遂げる一因になった」[*3]

ビジネス界でも、大企業のなかには、市場トレンドの予測、リスクの管理、顧客ニーズの把握、顧客体験の改善、サプライチェーンの最適化、法令順守の監視のために、データ分析を用いている企業が多い。しかし、データ分析によって人事のあり方を改善しようとしている企業はまだ少ない。そうした数少ない企業の１つがグーグルだ。

グーグルは、人事部門を「ピープル・オペレーションズ部門」と名づけ、ほかの企業に先駆けて人事上の決定にデータ分析を活用してきた。たとえば、データを分析したところ、男女の違いに見えていた状況――女性社員の退職が非常に多かった――の本質が子どもの有無による違いだったとわかった。若い母親の退職率が社員平均の2倍に達していたのだ。そこで、同社の人事部門トップだったラズロ・ボックは新しい育児休業制度をつくった。業界では12週間が一般的だったが、母親に5カ月間の育児休業を認めるようにし、父親にも7週間の育児休業を与えるものとした。すると、ただちに効果があらわれた。出産したばかりの母親の退職率は、社員の平均と変わらなくなったのだ。[*4]

社員の退職率を抑えることは、多くの企業にとって重要な課題だ。新しい社員の採用と訓練や再訓練にかかるコストは非常に大きい。そこで、グーグルはビッグデータを使い、社員が辞める可能性の大きさを把握したいと考えた。同社はそのために、有効性が実証されている5つの問いを活用している。あるチームでそれらの問いに対する肯定的な回答が70%を下回った場合は、なんらかの対策を講じる。データ分析によると、その状況を放置すれば、次の年に退職者が増えるとわかっているからだ。同社は5つの問いへの回答を手がかりに、社員を失う原因を明らかにし、適切な対策を打っている。ただし、特定の社員を標的にして対策をおこなうことはしない。

グーグルの人事部門は、言ってみれば「人事の科学」のラボのような場だ。社内で採用する方法や手続きを最善なものにするために、つねにデータ収集と実験が繰り返されている。たとえば、採用プロセスで1人の候補者に何回の面接を受けさせるのが最適かも調べた。採用責任者のトッド・カーライルは、それぞれの採用候補者に対する複数の面接担当者の評価データをすべて収集した。すると、1人の候補者を4人に面接評価させるのが最善だとわかった。4人というのは、それまでの同社での一般的な面接回数よりずっと少ない人数だった。しかし、データは揺るぎなかった。4人の人物に独立した面接評価をさせて平均点を計算すれば、もっと大勢に評価させた場合と同じ点数を導き出せるとわかったのだ。これにより、同社は採用候補者に課す面接の回数を大幅に減らすことができた。

グーグルのピープル・アナリティクス部門は、どうすれば社員の幸せを最大化できるのか——必要なのは、給料を引き上げることなのか、ボーナスを支給することなのか、休暇を増やすことなのか――に始まり、どうすれば社員がもっと老後資金を蓄えるよう促せるのかにいたるまで、さまざまな問題を検討してきた。同社はしばしば研究者の協力を得て、研究成果の多くを公表している。たとえば、たまに降って湧いたようにボーナスを支給されるよりも、昇給によって確実に所得が増えるほうが「グーグラー」（同社では社員のことをこう呼ぶ）は幸せに感じるとわかっている。

社員を幸せにする要素は、金銭的な報酬だけではない。エリザベス・ダンとマイケル・ノートンの研究によると、会社がどの慈善団体を支援するかを社員に決めさせると、社員の幸福感が高まるという。また、社員にもっと貯蓄させるためには、頻繁に貯蓄の呼びかけをし、目標設定をおこない、企業年金制度への参加を「デフォルト（初期設定）」にする（つまり、不参加の意思表示をしないかぎり、全員が参加する仕組みにしておく）ことが有効だとわかった。

これらの取り組み全般に共通するねらいについて、グーグルでピープル・アナリティクスのチームを率いるプラサド・セティはこう述べている。「私たちは日々、何千もの人事上の決定をおこなっている。誰を採用すべきか、給料をいくら支払うべきか、誰を昇進させるべきか、誰を解雇すべきか、といったことを判断しなくてはならない。エンジニアリングに関する決定と同じくらい本腰を入れて、そうした人事上の決定もくだしたい。すべての人事上の決定をデータに基づいておこなうことを目指している」[*5]

こうした点では、あらゆる組織がグーグルにならうべきだ。しかし、それは言うほど簡単ではない。以前、私が一緒に仕事をした企業幹部は、自社では「実験」という言葉を使うことなどありえないと言った。「実験する」と言えば、ものごとを完全には掌握できていないと認めることになるからだという。わからないからこそ実験するのだ、と私はその幹部に説明した。人は、直感、過去の成功パターン、慣習、業界の規範などに照らして、自分のおこなっていることを理解しているつもりでいる。しかし、エビデンスを検討しなければ真実はわからない。

ランダム化比較試験は、医学や科学、そして経済学、社会学、心理学でも、エビデンスを得るための最も精度が高い手法と位置づけられている（心理学では古くから、ラボ実験でこの手法が用いられてきた）。新薬開発では、介入グループと比較グループを用いた臨床試験により、偏頭痛や高血圧の薬の有効性が検証されている。組織も同様の手法を活用すれば、実験の結果をもとにさまざまなやり方や仕組みをきめ細かく調整し、より好ましい人事上の決定をくだせるようにプロセスを設計できる。というより、そうした実験をしないことの弊害は大きくなるばかりだ。

女子学生のロールモデルが足りない

私は以前、ハーバード大学ケネディ行政大学院の学生たちによって、データの力と否応なく向き合わされた。ある日、出勤すると、学部長室の前に学生たちが座り込んでいた。一刻も早く私と話したいという。女性教員が少なすぎることが問題だと、私に訴えたいというのだ。そのような懸念は、目新しいものではなかった。しかし、男女が平等に競争できる環境づくりを主なテーマにしてきた研究者としては、奇妙な立場に立たされてしまった。それまでに実現してきた進歩について学生たちに説明しながらも、私はうしろめたく感じていた。教員の新規採用は毎年約5人だけなので、変化が数字に反映されるペースはどうしても遅くなるのだと、私は釈明した。毎年の新規採用をすべて女性にしたとしても、教員の男女比が等しくなるまでには非常に長い年数が必要だった。

しかし、話を聞くと、学生たちの主な関心事は女性教員の人数ではなかった。男女平等を漠然と問題にしていたわけでもない。学生たちが気にしていたのは、女子学生にとってのロールモデル(お手本になる人物)が足りないことだった。学生たちは、女性教員の人数にはさほど関心がなかった。教室で、ゼミで、講演で、シンポジウムで、講演やスピーチをしたり、研究や指導、助言をしたりする女性リーダーの姿をもっと見たいと、学生たちは思っていたのだ。私たちの問題点は、ケネディ行政大学院を来訪する人たちの性別割合に気を配ってこなかったことだった。

私たちのキャンパスでは毎日、多くの講演やシンポジウムが開催されており、その講演者やパネリストとして、政治や非営利事業の世界、ビジネス界、学界のリーダーたちを世界中から招聘している。誰を招くかを決めるのは、学内のさまざまな研究者や研究所などだ。招かれる専門家たちは、講演やシンポジウムに参加するだけの場合もあれば、客員研究員として1年間、あるいはもっと長くキャンパスにとどまる場合もある。多くの人は学生と交流し、キャンパスの姿の一部を成している。それなのに、私たちは来訪者たちの性別割合に関心を払ってこなかったのだ。

そこで、実際にはどうなっているかを調べてみた。学部内の研究所に対し、招聘者の性別割合を年次報告書に記すよう求めたのだ。この種の調査をはじめておこなう組織の大半がそうであるように、結果は惨憺たるものだった。それでも数字が明らかになったことで、ただちに健全な議論と内省が始まった。また、その数字をもとに追跡調査をおこなうことにより、エビデンスに基づいた戦略（その多くは本書でも紹介する）を設計し、効果を確認できるようになった。

女性株式ブローカーの給料が少ない真の原因

データ分析は、ジェンダー格差を解消するためにきわめて大きな役割を果たせる可能性がある。ペンシルベニア大学ウォートン・ビジネススクールの社会学者ジャニス・ファニング・マッデンが1990年代後半に大量のデータを収集して分析したところ、アメリカの2つの大手証券会社で働く女性株式ブローカーたちの給料が男性の60％程度にとどまることがわかった。

株式ブローカーの給料は、営業成績に応じて歩合制で支払われる。だとすれば、理屈の上では、女性ブローカーの給料が少ないのは、男性より営業成績が悪かったのが原因だということになる。女性ブローカーは男性よりセールス能力が劣っている、という結論に飛びつきたくなるかもしれない。しかし、データを掘り下げて検討すると、話が変わってくる。女性たちは、男性より仕事の質が低かったわけではない。では、どうして給料が低いのか？　答えは、データが教えてくれる。

女性ブローカーたちは、男性と同等の条件を与えられていなかったのだ。男性の同僚に比べて、有望な顧客を割り振られていなかったのである。マッデンは、この現象を「パフォーマンス支援におけるバイアス」という言葉で説明している。株式ブローカーたちの人事記録、証券会社の取引・資産記録、ブローカー一人ひとりの担当顧客についての記録を調べてはじめて、こうしたことが明らかになった。そのデータが入手できていなければ、マッデンも会社側もこのような結論には到達できなかっただろう。

マッデンはデータを丁寧に分析し、さまざまな仮説を検証していった。たとえば、男女の生まれもっての違い、それまでのキャリアを通じて受けてきた差別、顧客が男性ブローカーを好む傾向といった要因により、女性ブローカーの生産性が男性ブローカーより劣るのではないか、という仮説も検証された。しかし、データを分析すると、これらの要因はいずれも大きな影響がないとわかった。女性ブローカーたちは、そもそも不利な顧客を割り振られていたのだ。その証拠に、女性ブローカーたちにもっと有望な顧客を任せると、性別による営業成績の差はなくなった。

もしデータが収集されていなければ、こうした事実は明らかにならなかったし、2つの証券会社が不公正で非効率な顧客割り振りシステムを見直すこともなかっただろう。この証券ブローカーの事例では、2つの証券会社に対して性差別に関する集団訴訟が起こされ、裁判で専門家証人を務めたマッデンにデータが提供されたおかげで、真相を知ることができた。ものごとを計測しないことの弊害はあまりに大きい。裁判を起こされて評判が悪化し、裁判費用がかかるだけでなく、社内の優秀なブローカーを見いだし、能力を最大限発揮させることができないため、会社は顧客に対して最善のサービスを提供できず、本来なら可能な成果を生み出せなくなる。*6

評価ツールで格差をあぶり出す

データを収集して検討すれば、状況の改善がどのくらい進んだかも知ることができる。１９９９年、マサチューセッツ工科大学（ＭＩＴ）の理学部は、それまで意図せずに女性を差別してきたことを認めた。当時のチャールズ・ヴェスト学長は、この年に発表した報告書の序文でこう書いている。「今日の大学に対して指摘されている性差別の問題には、事実と印象の両方の側面があると、ずっと思ってきた。その点は間違いないが、印象の側面よりも事実の側面のほうがはるかに大きいことを思い知らされた」

同大学の生物学の教授であるナンシー・ホプキンズ率いるチームがデータを検討したところ、給料の金額、研究資金やスタッフ、研究室の面積、賞の授与、他大学から移籍の誘いがあった場合の対応などの面で、男性教員と女性教員の間に差があることが明らかになった。女性教員は、同程度の業績を上げている男性教員に比べて不利に扱われていたのだ。ホプキンズらの調査結果は、全米の大学でジェンダーの不平等をめぐる議論に火をつけた。データの質や分析の正確性に疑問を投げかける論者もいたが、ＭＩＴは、データに基づくアプローチと報告書の結論を一貫して支持した。当時のロバート・バージュノー理学部長は、こう言いきっている。「この調査はデータに基づいている。その点できわめてＭＩＴ的だ」*7

ＭＩＴのデータ分析の試みは、好ましい結果につながった。２０１１年の時点で、科学技術分野の女性教員の数は2倍近くに増え、高い地位に就いている女性教員も何人かいた。資源分配と給料の不平等も是正された。ＭＩＴは、データを集めるだけでなく、データから学ぶことも得意だったのだ。

ジェンダーの不平等を是正するためにデータ分析を活用しているのは、ＭＩＴだけではない。たとえば、スイス政府は「ロギブ」というオンラインツールを作成し、企業が男女の給料格差をどの程度解消できているかを自己診断できるようにしている。もっと緻密な評価をおこなうためのツールを提供している民間組織も多い。数年前、昔の教え子であるニコール・シュワブの訪問を受け、「ジェンダー平等プロジェクト」という新しいアイデアについて相談されてアドバイザーになったのだ。このプロジェクトから生まれたのが、企業のジェンダー格差解消の達成度を評価し、認証するためのツールだ。達成度の評価では、給料、採用、昇進といった結果変数と、研修、メンタリング、会社の方針や慣行のような入力変数の両方が考慮される。

この取り組みは、シュワブがアニエラ・ウングレサンとともに設立した「ＥＤＧＥ」という財団および企業に成長した。職場の男女平等に関するグローバルな基準を達成した企業には、ＥＤＧＥの認証が与えられる。２０１5年3月の国際女性デーには、世界銀行のジム・ヨン・キム総裁がＥＤＧＥの認証取得を目指す意向を表明した。すでに認証を取得していたコンパルタモス銀行（メキシコ）、ＣＥＰＤ（ポーランド）、デロイト・スイス（スイス）、ロレアル（アメリカ）などに続こうというわけだ。世界銀行が世界のジェンダー格差解消に本気で取り組んでいると思われるためには、みずからの組織内でもそれを実践すべきだと、キムは考えたのだ。世界銀行は、ＥＤＧＥを利用してデータを集めたことにより、組織内の人事管理のパターンを把握し、職場でどのようなジェンダーの力学が作用しているかを明らかにし、どのような対策が有効かを知ることができた。*8

実力主義の思わぬ落とし穴

ここまで紹介してきたのは、データを活用した事後分析の取り組みだ。これらは、既存の制度やプロセスが人々の意思決定と生産性にどのような影響を及ぼしているかを明らかにすることを目的にしている。これとは別に、予測分析も大きな効果を発揮する場合がある。採用、昇進、査定での人物評価のあり方を根本から変え、直感の役割を大幅に縮小できる可能性があるのだ。

ただし、誤解しないでほしい。データを活用するといっても、主観的な成績評価がなくなるわけではない。主観による評価をいっさい排除できる企業はほとんどないだろう。しかし、多くの研究から明らかなように、部下の成績評価に上司の主観が入り込むことを許すと、ありとあらゆるバイアスの影響を受けかねない。たとえば、前述したように、男性的とされる職種では男性が好まれ、女性的とされる職種では女性が好まれるバイアスが蔓延している。リーダーシップを振るったり、大きな権限をもったりする役職で、男性が好まれるバイアスもある。それに輪をかけて驚くべきバイアスが存在する。成績評価にまったく差がなくても、女性より男性のほうが昇進しやすいのだ。

ＭＩＴの社会学者であるエミリオ・カスティリャは、ある大手サービス企業でそうした「パフォーマンス・報酬バイアス」が存在していることを明らかにした。女性など、伝統的に不利に扱われてきた集団に属する社員は、白人男性社員と同じ成績評価を受けても昇給幅が小さかったのだ。この調査結果に、カスティリャは衝撃を受けた。その企業は、報酬を社員の成績と明確に連動させ、実力主義の企業文化を築くと宣言したばかりだったからだ。

カスティリャは、このような「実力主義のパラドックス」についてさらに詳しく知るために、共同研究者たちと一緒に多くの実験をおこなった。実力主義を強調することにより、給料決定がバイアスの影響を受けやすくなるかどうかを調べようと考えたのだ。すると、実際にそのような傾向が見て取れた。実力主義の給料決定方針を採用した場合は、非実力主義の職場よりも男性びいきの傾向が強まるのだ。その理由は、完全にはわかっていない。それでも、性差別的な主張に異論を述べるなどして、自分が客観的な判断ができる人間だと感じた人は、人材採用の判断で女性より男性を好む確率が高いことがわかっている。前出の「お墨つき効果」である。カスティリャが調べた会社の場合も、実力主義の方針が採用されたことにより、マネジャーたちは自分のバイアスに基づいて直感的に判断することが許されたと感じたのかもしれない。

あるいは、別の研究結果にあるように、マネジャーが男性を優遇するのは、厳しい会話を避けるためという可能性もある。つまり、女性は男性ほど強い姿勢で交渉せず、強く主張すると不利益をこうむる場合が多いため、成績評価に不釣り合いな処遇を受けてもあまり文句を言わないと思われているのかもしれない。*9

一人ひとりの成績に応じて給料を支払いたいと考える企業にとっては、「パフォーマンス・報酬バイアス」を克服することが重要だ。社員の報酬や昇進について判断する際は、成績評価には反映されないものの、重要とみなされている要素も考慮する場合が多い。個々の社員の将来性は、そうした要素の典型だ。しかし、私は多くの企業の能力評価・給料決定システムについて相談に乗ってきた経験を通じて、女性の将来性を低く評価する「ジェンダー将来性バイアス」が蔓延しているのを目の当たりにしてきた。その傾向は、男性が多い業種や職場でとくに際立っている。このバイアスも取り除くのは簡単でない。

給料格差は世界中に存在する

バイアスに影響された判断は、社員と雇用主の両方に対して大きなコストを生み出す。あらゆる業種の女性たちが不利益をこうむっている。その点は女性の多い業種も例外でない。2015年に米国医師会雑誌（JAMA）に掲載された論文によると、アメリカの正看護師に占める男性看護師の割合は7％にすぎないが、彼らの給料は女性看護師より高い。この傾向は、職場の性格や専門分野、地位に関係なく見られ（例外は整形外科だけ）、1988年から2013年まで25年間変わっていなかった。[*10]

男女の給料格差は世界中に存在している（格差の大きさは、国や業種によって、また、調査方法によって異なる）。アメリカでは、2014年の男女の給料格差（男女の所得の中央値の差）は21％に達している。地域別で見ると、最も格差が大きかったのはルイジアナ州（女性が男性の65％）、最も小さかったのはワシントンＤＣ（女性が男性の90％）だった。ＥＵでは、２０１３年の格差（男女の平均時給の差）は16・４％。最も格差が大きい国はエストニア（29・９％）、最も小さい国はスロベニア（３・２％）だった。経済協力開発機構（ＯＥＣＤ）全体では、２０１４年の格差（男女の所得の中央値の差）は15・５％となっている。加盟国のなかで最も格差が大きいのは韓国（36・６％）、最も小さいのはニュージーランド（５・６％）だ。[*11]

格差の原因がすべて差別だとは言いきれない。経済学ではたいてい、同じ職種で同等の資質と生産性をもっている人の待遇と給料に差がある場合に限り、差別が存在するとみなす。このような狭い定義を採用する場合は、それ以前の教育やスキル獲得の機会に差別が存在しても考慮されない。しかし、この定義をもとに考えたとしても、性別以外の要因によっては説明のつかない格差が明らかに存在する。

一方、男女の給料格差ばかり見ると、性別以外の要因による差別を見落としやすい。人がいくら給料を受け取るかは、人種や民族、地域、性的指向など、ほかのさまざまな属性の影響も受ける。たとえば、同性愛者男性は異性愛者男性より所得が少なく、同性愛者女性は異性愛者女性より所得が多いというデータがある。子どものいる女性が不利に扱われ、逆に子どものいる男性が有利に扱われる傾向があることもよく知られている。[*12]

ジェンダー・バイアスは、社員に不利益を与えるだけでなく、雇用主にも害を及ぼす。差別されていると感じている社員は、仕事にやる気をいだきづらく、退職する割合が大きい。ひいきは、不適切なインセンティブも生み出す。差別されている側と優遇されている側の両方があまり努力しなくなるのだ。差別されている側は、努力しても意味がないと感じ、優遇されている側は、努力する必要がないと感じる。その結果、不適切な人物が昇進したり、不適任な人物が登用されたりする。

また、部下は、上司の歓心を買うことに精を出し、仕事に使うべき時間を浪費しかねない。この傾向は、成果報酬の比重が大きい職場ほど際立っている。固定給で働く人たちは上司への工作に励む余地が乏しいが、成果報酬がからむと事情が変わる。成果報酬の割合が大きい場合、上司は部下の生活を左右する力をもつからだ。

バイアスの影響は、先々まで残る場合がある。多くの研究結果を集約した分析によれば、バイアスで歪められた成績評価がなされると、実際の成績がその評価のとおりになる場合がある。いわゆる「予言の自己成就」である。この現象は、軍隊に属している男性や、最初からあまり期待されていない人たちの場合、とくにはっきりあらわれる。[*13]

署名欄は書類の冒頭に設けよ

ほとんどのマネジャーは、大きな裁量をもちたがる。私にも、そのような傾向がある。部下について、正式な評価システムには反映されない情報をもっていると自負しているからだ。しかし、客観的な判断をすることがほぼ不可能であることは自覚している。人は誰でもそうだが、私も非常に多くのバイアスの影響を受ける。バイアスの種類はあまりに多く、すべてを警戒し、払いのけることはできない。組織にとっては、上司のバイアスに影響されることの弊害と、上司がみずからの知識に基づいて裁量で判断をくだすことによる恩恵のバランスを取り、適切な評価・給料決定システムを設計することがきわめて重要だ。

この点に関して、ささやかだが驚くべきアイデアがある。それは、ジェンダー以外の分野では人の倫理性を高める効果が実証されている手法だ。リサ・シューらの研究によれば、書類に記入する前に署名をさせると、人は嘘を書く確率が下がるという（一般的には、記入したあとで署名する場合が多いだろう）。所得を過少申告したい、経費を水増し請求したい、えこひいきをしたいという誘惑にさらされるより前に、道徳を意識させる結果、正直に振る舞おうという意識が高まるのだ。それに対し、あとで署名すると、その前に自分が取った行動を正当化したいという誘惑に屈しやすい。成績評価の際のひいきを減らし、上司に公正な判断を促すためには、事前に署名させるのが有効なのかもしれない。試してみる価値はありそうだ。[*14]

上司に責任をもたせるのも1つの方法だ。成績評価が社員の担当業務、昇進、成績に及ぼす影響を追跡調査している企業はほとんどない。しかし、上司は、自分がくだす評価が部下個人だけでなく、会社にとっても大きな意味をもつと知っておく必要がある。ひいきは、不公正であるばかりか、会社にコストも生み出す。それなら、そのような行動を取った上司にもコストを負わせるべきだ。上司に部署内の昇進を決めさせる場合は、部署の成績をその人物の給料に反映させればいい。そうすることにより、最もお気に入りの部下ではなく、最も優秀な部下を昇進させることへのインセンティブを簡単につくり出せる。

上司によって選ばれた人がほかの部署の役職に就く場合は、もっと創造的な仕組みが必要になる。

その点、データ分析をおこなうことにより、対象者の成績を追跡調査し、ほかの大勢の社員と比較できる（その際、本人の資質以外の要因の影響は排除する必要がある）。

成績評価のあり方を改善するには？

ある金融関連企業で働く８０００人以上の社員のデータを調べた研究がある。それによると、成績が同等の場合、男女の給料格差は、基本給や査定昇給よりもボーナスや業績給のほうが大きかった。両者の違いは、前者が正式なルールに基づいて決められるのに対し、後者はそうしたルールなしに決められるという点にある。一般的に、給料決定のための成績評価を正式なルールに従っておこなうほうが女性にとって好ましい。理想は、適切な比較を通じて成績を評価することだ。そうすれば、市場環境の変動や、特定の企業やグループの特性に惑わされることが避けられる。グーグルはそうした手法を採用し、上司が成績評価の際にバイアスの影響を受けないようにしている。具体的には、マネジャーたちが集まり、個々の社員について、直属の上司とほかのチームを担当するマネジャーたちによる評価を比較し、話し合うものとされている。[*15]

部下の成績を数段階にわけてランクづけしたり、偏差値評価したりする仕組みを導入している会社もある。私がかかわった企業の１つでは、すべての社員を3段階にわけて評価する制度を採用していた。部下の20％を上位評価、10％を下位評価、それ以外の70％を中位評価とランクづけするという制度だ。しかし、これが魔法の杖だと考えるのはまだ早い。この種の制度の有効性と、それが男女の社員に及ぼす影響について十分な研究がされているとは言えない。[*16]

この点に関する数少ない研究の1つが、経済学者のイワン・バランケイによるものだ。バランケイは、ある大手オフィス家具会社の協力を得て、評価システムの違いが男女の社員に及ぼす影響を調べた。この会社の営業部員の給料はすべて歩合給だった。つまり、個人の売上額を基準に給料が決まっていたのだ。営業部員（男女がほぼ半分ずつだった）は自分専用のウェブページに売り上げを記録し、そのページで各自の歩合給のレートと給料の金額を確認できるようになっていた。

実験では、介入グループに振りわけられた社員に、売上額に基づく各自のランクを伝えた。ランクは個人用のウェブページに表示されるが、ほかの社員には知られず、給料にも影響しないようになっていた。ランクを知らせると男性営業部員の成績は下がったが、女性営業部員の成績には影響がなかった。女性は男性ほどランクを気にしておらず、ランクが期待より低かったと知っても男性ほど気落ちしなかったのだ。

この点を別にすれば、成績評価を本人に伝えることの影響について明確な研究結果はない。合計1万3000人以上の被験者が対象の約130件の実験結果を集約した研究によると、評価の伝達が成績に及ぼす影響は実験によってまちまちだった。約3分の2の実験では成績が向上したが、残り約3分の1では成績が下落したのである。さまざまな個別事情が結果に影響するのだろう。だから、企業は自社のデータを集めて分析するべきだ。それも、できるだけ早く着手することが望ましい。[*17]

人間の嫌悪感がアルゴリズムの活用を妨げる

ピープル・アナリティクスが非常に有望な手法であることは間違いない。私はさまざまな企業や組織に対し、それを採用するよう促してきた。とはいえ、このアプローチがつねに最善の選択肢とは限らない。データ収集は、個人のプライバシーを侵害する可能性をもっている。それに、性別や人種などの属性によるレッテル張りに道を開きかねない。分析手法をめぐる懸念もある。相関関係を因果関係と混同する危険があるのだ。しかし今日は、スーパーマーケットが顧客の購買データをもとに、その人物が妊娠していると見抜ける時代だ（あるスーパーは、女性が家族に妊娠の事実を打ち明ける前に、妊婦向け商品の広告を一家に送り、トラブルになったことがある）。良くも悪くも、ビッグデータの力はもう無視できない。[*18]

ほとんどの職種では、主観的な成績評価が完全に排除されることはないだろう。だからこそ、欠陥があるとしてもデータ分析が有用なのだ。私たちの直感的な判断が無意識のバイアスに影響されることは、いまではよく知られている。前出の例では、一見すると女性株式ブローカーの能力が男性より劣っているように思えたが、実際は、上司がいだいている無意識のバイアスにより、女性たちが不利な顧客を割り振られていたのだった。そのような状況は、女性株式ブローカーたちだけでなく、顧客と会社にも不利益をもたらしていた。その点、ピープル・アナリティクスは、私たちがくだす直感的な判断が妥当かどうか確認する手立てになりうる。

ピープル・アナリティクスは、半世紀以上前に主として心理学の分野でおこなわれた議論を思い起こさせる。アメリカの心理学者ポール・ミールは１９５４年の著書『臨床的予測か統計的予測か』（未邦訳）で、シンプルな統計アルゴリズムの予測のほうが専門家の予測より優れている場合が多いと結論づけた。これ以降に実施された多くの実験によっても、この結論は強く支持されてきた。ビジネス（新事業の成功確率、社員の満足度など）や公共政策（犯罪者の再犯率）、医療（病気の診断と患者の生存率）の分野で、いくつかの変数だけを用いたシンプルな線形モデルによる予測がしばしば専門家の判断に勝るとわかっている。*19

フィリップ・テトロックは20年間にわたり、３００人近い専門家（エコノミスト、政治学者、政策決定者、その他の意思決定者）に、経済成長、国家間紛争、核拡散などのテーマで何千件もの予測をしてもらい、それを実際の結果と比較した。すると、慄然とする事実を思い知らされた。専門家の成績はきわめてお粗末だったのだ。テトロックの著書『専門家の政治的判断』（未邦訳）の表現を借りれば、予測の正確性は、「サルにダーツを投げさせる」のと大差なかったという。その精度は、カリフォルニア大学バークレー校の学部学生より多少ましな程度にとどまり、アルゴリズムが過去の延長線上に未来を予測した場合よりずっと低かった。

このようなデータが続々と報告されるにつれて、実社会でも変化が起きはじめている。マイケル・ルイスの２００４年のベストセラー『マネー・ボール』（邦訳・ハヤカワ文庫）は、スポーツの世界で、スカウトが獲得選手を決める際も、コンピュータを信じたほうがうまくいくことを明らかにした。同書で紹介されているように、大リーグのオークランド・アスレチックスは、ハーバード大学出身の人物が開発したアルゴリズムを使って選手補強をおこなったところ、成績が目覚ましく向上し、チームは年間103勝という記録的な好成績を上げた。これ以降、大リーグのほぼすべての球団がデータ分析を採用し、人間の直感への依存を減らすようになった。この動きは、野球以外のスポーツにも波及している。[*20]

しかし、効果を実証するデータが圧倒的に多いにもかかわらず、人はアルゴリズムに判断を委ねることに抵抗をいだく。実際には、人間の判断がアルゴリズムより優れているケースはきわめて少ない。人間のほうが優れた判断をくだせるのはたいてい、コンピュータに把握されていない重要情報をもっている場合だ。もっとも、そのようなケースがあることを認めても問題は残る。人間だけがもっている情報のおかげで好ましい判断がくだせる状況と、人間の過剰な自信がまずい判断を導き出す状況を見わけることが難しいからだ。

ペンシルベニア大学ウォートン・ビジネススクールの研究者たちは、いかに「アルゴリズム嫌悪」が蔓延しているかを明らかにした。その研究によると、金融、製造、美容など、さまざまな業種の企業で予測をおこなっている専門家たちは概して、アルゴリズムをまったく用いなかったり、あまりに軽んじていたりしたのだ。不思議なことに、人々はアルゴリズムが人間より優れた予測能力をもっていることを目の当たりにすると、ますますアルゴリズムへの嫌悪感を強めた。

研究者たちは、被験者を4つのグループにわけ、アルゴリズムの予測成績だけを見せるグループ、人間の予測成績だけを見せるグループ、両方を見せるグループ、両方とも見せないグループを設けた。そのうえで、被験者たちに別の予測課題を与え、どの予測方法を用いるかを選ばせた。すると、

5回にわたる実験すべてで、アルゴリズムの予測成績を見せられた人は、アルゴリズムをあまり信頼しない傾向が見られた。精度の高いアルゴリズムより、人間の予測を好む人が多かったのだ。なぜ、このような現象が生まれたのか？　アルゴリズムが予測ミスを犯した場合、ミスの確率が人間よりはるかに少なくても、私たちはそれを許せないようだ。

研究者たちがさらに掘り下げて調べたところ、被験者たちは、平均するとアルゴリズムのほうが人間より正確だと知っていたが、アルゴリズムにはみずからの失敗から学ぶことや特異なケースに対応することができないと思っていた。臨機応変にものを考えたり、過去の経験から学んだりすることは、人間ならではの強みだと思っている人が多い。

しかし実際には、多くの研究が明らかにしているように、人間が自分の見解に基づいてアルゴリズムを「修正」すると、たいてい正確性が低下する。それでも、分析のプロセスで人間の出番を与えることには、その弊害を上回るメリットがあるのかもしれない。人々がアルゴリズムをある程度コントロールできるようにすれば、嫌悪感を和らげ、アルゴリズムの活用を促し、予測の質を改善できる可能性があるのだ。

この点についても、ウォートン・ビジネススクールの研究グループが実験をおこなっている。実験では、被験者たちにいくつかの背景情報を与えたうえで、さまざまなテストにおける学生たちの成績を予測させた。その背景情報とは、学歴、大学に進学しなかった友人の数、好きな教科、アドバンスト・プレースメント・テスト〔高校生に大学の教養レベルの授業を受講させ、大学での単位認定のためにおこなう試験〕の受験歴の有無などだ。被験者には、予測の正確さに応じて報酬を支払うものとした。この実験で被験者がアルゴリズムの予測結果に手を加えることを許すと、アルゴリズムが用いられる確率が高まった。アルゴリズムに対する嫌悪感が和らいだのだ。

興味深いことに、このようなケースで、人々はかならずしもアルゴリズムの予測を大きく修正することまでは望んでいないようだ。修正を加える余地がごくわずかに増えただけで、アルゴリズムの使用に対する抵抗が弱まる。また、アルゴリズムが予測を誤った場合も、信頼を失わずに使用し続ける確率が高まる。人はささやかな自由を手にしただけで不信感が大幅に和らぎ、アルゴリズムに判断を委ねて、人間の頭脳より精度の高い予測を得られるようになるのだ。*21

本章で伝えたかったメッセージはきわめてシンプルだ。「もっとデータを活用し、データ分析をおこなうべし」ということだ。ここまでの話をまとめると、次のようになる。ビッグデータを活用して、自分たちの組織に男女間の給料格差や昇進格差がないかを明らかにし、もし格差があればその原因を突き止め、格差を解消するための方法を見いだすべきだ。その対策の有効性も、実験によって判断することが望ましい。ビッグデータは、どの社員や学生がどのような条件のもとで最も高い成果を上げられそうかを知るうえでも役に立つ。

また、アルゴリズムの活用も考えるべきだ。アルゴリズムの使用に抵抗を感じる人は多いが、人々にアルゴリズムの判断を修正する機会を与えれば抵抗は弱まる。ただし、アルゴリズム嫌悪を解消しつつも、大幅な修正を許してアルゴリズムの正確性をそこないすぎないように注意しなくてはならない。

ジェンダー平等のためのデザイン――人事上の決定にデータを用いる

- データを収集、追跡、分析して、パターンと傾向を見いだし、予測をおこなう。
- 数値計測により問題点をあぶり出し、よりよい解決策を探す。実験をおこない、どのような対策が有効かを明らかにする。
- アルゴリズムの活用を促すために、人間がアルゴリズムの判断を修正する余地をつくる。

第6章 人事評価の方法を見直す

ピンクの督促状

シンガポール労働省は、税金の滞納に悩まされていた。外国人家事労働者を雇っている人が外国人雇用税を滞納するケースが非常に多かったのだ。この問題を解決したいと考えた労働省は、シンプルでコストのかからない仕組みを実験した。試したのは、ピンクの威力を活用するアプローチだ。具体的には、フィールド実験を設計して、滞納者の半分には、それまでと同じ白い用紙の督促状を、残り半分には、ほかのデザイン上の改善に加えて、用紙をピンクに変えた督促状を送った。すると、ピンクの督促状を受け取った人は、それに応じて税金を納める割合がはるかに高かった。

ピンクという色そのものに特殊な力があるわけではない。しかし、シンガポールでは、この色はあるものを強く連想させる。シンガポール労働省の行動洞察・設計ユニットのチュー・イーティエンは、こう説明している。「シンガポールの通信料金と公共料金の督促状は、ピンクの紙に印刷される場合が多い。そのため、ピンクの紙を送付すれば、納税が遅れているというメッセージを強く打ち出せる[*1]」

問題の解決策を設計するときは、このような細部が大きな意味をもつ。シンガポール労働省の納税督促状は、行動科学の重要な知見を参考にして設計された。その知見とは、人はものごとを相対評価で判断するというものだ。白い紙がありきたりな手紙を連想させるのに対し、ピンクの紙は、それまでに受け取った数々の督促状を思い出させる。その結果、白い督促状が放置されやすいのとは対照的な結果を得られるのだ。

私たち人間にとって、ほかのものと比較せずに、ものごとを絶対評価することはほぼ不可能だ。たとえば、あなたがあるコーヒーを気に入るかどうかは、普段どのようなコーヒーを飲んでいるかによって決まる。会議室が寒いと感じるか、暑いと感じるかも、空調の温度を普段どのくらいに設定しているかに影響される。アメリカを訪れたヨーロッパ人は、会議室やレストランで肌寒く感じる場合が多い。逆に、アメリカ人はヨーロッパを訪ねると、部屋が蒸し暑いと感じ、上着を脱ぎたくなる。コーヒーや温度だけではない。私たちは人を評価するときも、無意識にほかの人と比較している。

次の問題を考えてみてほしい。リンダは31歳の独身女性。聡明で、歯に衣着せずにものを言う。

大学時代は哲学を専攻し、差別と社会正義への関心が深く、反核運動のデモにも参加した。

ここまでの情報をもとに、リンダに関する以下の3つの記述を、可能性が高いと思う順番に並べてみてほしい。

a リンダは保険のセールスの仕事をしている。

b リンダは銀行の窓口係の仕事をしている。

c リンダは銀行の窓口係の仕事をしており、フェミニズム運動に積極的に参加している。

たいていの人は、cが最も可能性が高いと考える。前述の人物描写に照らして考えると、銀行員としての適性にはいささか疑問があるが、「フェミニストの銀行窓口係」というのが最もしっくりくるように思えるのだ。

これは、「代表性ヒューリスティック」について教えるために最もよく用いられる事例だ（このヒューリスティックについては、第1章でフロリダ州の典型的な住人はどのような人かという問いを例に論じた）。リンダの事例は、直感だけに頼ると判断ミスをしかねないことを浮き彫りにしている。冷静に考えれば、cが最も正しいということはありえない。「フェミニストの銀行窓口係」より、「銀行窓口係」のほうが広い概念だからだ。フェミニストの銀行窓口係は1人の例外もなく銀行窓口係だが、すべての銀行窓口係がフェミニストとは限らない。

論理的に考えれば当たり前のことだが、リンダについて考えるときは、この点が直感から抜け落ちてしまう。リンダは銀行窓口係よりフェミニストの印象が強く、その要素をつけ加えたほうが人物にリアリティが感じられるのだ。フェミニストの銀行窓口係という描写は、単に銀行窓口係というより実際の確率は低くても、心理的な説得力が大きい。

経済学者のセンディール・ムライナサン（ハーバード大学）とマリアンヌ・ベルトラン（シカゴ大学ブース経営大学院）は、さまざまな企業に架空の人物の履歴書を送った。履歴書の名前は、ラキシャ・ワシントンとエミリー・ウォルシュ（女性名）、ジャマル・ジョーンズとグレッグ・ベイカー（男性名）の4種類。履歴書に記す情報は、名前以外はすべて同じにした。すると、ラキシャとジャマルに企業から連絡があった件数は、エミリーとグレッグより少なかった。白人風の名前であるエミリーとグレッグには、アフリカ系アメリカ人風の名前であるラキシャとジャマルの1・5倍の連絡があったのだ。

両者に届く連絡の件数が等しくなるためには、ラキシャとジャマルが8年多くの職務経験をもっている必要があった。セールス、アシスタント、事務、顧客サービスの4職種すべてで、エミリーとグレッグが「セールス部員」「アシスタント」などとみなされたのに対し、ラキシャとジャマルは一貫して「黒人セールス部員」「黒人アシスタント」といった見方をされた。リンダがまず何よりも「フェミニスト」というイメージをもたれるのと同じように、半数を優に上回る企業は、ラキシャとジャマルの名前を聞くと、真っ先に「黒人」というイメージを強くかき立てられたのだ。*2

ステレオタイプは比較評価で克服せよ

このような連想を突き崩すには、どうすればいいのか？　この点を明らかにするために、私はマックス・ベイザーマン、アレクサンドラ・ヴァンジーンと共同研究をおこなった。いま考えると、私たちのアイデアは非常にシンプルなものに思える。求職者の評価をおこなう人たちに、２人の人物を比較する形で判断するよう求めたのだ。意識的に２人を比較して評価すれば、無意識に自分の内面のイメージに引きずられるのを避けられるのではないかと考えたのである。

私たちは、この仮説を検証するための実験を計画した。被験者には、特定のタイプの問題を解く人物を選ばせた。解くべき問題は、男性向けというステレオタイプがある問題（＝数学）か、女性向けというステレオタイプがある問題（＝言語）のいずれかだ。採用した人物の成績に応じて、被験者に報酬を支払うものとした。私たちは被験者を２つのグループにわけ、比較グループには、候補者１人の性別とそれまでの成績を教えた（そのほかに「ボストン地域出身」など、実験の本題とは無関係の情報も多く混ぜた。それらの情報は、すべての候補者で同一にした）。一方、介入グループには、候補者２人の情報を教えた。

比較グループの被験者は、提示された１人の候補者を採用するかしないかを決める。その人物を採用しない場合は、候補者リストから無作為に抽出された人物が問題を解く。介入グループの被験者は、提示された２人の候補者のいずれかを選ぶか、どちらも選ばずに候補者リストから無作為抽出してもらうかを決める。被験者たちは、候補者リストに含まれている人たちの成績の平均を教えられるので、無作為抽出を選択した場合の成績はおおよそ予測がつく。

この実験は、実際の採用と昇進決定の状況を想定したものだ。ある研究によると、現実の世界では、採用や昇進のための人物評価をおこなう人たちの半分は一度に1人の候補者しか検討していない（残り半分の人たちは、複数の候補者を同時にふるいにかけている）。別の研究でも、アメリカの大企業の上級幹部を対象に調査したところ、昇進決定の約30％は1人の候補者しか検討せずに判断されているという。

私たちの実験では、被験者が1人の候補者だけ検討した場合、数学の問題に男性の候補者が、言語の問題は女性の候補者が選ばれる確率が高かった。この傾向は、候補者のそれまでの成績が平均以下の場合も変わらなかった。ところが、被験者に2人の候補者を検討させると、こうしたステレオタイプは解消された。複数の候補者を比較して検討する結果、候補者が属する集団に対するステレオタイプではなく、個人の成績に目が向くようになったのだ。複数の候補者を比較すると、ジェンダーの格差が完全に解消しただけでなく、ほぼすべての被験者が最も成績のいい候補者を選んだ。[*3]

比較評価は、公正というだけでなく、利益を最大化する効果もある。正しい行動が賢明な選択でもあるのだ。私はいっさいの躊躇なく、あらゆる組織に対して、比較評価の採用を勧めている。すぐに導入できるし、ジェンダーの平等を促進し、利益も増やせるからだ。私が所属しているハーバード大学ケネディ行政大学院では、若手教員を採用する際、なるべく一度に何人もまとめて求人するようにしている。そうすれば、多くの候補者を比較して評価できるし、自分たちがおこなう複数の求人も互いに比較できる。その結果、評価基準の透明性が高まり、採用機会ごとの判断のブレを小さくできる。

一度に何人も同時に採用することには、ほかにも利点がある。ある行動科学上の発見を生かせるのだ。その発見とは、一度に複数の人物を採用すると、1人ずつ時間を置いて採用するより、多様な人材が採用されやすいというものだ。

ある実験では、被験者に、3つの異なる日（月曜、火曜、水曜）に食べるおやつを、3種類（リンゴ、クッキー、ベーグル）のなかから選ばせた。このとき、介入グループには、3日分のおやつを一度に選ばせた。たとえば、月曜の朝に、その日の午後、翌日の午後、翌々日の午後に食べるおやつを選ぶという具合だ。一方、比較グループには、おやつを1回ずつ順次選ばせた。毎日、その日に食べるおやつを選ぶようにしたのだ。すると、3日分をいっぺんに選んだ人の約3分の2は、3日とも別のおやつを選んだ。それに対し、1日ごとにおやつを選んだ人の場合、3日とも別のおやつを選んだ人の割合は9％にすぎなかった。

同時に複数のものを選ぶと多様性のある選択がされる傾向は、さまざまな研究で繰り返し確認されている。ある実験によれば、人は一度にたくさんのヨーグルトを買うと、多くの種類のヨーグルトを買うことがわかっている。多くの場合、多様性が高まるのは好ましいことだ。大半の投資アドバイザーは、分散投資の効用を説く。栄養士も、いろいろな食べ物を食べるよう促すことが多い。ただし、リスクもある。12種類のヨーグルトを買えば、そのうち8種類が気に入らないかもしれない。一度にたくさん買い、たくさん採用する方式が有効かどうかは、目的によって変わってくる。*4

相性を重んじた採用の罠

しかし、雇用主が同じような人ばかり採用し続けることには警戒したほうがいい。たいてい、人は自分と似たような人を採用したがる傾向があるからだ。採用担当者は求職者に何を求めるのか？——社会学者のローレン・リヴェラが投げかけた問いに対して、カルロスという中南米系アメリカ人の弁護士はこう答えた。「採用担当者はみずからを基準にする。それ以外に参照すべきものがないから」

投資銀行、法律事務所、経営コンサルティング会社の採用プロセスを調べたリヴェラによれば、いずれの業種でも、候補者の評価を大きく左右するのは企業文化との相性、つまり候補者の経歴や趣味や自己呈示が既存の社員たちとどの程度似ているかだという。リヴェラが話を聞いた採用担当者の過半数は、採用面接時に最も重んじる要素として相性を挙げている。分析的思考力やコミュニケーションスキルよりも、そのほうが重要だというのだ。企業文化との相性を重視する傾向が最も強かったのは法律事務所、その傾向が最も弱かったのはコンサルティング会社だった。

ときには、無意識にバイアスの影響を受けるのではなく、自分と似た人物を選ぶことを意識的な戦略として実践するケースもある。白人弁護士のデニスは、「採用面接とは要するに、候補者と自分の共通点を探すことだと思う」と言いきっている。投資銀行職員のアリエルは、とくに満足度の高かった採用面接について次のように振り返った。「その女性と私は、２人ともニューヨーク・マラソンを走ったことがあった……そのことが話題になり、私たちはたちまち意気投合した……ニューヨークでセレブの追っかけをする趣味も共通していた……すぐに似た者同士だとわかった……私は彼女を気に入った[*5]」

面接相手に対して感じる相性のよさが原因にせよ、面接中の意図せざる連想が原因にせよ、人は本題と無関係の細かいことに影響を受けずにいられない。共通の趣味や応募書類の紙の色、相手の外見などが判断に影響する。たとえば、求職者の着ているジャケットのブルーの色合いが気に入るかもしれない。そんなことは、仕事の能力とはおそらく関係ない。それでも、あなたはその人物に好ましい印象をいだくだろう。このように、人はしばしば、第一印象により、その後に入ってくる情報の評価の仕方が影響される。第2章で紹介した「ハロー効果」である。この現象は、さまざまな研究によって裏づけられている。

確証バイアスと「美貌格差」

ハロー効果は、いわゆる確証バイアスの一種と位置づけられる。確証バイアスは、賢明な意思決定を妨げる障害のなかでもとりわけ手ごわいものだ。このバイアスが作用する結果、私たちは情報を探して解釈するとき、自分がすでにもっている考え方を裏づける情報を好む。そのため、新しい情報を客観的に評価したり、ものごとを学習したりすることが難しくなる。

それは、場合によっては人命も脅かす。カナダのトロントでおこなわれた実験がある。その実験では、救命救急センターの現場をコンピュータ上でシミュレーションし、医師35人に、心臓発作の患者に2種類の薬（架空のもの）のどちらを使うかを判断させた。医師たちは、6項目の病歴情報をもとに、64人の患者それぞれについて10秒間で判断をくだすことを求められた。実験は、患者1人ごとに投薬の効果を知らされて、そのうえで次の患者に進むという方式で進められた。薬は実在のものではないので、医師たちは実験のなかで試行錯誤することにより、どのような患者にどちらの薬が効くかを学んでいく必要があった。

2種類の薬の片方は糖尿病の持病がある心臓発作患者に効果があり、もう片方はそうでない患者に効果があった。ところが、この点に気づいた医師はおよそ4人に1人にとどまった。学習できた医師とそうでない医師の違いは、脳の活動にはっきりあらわれていた。fＭＲＩ（機能的核磁気共鳴画像法）で脳を調べたところ、学習できた人たちの脳では、薬品の選択が失敗だったと知らされたときに前頭葉のはたらきが活性化していた。そのとき、失敗から学んでいたのだろう。それに対し、学習できなかった人たちの前頭葉は、選択が成功だったと知らされたときに活性化していた。

この実験をおこなった研究者たちも指摘しているように、学習するためには、誤った仮説を排除していく否定のプロセスが不可欠だ。ところが、多くの人は自説を裏づけるデータばかりに目を向ける結果、根拠なき楽観論に陥り、成功と失敗が運任せになってしまう。*6

重要なのは、自分の失敗から学ぶことだ。（少なくとも学習が必要な状況では）成功に浮かれてはならない。しかし、このような教訓を垂れるだけでは、好ましい行動を引き出す効果は乏しい。まったく効果がないケースも少なくない。人は一貫した行動を取りたがる性質があるため、自分がすでにもっているバイアスの影響を受けて、というよりバイアスのままに判断をくだしがちだからだ。「ルックスのハロー効果」とでも呼ぶべき現象がある。多くの研究によれば、ルックスのいい人物は、誠実で責任感があり、頭もいいと思われる傾向があるのだ。人は誰かと言葉を交わすより前に相手の容姿を見る場合が多いため、この現象は多くの研究者の関心を集めてきた。労働市場では、美貌の持ち主は金銭面でも恩恵に浴する。ほかの条件が同じだとすると、ルックスのいい人は、そうでない人よりも所得が高いのだ。

もう少し掘り下げて考えてみよう。経済学者のジェームズ・アンドレオーニとラガン・ペトリーは、ルックスのいい人物に対して人がどのような反応を示すかを調べるための実験をおこなった。この実験の被験者たちは、相手のルックスがいい場合、その人物がみんなのために協力的な行動を取るだろうと考え、その人と協力することを選択した。しかし、この思い込みは間違っている。ルックスのよし悪しと、その人物が協力に前向きかどうかは関係がないのだ。一方、一人ひとりの人物が実際にどのくらい協力に前向きかを被験者に知らせると、美貌の持ち主は一転して厳しい評価をされる。ルックスのいい人は高い期待をもたれているので、協力度が平均どまりだとわかると失望を買い、ほかの人たちから協力したいと思ってもらえなくなるのだ。

ルックスのいい人に平均以上の期待が寄せられる現象は、さまざまな分野で報告されている。ある実験では、ルックスのいい人は迷路を解くのが得意だとみなされ、高い報酬を提示された。このような評価をされる背景には、ルックスのいい人は自分に強い自信があり、人との接し方がうまいという要因があった。しかし、実験によれば、そのような期待は根拠を欠いていた。ルックスのいい人は、迷路を解くのがうまいわけではなかったのだ。

オーディションで応募者にカーテンの向こう側で演奏させる方式（序章参照）がすべての状況で有効なわけではない。それでも、履歴書に顔写真を添付させるのが一般的な国では、せめてそれをやめたほうがいい。ある研究グループは、雇用主が履歴書の顔写真に影響されているかどうかを調べるために、求人広告を出していたイスラエルの約2600社にそれぞれ2通の履歴書を送った。片方は、写真を添付していないもの、もう片方は、ルックスのいい人物もしくは平均程度のルックスの人物の写真を添付したものだ。すると、ルックスのいい男性は、写真を添付しなかった男性や、ルックスが平均レベルの男性より、企業から連絡を受ける確率が際立って高かった。では、ここまで読んできたこと、そしてあなた自身の直感に照らして考えてみてほしい。女性の求職者の履歴書に対して、企業はどのような反応を示しただろう？

意外に思うかもしれないが、ルックスのいい女性は美貌の恩恵に浴せなかった。企業は明らかに、履歴書に写真を添付していない女性を好む傾向があったのだ。ルックスにまつわるバイアスの経済的影響に関する世界的権威であるテキサス大学オースティン校の経済学者、ダニエル・ハマーメッシュによれば、この結果は意外でない。これまでに研究がおこなわれた西洋の国では、労働市場におけるルックスの影響は、男性のほうが大きいように見える。アメリカでは、教育レベルや経験が同等の場合、ルックスが平均レベルの男性に比べて、ルックスのいい男性は所得が最大5％多く、ルックスの悪い男性は所得が最大13％少ない。同様の傾向はアメリカ人女性にも見られたが、影響は男性よりも小さかった。

容姿による差別はあらゆる国に存在するが、それが男女それぞれにどのような影響を及ぼすかは、国によって異なる。イギリスでは、ルックスの悪い人へのペナルティは女性より男性のほうが大きいが、ルックスのいい人が浴する恩恵の大きさは男女で違いがない。それに対し、中国では女性のほうがルックスの影響を受ける。平均よりルックスの悪い女性は平均レベルの女性より所得が31%少なく、平均よりルックスのいい女性は平均レベルの女性より所得が10%多い。男性の場合は、ルックスの悪い人は所得が25%少なく、ルックスのいい人は所得が3%多いだけだ。身長も所得に影響を及ぼす場合がある。背が高い人は、所得が高く、採用されやすく、昇進しやすいのだ。

ルックスのいい人を優遇するのは浅はかな態度だと、多くの人は思うかもしれない。しかし、人の容姿は、ときに世界史の行方も左右する。1901年に暗殺された第25代アメリカ大統領のウィリアム・マッキンリーを最後に、アメリカでは男性の平均より背の低い大統領は誕生していない。容姿に恵まれた人物が選挙で当選しやすいのは、アメリカだけの現象ではない。被験者に選挙の立候補者の写真を見せ、結果を予測させる実験がおこなわれている。写真で見る外見以外の情報を与えなくても（たいてい、候補者たちとは別の国の人を被験者に用いている）、フィンランド、フランス、ドイツ、スウェーデン、スイス、イギリスの被験者たちは選挙結果を的中させた。

ルックスが選挙結果を予測するヒントになったことは間違いない。では、ルックスを基準に、仕事の成績を言い当てることもできるのか？　専門家の見解は一致していないが、ハマーメッシュの著書『美貌格差』（邦訳・東洋経済新報社）によれば、ルックスは、知性のような目に見えない要素の指標としては信頼に足らないようだ。つまり、美貌の持ち主が得をする場合があるのは、主としてバイアスが原因らしい。ルックスのいい営業部員が顧客に好まれるケースは、確かにあるだろう。そのようなケースでは、社員の美貌が会社に利益をもたらす。しかし、それは、ルックスのいい営業部員が有能だからではない。顧客がルックスの悪い営業部員を差別しているからだ。[*7]

ある仕事に最適任の人物を雇いたいとき、第一印象だけで決めるのは賢明でない。ましてや、履歴書に添付された写真で判断するのはやめたほうがいい。幸い、ルックスにまつわるバイアスの影響を排除するための仕組みを設計することは可能だ。まず、自分が第一印象に影響されやすいと認識するだけでも正しい方向への一歩になる。私がかかわっている企業は、オーケストラのブラインド・オーディションの例から学び、いわば「電子版のカーテン」を実験しはじめている。選考担当者に履歴書を見せる前に顔写真を取り除くだけでなく、氏名も含めてあらゆる属性情報を除去しようというのだ。

ここで「実験」という言葉を用いたのは理由がある。この種の試みはシンプルなものに思えるかもしれないが、まだ明らかになっていないことも多いのだ。2009年、フランス政府が興味深い実験をおこなった。職業安定所が企業に呼びかけ、ブラインド採用選考への自発的参加を促したのだ。求職者の氏名、住所、国籍、写真を見ずに、書類選考をおこなう試みだ。参加を表明した企業には、職業安定所の職員がこれらの情報を取り除いたうえで履歴書を見せるようにした。

ブラインド採用選考は、移民や移民の子ども、貧困地区の出身者など、これまで不利に扱われてきた集団の人たちが面接に呼ばれ、最終的に採用される確率を高められたのか？　リュック・ベアゲル、ブルノ・クレポン、トマ・ル・バルバンションという3人の経済学者が600社をサンプル調査したところ、驚くべき結果が明らかになった。なんと、匿名化の措置は、それまで不利に扱われてきた集団の人たちが面接に呼ばれたり、採用されたりする確率を引き下げてしまったのだ。

よく調べてみると、思わぬ結果を生んだ一因は「選抜効果」にあった。参加の呼びかけに応じた企業の62％は、不利に扱われてきた集団の人たちを積極的に採用していた会社だったのだ。そうした会社は、実験に参加した結果、「匿名化によりマイノリティの求職者を優遇できなく」なってしまった。こうしたケースを考えると、どのような措置が有効かを実験し、その結果を分析することが非常に重要だ。ブラインド採用選考により、平等な競争が可能な環境を生み出せたという研究結果がある反面、選抜効果が想定外の結果を招く場合もあるからだ。[*8]

自由面接では正しい評価ができない

可能な対策は、履歴書を匿名化することだけではない。テストや構造化面接（質問項目と手順を前もって決めておき、それに従って面接をおこなう）、コンピュータによる予測など、能力評価の誤りを減らすための支援ツールも活用できる。これまでの世代のマネジャーたちは、こうしたツールを用いることへの抵抗が強かった。２００８年に発表された論文が用いられている表現を借りれば、この状況は「産業・組織心理学の最大の挫折」と言ってもいい。

さまざまな調査が繰り返し明らかにしているように、人事担当マネジャーたちが最も有効な選考方法だと考えているのは自由面接だ。この方法は、適性テストや性格テスト、一般知能テストより有効だと思われている。マネジャーたちが分析的なアプローチを好まないのは、前章で論じた2つの要因が理由なのだろう。つまり、みずからの専門知識と経験に過剰な自信をいだいていること、そして確率論を前提にした予測への嫌悪感をもっていることである。私たちがデータに従って行動しない場合が多いのも、それが原因だ。

自由面接が好ましい結果を生まないことは、圧倒的に多くのデータにより実証されている。数年前、アメリカのテキサス州で、面接の有効性を調べるために絶好の機会が訪れた。テキサス州議会は、州内で医師が不足していることを問題視し、州立のテキサス大学ヒューストン校（医学校）に対して、この年の入学者数を150人から200人に増やすよう要求した。その時点で大学はすでに入学者選考を終えており、いったん不合格にした人のなかから追加の50人を選ぶことになった。しかし、ほとんどの受験生は複数の医学校を併願しているので、不合格者のなかでも上位の人たちはほかの医学校への入学が決まっていた。追加合格にできるのは、よくても700～800位程度の受験生だった。最初に入学が決まった150人のうち最も評価が低かった受験生は350位だったが、追加合格者は700位以下にならざるをえなかった。追加合格が決まった50人のうち、ほかの医学校に合格していた人は7人しかいなかった。

政治の口出しにより、学生の質が落ちるのではないかという懸念が高まった。しかし、テキサス大学の研究グループは、これを興味深いフィールド実験のチャンスに変えた。医学校の授業と1年間の実地研修期間の成績と、入学者選考時の評価の間に関連があるかを分析しようと考えたのだ。入学者選考における順位は、学業成績（GPAとMCATのスコア）、学部の医学校進学準備コースのアドバイザーによる評価、職務経験、課外活動、そして面接を基準に決められた。面接は、選考委員会の委員1名と別の教員1名が担当した。「面接の質問内容や進め方を標準化したり、面接員による客観評価と主観評価の比重を決めたりすることはまったくなかった。面接員たちは、自分の評価を書面で選考委員会に提出した」とのことだ。[*9]

分析の結果は、本書をここまで読んできた読者はともかく、入学者の選考に当たった人たちにとってはショッキングなものだった。医学校と実地研修での成績は、最初の合格者も追加合格者も変わらなかったのだ。上位50位以内の学生たちが700〜800位の学生たちより高い成績を残すことはなかった。

どうしてこのようなことが起きるのか？ 調べてみると、最初の選考時の合否をわけた要因のうち、学業成績と人口統計上の属性がもつ比重は約4分の1にすぎないことがわかった。たとえば、GPAのスコアは、最初の合格者が平均3・48、追加合格者が平均3・40。実質的な違いはない。違いの約4分の3は、面接評価によるものだった。2つのグループの学生たちは、学業成績にはほとんど違いがなかったが、面接評価に大きな違いがあったのだ。最初の選考での合否は、面接員の評価に大きく左右されていたのである。

研究グループはこう結論づけた。「医学校で好成績を上げられる確率が高い人物を選びたいなら、知識のある人物が一次選考で慎重に審査するのが好ましいようだ。その際は、学業成績と人口統計上の属性、職務経験、課外活動、医学校進学準備コースのアドバイザーによる評価を検討すればいい。ただし、そのあとで従来型の面接をおこなっても、入学後に好成績を上げられる人物を選べる確率は高まらないだろう。一次選考を通過した人のなかから、くじで合格者を選んでもいいかもしれない」[*10]

構造化面接で客観性を確保する

ある研究は、85年間にわたる人事心理学の研究を調べ、19種類の選考方法を検討した結果、自由面接で評価をくだすべきではないと結論づけている。構造化面接のほうがはるかに有効だというのだ。とくに、知力や一般知能を問うテストと組み合わせると効果が高い（さまざまなテストが提供されているので、そのいずれかを採用すればいい）。職業経験のない人を採用する場合、一般知能テストが最も有効な選考方法であることは以前から知られてきた。しかし、この研究によれば、職業経験がある人の場合も、高度なスキルが求められる職ではこの種のテストがきわめて有効だという。

たとえば、500以上の職種の合計3万2000人を対象とした既存の研究結果を集約した分析では、ほとんどの職種で一般知能テストが非常に有効だとわかった。アメリカの雇用の62%を占める中程度のスキルの職種でも、このようなテストにより、採用後の仕事の成績をかなりの程度予測できるという（一般知能テストは、高いスキルが求められる職種では有効性が高く、スキルをあまり必要としない職種では有効性が低かった）。一方、推薦状や職務年数は、一般知能テストより予測の精度が低かった。実技テスト（その職で実際に求められるスキルを直接試すテスト）、正直度テスト、そして（面接を好む人たちにとっては朗報だろうが）構造化面接と組み合わせた場合、一般知能テストの有効性はいっそう高かった。

極端な場合、自由面接は逆効果になることもある。カーネギーメロン大学のロビン・ドーズらの実験によれば、面接担当者は評価と関係のない情報に注意を引かれずにいられない。そのような情報に関心を奪われると、もっと重要な情報が軽んじられてしまう。しかも、人はものごとに意味づけをするのが得意だ。ある研究によると、人は無作為に並べてあるだけのものを見ても、そこに意味を見いだそうとする性質がある。[*11]

構造化面接を導入することには、労力とコストに見合う効果がある。しかも、簡単に実施できるし、コストもあまりかからない。構造化面接を始めようとする人たちに、私は以下の助言を送っている。前もって準備すること、面接の内容と手順を決め、チェックリストを使ってそれを貫くこと、そして、その場で評価をおこなうことだ。面接員が複数いる場合は、最後まで互いのメモを見せ合わないことも重要だ。また、結果を数値評価し、実験することも忘れてはならない。

まず、候補者のどのような点を見たいかを決めよう。質問リストも事前に作成しておくべきだ。バーバラ・レスキンとデブラ・マクブライアーの研究によれば、どのような形でおこなっても、構造化面接は面接評価の主観性を減らす効果がある。しかし、ピープル・アナリティクス（第5章参照）を活用して、自社で重視している資質の持ち主を見いだせる確率が高い質問項目を選べば、より科学的に構造化面接を実践できる。どのような質問が有効かを知るためには、計画的な実験をおこなう必要がある。

質問項目ごとに求職者を10段階で採点するようにし（自社の事情に合わせて段階の数は変えてもい

い)、それぞれの質問項目にどの程度の比重を置くかを考えよう。すべての質問項目を同等に扱ってもいいし、欲しい人材を見いだすうえでとりわけ有効な質問項目への配点を多くしてもいい。[*12]

自分のバイアスを警戒する

面接評価をおこなう際は、ハロー効果に注意を払う必要がある。具体的には、1つの質問項目ごとに採点をおこない、採点したあとで次の問いに進むようにするといい。また、すべての求職者に、同じ質問を同じ順番で尋ねることも忘れてはならない。これを実際に貫くのは難しい。面接の会話の流れは、その都度異なるからだ。最初の求職者に対しては自然な追加質問だった問いも、次の求職者に対しては間抜けな問いに感じられる場合もある。それでも、妥協すべきでない。

あるテーマについてあとでまた尋ねるというのは構わないが、構造化面接の方法論を徹底したほうが好ましい結果を得られる。アトゥール・ガワンデが著書『アナタはなぜチェックリストを使わないのか?』(邦訳・晋遊舎)で指摘しているように、所定の手順を守ることは、硬直性を生むのではなく、難しい課題に向き合うための精神の余裕をつくり出すのだ。医療や金融などの重大な意思決定の場で役立つアプローチであるチェックリストは、採用面接でも効果を発揮する。[*13]

面接の採点は、ただちにおこなうことが重要だ。人間の記憶ほど当てにならないものはない。冤罪救済活動に取り組む団体「イノセンス・プロジェクト」によると、DNA鑑定で覆された有罪判決の4分の3は、目撃者の故意ではない記憶違いが原因だという。人は誰でもそうだが、刑事事件の目撃者も情報処理の過程でバイアスやヒューリスティックの影響を受ける。それらの要素の影響からは、採用面接の面接員も逃れられない。*14

人は、退屈な数字より、生き生きした実例のほうが記憶に残りやすい。それに、頭に浮かびやすい出来事ほど、発生確率が高いと思い込みがちだ。アメリカにおける人の死因として多いのは、他殺か、自殺かと尋ねられると、たいていの人は他殺と答える。しかし、それは間違いだ。自殺のほうが多い。他殺は自殺よりメディアで大きく取り上げられるので、自殺より他殺のほうが想起されやすいだけだ。心理学者のダニエル・カーネマンとエイモス・トヴェルスキーは、この現象を「利用可能性ヒューリスティック」という言葉で説明した。

面接評価をおこなう際、面接員の記憶がバイアスに影響される危険は見過ごせない。人はなんらかの経験について判断するとき、その経験の総量や平均よりも、ピーク（最高もしくは最悪の経験）とエンド（ある経験の終わり方）、そして直近の経験の影響を受ける。いわゆる「ピーク・エンドの法則」と「直近性バイアス」である。

また、「フレーミング」の影響を受ける場合もある。情報提示のされ方により、判断が変わるケースが少なくないのだ。たとえば、ウィーンには何本の橋があるかと尋ね、100本なり1000本なりといった無作為の数字を例示すると、人々の推測はその数字に影響される。

私が半分の学生に、橋の数は100本より多いと思うか、少ないと思うかと尋ね、もう半分の学生に、1000本より多いと思うか、少ないと思うかと尋ねると、前者のグループが答える数字は、100を出発点に考える結果、1000から出発する後者のグループより大幅に少ない（正解は

400~450本だ）。このように、最初に示された情報が基準点（アンカー）になり、その後の判断に影響を及ぼす現象のことを、カーネマンとトヴェルスキーは「アンカリング効果」と呼んだ。このヒューリスティックは、人がある商品にいくら支払うかを左右することがわかっている。[*15]

こうしたバイアスの類いに影響されないためには、候補者同士を比較して評価をくだす方法が有効だ。すべての候補者の面接を終えたあとで、質問項目ごとに1人ひとりの回答を比べて評価をくだしてもいい。これは、多くの大学教員がテストの採点をするときに用いる方法だ。採点時に学生の名前ではなく学生番号で管理することはすでに一般的になっているが、私は1人の学生の答案を上から下まで順番に見ることも避けている。

具体的には、まず、設問1に対する全員の解答を採点し、次に、設問2に対する全員の解答を採点する。なるべく、ある設問を採点するとき、それより前の設問の答案が見えないように隠す。第一印象が採点に影響することを避けるためだ。このような方法で採点すると、あとで1人の学生の答案全体を見たときに戸惑うことが多い。最初の2問では素晴らしい解答を記したのに、次の2問の解答ががっかりするくらいお粗末な学生がいるからだ。しかし、そのようなケースがあると知っておくことには意味がある。

集団思考に陥らないために

集団思考の落とし穴も避けなくてはならない。集団で意思決定をおこなうと、体制順応主義と自己検閲の影響により、個人単位で意思決定をおこなう場合よりも悪い結果を招くことがある――この集団思考と呼ばれる現象については、心理学者のアーヴィング・ジャニスが最初に問題提起して以降、多くの研究がなされてきた。新しいところでは、キャス・サンスティーンとリード・ヘイスティの2015年の著書『賢い組織は「みんな」で決める』(邦訳・NTT出版)でもこのテーマが扱われている。それらの研究によれば、この現象は最初に考えられた以上に複雑なようだ。本書の目的との関係で最も留意すべき点としては、集団は個人よりも代表性ヒューリスティックの影響を受けやすく、自分たちの判断に過剰な自信をいだく傾向があることがわかっている。[*16]

この点を踏まえると、大勢の面接員が同時に1人の候補者に話を聞く「パネル面接」を実施している組織は、考え直したほうがよさそうだ。面接員がほかの面接員に影響されずに、独立した評価をくだせるようにするのが望ましい。誰でも経験があるだろう。会議ではしばしば、最善の結論に到達できず、いちばん声の大きな人の意見に従ってしまうケースがある。無意識のバイアスがもつ危険性を考えれば、このような状況は容認できない。多様な視点で候補者を評価するためには、なるべく面接員がほかの面接員に影響されないようにすべきだ。言うまでもなく、4人の面接員がいるなら、みんなでいっせいに面接をおこなって1つのデータを得るより、4人が別々に面接をおこない、4つのデータを得るほうが判断の質は高まる。

さらに徹底するなら、面接員が候補者について話し合う前に評価を提出させ、それぞれの候補者のスコアを集計してもいい(集計は自動化することもできる)。そのスコアが一定の基準を満たした候補者を選考の次のステップに進ませるのだ。具体的には、すべての面接員がつけたスコアの平均点と、一定以上のスコアをつけた面接員の人数について、最低基準を設ければいいだろう。また、絞り込みの結果をコンピュータプログラムに分析させ、面接員全体が同じバイアスに陥っていないかもチェックすべきだ。

このあと、面接員たちが集まり、意見のわかれる候補者について話し合う。とりわけ重要な採用や昇進の場合は、もっと入念な仕組みをつくりたいと思うかもしれない。その場合は、最後の会議を2度おこなえばいい。1度目は、面接員たちを無作為に小グループにわけて話し合わせる。そして2度目には、小グループの提案を全体で話し合うようにする。

これでも2度目の会議で集団思考に流される危険は残るが、1度目の会議を経ることにより、複数の集団思考が並立する状況をつくり出せる。さまざまな研究によると、集団で意思決定をおこなう場合は、小グループでの検討や、「悪魔の代弁者」(議論であえて多数意見への反対論を唱える役割の人物)の指名など、意思決定のプロセスをしっかり決めておいたほうが好ましい結論に到達できる場合が多いとわかっている。[*17]

ここまでの話を聞いて、ややこしくて難しいと感じた人もいるだろう。実際、手軽にできることではない。しかし、有用なテクノロジーもある。雇用主が人材を客観的に評価するためのツールもいくつか販売されはじめている。イギリスの政府機関として出発した「行動インサイトチーム」(通称ナッジ・ユニット)は、本章で紹介した知見の多くをもとに「アプライド」というツールを開発した。このツールは、候補者を匿名化して複数の評価担当者に評価させること、実際の業務に即した実技テストを重んじること、個々の評価担当者の独立した評価を集約することが特徴だ。

ギャップジャンパーズやユニティブなどの企業も、候補者の性別と人種を隠して評価をおこなうための仕組みを提供している。ユニティブは、採用選考をおこなうマネジャーに、候補者に関する情報を1つずつしか見せない。たとえば、出身校と以前の勤務先という2種類の情報を切り離す。誤った推論がはたらいて、評価が歪められることを避けるのがねらいだ。[*18]

時間と労力がかかりすぎると思うかもしれない。しかし、人事で失敗すると、大きなコストが発生するうえ、問題点を是正することが難しい。人は、現状維持の誘惑にとらわれ、変化を損失と感じる傾向があるため、人事の誤りをあとで正すのは簡単でないのだ。ボリス・グロイスバーグとデボラ・ベルが企業の取締役たちに尋ねたところ、人事の失敗にうまく対応できていると答えた人は10%に満たなかった。不適切な人物を採用してしまった場合にその人を辞めさせることは、とりわけ難しい。[*19]

このような落とし穴にはまらないために、誰を選ぶかにもっと注意を払うことが必要だ。ただし、本章での私の主張も鵜呑みにすべきでない。成果を計測し、実験をおこなうこと——それを忘れないでほしい。以下に、あなたが採用面接をおこなう際に役立つチェックリストを挙げておこう。

面接チェックリスト

準備

1 面接担当者の数と、人種・性別などの属性ごとの内訳を決める（自社のデータをもとに決める）。

2 面接で尋ねる質問項目を決める（自社のデータをもとに決める）。

面接中

3 1人ずつ面接をおこなう（グループ面接は避ける）。

4 すべての候補者に同じ質問を同じ順序で尋ねる。その方針を貫く。

5 アンカリング効果、代表性ヒューリスティック、利用可能性ヒューリスティック、ハロー効果などのバイアスに注意を払う。

6 質問項目ごとにその都度、スコアをつける。

面接後

7 質問項目ごとに、すべての候補者の回答を見比べる。

8　それぞれの質問項目への配点を事前に決めておき、それに従って合計スコアを計算する。
9　面接員一人ひとりがスコアを責任者に提出する。
10　意見のわかれる候補者については、面接員が集まって協議する。重要な採用の場合は、小グループにわかれて話し合うことも検討する。

ジェンダー平等のためのデザイン――賢い評価プロセスを設計する

- 1人ずつではなく、一括で採用・昇進をおこない、候補者をほかの候補者と比較して評価をくだす。
- 履歴書から人種や性別などの情報を取り除く。
- 候補者の評価は、資質を測るためのテストや構造化面接でおこなう。自由面接は避ける。

第7章 求人のメッセージに注意を払う

ダイエットコークは女性の飲み物？

カロリーを抑えたダイエット系炭酸飲料をつくるメーカーは、手ごわい問題に直面している。男性消費者がその種の飲料を飲みたがらないように見えるのだ。少なくとも、男性が女性ほどダイエット系炭酸飲料を好まないことは確かだ。世界の市場の半分近くが振り向いてくれないとすれば、メーカーとしては放っておけない。その原因を解明する必要がある。男性は、カロリーへの関心が低いのかもしれない。そもそも、炭酸飲料をあまり飲まないのかもしれない。あるいは、この種の飲料に、男性を遠ざける要素があるのかもしれない。いくつかの飲料メーカーは、この最後の可能性が高そうだと考えた。とくに、「ダイエット」という言葉が男性の気持ちをつかめないらしいという結論に到達した。「ダイエット」は、男性らしさと相容れないように思えたのだ。

そこで、メーカーは、それまでとは異なるメッセージで商品を売り出してみた。コカ・コーラは「コーク・ゼロ」、ペプシコは「ペプシマックス」、ドクターペッパー・スナップル・グループは「ドクターペッパー・テン」を発売した。ドクターペッパー・テン（350ミリ缶で10カロリー）のキャッチコピーは、「女性お断り」。コーク・ゼロは、イギリスでは「男のコーラ（bloke Coke）」という触れ込みで販売された。コカ・コーラ北米部門の統合マーケティング・コミュニケーション責任者はこう述べた。「コーク・ゼロは、男の喜びを守り、それを称える商品と位置づけている」[*1]

すべてのマーケティングがここまで極端にジェンダーのステレオタイプに訴えかけているわけではないが、ジェンダーを意識して発せられるメッセージは一般に思われているより多い。安全カミソリメーカーのジレットは、男性向け身だしなみ商品のイメージを脱却して、もっと広い顧客層に訴求したいと考え、パステルカラーの女性向け安全カミソリを「ヴィーナス・ディバイン」「デイジー」「ジレット・フォー・ウィメン」などと名づけて売り出した。一方、男性向けの商品はダークカラーにし、「マッハ・スリー・ターボ」「M3パワー・ニトロ」などと名づけた。同様の例はほかにもある。ヨガは女性のものという印象が強いため、男性にヨガを売り込みたい人たちは、「ブロガ（broga）」（brotherとyogaの合成語）を考案した。[*2]

あなたは、求人広告、ニュースレター、ウェブサイト、ブログなどのコミュニケーション手段で、どのようなメッセージを発信しているだろう？　そのメッセージは、すべての人に等しくアピールできるものだろうか？　それとも、特定の層の人たちに強くアピールするものだろうか？　言うまでもなく、どのような組織にとっても、社員や顧客として適切な人物を引きつけることほど重要なことはない。賢明な広告は、そのための出発点になる。広告などのメッセージで肝に銘じるべきなのは、適切な言葉を選ぶことだ。

言語学者が昔から指摘しているように、言葉には「性別」がある。英語では、三人称単数の人称代名詞の使い方が問題になりうる。「わが社には、新しいマーケティング担当者が必要だ。彼（he）は高いスキルの持ち主であることが望ましい」と言うか？　それとも、「彼女（she）」という代名詞を使うのか？「he or she」という性別を問わない表現が一般に用いられはじめたのは、比較的最近のことだ。

言語によっては、名詞にも性別がある。ドイツ語には、男性大学教授は「Professor」、女性大学教授は「Professorin」という別々の単語があるが、ほとんどの場合はもっぱら「Professor」が用いられる。ドイツ語では、このような言葉の使い方を「mitgemeint」という単語で表現する。翻訳しにくい言葉だが、男性名詞を使っていても男女両方が含まれる状況をあらわす言葉だ。しかし、現実の世界では、ある職種に男女が等しく含まれる場合ばかりではない。

よく知られているように、男性向けと位置づけられている職に女性はあまり応募せず、女性向けと位置づけられている職に男性はあまり応募しない。アメリカでは１９６４年に公民権関連の法律で否定されるまで、新聞の求人広告コーナーが男女別にわかれているのが普通だった。電力会社の架線作業員のような男性中心の職種は男性求職者に向けて、旅客機の客室乗務員のような女性中心の職種は女性求職者に向けて求人がおこなわれていた。このような慣習は、1970年代前半には完全に姿を消した。その影響は大きかった。研究によると、求人広告で「望ましい性別」が示されていなければ、男女ともに、みずからの性別があまり就いてこなかった職種に応募する人が大幅に増える。実際、求人広告を男女別にわけず、アルファベット順に掲載するようにすると、目覚ましい効果があった。求人広告を男女別に載せて、「差別を禁止する法律に従い、いずれの性別の求職者も選考対象とする」という但し書きを添えるよりも、このほうがはるかに有効だった。求人広告自体が男女別々の場所に掲載されると、但し書きはほとんど効果を発揮しなかったのだ。[*3]

求人広告に潜むステレオタイプ

国によっては、性別を限定した求人広告がまだ珍しくない。2008~09年に中国屈指の求人情報サイト「智聯招聘」に掲載された、都市部の高教育層向けの求人広告100万件以上を調べた研究によると、募集企業7万社のうち約3分の1が、性別指定の求人を少なくとも1回は実施していた（男性対象の求人と女性対象の求人の数はほぼ同数だった）。性別指定の求人で企業側が求める人物像は、非常にはっきりしていた。女性対象の求人では若くて長身で魅力的な女性の、男性対象の求人では女性の場合よりも年長の男性の応募を促していたのだ。

企業が「智聯招聘」で性別指定の求人をするケースには、一定のパターンがあった。企業がとくにはっきり性別指定をするのは、就職市場が買い手市場で、性別の選り好みをしやすいときのようだ。就職市場が売り手市場だったり、高度なスキルの人材を探していたりする場合は、客観的な能力評価が重んじられていた。

この研究では、要求されるスキルの高さと性別限定の強さの間に逆相関の関係がはっきり見られた。高度なスキルが必要な職（高い学歴や長い経験年数が求められたり、給料が高かったりする職）の求人ほど、求人広告で特定の性別を歓迎するような記述が少ないのだ。この点は、経済学者のゲーリー・ベッカーによる「差別への嗜好」の議論を思い出させる。厳しい競争にさらされている企業ほど差別への嗜好は弱まると、ベッカーは指摘した。そうした好ましい環境からはじき出され、差別にさらされやすいのは、自分を差別化できるスキルをもっていない人や求職者が多い地域に暮らしている人だ。[*4]

求人広告であからさまに性別を指定することがない国でも、雇用主が男女のどちらを望んでいるかが暗に表現されるケースがある。ある研究では、求人広告に特定の性別を示唆する言葉遣いがどのくらい含まれているか、そして、ジェンダーのステレオタイプと結びついた言葉——男性なら「有能」、女性なら「温かみ」といった表現——が求職者の認識にどのような影響を及ぼすかを調べた。具体的には、カナダの求人情報サイト「モンスター」と「ワーコポリス」に掲載された求人広告を調べ、従事している人のほとんどが男性の職種と女性の職種について分析した。前者には、配管工、電気技師、整備士、エンジニア、警備員、コンピュータプログラマー（男性が74～99％）、後者には、事務アシスタント、幼児教育の教員、看護師、司書、人事専門家（女性が71～97％）が含まれる。

研究者たちは、それぞれの求人広告が男性的な言葉（個人主義、競争心、野心的、自己主張、リーダーなど）と、女性的な言葉（献身、支援、思いやり、対人関係、理解など）を含んでいる割合を算出してスコア化してみた。すると、予想どおり、求人広告の文言には男女の色わけがはっきり見られた。男女いずれかのステレオタイプと結びついた言葉の使用率と、それぞれの職種に従事する男女の割合の間には、相関関係が見られたのだ。男性的というステレオタイプのある言葉は配管工よりもプログラマーの求人広告に、女性的というステレオタイプのある言葉は事務アシスタントよりも人事専門家の求人広告に多く用いられていたのである。

求人広告でどのような表現を用いるかを軽く考えてはならない。この研究で実施された実験によると、求職者は求人広告の文言を見て、その職が男性中心か女性中心かを推測している。女性求職者は、ある職が男性の多い仕事だと強く推測すればするほど、その職に魅力を感じなくなる。ただし、女性たちは、その職で成功する自信がないわけではない。ジェンダーのステレオタイプと結びついた言葉は、求職者がその職を自分の領域と感じるかどうかに影響を及ぼすが、その職で求められるスキルに対する自信には影響を及ぼさないのだ。[*5]

自己選択による「ソーティング」

人はどのような職に就くかを決めるとき、自分の好みと、その職種が自分の領域かという自己認識に基づいて自己選択している。求人広告の文言は、この両方に関する情報を伝達し、求職者に選択を促す。求職者はよく注意を払わないと、たちまち求人広告の言葉遣いに影響され、ジェンダーのステレオタイプに沿った選択をしてしまう。

このような現象は、経済学では「ソーティング（分別）」という言葉で説明される。人々が居住地や学校、職場、クラブ、社会集団などを自己選択する結果、似たような属性の人たちが集まる集団への「分別」が進むのだ。そうした集団は、メンバーに具体的な特権を提供するのと引き換えに大きな負担を強いる場合もある。そのため、手に入る特権に価値を見いだし、しかもその負担が可能な人だけが集まってくる。裏を返せば、それ以外の人たちは排除される。ここでは、言語上の手がかりがいわば入会費の値札のような役割をもつ。言葉が発するシグナルを通じて、自分がその集団に歓迎されていると感じる人がいる一方、自分がその集団に加わるためには莫大な負担を強いられると（意識的にせよ、無意識的にせよ）察する人もいるのだ。

ソーティングは、かならずしも悪いことではない。人々に自己選択させることが望ましいケースも多い。ある人物のことを最も詳しく知っているのは、採用担当者などの第三者ではなく、その人自身だからだ。しかし、何がソーティングを促しているかには注意を払ったほうがいい。その点で、行動デザインが大きな意味をもってくる。

自分たちのメッセージがどのようなシグナルを発しているかチェックすることが重要だ。たとえば、小学校の教員募集のメッセージで「支援と助け合いを重んじる職場で、卓越した教育スキルと対人スキルをもって献身的に働く教員」を求めていると述べれば、すでに80〜90％が女性の職場でさらに女性を増やす結果になるだろう。

しかし、多くの小学校はそんなことを望んでいない。たいていの学校は、すべての潜在的な候補者のなかから最も優秀な新人教員を選びたいはずだ。それに、男の子には同性のロールモデル（お手本になる人物）がいたほうがいい。だから、学校は優秀な男性教員を遠ざけたくないに違いない。ところが、求人メッセージで用いる言葉の選択によっては、男性教員たちに「ここは自分の居場所ではない」と感じさせてしまう危険がある。この問題を解決するのは簡単だ。求人広告でいずれかの性別を排除しない言葉を使えばいい。「卓越した教育スキルをもつ優秀な教員」を求めていると書くだけで、潜在的な応募者を大幅に増やせる。

求人広告からバイアスを取り除けば、労働市場がさまざまな面で本来の機能を——サービスの売り手と買い手を効率的に結びつけ、最善のマッチングを実現するという機能を——果たしやすくなる。最近は、学校と生徒、病院と研修医を適切に結びつけるための精巧なマッチング・アルゴリズムが登場している。たとえば、ニューヨーク市は２００３年、生徒と高校のマッチングをおこなうための新しい方法を採用した。その土台を成すのは、「受入留保方式」と呼ばれるアルゴリズムだ。生徒が入学したい高校の優先順位と、高校が入学させたい生徒の優先順位をもとに、最善のマッチングをおこなう（それぞれの優先順位は、生徒と学校がみずからの成績と希望について発しているシグナルに基づいて決定する）。アルゴリズムは、人口統計上の属性に影響されないように設計することも可能だ。

２０１２年にノーベル経済学賞を受賞したアルヴィン・ロスの著書『Who Gets What（フー・ゲッツ・ホワット）』（邦訳・日本経済新聞出版社）では、このほかにもマッチングの成功例をいくつも紹介している。臓器移植のドナー（臓器提供者）と患者のマッチングもその1つの例だ。患者に適合するドナーを探すためにアルゴリズムを用いることの大きな利点は、医学上の関連情報をすべて織り込む一方で、それ以外の情報をすべて排除できることにある。働き手と雇用主を結びつけるときも、これと同じくらい高い水準を追求すべきだ。*6

企業の採用担当者は、正式なマッチングの仕組みはつくらなくても、採用プロセスを改善できる。また、採用活動で自社が用いる言葉だけでなく、自社が受け取る言葉にも注意を払うべきだ。たとえば、推薦状にもジェンダーにまつわるバイアスがしばしば入り込む。ある研究によると、医学部教員の採用プロセスで女性候補者のために書かれる推薦状は、男性よりも文字数が少なく、資質に疑念を投げかける言葉（おざなりな賛辞、予防線を張る言葉、根拠を示さない否定的なコメントなど）が含まれ、研究者としてより教育者としての能力を強調している場合が多い。女性は教育者、男性は研究者というステレオタイプを補強する結果になっているのだ。

たとえば、「私の見るところ、セーラは現代的な女性医師の鑑と言っていい。高い能力を発揮し、献身、知性、理想、思いやり、責任感をあわせもち、これらの面で妥協を知らない」という文面があるとする。セーラの資質に疑念を示そうとする人は、推薦状に以下のような表現を入り込ませる。「彼女の健康状態と私生活は安定しているように見える」「私が教えたなかで最も優秀な学生とは言えないが」「自立して仕事ができる人物で、監督は最小限で事足りる」「引き受けた仕事には勤勉に取り組む」*7

推薦状や求人広告から、ジェンダーのステレオタイプに沿った言葉を取り除くことは、それほど難しくない。しかし、望ましい人物を引きつけるためにどのような言葉が最も有効なのかは、自明でない場合も多い。そこで、実際にメッセージを発信し、それがどのような影響をもたらすかをテストすることが有益な場合もある。

アフリカのザンビア政府は「コミュニティ・ヘルスワーカー（ＣＨＷ）」という職を新設し、その人材を募集した際、そうしたテストをおこなった。研究者たちの協力を得て、どのようなメッセージを発すれば適切な人材を集められるかを明らかにしようとしたのだ。この職には、社会に貢献し、他人の世話をすることに意欲的な人物が求められる。しかし、フィールド実験によりわかったのは、そうした望ましい人物像を求人広告に記すのは逆効果だということだった。「コミュニティに貢献したい？　ＣＨＷになろう！」というメッセージは、「スキルを身につけ、キャリアを前進させるために、ＣＨＷになろう！」というふうに実利的な恩恵を明示したメッセージより、資質の乏しい人物を呼び込んでしまったのである。後者のメッセージのほうが、適切な資質をもち、医療サービスの提供者としても優れた人たちを集められた。

意外に思えるかもしれないが、キャリアを発展させるチャンスを期待して応募した人たちは、奉仕の精神に訴える求人広告を見て応募した人たちより、好待遇の職に誘われて退職しやすいということもなかった。どちらのタイプの人たちも奉仕への意欲はもっていた。有能な人たちは、奉仕に興味がないわけではなく、奉仕に加えてキャリアにも関心をもっていたのだ。さまざまな求人広告を実験してはじめて、政府も研究者たちもそれを知ることができた。[*8]

女性が好む職、避けたがる職

さまざまなメッセージが男性と女性に及ぼす影響も、実験してみないとわからない場合がある。リスクと競争に対する積極性が男女で異なるとすれば（詳しくは第8章で論じる）、求人広告で職場における競争の度合いをどのように記すかによって、その広告に対して男女が示す反応に違いが生じる可能性がある。

ジェフリー・A・フローリー、アンドレアス・レイブラント、ジョン・リストは、実験でその点を明らかにしようと考えた。フローリーらは、アメリカの16の都市で「ニュース・アシスタント」という職の求人広告を掲出した。主な職務内容は、ニュースを要約して短いレポートにまとめ、ニュース・ダイジェストを作成することだ。実験では、求人広告に記される給料決定方法に競争的要素が少ないほど、女性が応募してきやすいのかを検証した。そのために、給料をおおむね固定給とし、一部だけ業績給を導入するパターンと、給料が個人の成果に大きく左右されるパターンを用意し、求職者たちには無作為にどちらか一方を見せた。

全部で7000人近くの応募があったが、業績給の比重が大きい、つまり競争的要素が大きい求人は、女性の応募者が男性より大幅に少なかった。競争的環境を好まない人が多いのは男女共通でも、そのような環境に対していだく嫌悪感は女性のほうがはるかに強烈だったのだ。[*9]

この傾向は万国共通のようだ。さまざまな国のラボ実験で、同様の結果が得られている。女性は概して、非固定的で競争的な報酬決定のあり方を避けたがる。これはたいてい、女性がリスクを避けたがり、自信が小さく、競争を嫌うためだ。しかし、ある制度設計を採用すれば、このような自己選択を変えられるかもしれない。チームで競争する仕組みにすると、競争に対する男女の積極性が逆転するのである。これは、女性が競争に前向きになり、男性が消極的になるという2つの現象が起きるためらしい。チームで競争する場合、女性は自信が湧いてくるのに対し、男性はチームメートに足を引っ張られることを恐れる傾向があるのだ。チームの成績によって給料が決まる場合、高い成績を上げている男性は、競争的な給料決定方式の職を避けるケースがとくに多い。[*10]

ジェンダーの不平等に関してはよくあるパターンだが、女性が競争的な給料決定方式を避けたがり、男性がそれを好むのには、きわめて実際的な理由がある。ドイツのデータによると、女性は出来高制の職を好む人が多い。これは、仕上げた仕事の数という客観的な基準にほぼ沿って給料が決まるため、差別が生じる余地が少ないことも理由なのだろう。実際、ブルーカラー労働者をサンプル調査した研究によれば、女性にとっては、時間給制より出来高制のほうが好ましい結果をもたらす。合理的な理由のない給料格差が小さいのだ。経済学者のクラウディア・ゴールディンは、アメリカの女性たちが歴史的にどのような職に就いてきたかを調べた。その研究によっても、女性は、成績評価で客観的な指標が重んじられる職場で働く場合が多いことがわかっている。[*11]

女性は、柔軟性の高い仕事を選ぶケースも多い。ゴールディンは2014年のアメリカ経済学会の会長講演の中で、男性の職と女性の職がわかれている大きな理由として、女性が働き方の柔軟性を重んじる傾向があることを挙げている。柔軟な働き方を求める人が大きな代償を払わされる職種では、女性が柔軟性を求めることが男女の給料格差と昇進格差の大きな要因にもなっている。マネジメント、ファイナンス、法律などの職がそうだ。これらの職種では、家族のケアのために時間を割かず、長時間労働をする人が極端に優遇されてきた。

それに対し、サイエンス、テクノロジー、医療の分野では、働き手に対する時間的拘束のあり方が変わりつつある。ゴールディンは、その興味深い例として薬剤師を挙げている。薬剤師は、男性にとっては8番目に給料の高い職種にすぎないが、女性にとっては3番目に給料が高い職種だ。この仕事は、マネジメント、ファイナンス、法律の仕事に比べて勤務時間と給料の連動性が高い。フルタイムかパートタイムか、家族のケアのために時間を割いているかいないかに関係なく、勤務時間に応じて給料の額が決まる。そのため、高給の職のなかでは男女の給料格差が小さく、その結果として女性の割合が突出して高くなっている。[*12]

柔軟な働き方を「デフォルト」にする

女性を増やしたい業界は、このような知見を応用し、柔軟な働き方ができることを求人広告で強調しはじめている。それにとどまらず、ゴールディンが指摘するような状況を生む原因そのものを変えようとしている企業もある。食品・家庭用品大手ユニリーバの共同会長を務めたニーアル・フィッツジェラルドは、「柔軟な働き方を認めてもいい職種をはっきり示すべきだ」と同僚から言われたことがあるという。それに対して、彼はこう言った。「その発想は根本的に間違っている。柔軟性を認めると不都合があるという証拠がないかぎり、すべての職種で柔軟性を認めるべきだ」
刑事司法の分野に推定無罪の原則が存在し、有罪が立証されないかぎり被告人が無罪とみなされることには、大きな意義がある。被告人に無罪の立証責任を課すのではなく、検察に有罪の立証責任を課すことにより、正義が守られているのだ。同じように、「問題があると客観的に立証されないかぎり、柔軟な働き方を認める」という原則を採用すれば、仕事のあり方は目を見張るほど変わる。柔軟な勤務体系を「デフォルト（初期設定）」と位置づけ、それを望まないという意思表示をした人以外にはそれが適用されるものとすれば、柔軟な働き方を実践する人は大幅に増えるだろう。前述したように不参加の意思表示をした人以外は全員参加する仕組みを「オプト・アウト方式」、逆に、参加の意思表示をした人だけが参加する仕組みを「オプト・イン方式」と呼ぶ。
行動経済学の研究によると、制度のデフォルトをオプト・インからオプト・アウトに変更するだけで、参加率は飛躍的に上昇する。よく知られているように、企業年金への社員の加入率を高めたければ、加入手続きを取らなくても全員が加入するものとし、加入したくない人だけが非加入の手続きを取るようにすればいい。このような現象が生まれるのは、人には現状を変えたがらないからだ。経済学者のウィリアム・サミュエルソンとリチャード・ゼックハウザーが１９８８年の論文で「現状維持バイアス」と名づけたバイアスである。人は、老後資金の積み立てなど、複雑な意思決定をしなくてはならないとき、判断を先延ばしにし、新たな行動を取ろうとしない傾向があるのだ。デフォルトを変えるほかには、手続きを簡素化して主体的に選択させることが有効な場合もある。[*13]
オーストラリアの通信会社テルストラでは、柔軟な働き方を当然のものと位置づけている。「テルストラでは、あらゆる役職で柔軟な働き方ができます」と、同社のウェブサイトも謳っている。私が2015年にオーストラリアに滞在したときに社員たちに聞いた話によれば、「すべての役職でフレックス（柔軟）」というのは、全社員向けのデフォルトの勤務体系になっているようだ。

同社は、全社規模で新しい制度を導入する前に、顧客セールス・サービス部門で3カ月間の試験プログラムを実施した。「新しい画期的な勤務体系を導入して柔軟性を全社に拡大することにより、生産性を引き上げ、社員の主体的なかかわりを強め、市場での地位を確立し、新しい働き方を可能にする」ことが目標だった。試験期間中、求人に対してどのような人たちがどのような理由で応募してきたかを調べた。すると予想どおり、求職者に占める女性の割合が上昇した。求職者のおよそ3人に1人は、働き方の柔軟性が魅力だったと答えた。ランダム化比較試験はおこなわれていないが、柔軟な働き方を認めた場合、会社に集まってくる人材のタイプがどのように変わるかを知るための、1つの手がかりとは言える。[*14]

言うまでもなく、女性以外も柔軟な働き方を求めるようになれば、女性ばかりが柔軟な働き方を優先させ、それと引き換えに不利な状況に置かれることもなくなる。それに、柔軟性を求める声が高まれば、人材を獲得したい企業はそれに対応せざるをえなくなり、柔軟な働き方を望む人たちを差別することもなくなるはずだ。

なぜ女性は大勢が応募している求人を好むのか？

求人をおこなうときは、求人広告の内容だけでなく、それが読まれる文脈にも注意を払う必要がある。フレーミング効果（前章参照）は、求人広告で用いる言葉や勤務体系の制度設計に関して生じるだけではない。マーケティング専門家なら実感しているとおり、広告を掲載する場所や周囲に載っている広告の内容など、デザインのあらゆる要素がフレーミング効果を生み出す。前章で論じたように、私たちの頭脳は、つねにほかとの比較によりものごとを判断しようとする性質があるからだ。最近の求職者は、テクノロジーを活用して、ほかの求職者たちの行動を考慮に入れたうえで意思決定をおこなう場合もある。

タフツ大学のローラ・ジーは、ビジネス向けSNSのリンクトインで収集された膨大なデータをもとに、求職者の行動を明らかにしようとした。ジーは、２０１２年３月に合計10万件の求人情報を閲覧した２００万人近い人たち（暮らしている国は２００カ国以上）の求職行動を分析した。約３分の２が男性で、平均年齢は36歳。ほぼ半分がアメリカ在住者だった。学歴は、大半が大学卒もしくは大学院修了だ。

求職者たちはさまざまな求人情報を閲覧し、合計約２万１０００社の情報を見ていた。とくに、テクノロジー業界と金融業界の求人がよく見られていた。ジーが知りたいと考えたのは、ほかの求職者たちの行動に関する情報に求職者がどのように反応するかという点だった。ここまでの議論から考えると、ほかにも応募している人たちがいるとわかった場合、女性は競争を嫌い、応募を見送るようにも思える。しかし、応募者の人数を参考に、その職がどのくらい魅力的かを判断しようとする可能性も考えられる。もしかすると、曖昧さを嫌う人ほど、大勢の人が応募していることを好ましい材料と考え、応募に前向きになるのかもしれない。

ジーのフィールド実験は、求職者を無作為に2つのグループにわけておこなわれた。片方のグループには、求人情報を見たときにほかの応募者の人数が表示されるようにし、もう片方のグループには、その情報が表示されないようにした。すると、ほかの求職者の動向を教えた場合、男性求職者の行動にはほとんど影響がなかったが、女性求職者はその職に応募する割合が10%高まった。その結果として、女性求職者から企業に寄せられる応募が1日当たり何千件も増える可能性がある。テクノロジーや金融など、女性の割合が少ない業種でもその効果は期待できる。

女性は、男性より曖昧さを避けたがり、しかも自信がないため、ほかにも大勢が応募しているとわかると、安心して応募できたのだろう。それに対し、女性より曖昧さへの抵抗感が小さく、自分に自信がある男性は、ほかの求職者の応募状況にあまり関心を寄せなかった。女性は競争的な環境を避けたがる傾向があるが、その仕事が好ましい職だと安心できれば、競争的な職場に対する不安が打ち消されるようだ。[*15]

望ましい求職者を引きつけることは容易でない。企業側が予測して対処できるバイアスだけでなく、コントロールしようのない連想や環境上の要因（たとえば、隣に掲載されている求人広告の内容）の影響も受けるからだ。しかし、企業の人事担当マネジャーなら知っているように、不適切な人物を採用すると、あとでその問題に対処するのは難しく、大きなコストがかかる場合もある。

シリコンバレーの男性優位の文化

オンラインショッピング企業のザッポスは、適切な人物だけを採用するために独創的な方法を編み出した。新入社員に数週間の研修を受けさせたあと、気前のいい退職手当を提示し、退職するチャンスを与える。この時点で退職を選択した人には、研修期間中の給料に加えて、1カ月分の給料を支払うのだ。ねらいは、新入社員たちに自己選択によるソーティング（分別）を促すことにある。会社と仕事が気に入った人は、退職手当よりも同社で働き続ける機会に価値を見いだし、会社に残るはずだ。そうでない人は退職手当を受け取って去っていくので、本人にも会社にもそれ以上の害が及ぶことは避けられる。*16

不適切な社員をマネジメントするために資源を費やすのではなく、適切な人物だけを引きつけること、それはあらゆる組織にとって非常に重要な課題だ。前出のラズロ・ボックによれば、グーグルでは「自分より優秀な人物だけを雇う」ことを重んじているという。同社の会長を務めたエリック・シュミットは、採用候補者の技術面の資質だけでなく、イノベーションへの熱意と献身も重視すると語っている。

グーグルのエンジニア全員が勤務時間の20％を自分のプロジェクトに費やすことを認められているのは、よく知られているとおりだ。この慣行は、ソーティングを促す1つの手段として機能している。20％ルールのおかげで、創造性豊かで独立心旺盛な人材を引きつけられるのだ。「グーグルニュース」やSNSの「オーカット」〔現在はサービス打ち切り〕などのサービスは、そうした人材が生み出したものだ。勤務時間の20％を自由に使えるというルールは、明文化されてはおらず、実践されていない場合も多いが、このような方針をもつことの意味は大きい。

ジャーナリストのライアン・テートは、こう書いている。「20％ルールの手引き書が新入社員説明会で配布されることはないし、誰も本来業務以外のプロジェクトに取り組むよう無理強いされることもない。これは、正式な制度ではない。しかし、聡明で、現状に甘んじず、粘り強い社員たちが——成功するにせよ失敗に終わるにせよ、自分が着手した試みを最後までやり抜こうという強い意志をもった人たちが——能力を発揮できる機会をつくり出している」[*17]

問題は、そうやって集まってくる人の多くが女性ではないことだ。２０１５年春、シリコンバレーのベンチャーキャピタル会社で働いていた元ジュニアパートナーが起こした性差別訴訟は、テクノロジー業界で働く女性の割合が少ないことに改めて光を当てた。この裁判で原告の訴えは認められなかったが、女性が少ないという事実は否定できない。女性の割合は、大半のテクノロジー企業では20％未満、シリコンバレーのベンチャーキャピタル会社ではさらに少ない。シリコンバレーの「男社会」的な発想が女性を排除しており、女性がコンピュータ科学を専攻する意欲も奪っているとの指摘もある。テクノロジー企業の男性優位の環境が女性を増やす妨げになっていることは間違いない。

本書でも述べてきたように、みずからの社会的属性に対して期待される行動（それはほかの人たちの期待の場合もあれば、本人の期待の場合もある）から逸脱した人は、大きな代償を払わされる場合がある。社会的な規範から逸脱する行動を取った女性は、「成員」として認められない。そのような状況に追いやられることへの恐怖心が、女性たちの行動に大きな影響を及ぼすことは言うまでもない。[*18]

女性花形アナリストは移籍しても活躍できる

ボリス・グロイスバーグ、アシッシュ・ナンダ、ニティン・ノーリア（ハーバード・ビジネススクール学長）の研究によれば、女性求職者たちは、自分が「成員」と認められるかどうかを非常に気にする。女性は、就職先を探すときに男性より多くの要素を考慮し、企業文化との相性、価値観、マネジメントスタイルをとくに重んじている。しかし、この研究の結果には明るい材料もあった。女性たちの行動は、本人と雇用主の双方に思いがけない好材料をもたらしてもいたのだ。グロイスバーグがのちに実施した研究によれば、就職先を精査することは、女性が男性よりも転職に成功する場合が多い一因になっている。女性は、新しい職をよく理解したうえで転職しているのである。

グロイスバーグらの研究では、80社近い投資銀行で働く１０００人以上の「花形アナリスト」たち（インスティテューショナル・インベスター誌で業界屈指と評価されている人たち）を９年間にわたり調査した。ねらいは、花形アナリストたちが他社に移籍した場合も成績を維持できるかを明らかにすることだった。

結果はどうだったか？　ほとんどのアナリストは、以前より優れた会社に移るか、自分が率いていたチーム丸ごと移籍しないかぎり、移籍後は成績が落ち込んだ。しかし、女性アナリストたちはこのパターンに陥らなかった。移籍前に新しい職場を丹念に研究していたうえ、男性アナリストとは異なる形の専門技能を磨いていたからだ。トップレベルの成績を収める女性アナリストたちは、「社内の人間関係に頼らず、顧客や担当企業など、移籍しても失われない社外の人間関係を土台に地歩を築いている」のだ。

ある女性アナリストはこう述べている。「どのような業種でも、女性は社外に目を向けるほうがやりやすい。成功するために必要なことを理解し、それを実行すればいいから。それに対し、組織内の男性優位の環境では、社内の派閥や権力構造に対処することが求められる」[*19]

人が就職先を選ぶときは、そこで成功できそうかという見通しも重要な判断材料になる。そして、その見通しは、雇用主の発するメッセージに影響される。

オーストラリア陸軍のデーヴィッド・モリソン中将は、陸軍の公式ユーチューブ・チャンネルで発表した動画メッセージのなかで、多様な人材を受け入れる姿勢を強く打ち出した。「この方針が気に食わない人は、出て行ってほしい。この兄弟姉妹の集まりのなかに、あなたの居場所はない」。軍内部の性的虐待に関する調査結果を受けて、モリソンは２０１４年、再び強力なメッセージを発した。ロンドンで開催された「紛争下の性暴力防止に関するグローバル・サミット」にオーストラリア代表団の一員として参加したとき、きっぱり述べた――男性を女性より上に位置づけ、性暴力を容認するような軍隊は、「兵士と獣の区別がついていない」[*20]

このようなメッセージには、平等と多様性を大切にする人たちを軍隊に引きつけ、つなぎとめる効果があるのだろうか？　その答えはまだわからない。モリソン中将はみずからの言葉を行動に移しているが、そのような人ばかりではない。メッセージがどのようなケースでどのような影響を人々の行動に及ぼすかは大きな研究テーマだが、実験に基づいたデータはきわめて少ない。それでも、期待をもたせる実験結果が1つある。

経済学者のロバート・ジェンセンとエミリー・オスターは、インドのケーブルテレビ普及時期が地域によって異なることに目をつけ、ケーブルテレビがもたらす新しい情報により、人々の態度と行動が影響を受けたかを調べた。すると、ケーブルテレビの導入は、地方部における女性の地位向上との間に関連性があるとわかった。女性が学校に入学する割合が増え、生涯に産む子どもの数が減り、自立も促進された。女性に対する暴力も以前より許容されなくなり、女児より男児の誕生が好まれる傾向も弱まった。テレビドラマなどを通じて新しい情報が入ってきたことにより、地方の人々は、都会における男女の関係やそれぞれの生き方、家庭生活のあり方を知ることができた。それが人々の行動を変えたのである。[*21]

本章で論じてきたソーティングのメカニズムは見落とされがちだが、きわめて強い影響力を発揮する。最も優秀な人材に大勢応募してもらいたい企業は、求人広告やウェブサイトなど、すべてのコミュニケーションを通じて発信するメッセージ（明示的なものと暗黙のものの両方）を精査したほうがいい。コミュニケーションのなかの言葉遣い、採用するインセンティブ・システムや勤務体系、応募者の人数といった情報は、企業側が意図していなくても、ある種の求職者を引きつけ、ある種の求職者を遠ざける可能性があるからだ。みずからの発した言葉どおりに行動しない人がいるのは事実だが、それでも人は他人の言葉に耳を傾けるときがある。

人は、尊敬している人物が何を言うかに注意を払う。その対象は、テレビドラマの主人公だったりもする。そうした存在がその人のロールモデルになる場合もあるだろう。ロールモデルについては、第10章で詳しく論じる。

ジェンダー平等のためのデザイン——適切な人材を引きつける

- 求人広告などのコミュニケーションから、ジェンダーのステレオタイプに沿った表現を取り除く。
- オフィスの滞在時間ではなく、成果に基づいて給料を支払う。
- 求人に対する応募プロセスを透明にする。

第 III 部

職場と学校のデザイン

第8章 リスクを調整する

女性に不利だった学力テストの設計

ご存じだろうか？　女性は、推測することが好きでない。そして、それがもたらす影響はきわめて大きい。アメリカの大学入学者選考で古くから用いられている「SAT（大学進学適性試験）」でも、そのような傾向が見られた。女性受験者は男性受験者に比べて、わからない問題にあてずっぽうで答えることをせず、答えを記さない場合が多かったのだ。この状況を変えるために実行された改革は、ジェンダーの平等を目指して近年導入されたデザイン上のイノベーションのなかでも最も重要なものの1つだ。

SATは1926年、大学の入学者選考を実力主義でおこなう手段として誕生した。出身地や家族の資産などではなく、能力（当初は「生まれもった知性」と呼んでいた）に基づいて入学者を決めようという趣旨だった。このテストは非営利団体「カレッジ・ボード」が主催しており、アメリカの生徒たちにとって非常に重要な試験になっている。しかし、崇高な意図をあざ笑うかのように、早くも1938年には、受験者がスタンリー・カプランの予備校でSAT対策を始めた。今日では、SAT対策ビジネスは数十億ドル規模の巨大市場に成長し、多くの業者や家庭教師が参入している。予備校や家庭教師は高額の授業料を受け取り、知識とスキル、そしてなにより解答テクニックを指導している。恵まれた階層の優位を固定せず、実力主義を徹底するという当初の意図とは、まるで異なる結果になっているのだ。[*1]

2012年、カレッジ・ボードの理事長に就任したばかりのデーヴィッド・コールマンは、SATの全面的な改革に着手した。その一環として、リスク・テイカー（リスクをともなう行動に前向きな人）と非リスク・テイカーが等しい条件で競い合えるように、試験の設計を変更した。2016年以降、多肢選択問題で誤答した場合にペナルティを科さないようにしたのだ。それまでは、正答すれば1点が加点されるが、誤答すれば0・25点が減点されたので、誤答による減点を避けたい受験者は解答しないという選択をしていた。[*2]

コールマンらは、どのような意図でこの改革を実施したのか？　よもや、あてずっぽうで答えることを奨励したかったわけではあるまい。いや、ある意味ではそうだったとも言える。旧方式の場合、受験者にとって賢明な戦略は、正解がわからなくてもあてずっぽうで答えることだった。SATの多肢選択問題は、5つの選択肢のなかから正解を選ぶ。もし1つが不正解だと判断できれば、あてずっぽうで答えても4分の1の確率で正解を選べる。40問あるとすれば、平均で10問に正答、30問に誤答する計算だ。正答は1点、誤答はマイナス0・25点なので、プラス10点、マイナス7・5点となり、差し引きで2・5点の得点が期待できる。選択肢を1つも排除できなくても、平均して8問に正答してプラス8点、32問に誤答してマイナス8点となり、差し引きゼロで済む。旧方式のもとでは、受験者のスコアは、まず知識、それに初歩的な確率論の理解とリスクへの積極性、そして運によって決まっていたのだ。

誤答に対するペナルティが廃止されると、あてずっぽうで解答することがいっそう魅力的な戦略になった。5つの選択肢から正解を選ぶ多肢選択問題を40問解くとして、1つも選択肢を排除できず、完全なあてずっぽうで答えると、正答は平均で8問。8点が加点され、誤答による減点はないので、8点を獲得できる。SATでは推測で答えることが以前から有効な戦略だったが、制度変更により、その有効性がいっそう高まったのだ。あてずっぽうで答えることのリスクが取り除かれたことにより恩恵を受けるのは、リスクを嫌う人たちだ。そのなかには、多くの女性も含まれる。

さまざまな研究によると、一般に女性は男性に比べて多肢選択問題で解答を記さないケースが多い。たとえば、2001年秋に実施されたSATの数学試験のスコアを分析したところ、スコアの男女差の最大40％は、女性に無解答が多い結果として生まれていることがわかった。同様の現象は、南アフリカとポーランドの大学での経済学の試験、イスラエルの進学適性テストでも見られている。アメリカでは、男性と女性で政治の知識に大きな格差があると言われるが、その差の20～40％は、男性が「わからない」と答えずに、あてずっぽうで答える場合が多いことの結果だという。[*3]

この点を掘り下げて検討したいと考えたケイティー・ボルディガ・コフマンは、多肢選択問題にあてずっぽうで答えることへの積極性に男女で違いがあるのか、その男女の違いが男性のリスクへの前向きさによるものなのかを明らかにしようとした。そして、それだけでなく、さらに重要なことも調べた。推測で答えることにともなうリスク（誤答に対するペナルティー）を減らせば、男女の差を縮小できるかも実験したのだ。

コフマンの実験によると、能力が同等の男女を比べると、男性はわからない問題にあてずっぽうで答え、女性は答えを記さない場合が多かった。この実験の新しい点は、これとは別に、受験者にすべての問いに解答するよう義務づけた場合の結果も調べたことだ。この2種類の実験の結果を比較したところ、スコアの男女差を生む原因が男女の知識差ではないことがわかった。女性はわからない問題に推測で答えないせいで、男性よりもスコアが大幅に低かったのだ。また、推測で答えることに対する積極性の男女差の半分近くは、リスクをともなう行動への前向きさの違いが原因で生まれていることも明らかになった。それなら、デザイン上のイノベーションが効果を発揮する可能性がある。実際、コフマンの実験では、目を見張る結果が得られている。誤答にペナルティを科さないデザインにすると、なんと全員がすべての問いに解答したのだ。[*4]

これまでにおこなわれた何百件もの研究を見ると、ごく少数の例外を別にすれば、女性は男性よりもリスクを避けたがるという結果が出ている。経済学者のトマス・ドーメンらがドイツで2万2000人以上の代表サンプルを調べたところ、女性は男性に比べて、自分がリスクに消極的だという自己評価をしており、実際にお金のかかった実験（「くじ」に参加するかどうかを問うもの）でもリスクに消極的な選択をする場合が多かった。この実験では、ほかの条件が同じだとすると、背の低い人、高齢の人、親の教育水準が低い人もリスクを避ける傾向があるとわかった。

ドーメンらの研究では、リスクに対する積極性全般に加えて、スポーツとレジャー、健康、キャリア、自動車運転、お金という5つの分野におけるリスクに対する姿勢も調べた。すると、女性は、5つの分野すべてで男性よりリスクを嫌う傾向があった。男女の差は、お金と運転で最も大きく、キャリアで最も小さかった。それでも、キャリアに関しても女性がリスクを避けたがる傾向は際立っており、それが男女の選択の違いを生む一因になっていると言えそうだ。多くの研究によれば、リスクを嫌う人は、給料が安くても金額の安定性と予測可能性が高い職を選ぶことがわかっている。[*5]

女性は選挙に立候補したがらない

女性は、あまり推測で答えないだけでなく、積極的に発言したり、意見を述べたりもしない。選挙への立候補を決意するのも、男性に比べると、当選に強い自信がある場合に限られる。女性が政治家やリーダーになることを妨げる障害は多いが、リスクへの積極性の男女差もその1つの要素なのかもしれない。

アメリカでは、州議会議員が連邦議会の下院選に立候補するケースが多い。現職下院議員の過半数が州議会議員出身者という時期も少なくない。テキサスA&M大学の政治学者セーラ・フルトンは、男女の現職州議会議員がどのくらい下院議員への転身を考えているかを調べた。どの程度の勝算があれば下院選に立候補したいと考えるかに、男女の差があるかを知りたいと考えたのだ。この研究によると、男性は勝算ゼロでなければ下院選に挑もうとするが、女性はせめて20％以上の勝算がなければ立候補しようとしない。女性の州議会議員は概して、勝ち目の乏しい賭けをしないのだ。成功の可能性がそれなりにあってはじめて挑戦する。しかし、だからといって、実際に立候補した場合の当選確率が男性より高いわけではない。*6

ハーバード大学ケネディ行政大学院の「女性と公共政策プログラム」は、政治家を目指す女子学生向けに「ハーバード・スクエアから大統領執務室へ——選挙運動演習」という課外プログラムを開催している。世界中から集まってきた学生たちに、スピーチのコツ、献金の集め方、データに基づいた有権者へのはたらきかけ方、「投票に行こうキャンペーン」の上手な実践方法、政党やメディアへの対処法などを実践演習させるプログラムだ。学生が公私の人的ネットワークを広げるのを助けるために、政府のさまざまな職階で活躍する女性たちとの交流の機会もつくっている。ヒラリー・クリントン元国務長官、ナンシー・ペロシ元下院議長、アン・ノーサップ前下院議員、クリスティーン・トッド・ホイットマン元ニュージャージー州知事といった顔ぶれだ。

以前、このプログラムでアメリカン大学（ワシントンＤＣ）の政治学者ジェニファー・ローレスに講演してもらったことがある。政治における女性というテーマでは、第一人者と言っていい人物だ。このとき、ローレスは注目すべきことを述べた。データによれば、アメリカには「政治的野心のジェンダー格差」が存在するというのだ。時代の移り変わりにともない、多くのことが変わってきたが、この点には変化がないという。女性は男性に比べて、選挙に立候補したいと思わないのだ。

理由はさまざまだが、女性たちが（自己分析によれば）リスクを嫌い、自信が乏しく、競争心が弱いことも関係しているらしい。女性は男性以上に、選挙を取り巻く環境が自分たちに対して敵対的で、偏見に満ちていると思ってもいる（ローレスの研究によれば、実際そのとおりだ）。女性は、立候補を促されることも少ない。しかし、この状況は私たち一人ひとりがすぐにでも是正できる。そのための方法は、本書で述べる提案のなかで最も簡単に実践できるものだ。明日にでも、誰か女性に選挙への立候補を勧めればいいのだ！（公職に就く女性が増えれば、社会全般の状況が大きく改善する可能性もある。この点については、第10章でインドの事例を紹介したい[*7]）

政治家を目指すと決意することは非常に複雑なプロセスだ。ある人のリスクに対する積極性が立候補の決断にどの程度影響しているかを科学的に解明することは、きわめて難しい。そこで、選挙の代わりに、賞金のかかったテレビのゲームショーを利用した研究がおこなわれている。『フー・ウォンツ・トゥ・ビー・ア・ミリオネア』や『ディール・オア・ノー・ディール』などの番組では、女性挑戦者が男性よりもリスクを避ける傾向が見られる。

有力ビジネススクールのＩＮＳＥＡＤで教えているナタリア・カレライアらは、中米コロンビアのテレビ番組『エル・フガドール』（「ザ・プレーヤー」という意味）の男性挑戦者と女性挑戦者の行動を分析した。この番組の挑戦者は、最大５ラウンドにわたって雑学クイズに答える。ゲームは、挑戦者６人でスタートする。１ラウンド終わるごとに、挑戦者は、次のラウンドに進むか、そこでやめるかを決めなくてはならない。自発的にやめる人がいなければ、その時点で最下位の人が失格になる。自発的にやめた挑戦者はそこまでに獲得したお金を持ち帰れるが、失格になれば賞金はすべて没収される。

この種のゲームショーはたいていそうだが、『エル・フガドール』の場合も、オーディションに申し込む出演希望者は男性が格段に多い。番組側が女性を出演させるよう配慮しているので、結果的に挑戦者は男女がほぼ半々になっている。それでも、女性挑戦者は、成績が同程度の男性に比べて、途中で自発的にやめる場合が多い。どうして、このようなことが起きるのか？ これは、一般的に男女でリスクに対する姿勢が異なることの産物なのか？ それとも、この番組のなかに、男性にリスクの大きな行動を取らせる要素があるのだろうか？[*8]

男性ホルモンと株式相場のバブル

ジョン・コーツは2012年の著書『トレーダーの生理学』（邦訳・早川書房）で、成功の経験と失敗の経験がリスクに対する姿勢にどのような影響を及ぼすかを論じている。ウォール街の金融機関でデリバティブ・トレーディング責任者を務めた経験があるコーツは、コネを駆使して現役トレーダーたちの唾液サンプルを集めた。勝利と敗北のあとに、どのような生化学的反応が生じるかを調べようと考えたのだ。すると、勝利を経験したトレーダーの体内では、テストステロン（男性ホルモン）の値が上昇することがわかった。このホルモンは、リスクをともなう行動への意欲を高めることが知られている。一方、敗北を味わったトレーダーは、テストステロンの値が下降していた。

コーツによれば、このような生化学的反応は、相場の変動を増幅させる要因になっている。男性トレーダーは、ホルモンの影響により、調子がいいときはいっそうリスクの大きな取引に前のめりになり、逆に調子が悪くなると極端にリスクを避けようとする傾向があるからだ。しかし、女性は概して、こうした「勝利効果」の影響を受けないように見える。

エラスムス大学（ロッテルダム）のアレクサンドラ・ヴァンジーンの実験によれば、幸運による勝利を経験した男性は、敗北を経験した男性に比べて、直後にリスクの大きな行動を取る確率が高かった。それに対し、女性には、直前の勝利と敗北の影響が見られなかった。女性は、テストステロンの値が男性よりはるかに小さいからだろう。また、コーツがコルチゾールというホルモンについて調べた研究によれば、トレーディングフロアーでのストレスを減らすと、トレーダーたちに正確なリスク判断を促すうえで大きな効果があるかもしれないという。ホルモンの面から言えば、ウォール街で働く女性が増えれば、トレーダーたちのリスクに対する姿勢の多様性が高まることになる。では、金融機関は女性トレーダーをもっと採用すべきなのか？[*9]

最近の研究によれば、この問いの答えはイエスだ。キャサリン・エッケルとサッシャ・フルブルンは、資産市場を再現した実験をおこなった。同様の設計を用いた過去の実験では、多くの場合、バブルの形成と崩壊に関して一貫したパターンが見いだされていた。相場はたいてい、資産の基礎的価値（ファンダメンタル・バリュー）を下回る価格から出発し、やがて価格が基礎的価値を大きく上回るが、ある時点で暴落が起きる。しかし、女性の被験者だけを集めた実験は、それまで実施されていなかった。エッケルらは、女性だけ、男性だけの実験をおこない、結果を比較した。すると、男性だけの市場のほうがはるかに大きな投機バブルが発生した。女性だけの市場では、逆に相場が資産の基礎的価値を下回ったままで推移するケースもあった。男女を混ぜた市場を実験すると、男性だけ、女性だけの市場の中間の結果になった。

この実験結果は、エッケルらが過去の35件の研究を集約した結果とも合致する。過去の研究によれば、市場参加者に占める女性の割合が多いほど、発生するバブルの規模が小さいという結果が出ているのだ。エッケルらは、次のように結論づけている。「実験からうかがえるのは、女性が市場を動かせば、金融市場のあり方が大きく変わるかもしれないという点だ……私たちのデータによると、女性トレーダーの割合が増えれば、バブルの発生頻度と規模が小さくなる可能性があるのだ」[*10]

男性が一緒だと実力を発揮できない？

トレーディングフロアーのように極度のプレッシャーがかかる環境では表面にあらわれにくいが、男女が混在する状況をつくると、別の微妙な影響が生じる場合がある。人は、課題を実行するときに誰がそばにいるかによっても成績に影響を受ける。ある実験によれば、被験者にほかの2人の人物と一緒に数学の難しい問題を解かせた場合、女性被験者は男性と一緒だと成績が悪かった。言語に関する難しい問題を解かせた場合には、そのような現象は見られなかった。一方、男性被験者は、一緒にいる人の性別に影響されなかった。

また、2005年のSATの全スコアを分析した研究者たちは、興味をそそられると同時に、懸念をいだかずにいられない現象を発見した。規模が小さく、大勢の受験者がひしめいていない会場で受験した人ほど、スコアが高かったのだ。合理主義者は首をかしげるだろう。同じ日に膨大な数のライバルが同じテストを受験していることは、受験者たちも当然知っている。たまたま同じ会場で受験した人の数には、なんの意味もない。しかし、実際にはそれがテストの結果に影響を及ぼす。SATの成績には、「受験会場の人口密度」にまつわる無意識のバイアスが作用するのだ。自分以外に大勢の人が受験しているのを目の当たりにした受験者たちは、競争の厳しさを再認識したのかもしれない。試験会場の物理的環境により、テストをめぐるリスクが大きく感じられた結果、受験者は自信を失い、やる気も減退したのだろう。[*11]

一方、SATやその他のテストに関しては、そのテストによって本当に将来の学業成績を予測できるのかという問題もある。SATがアメリカの大学で入学者選考の手段として広く用いられているのは、入学後の学業成績を予測できると思われているためだ。しかし、実際には、テストのスコアと大学の成績の間に関連を見いだしている研究ばかりではない。また、テストのスコアと、大学の成績、卒業率、卒業後の所得の間に関連が見られる研究の場合も、大学での成績が同程度の男女を比べると、女性のほうがSATのスコアは低い。[*12]

そうした傾向は、カリフォルニア大学システム〔カリフォルニア州オークランドを拠点とする州立大学群〕に属する大学でも見られている。さまざまなテストの成績と大学入学後の学業成績の関係を調べたところ、SATはほかのテストに比べて大学の成績との関連が弱かった。大学の成績および卒業率との関連が最も強かったのは高校の成績だ。この点は、すべての高校において言えることだった。一方、生徒の潜在能力を見極めて入学者を選考しようとすれば、貧困層とマイノリティの受験者を不当に不利に扱いがちだと、カリフォルニア大学システムの報告書は指摘している。同様の問題は、職場の成績評価に関する研究でも見られている。*13

ステレオタイプ脅威と予言の自己成就

もう1つ憂慮すべきことがある。私たちは、学生や部下など、誰かの成績を知ると、その人に対する接し方に影響を受ける場合があるのだ。人々がテストの成績に基づく予測に沿った行動を取り、その結果として予測が現実になるケースが出てくる。「予言の自己成就」である。成績がトップクラスの学生や社員が大きな成果を上げられるのは、その人たちが本当に優れているからとは限らない。もしかすると、周囲がそのような学生や社員に関心を払い、有利なチャンスを与え、その人たちにとって都合のいい環境をつくるからという可能性もある。

この現象を明瞭に描き出した有名な研究がある。それは、1966年にハーバード大学の心理学者ロバート・ローゼンタールが発表したものだ。ローゼンタールは、サンフランシスコの小学校の校長であるレノア・ジェーコブソンの協力を得て、幼稚園から5年生までの18のクラスで知能テストをおこなった。そして、テストの結果を担任に教えた。この知能テストでは、子どもたちの約20%が「際立った知的進歩」を遂げる可能性があると判定された。予測は見事に的中した。1年後、その20%の子どもたちは、IQの値が平均12ポイント上昇していた。それ以外の子どもは、平均8ポイントの上昇にとどまった。2年後にも、その20%の子どもたちは、クラスの平均を上回る成績を残していた。ほかの子どもたちより速いペースで知的成長を遂げたのだ。

実は、この実験で教師たちには教えていなかったことがあった。ローゼンタールは、20％の子どもたちを無作為に、つまり知能テストの点数とは関係なく選んでいたのである。20％の子どもとそれ以外の子どもたちの違いは、「教師の頭の中だけに存在する」ものだった。教師は、才能があると思い込んだ子どもたちにとりわけ目をかけ、高い期待を寄せ、学習と発達を支援したのだ。

もっとも、このように教室で予言の自己成就が起きる場合があることを示す研究はいくつかあるが、データを検討すると、影響はごく小さなものにとどまる場合が多い。最も憂慮すべきなのは、この現象によりとくに強い影響を受けるのが、差別的な扱いを受けている社会集団の人たちのように見えることだ。それでも幸い、一部の人が恐れているほど影響は大きくなく、影響が時間を経るにつれて積み重なっていく心配もほぼないとわかっている。[*14]

とはいえ、警戒を怠ってはならない。どんなに些細なことでも、人が自分の能力についてどのように考えるかに影響を及ぼす場合があるからだ。「ステレオタイプ脅威」は、1995年にクロード・スティールが提唱して以来、社会心理学の分野でとりわけ多くの研究がなされてきたテーマの1つだ。その考え方によれば、人は環境内のなんらかの要素に影響されて、みずからが属する社会集団に関する否定的なステレオタイプに沿って行動してしまう場合があるという。

たとえば、スティールが指摘しているように、女性にとって非常に難しいテストだと念押ししたうえで数学のテストを受けさせると、女性たちは男性より悪い点数を取った。それに対し、男女両方にとって非常に難しいテストだと説明したうえでテストを受けさせると、性別による成績の違いは生まれなかった。なぜ、このようなことが起きるのか？　神経科学がヒントを与えてくれる。女性たちが自分に脅威を及ぼすような環境上の要素に触れたとき、脳の腹側前帯状皮質で神経細胞の活動が活性化する。これは、マイナスの社会的情報を処理する脳の部位だ。この部位が活性化すると、女性たちの数学の点数が落ち込む。

この現象は、幼い子どもにも見られる。心理学者のナリニ・アンバディらは、ボストン地区のアジア系アメリカ人の子どもたちを対象に、ステレオタイプ脅威が数学テストの成績に及ぼす影響を調べた。実験では、子どもたちに年齢に応じた数学の問題を解かせる前に、最も年齢が低い層である5～7歳の少女たちに塗り絵をさせた。人形をもった女の子の絵、箸で食事をするアジア系の子どもの絵、風景の絵のいずれかに色を塗らせたのだ。それぞれ、少女たちに自分が女性であることを意識させるもの、アジア系であることを意識させるもの、比較グループをつくるためのものである。

女性であることを意識させられた少女たちは、比較グループより数学テストの成績が大幅に悪かった。それに対し、アジア系であることを意識させられた少女たちは、比較グループより点数が高かった。ドイツとイタリアの女の子についても、同様の実験結果が得られている。何百件もの研究が明らかにしているように、ある分野が不得手というステレオタイプをもたれている集団に属する人たちは、ステレオタイプ脅威の影響により成績が悪くなる。これは、ゴルフ、標準テスト、起業など、さまざまな分野で見られる現象だ。[*15]

男女共学校で配慮すべきこと

ステレオタイプ脅威の弊害を取り除くには、どうすればいいのか？　マイナスのステレオタイプをもたれている人たちが能力を発揮しやすい環境をつくればいい。たとえば、女性の数学テストの成績は、周囲にいる男性の数が少ないほど高くなる傾向がある。また、イギリスの研究によれば、男女共学校に通う女の子はリスクを避けたがる傾向が際立っているが、女子校に通う15歳の女の子は男子生徒と同じくらいリスクに対して積極的な態度を示す。女子校に進む女の子と共学校に進む女の子では、そもそもリスクに対する積極性が異なるのではないかと思った人もいるだろう（そのような疑念をいだくのは当然だ）。その点、スイスの研究グループは、高校生たちを無作為に、同性の生徒だけのクラスと、男女混合のクラスに振りわけて実験をおこなった。自己選択の影響を排除するためだ。この実験によると、女子生徒だけのクラスに配属された女の子たちは、男女混合クラスの女の子たちに比べて、数学テストの点数が大幅に高く、みずからの能力を正確に評価することができ、自分に対する自信も大きかった。

とはいえ、女子校を新たにつくるのは簡単でないし、莫大なコストがかかる。それに、第11章で論じるように反対論も根強い。それなら、もっとシンプルな問題解決策もある。たとえば、テストの解答用紙で受験者の性別と人種を記す欄を移動させ、用紙の冒頭ではなく末尾にその欄を設ければいい。どのくらいの効果が期待できるかは意見がわかれるだろうが、その点は実利的に考えればいいと私は思っている。性別と人種の記入欄を末尾に移しても、誰も不利益をこうむらない。それなら、試してみて損はない[*16]。

男女混合のクラスでは、全員が授業に参加できるよう配慮することが重要だ。私は2つのルールをもって授業に臨んでいる。1つは、誰かを指名する前に5秒待つこと。真っ先に手を挙げた学生ばかり指名しないためだ。もう1つは、学生たちに、ほかの学生の発言を前提に自分の意見を述べるよう求めること。クラスメートの言葉に耳を傾けるよう促し、教室の議論をより有意義なものにすることが目的だ。

2つ目の点はうまくいく場合ばかりではないので、ちょっとした行動デザイン上の工夫をしている。学期が始まって早々の授業で、3人の学生を無作為に選ぶ。まず、1人に受講動機を1分間で説明させる。その際、話す内容をまとめるための時間を少しだけ与える。次に、2人目の学生に同じことをさせる。準備できる時間が多くなるので、たいてい最初の学生より優れたスピーチができる。このあと、3人目の学生に起立を促す。ただし、ここでルールを変える。この学生には、2人目の学生の発言を要約するよう求めるのだ。多くの学生はこの課題ができない。自分の順番が来たときに話す内容を考えるのに必死で、聞くことを疎かにしているからだ。

このエクササイズには、いくつかの意図がある。第一は、「教室での学習を充実させるために、ほかの学生の発言をよく聞き、それに基づいて自分の意見を述べてほしい」と教授たちはよく言うが、それを実践するのは口で言うほど簡単ではないと理解させること。目標の難しさを知ることは、目標達成への第一歩だ。第二は、複数の作業を同時並行でおこなうことの難しさを体感させること。

自分の意見をまとめながら他人の話を聞くのは、容易なことではない。授業中にインターネットを見たり、友達にアプリでメッセージを送ったりしながらだと、それはいっそう難しい。第三は、前出の5秒間ルールなど、誰もが発言しやすい環境をつくるための方策について説明する機会をつくること。教室全体に向けて発表する前に自分の意見への反応を見たい学生に配慮して、まず少人数のグループで議論する仕組みを設けてもいいだろう。これは、すべての学生が等しい条件で授業に参加し、クラスに貢献できるようにするためのエレガントなデザインに思える。*17

ハーバード・ビジネススクールの行動デザイン変革

このように少人数で議論できる場をつくろうという意図のもと、ハーバード・ビジネススクールは「フィールド」と名づけた新しい科目を設置した。学生たちがチーム単位で活動するコースだ。MBAで1年次に配当されている科目の大半は、80～90人程度の大教室で授業をおこなう。そうした授業における学生の授業参加の状況を分析したところ、女性など、差別的な扱いを受けてきた集団の人たちは、積極的に発言しない傾向が見られた。

そこで、ニティン・ノーリア学長の主導により、ハーバード・ビジネススクールは、女性が――そして男性も――成功できる環境をつくるために真剣な努力を始めた。「フィールド」の設置もその一環だ。大教室の場合、学生たちは教員の関心と時間をほかの学生と奪い合う。授業への参加の度合いが成績を大きく左右するからだ。その点、少人数のグループは、大教室とは性格が異なる学習の場になりうる。それに、学生たちが重要な対人関係スキルを磨く機会も提供できる。

ハーバード・ビジネススクールの行動デザイン変革で重んじられたのは、性別などの属性に左右されない公正な成績評価を実現することだった。そのためには、教員と学生と職員が適切な行動を取りやすいようにする必要があった。そこで同スクールは、教員が教室で誰を指名したかを自分で把握できるように、それを記録する仕組みをつくった。学生の性別やその他の属性ごとに、授業での発言状況と成績を素早く確認できるオンラインツールも開発した。このオンラインツールで着目している学生の属性の1つは、英語が母語かどうかという点だ。英語が母語でない学生は、英語がかなり上手でも議論に割って入るのにいくらか時間を要する。教室での議論への参加状況を基準に成績をつける場合は、この点に配慮した仕組みをつくるべきだろう。

ハーバード・ビジネススクールは、ジェンダーの問題で目覚ましい進歩を実現してきた。女子学生の割合は大幅に増えたし、男女の成績格差も縮小している。

それでも、まだ進歩の途上であることは確かだ。２０１３年のアトランティック誌の記事で、同スクールのロビン・エリーはこう認めている。「ジェンダーのステレオタイプが原因で女性が不利に扱われる状況を改めるための魔法の杖はない。教室での発言を記録する仕組みにせよ、性別や着席場所に関係なく全員に発言の機会を与えるためのソフトウェアにせよ、そこまでの効果はない。女性の足を引っ張っている要因は、２つや3つではないからだ」。同じ年のニューヨーク・タイムズ紙の記事には、同スクールのフランシス・フレイのコメントも引用されている。「基本的なことは改善できたと思う。けれども、その結果として見えてきたのは、残された問題がいかに根深いかということだった」

しかし、教員として改革の中心を担ってきたエリーとフレイの発言は、やや謙遜が過ぎる。なにより、無意識のジェンダー・バイアスの根深さが浮き彫りになったおかげで、バイアスを取り除くための仕組みを設計し、そのデザインを実験する道が開けた。エリーとフレイをはじめとする同スクールの教員たちは、SATを改革したデーヴィッド・コールマンらと同じように、リスクのある環境からバイアスの影響を取り除き、男女が等しい条件で競い合い、誰もが才能を存分に発揮できるようにするために、デザインの変革に乗り出したのである。[*18]

ジェンダー平等のためのデザイン――リスクのある環境のバイアスを緩和する

- リスクをともなう行動への積極性に男女で違いがあり、それが結果に影響を及ぼしている可能性があるときは、リスクのあり方を調整する。
- ステレオタイプにより個人の成果が阻害されないように、ステレオタイプが作用するきっかけになりかねない要素を取り除く。
- リスクに対する積極性の度合いに関係なく、誰もが能力を発揮できる環境をつくる。

第9章 平等な条件で競い合えるようにする

読み書きは女の子、数学は男の子

「bloke（男）」という言葉は、ダイエットコークを男性消費者に売り込むためにだけ用いられるわけではない。私はまったく別の局面でこの言葉に触れたことがある。1学期だけオーストラリアの大学で教え、2人の息子をシドニーの学校に通わせていたときの話だ。当時、オーストラリアの多くの学校は、「ボーイズ・ブロークス・ブックス&バイツ（Boys, Blokes, Books and Bytes）」という新しいプログラムを開始したばかりだった。略して「B4」。男の子たちに読書への意欲をもたせるための取り組みだ。このプログラムは、ジェンダーの不平等の一側面を是正することを意図している。読み書きの能力の男女格差を解消するために、男の子の学習スタイルに合わせて、彼らのロールモデル（お手本になる人物）、つまり「bloke」を取り込んだイベントや活動を提供しようというのだ。

世界の多くの国で、男の子は女の子に比べて、読み書きの能力で大きく後れを取りつつある。これは、オーストラリアの全国学力調査（NAPLAN）でも、アメリカの全米学力調査（NAEP）でも見られる傾向だ。多くの研究者や政策立案者は、教室で長時間の着席を要求するなど、既存の教育方法が男の子の学習を妨げているのではないかと考えている。男性教師など、本をよく読む同性のロールモデルが不足していることも好材料とは言えないだろう。息子と一緒にB４プログラムに参加したゲーリーという父親は、こう述べている。「ほかの父親にもお勧めしたい。おかげで、私は息子と一緒に本を読むのが正しいことなのかという不安を払拭できた」

この点での男女格差を解消するためには、父親が息子に本を読み聞かせるだけでもいくらか効果があるのかもしれない。ロールモデルの効用については第10章で詳しく論じるが、同性のロールモデルの存在は、男の子だけでなく女の子の成績も向上させ、生徒に対する教師の見方も改善するという研究結果が続々と報告されている。[*1]

経済協力開発機構（OECD）の２０１５年の報告書『教育におけるジェンダー平等の基本——適性、行動、自信』（未邦訳）によれば、調査対象となった64カ国すべてにおいて、読み書きの成績で女の子が男の子を上回っている。15歳になる頃には、その差は一学年相当の差まで広がる。それに比べると、数学では成績の男女格差が縮小しつつある。女の子より男の子のほうが数学の成績が高いことは事実だが、15歳時点での差は、学校での教育課程の３カ月分程度にすぎない。理科では、男女の成績はほぼ同等だ。

多くの国は、男女の成績格差を解消するための対策に乗り出している。興味深いのは、数学力で女の子が男の子に劣る状況と、読み書きの能力で男の子が女の子に劣る状況を同時に解消できている国がないということだ。あたかも、数学力の男女平等と読み書きの能力の男女平等がトレードオフの関係にあるかのように見える。チリ、コロンビア、メキシコ、ペルーなどの中南米諸国では、読み書きの能力の男女格差は小さいが、数学力の男女格差は大きい。それに対し、アイスランド、ノルウェー、スウェーデンなどの北欧諸国では、数学で女の子が男の子と同等の成績を収めている一方、読み書きに関しては男の子が女の子より成績が悪い。[*2]

男女の片方だけを優遇しない支援策

男の子と女の子の両方が成功できる環境は、どうすれば設計できるのか？　男の子が成功する環境と女の子が成功する環境を両立させられない場合、どうすべきなのか？　最も有効な学習のあり方が男女で違うとすれば、男女が等しい条件で学べる環境をつくることはきわめて難しい。結局、男女のどちらか一方を優遇せざるをえなくなる。多くの国で数学力の男女平等と読み書きの能力の男女平等がトレードオフの関係にあるように見える背景には、このような事情があるのかもしれない。ときには、ゼロサムゲームの状況が生じている場合もある。どの国も資金が無尽蔵にあるわけではない。貧しい国はとりわけそうだ。そのため、奨学金は、男の子か女の子の片方だけが支給対象とされている場合が多い。しかも、この種の制度に予算を費やすと、男女両方に等しく恩恵をもたらせる制度に使える予算が減ってしまう。

しかし、一方の性別を優遇しないような対策を打ち出すことは、難しいが不可能ではない。オーケストラのブラインド・オーディション（序章参照）のような例もある。創造性とデータと実験を活用すれば、有効な方法を見いだせるかもしれない。それに、あらゆるケースでトレードオフの関係が存在するわけではない。

社員や学生、生徒に能力を最大限発揮させたい企業や学校は、なんらかの仕組みを設計するとき、十分に配慮すべきだ。学生や生徒、働き手、マネジャーにせよ、政治家やリーダーにせよ、男性と女性では、活躍しやすい環境が同じとは限らない。だから、男女に異なる影響を及ぼすような行動デザインを選択する場合は注意を払う必要がある。

研究者は、あるデザインがどのようなトレードオフを生む可能性があるかを検討する際、そのデザインがもたらす影響を３つにわけて考える。対象となっている人たちへの影響、対象となっていない人たちへの影響、そして全体に対する影響である。たとえば、ケニアで女の子に対して学力を基準に支給される奨学金制度の効果を調べたランダム化比較試験がある。この実験によると、奨学金は受給者の成績を目覚ましく向上させた。

しかし、効果はそれだけではなかった。興味深いことに、受給者以外にも好影響が及んだのだ。奨学金を受給した女の子がクラスにいると、受給していない男女のクラスメートの成績も上がったのである。そのうえ、奨学金の受給者が選ばれることになった学校では、教員の出勤率が５％上昇し、結果的に男の子と女の子の両方が恩恵をこうむった。このように、一部の人を対象とするプログラムが波及効果をもたらし、すべての人に好影響を及ぼす場合がある。この事例では、子ども同志のピア（仲間）効果と教員の意欲向上の効果がプラスに作用した。

しかし、すべてのケースで好ましい波及効果が生じるわけではない。それに、もっと大きな問題もある。責任感をもって新しい仕組みを設計しようと思うなら、ある問いを避けて通れない。このケニアの事例で言えば、学力を基準に女の子限定で奨学金を支給することは、前述したような効果を生みだすうえで最も費用対効果が高い方法なのか？

実は、この問いの答えはノーだ。このような検討が十分になされていなかった。そこで、マサチューセッツ工科大学（ＭＩＴ）の「貧困アクションラボ（Ｊ－ＰＡＬ）」は、さまざまな政策の費用対効果を比較分析するための枠組みをつくり、その手始めとして教育政策を分析した。大方の予想どおり、奨学金制度は、途上国で学校への登校率を上昇させ、成績を向上させる手立てとしては、コストがかさむことがわかった。しかし、最も小さなコストで最も大きな効果を引き出せるのは、教科書や給食、制服の支給といった方法でもなかった。

この研究によると、学校への登校率を高めるうえでとりわけ費用対効果が高い措置の１つは、まったく予想外のものだった。それは20世紀末に有効性が明らかになった方法で、いまではエビデンス（科学的根拠）に基づく意思決定の目覚ましい成功例の１つと位置づけられている。その方法とは、駆虫、つまり体内の寄生虫の駆除だ。多くの場合、男女を問わず、子どもたちが学校に通学し続けられない最大の要因は健康状態の悪さなのだ。

「エビデンス・アクション」という非営利団体は、開発経済学者のマイケル・クレマーとエドワード・ミゲルがケニアでランダム化比較試験により得たデータに基づき、学校での駆虫プログラムを推進している。「デワーム・ザ・ワールド（世界から寄生虫を追放しよう）・イニシアチブ」と銘打ち、ケニアとインドで1億人近い子どもたちを対象に駆虫対策をおこなっているのだ。これは、費用対効果が高く、エビデンスに基づいた対策だ。ケニアでの効果を分析したところ、学校で駆虫プログラムを実施すると、寄生虫による重い感染症が半減し、子どもたちの学校欠席率が約25％下がることがわかった。必要なコストは、子ども1人当たり年間50セントに満たない。[*3]

このように、男女の両方が才能を開花させられる環境をデザインすることは可能なのだ。駆虫プログラムと前章で紹介したSAT改革はそのお手本と言える。駆虫プログラムは、費用対効果が高く、片方の性別にだけ恩恵をもたらすことを避けられるし、SAT改革は、推測で解答することに対する受験者のリスクを取り除くことにより、女性に不利な評価制度を改めることに成功した。ときには、いずれかの性別だけが有利にならないようなデザインへの変更が不可能なケースもあるだろう。しかし、以下で述べるように、そのような場合にもできることはある。

根拠なく自信満々な男性たち

自信過剰は、きわめて強力で、非常によく見られるバイアスの1つだ。マックス・ベイザーマンとドン・ムーアが著書で指摘しているように、自信過剰は、「戦争、株式市場のバブル、ストライキ、不必要な訴訟、新興企業の経営破綻、企業買収の失敗を生む原因と言われてきた」。自信過剰はさまざまな局面で頭をもたげるが、その核にあるのは、自分が平均より優れているという思い込みだ。大学の学生たちに、自分の自動車運転の腕前はどのくらいだと思うか、この科目でどのくらいの成績を取れると思うかと尋ねると、70〜80％は自分のスキルや成績を平均以上と答える。自分が上位10％に入ると答える人も30％前後いる。多くの研究によると、この傾向は「顕著というだけでなく、ほぼすべての人に見られる」という。[*4]

しかし実際には、ほぼすべての人に見られる現象とは言えない。男性は、女性よりはるかに自信過剰になりやすいのだ。男性はリスクのある行動に積極的というだけでなく、リスクの大きさを女性より楽観的に考える傾向もある。男性が得意だと思われている分野ではとくに、自信過剰になりやすい。ある大手格安証券会社のデータを用いたブラッド・バーバーとテリー・オディーンの研究によれば、男性投資家は自分の能力に過剰な自信をいだき、女性に比べて45％も頻繁に株式の売買をおこなう結果、運用益が女性より大幅に少ないという。

このデータが強く示唆しているように、人は自分を客観的に見ることが難しい。自分がほかの社員より優秀だと思っている人たちのバイアスを取り除くのは簡単なことではない。合計で１００近くのサンプルを対象に、リーダーとしての資質に関する人々の自己評価を調べた研究結果を集約した分析によると、男性は女性よりはるかに自己評価が高いことがわかった。しかし、他人からの評価は自己評価より大幅に低かった。

逆に、女性は男性ほど自信過剰にならず、へたをすると自信が乏しすぎる場合が多い。たとえば、みずからの数学の能力を過小評価し、高度な数学のコースで好成績を取るために必要とされる能力を過大に考えがちだ。一般に女子学生は男子学生よりも、成績を習熟度の指標と考える傾向があり、悪い成績が記録に残ることを恐れて、自信のないコースの履修をキャンセルすることが多い。いわゆる「Bマイナス恐怖症」である。女性が数学や科学の入門コースで自信を失うことは、彼女たちが科学や工学の専攻を途中でやめてしまう大きな原因とも言われている。[*5]

社員の自己評価が上司の評価を歪める

社員に対する成績評価については別の章でも論じたが、この問題には、男女の自信格差という本章のテーマも関係してくる。多くの企業は、社員に自己評価をさせ、その結果を上司に知らせている。以下の状況を考えてみてほしい。上司は部下を1~10点で採点しなくてはならない。完璧な成績を残していれば10点だ。ある上司が男性の部下と女性の部下にいずれも7点の評価をいだいている。ところが、男性の部下は自信過剰、女性の部下は自信過少で、自己評価はそれぞれ9点と5点だった。

すると、上司は、本人の自己評価を基準に点数を調整したいという誘惑に駆られる。男性社員に少しだけ涙をのんでもらって自己評価から1点減らし、女性社員を少しだけ喜ばせて自己評価に1点加える。つまり、男性社員を8点、女性社員を6点にするのだ。こうすれば、部下に与える点数の平均点は最初の評価と変わらず、部下全体の成績分布が左右対称のベル型曲線を描くように点数をつけられる（会社はこのような採点方法を要求する場合が多い）。こうした上司の行動も、一種の「アンカリング効果」（第3章参照）の産物だ。部下たちは自己評価を通じて、意図せずして上司の参照点をつくり出している。上司は評価をおこなうとき、どうしてもそれに引っ張られてしまう。

このようなアンカリング効果を取り除くことは難しくない。上司が部下の成績評価をおこなう前に、部下の自己評価の結果を見せないようにすればいい。自己評価を廃止すればもっといい。自己評価を提出させることが会社や本人に恩恵をもたらすというデータには、いまだにお目にかかったことがない。上司に部下の自己評価を知らせないという方策は、問題の根本原因を解消することはできないにせよ、その悪影響を和らげることができる。女性が男性よりも厳しい自己評価をすること自体は変えられないが、それが人生に及ぼす悪影響は抑え込めるのだ。[*6]

一方、問題の根本原因に切り込む対策が可能な場合もある。女性たちに、その人が（とくにほかの人たちとの比較で）どのくらい高い成績を上げているかを折に触れて教えるようにすればいいのだ。それを通じて、ジェンダー・バイアスによりねじ曲げられた自己評価を修正し、自信をもたせようというわけだ。この方法は、競争に対する積極性の男女差を緩和するうえできわめて有効だとわかっている。

男女の競争に対する積極性については、経済学者のウリ・ニーズィー、ムリエル・ニーデルレ、アルド・ルスキチーニがイスラエルで独創的な実験をおこなっている。その実験では、男女の被験者にいくつかの問題を解かせ、成績に応じて報酬を支払うものとした。報酬の支払い方は全員同じではなく、一問正解するごとに所定の金額が支払われる方式と、ほかの被験者と競争させる方式

（ほかの人の成績との比較で報酬が決まる）のいずれかを適用した。すると、前者の方式で報酬を支払うと言われた被験者の成績には、性別による違いがほとんど見られなかった。それに対し、後者の方式の場合は、男性のほうが課題に一生懸命取り組み、多くの問題に正解した。また、ニーデルレとリーゼ・ヴェステロンがアメリカでおこなった実験では、被験者自身に報酬の支払い方式を選ばせた場合、女性は競争を避け、男性は競争を好む傾向が見られた。*7

こうした男女の違いは、きわめて非効率な状況を生み出す。実力は乏しいのに自信満々な男性たちがたくさん競争に参加する一方で、実力のある女性は自信が乏しく、あまり競争に参加しないのだ。この現象は、リスク嫌悪と自信過剰の男女差がもたらす結果という面もあるだろうし、そもそも女性は男性よりも競争が嫌いなようにも見える。いずれにせよ、弊害は大きい。

オランダでは、競争への積極性と、高校での文理のコース選択に関連があることがわかっている。競争心の強い生徒――男子生徒の場合が多い――ほど、理数系を選択する人が多いのだ。格上とみなされているのは理数系のほうで、将来の所得も多い。シカゴ大学ブース経営大学院のＭＢＡ取得者も、競争への積極性の度合いによって所得に大きな違いがある。この点は、男女の卒業生の間に所得格差が存在することの主たる要因になっている。しかも、影響は先々まで残る。ＭＢＡプログラムを修了して９年後の時点でも、競争心の強い人たちは給料水準の高い業種で働いている割合が多いという。*8

男女の競争心の違い――マサイ族とカーシ族の場合

性別と競争心の関係については、多くのラボ実験とフィールド実験がおこなわれてきた。実験の結果は、被験者に取り組ませる課題の性格、チームの構成、実験をおこなう状況や環境によって変わるようだ。ある研究では、状況や環境が及ぼす影響を明らかにするために、男女の関係が両極端な2つの社会に着目した。1つは、タンザニアのマサイ族の社会。「女は牛より下」と言われるような旧態依然の社会だ。もう1つは、インド北東部のカーシ族の社会。こちらは、女性が一家の長の座にある母系社会である。

この研究では、実験に参加した村人たちに、バケツにボールを投げ入れるゲームに10回ずつ挑戦させた。村人たちには、報酬の支払い方を選ばせる。選択肢は、1回成功するごとに一定額を受け取る方式か、ほかの村人と競争する方式かだ。後者の場合、競争する相手が誰かは明らかにされず、その人物は別の場所で同じゲームに取り組む。相手より成績がよければ、成功回数に応じて報酬が支払われる場合の3倍のお金を受け取れるが、競争に負ければ、まったくお金を受け取れない。

マサイ族の人たちの選択は、アメリカ人と同様だった。競争を選んだ人は、男性では約半分に上ったのに対し、女性ではおよそ4分の1にとどまった。それに対し、カーシ族の場合は、半分以上の女性が競争を選んだ。一方、競争することを選んだ男性は、女性より約15％少なかった。マサイ族とカーシ族は男女の関係以外の違いも多いが、この実験結果は、競争に対する姿勢が後天的に形成されるという主張の1つの根拠になるだろう。

ある研究によれば、競争に対する積極性の男女差は、男性的とされている課題（数学など）では際立っているが、女性的とされている課題（言語など）では見られないという。また、SATのような試験と同じく、周囲にどのような人たちがいるかにも影響される。部屋に女性しかいない場合、女性たちは競争に挑み、好ましい結果を手にする確率が高まる。

もう1つ興味深い研究を紹介しよう。ストックホルム商科大学のアナ・ドレバーらの研究によれば、7〜10歳のスウェーデンの男の子と女の子を調べたところ、競争に対する積極性に男女の違いはなかった。これは、競争の対象が駆けっこ（男らしいというイメージがある活動）でも、ダンス（女らしいというイメージがある活動）でも見られる現象だった。[*9]

スウェーデンは、男女が等しく競い合える環境、男女で競争への積極性に違いが生じない環境をつくり出せているようだ。スウェーデンなどの北欧諸国はおおむね、ジェンダーの平等に関する指標でランキングの上位に位置している。しかし、アメリカのような国をスウェーデンのように変えるのは容易でない。さまざまな議論があるが、北欧諸国がジェンダーの平等で大きな成果を上げられているのは、きわめて多くの要因の相互作用によるものと思われるからだ。しかし、スウェーデンと同じようにならなくても、もっと簡単に実践できる対策がある。[*10]

たとえば、正確に自己評価ができるように手助けするのも1つの方法だ。組織と社会が目指すべき大きな目標は、適切な人物が——自信満々の人たちではなく、本当に能力のある人たちが——競争に参加するよう促すこと。あなたの組織でそれを実践したければ、ある人がほかの人たちに比べてどの程度の実力をもっているかを本人に知らせればいい。本章では、競争的な報酬決定方式と非競争的な報酬決定方式のいずれかを被験者に選ばせる実験をいくつか紹介した。この種の実験では、ほかの被験者との比較でどのくらい能力があるかを本人に伝えると、高い能力をもつ女性が競争的な環境を選び、能力の乏しい男性が非競争的な環境を選ぶ確率が高まることが多い。どちらの方式を選ぶかに、性別による違いがなくなるのだ。*11

自信過剰と自信過少を是正する方法

ほかの人と比べてどの程度の能力があるかを教われば、自信の乏しい人や、リスクを嫌う人、競争することに積極的でない人は、本当にためらう必要があるのかを知ることができる。一方、競争にきわめて前向きだけれど実際には勝てる見込みが乏しい人たちは、己を知る機会を得られる。

経済学者のロバート・フランクとフィリップ・クックは、『ウィナー・テイク・オール』（邦訳・日本経済新聞社）という魅力的な著書を上梓し、高すぎる目標を追い駆けて人生を浪費している人があまりに多いと指摘した。テニスでロジャー・フェデラーやセリーナ・ウィリアムズのような成功を収める人はほとんどいない。プロテニスプレーヤーの道を選ぶのは、大きなリスクをともなう決断なのだ。過剰な自信をもち、達成不可能な目標を追求することは、その人自身と組織に莫大なコストをもたらす。みずからの能力とかけ離れた目標をいだかないこと、それは人生を通じて役に立つ貴重な教訓だ。デザインは、人々がその教訓を実践するのを助けられるのかもしれない。*12

バイアスに影響されて否定的な自己評価をする人がいても、その自己評価が他人に伝わらないようにすれば、ほかの人たちがその人物に対していだく評価に悪影響が及ぶことを防げる。また、自信過剰な人と自信過少な人に実際の成績を知らせれば、自己評価の精度を高めることができる。自信と競争心の強さが異なる人たちが等しい条件で競い合えるようにするには、このようなデザインが魅力的に思える。しかし、それを実行しようとすると、手ごわい障害にぶつかる。

その障害とは、男女には性差があるという思い込みだ。その種の議論は、たいてい誇張されていて、エビデンスを欠いている。恋愛カウンセラーのジョン・グレイによる1992年のベストセラー『ベスト・パートナーになるために』（邦訳・知的生きかた文庫）が説いたように、男は火星からやって来て、女は金星からやって来たというくらい、男女は根本的に違うものなのか？ 2010年にアトランティック誌に掲載され、書籍化もされたハンナ・ロージンによる記事「男性の終焉」が主張したとおり、そうした男女の違いゆえに男性の地位は低下していくのか？[*13]

男女の価値観や行動パターンの違いを生む原因がなんであれ、国によって状況が異なることを考えると、その違いは先天的な要因によるものではなさそうだ。少なくとも、先天的な要因だけでは説明がつかない。なるほど、さまざまなホルモンとある種の行動の間に関連が見いだされていることは事実だ。第8章では、テストステロン（男性ホルモン）とリスクへの積極性の関連を指摘した。スウェーデンの大学生を対象にした研究によると、子どもがリスクに対して積極的かどうかは、母親の胎内で浴びたテストステロンの量に影響されるという。女性のリスクに対する積極性が月経周期に影響されることもわかっている。しかし、男女の行動の違いがどのくらい先天的な要因で決まり、どのくらい後天的な要因で決まるのかを科学によって明らかにするのは難しそうだ。[*14]

「女性は男性よりやさしい」は本当か？

もう1つ、しばしば男女の違いと言われている点について考えてみよう。それは「女性は男性より他人にやさしい」という考え方だ。この点に関しては、とりわけ根拠の乏しい主張が飛び交っている。リチャード・ゼックハウザーとジョン・リッゾは、男性と女性の医師たちにそのような傾向があるかを調べた。具体的には、1987年と1991年の「若手医師の行動パターン調査」をもとに、アメリカの若い医師たちの全国代表サンプルを分析した。それによると、女性医師は男性医師より1週間当たりの勤務時間は短いが、患者に接する時間は長かった。女性医師は、大がかりでなく、費用が安い治療法を選択する傾向もあった。たとえば、女性の産婦人科医は、帝王切開や子宮摘出術をおこなう頻度が男性医師より格段に低い。どうして、このようなことが起きるのか？これは、男女の医師たち自身が望んだ結果なのか？　それともほかの要因が関係しているのか？

若い男性医師は、目標にしている所得（この研究では「適切と考える所得」という言葉を使っている）が女性医師より高く、それを目指して行動する。どうして、男性のほうが高い所得を欲しがるのかは明らかでない。男性のほうがお金へのこだわりが強いのかもしれないし、男性には一家の大黒柱の役割が期待されるからなのかもしれない。あるいは、前述したように、男性が自信過剰だからなのかもしれない。

理由はともかく、もっと稼ぎたい医師ができることは2つある。勤務時間を増やすか、1時間当たりの収入を増やすかだ（両方を組み合わせる場合もある）。1時間当たりの収入を増やすためには、請求する診察料を引き上げてもいいし、1時間で診る患者の数を増やしてもいいし、患者におこなう処置（とくに、医療保険会社からの支払い額が大きい処置）を増やしてもいい。診察料の相場が高い地区に移転するという方法もある。

女性医師は、このような戦略をあまり実践していなかった。目標とする所得が低いので、所得を増やすための戦略も必要ないのだ。それに対し、男性医師は1時間当たりの収入を増やすための戦略を実践する場合が多かった。この研究では、所得の金額と伸び率の男女格差（その差は非常に大きかった）はすべて、目標所得の違いと、その目標を達成するための行動を取ることへの積極性の違いによって説明がついた。

少なくともこの研究によれば、女性医師は患者に対して親切な性質をもっているというより、目標所得が高くないため、親切な行動を取れているとみなせる。患者にとっては、医療の質の違いを生む要因がなんだろうと関係ないかもしれないが、行動デザインの設計者にとって、人々の行動の原因を知ることには大きな意味がある。医師たちの姿勢の違いを生む要因が目標所得の違いなら、医師たちの目標設定のプロセスに介入すればいい。しかし、医師たちが他人の幸せをどれくらい重んじているかが問題の原因なら、彼らの価値観を変えなくてはならない。行動デザインによって達成するのは、こちらのほうが難しい。幸い、価値観の変革に挑むべきだという結論を導くデータはない。そもそも、他人に対するやさしさの男女差に関しては、一般に思われているほど明確なデータがあるわけではない。

独裁者ゲーム

人が他人の利益に配慮して行動するかをラボ実験で調べる場合、「独裁者ゲーム」と呼ばれるシンプルなゲームを用いることが多い。このゲームの登場人物は2人だ。まず、ある金額のお金を受け取る人物を無作為に選ぶ。そして、その人物に、別のもう1人の人物にお金をいくら分配するかを決めさせる。お金を独り占めしてもいい。もう1人の人物は、相手が決めた金額を受け入れることしかできない。このゲームで女性がお金の分配役になると、相手に配るお金が男性より若干多い(つまり、自分の取り分が若干少ない)。

しかし、この男女差はたいてい小さなもので、ゲームの設定に大きく左右される。たとえば、男性は女性に比べて、利他的行動がどのような効果をもたらすかという見通しに影響されやすい。ゲームのルールを修正し、分配役が相手のために50ドル手放せば、主催者がお金を上乗せして相手に100ドルが与えられるようにしたとする。この場合、男性は相手にお金を配ることへの意欲が高まる。それに対し、女性は相手のために50ドルを手放すとき、相手が50ドル受け取るか、100ドル受け取るかをほとんど気にしない(この点を考えると、税金の寄付金控除制度がある国では、慈善団体は女性より男性に寄付を呼びかけたほうが若干好ましい結果を得られると言えそうだ)。[*15]

他人の利益に配慮する姿勢の男女差は比較的小さく、環境面の要素に大きく左右されるが、この点での性差が大きいというイメージが予言の自己成就を引き起こす可能性がある。「やさしい」というイメージをもたれている社会集団に属する人たちにとっては、それが重荷になりかねない。

リーゼ・ヴェステロンとリンダ・バブコック、マリア・レカルデ、ローリー・ワインガートが賢明な実験をおこなっている。この4人の女性大学教員は、自分たちの経験に触発されて、女性は男性に比べて頼みごとに「ノー」と言い出しにくいのかを調べようと考えた。女性教員は、大学行政に関する委員会の委員を務めたり、イベントを運営したり、メンタリングや他人の評価をおこなったりするなど、「昇進につながらない仕事」に忙殺され、キャリアの階段を上るうえで不利な立場に置かれているのではないか？——ヴェステロンらはこの点を憂慮していた。

実験では、誰かがやらなくてはならないけれど、できればほかの人に押しつけたいような仕事を頼まれたとき、人々にどのようなインセンティブがはたらくかを解明しようとした。ほとんどの大学教員は、講演会などのイベントの企画をほかの人に任せたいし、ほとんどの法律事務所のパートナー（共同経営者）は、夏のインターンの指導をほかの人に任せたい。しかし、素晴らしい講演会が開催されたり、優秀な未来の同僚を育てられたりすれば、全員が恩恵に浴する。

ヴェステロンらは被験者をグループわけし、グループ内の誰かがボランティアを引き受けるかどうかによって、一人ひとりが受け取る報酬が変わるようにした。誰か1人がボランティアをすれば全員の報酬が増えるが、ボランティアをする人の負担は大きい。実験によると、男性だけのグループおよび女性だけのグループの場合は、ボランティアをすることへの意欲に男女差はなかった。しかし、男女混合のグループでは状況が一変した。女性が多くボランティアをする一方、男性はあまりボランティアをしなかったのである。男性より女性がボランティアをするものと、女性も含めて誰もが思い込んでいた。男性たちがそれを前提に自分の行動を決め、女性に仕事を押しつけて得をしようとする一方、女性たちもその期待に沿って行動したのだ。

これは、大学でもよく見られるパターンだ。ある大規模な大学でも、女性教員は男性教員より、学内の委員会の委員を務めてほしいという依頼を受け入れることが多いという。そうした業務は大学にとって重要なものだが、教員個人にはほとんど恩恵がない。このパターンは、多くの大学に共通するものらしい。

コーネル大学のスティーブン・セシらは、STEM（科学、テクノロジー、工学、数学）の分野で女性教員が非常に少ない原因について、さまざまな研究結果を検討している。それによると、男性教員は女性教員に比べて、大学や学部のための奉仕活動や教育に割く時間が少なく、研究に費やす時間が多い。言うまでもなく、アカデミズムの世界で出世するために最も重要なのは研究活動だ。

このような男女の違いが女性教員のキャリアをどの程度阻害しているかは、議論の余地がある。それを知るためには、実際に男女の教員がそれぞれどのように時間を配分しているかを詳細に調べなくてはならない。たとえば、工学、経済学、数学など、伝統的に女性の割合が少ない分野の女性教員は、ほかの分野（心理学、社会科学、生命科学など）の女性教員に比べて、研究に割ける時間が少ないのか？　この点は明らかになっていない。差し当たり、「数学的要素が強い科学分野への女性の全面的な参入を妨げている障壁は、（主として）大学入学以前の要因にかかわるもの」だと、セシらは結論づけている。[*16]

ポイント制を活用する

あなたの組織でジェンダーによる不均衡を是正したいなら、手っ取り早く実践できる方法がある。ハーバード大学ケネディ行政大学院では、スクールに対する教員の貢献をできるだけ記録し、それに報いるようにしている。それを徹底するために、教員の業務負担をポイント制で数値評価する仕組みを導入した。フルタイムの教員の負担は、90～100ポイントが標準とされている。これを大きく上回る貢献をした教員には、報酬を増やす。逆に、これを大幅に下回る場合は、釈明の要求、報酬の調整、非常勤への切り替えが待っている。教育や大学行政の仕事にもポイントは与えられ、どのようにポイント数の基準を達成するかは、それぞれの教員に大幅な裁量が認められている。最低限要求されるより多くの教育活動を担ってもいいし、スクールのための奉仕活動やスクールの運営に時間を割いてもいい。

ポイント制にはさまざまな利点がある。たとえば、みんなに恩恵をもたらす公共財の提供を奨励することができる。それに、教員が自分の苦手な活動の代わりに得意な活動を増やせば、スクール全体に好影響が及ぶ。これは、ほぼ誰もが得をするウィン・ウィンの設計と言えるだろう。もちろん、すべての活動が数値評価できるわけではない。だから、数年おきに話し合いの機会を設け、現行の制度が教員たちの貢献に適切に報いているか、人々の内面から湧き上がるモチベーションをそこなっていないかを検討している。私自身はこの仕組みに大きな問題を感じていない。同僚たちもほとんどは、ほかの大学のように硬直的で、透明性を欠き、不公正に見える制度より、ポイント制のほうが好ましいと思っているようだ。少なくとも、この制度は不平等の存在に光を当て、スクールに対する教員の貢献を論じる際に奉仕活動が評価される状況をつくり出した。

これで問題がすべて解決すると言うつもりはない。それでも、あらゆる貢献を数値評価することにより、ジェンダー・バイアスが助長する格差を事後的に是正できる。理想を言えば、男女が等しい条件で競い合えるように事前に対策を打つか、バイアスの弊害が本格的に生じる前に影響を緩和するに越したことはない。しかし、事前に問題を取り除けないのなら、事後的に不均衡を埋め合わせる仕組みに価値がある。

ジェンダー平等のためのデザイン――等しい条件で競い合えるようにする

- ジェンダー・バイアスが弊害を生まないように、バイアスの影響を排除できるデザインを設計する。
- ジェンダー・バイアスが自分と他人に及ぼす影響を和らげる。バイアスの影響を受けた自己評価を上司に伝えない。ほかの人たちが自己評価のバイアスを修正できるように、正しい評価を伝える。
- ジェンダー・バイアスが生む格差を事後的に埋め合わせる。

第 Ⅳ 部

ダイバーシティのデザイン

第10章 ロールモデルを生み出す

ヒラリー・クリントンの写真を見るとスピーチが上手になる

多くの企業と同じように、ハーバード大学ケネディ行政大学院の校舎では、ロビーだけでなく、さまざまな公共スペース、教室、会議室、オフィスにも多くの肖像が飾られている。私たちは最近、学術的な研究結果に基づいて、そこに新しい肖像をいくつか加えた。ジェニー・マンスブリッジと「女性と公共政策プログラム」の主導により、アイダ・B・ウェルズ（アメリカの公民権活動家・女性参政権活動家）、アビゲイル・アダムズ（第2代アメリカ大統領ジョン・アダムズの夫人）、エディス・ストーキー（経済学者、ケネディ行政大学院の「創設の母」）、エレン・ジョンソン・サーリーフ（リベリア共和国大統領〔2006〜18年在任〕、ノーベル平和賞受賞者で、ケネディ行政大学院の卒業生）（図10－1）の肖像が飾られるようになった。

この取り組みはまだ道半ばだ。私たちの大学には、改善すべき点がたくさん残されている。学生新聞のハーバード・クリムゾンは、２０１２年３月にこう記している。「（１年生用の食堂として使われている）アネンバーグ・ホールには、60以上の肖像が掲げられているが、女性は３人だけ。しかも、２人は子どもの世話をしている場面で、残り１人は、戦場から帰還した夫を平穏な家庭生活に迎え入れる場面だ」

このような状況は問題なのか？　答えはイエスだ。学生たちの行動は、実に些細なことに影響される。ワシントン大学のサプナ・チェリャンらの実験によると、コンピュータ科学の教室に『スター・ウォーズ』や『スター・トレック』のポスターを飾った場合と、ジェンダーに関係のないアートや大自然の写真を飾った場合を比較すると、女子学生は後者の教室のほうがコンピュータ科学に

［図10－1］エレン・ジョンソン・サーリーフ

強い関心を示した。人は、コンピュータのスクリーンセーバーの画像にも影響される場合がある。

ある研究では、男女の学生たちにスピーチをさせ、その部屋にビル・クリントン、アンゲラ・メルケル、ヒラリー・クリントンのいずれかの写真を飾るか、もしくは誰の写真も飾らないようにした。すると、女性リーダー（ヒラリー・クリントン、アンゲラ・メルケル）の写真を見た女子学生は、男性リーダー（ビル・クリントン）の写真を見た場合や、誰の写真も見なかった場合より、スピーチが長く、スピーチに対する自己評価と審査員による評価も高かった。

一方、男子学生には、写真の影響が見られなかった。いずれの場合も、スピーチの長さと出来栄えに違いがなかったのだ。別の実験によれば、写真を見せるまでもなく、「強い女性」とはどのような人物だと思うかを思い浮かべさせるだけでも、ジェンダーに関するステレオタイプを突き崩せるという。[*1]

大半の組織は、こうしたことに十分な注意を払っていない。企業の取締役会議室を訪ねると、たいてい歴代のリーダーたちの肖像が飾られている。ほとんどの場合、すべて男性だ。この種のジェンダーの不均衡は、デザインによって簡単に解消できる。私が助言している多国籍企業の1つは、社員の昇進について判断する際、ある部屋に関係者が集まって話し合うことが多かった。その部屋の壁には、歴代CEOの肖像が飾られていた。もちろん、すべて男性だ。これは、「リーダーは男性」というステレオタイプに反する思考を促す環境にはほど遠いと、私は指摘した（もっとも、私が所属しているケネディ行政大学院に飾られている肖像も、わずか10年ほど前まではすべて男性だったのだが）。

肖像にせよ、生身の人間にせよ、ロールモデル（お手本になる人物）がジェンダーの不平等を解消する力をもっているという発見は心強いが、明らかになっていない点も多い。第9章では、同性の教員がいると、男の子の読み書き、女の子の数学の成績がよくなるという研究結果を紹介した。しかし、ジェンダーの平等という道徳上の必須課題を達成するうえでロールモデルが果たせる役割は、それよりはるかに大きいのかもしれない。

「女性枠」がインドの農村にもたらした変化

インド政府は1993年、憲法を改正し、農村の村議会（パンチャーヤト）の議員の3分の1を女性枠とした。また、選挙をおこなうごとに、全国のすべての村議会の3分の1を無作為抽出し、議長（プラダン）になれるのを女性に限定するようにした。この新制度は、「インド農村部の政治のあり方を完全に様変わり」させた画期的な立法で、「草の根民主主義に関する世界屈指のイノベーション」であると評されている。この制度改正により、人口約8億人の世界最大・最古の民主主義国で150万人を超す女性が村議員に選出された。[*2]

2011年後半、アメリカのヒラリー・クリントン国務長官は、この目覚ましいイノベーションを参考に、「公共部門で働く女性プロジェクト」を発足させた。このプロジェクトはアメリカ国務省とアメリカの5つの女子大学（バーナード、ブリンマー、マウントホリヨーク、スミス、ウェルズリー）が共同で実施したもので、世界中の女性たちがもっと公共部門で働くよう後押しすることを目的にしていた。

クリントンは計画を発表した際、インドでの成果のいくつかを紹介した。「さまざまな研究によると、（村議会議長の）役職に就いた女性たちはただちに、飲用水の浄化から警察の即応体制強化まで、公共サービスへの投資を増やしはじめました。恩恵はこれだけにとどまりません。女性議長が誕生すると、それまでよりも女性議員たちが活発に発言するようになったのです。また、女性に対する犯罪が通報されずに終わるケースが珍しくない国にあって、虐待被害を通報する女性が増えました。以前に比べて、警察が対応してくれると思えるようになったからです」。これは成果の一部にすぎない。

こうした成果が知られているのは、インドの新しい取り組みが社会科学者による分析をおこないやすい形で実施されたからだ。マサチューセッツ工科大学（ＭＩＴ）のエステル・デュフロ、ハーバード大学ケネディ行政大学院のロヒニ・パンデといった研究者たちが精力的に結果を分析してきた。村議会議長を女性に限定する3分の1の村は無作為抽出で選ばれたため、自然実験の条件が満たされた。3分の1の村は「介入グループ」として女性リーダーを迎え、残り3分の2の村は「比較グループ」としてそのような介入を受けない形になったのだ。研究者たちは、村議会議長の性別以外はよく似ている村を比較することにより、議長の性別の違いがどのような影響を生むかを調べることができた。

このような設計は、定員の一定割合を女性枠とする「クオータ制」の効果を測定する方法として理想的だと、私は考えている。インドの取り組みは真の実験の要件を満たしているので、そこから得られたデータをもとに、クオータ制の効果について因果推論を導き出せる。一部だけ無作為抽出する形でクオータ制が導入された実例はインド以外になく、事前と事後の比較や相関分析に頼るしかない場合が多い。これらの手法も有益ではあるが、データの信頼性では実験に劣る。

インドでは、憲法改正による「パンチャーヤト制度法」の制定後、女性が村議会議員に占める割合が1993年の5%から、2005年には40%まで上昇した。法律で定められた最低基準である33%を大きく上回る数字だ。最初のうち、女性議員たちは能力不足だと言われたり、男性の家族や親族の操り人形なのだろうと言われたりした。しかし、クリントンが指摘したように、女性議長たちは多くの成果を上げた。男性議長よりも、飲用水、道路、教育などの公共財の供給に力を入れ、レイプなどの犯罪の通報件数を増加させ、賄賂をあまり受け取らなかったのだ。

女性リーダーの誕生は、インドの農村における政治のあり方を大きく様変わりさせた。村議会の女性たちがさまざまな面でロールモデルの役割を果たし、明らかに効果も生まれている。女性議長のいる村はそうでない村に比べて、女性議員が発言する確率が25%高い。また、西部のマハラシュトラ州での研究によれば、議長が女性に限定された村では、次の選挙で男性の立候補が可能になっても、女性候補が名乗りを上げるケースが多い。女性リーダーが活動するのを目の当たりにして、人々の認識が変わったためだ。女性たちは公職に立候補することに自信をもち、男性たちは以前より女性リーダーを受け入れるようになったのである。

西ベンガル州では、2人以上の女性リーダーを経験した村の住人たちは、女性リーダーへの偏見を克服し、男性リーダーと女性リーダーを等しく評価するようになった。態度を変えた村人のなかには、クオータ制が導入されたとき、女性には投票したくないと言ってのけた男性たちも含まれていた。少なくとも2人以上の女性リーダーを経験すると、女性に投票することに抵抗を感じなくなったのだ。

女性のロールモデルがジェンダー・バイアスをある程度まで是正できることは、村人たちを対象にした「潜在連合テスト（IAT）」（第1章参照）によっても明らかだ。IATの結果によると、女性が議長を務めたことがない村の男性たちは、ほぼ一貫して女性議長を男性議長より低く評価している。しかし、女性議長を経験した男性たちは、男性議長に対する評価のほうが低い。注目すべきなのは、能力評価と好感度が一致するかを調べた研究結果だ。残念ながら、高い評価は好感度に結びついていない。女性議長を経験した男性たちは、女性議長の能力を評価し、ときには男性議長よりも高く評価するが、好感度は男性議長のほうが高いのだ。第1章では、男性中心の分野で活動するアメリカ人女性が直面する「能力と好感度のトレードオフ」について論じた。このジレンマからは、インドの女性リーダーたちも逃れられないのだ。

インドの壮大な実験がもたらした成果は、女性リーダーの能力に対する見方が変わったことだけではない。おそらく最も重要なのは、女性のロールモデルが登場して、親が娘の将来に対していだく願望が変わったことだ。女性議長を2人以上経験した村では、親が娘に高等教育を受けさせたいと考えるケースが増え、教育の男女格差がほぼ解消した。ロールモデルの影響は、親だけでなく、女の子たち自身にも及んだ。女性議長を経験した村の女の子たちは、家事に費やす時間が少なく、結婚を遅くしたがる傾向がある。クオータ制が導入されたことにより、インドの農村の女の子と親たちにロールモデルが生まれ、既存の常識とは異なる女性の人生の道筋にも価値が見いだされるようになったのだ。

エステル・デュフロとの共著『貧乏人の経済学』(邦訳・みすず書房)の著者であるMITのアビジット・バナジーも、そのような変化を指摘している。ハーバード大学ケネディ行政大学院の「女性と公共政策プログラム」が2011年に製作した動画『ジェンダーの平等――賢明な選択』に出演した際、インドのパンチャーヤト制度法の制定後、思いがけない反応を見聞きしたと語っている。その反応は、制度改正の直接の効果とみなせるという。バナジーがインドの農村の親たちと話をすると、娘に政治の世界を目指してほしいという声が聞かれるようになったのだ。「政治の世界には女性でも就ける仕事がたくさんあるから、というのが理由だった。10年前は、このような言葉が聞けるとはとうてい思えなかったし、実際にそんなことを言う親もいなかった*3」

女性幹部が増えるとどうなるか?

インドの農村におけるジェンダーのクオータ制は、おおむね成功していると言えるだろう。女性がリーダーシップを振るう姿を目の当たりにした女性たちは、自信を強め、男性中心の分野で男性と競い合うことに前向きになりはじめた。また、男女ともに、優れたリーダーとはどのような人物かという思い込みが変わった。その結果、選挙で女性に投票することに抵抗を感じない人が増え、女の子とその親たちも女性が政治の世界を目指すことを当たり前と考え、そのために努力するようになったのだ。

憲法改正が成立した時点で成功が約束されていたわけではない。新しい制度がどのような効果を生むかは、誰も見通せていなかった。というより、女性枠の創設が裏目に出ることが懸念されていた。女性枠を不公正だと思ったり、ジェンダーに関する規範に抵触すると感じて反発したり、自由な選択を制約されることを嫌ったりする人が多いのではないかと恐れられたのだ。実際、一部の村人はそのような反応を示した。

しかし、クオータ制が導入されたことにより、「ニワトリが先か、卵が先か」という問題が解決された。人々が女性リーダーに偏見をもっていれば、女性がリーダーの座に就くのは難しいが、女性リーダーを実際に見なければ、古い偏見を改めることは難しい。その点、村議会に女性枠が設けられたことで、インドの農村の有権者は、歪んだステレオタイプに基づいて判断するのではなく、実際に役職に就いて職務をおこなう女性リーダーたちを見て判断できるようになった。そのうえ、インドの女性すべてがロールモデルから学び、刺激を受けられるようになったのだ。[*4]

北欧のノルウェーでは、２００３年に新しい法律が制定され、株式公開企業および国有企業に対して、取締役会の構成割合が男女いずれも40％を下回らないようにすることが義務づけられた。新制度が導入されてまだ年数が経っていないが、経済学者のマリアンヌ・ベルトランらが暫定的な研究結果を発表している。それによると、取締役会のクオータ制が導入されたあと、女性幹部の割合が増えるなど、企業の上層部では変化が加速したかもしれないが、全社員に占める女性の割合は変わっていないという。

アメリカの大企業を対象にした研究でも、女性取締役が増えることと女性幹部が増えることの間には相関関係が見いだされている。しかし、さまざまな研究によると、企業の取締役や幹部に就く女性が増えても、社会全般で女性に対するバイアスが解消される効果は概して確認されていない。インドの農村部のケースとは異なり、ノルウェー企業の取締役会におけるロールモデルの効果は、その女性リーダーと直接触れる人たちにしか及んでいないように見える。これは当然の結果なのかもしれない。企業の女性取締役は、女性政治指導者に比べて人々の目に触れにくいからだ。[*5]

それでも、女性取締役はともかく、企業の女性幹部は重要なロールモデルになる可能性をもっている。アメリカの雇用機会均等委員会のパネルデータ（期間は1990〜2003年、対象はあらゆる州のあらゆる業種にわたる2万社以上の企業）を分析した研究によれば、女性の上級幹部が増えた企業では、その後に女性の中級幹部も増えている。この効果は白人女性で最もはっきり見られたが、アフリカ系アメリカ人、中南米系、アジア系の女性たちも、同性・同人種の上司が存在することにより、好ましい影響を受けていた。[*6]

同性のロールモデルが果たす大きな役割

このように研究結果は単純でないが、一連の研究はいくつかの手近な問題解決策も明らかにしている。まず、一人ひとりがロールモデルになることから始めよう。自分が影響を受けた人たちをお手本に行動すればいい。たいていは、家族や友人のロールモデルになることが出発点になるだろう。

メラン・ヴァーヴィアとキム・アザレリの著書『ファスト・フォワード』（未邦訳）のような本も参考になる。この本では、70人以上の「道を切り開いた女性たち」の人生から学ぶことができる。

たとえば、アメリカの国務長官を務めたマデレーン・オルブライト、ヒラリー・クリントン、コンドリーザ・ライス、国際通貨基金（ＩＭＦ）のクリスティーヌ・ラガルド専務理事（フランス出身）、インドの「女性自営労働者協会（ＳＥＷＡ）」の創設者であるエラ・バット、ノーベル平和賞を受賞したレイマ・ボウィとエレン・ジョンソン・サーリーフ（ともにリベリア出身）、タワックル・カルマン（イエメン出身）、マララ・ユスフザイ（パキスタン出身）、テレビ司会者であるオプラ・ウィンフリー（アメリカ）と楊瀾（ヤン・ラン）（中国）、そして、シェリー・ブース・ブレア、ティナ・ブラウン、ケイティ・クーリック、ジーナ・デーヴィス、アビゲイル・ディズニー、アメリカ・フェレーラ、メリンダ・ゲイツ、カーステン・ギリブランド、アリアナ・ハフィントン、キャティー・ケイ、ヘレナ・モリッシー、マリア・シュライヴァー、ソニア・ソトマイヨール、メリル・ストリープ、オード・ドチュアンのような変革の担い手たちが紹介されている。[*7]

私も大手多国籍企業の取締役会に名を連ねる立場として、自分の存在が女性社員に好ましい影響を与えられていればうれしいと思う。女性取締役がそのような影響力をもつためには、存在が目立っていなくてはならない。目立てば目立つほど、影響力は強まる。そこで、私はできるだけ、女性社員のグループと面会したり、会社主催のジェンダー関連のイベントで講演したりしている。

ニランジャナ・ダスグプタとシャキ・アスガリは、このテーマを取り上げた論文（本章＊1参照）に「百聞は一見にしかず」という題名をつけたが、そのとおり、人が思い込みを改めるには、ステレオタイプに反するロールモデルを頻繁に目の当たりにする必要がある。この論文によれば、有名な女性リーダーの伝記を読んだり、教室で女性教授を直接見たりすると、女性が自分に対していだいているステレオタイプが弱まるという。また、女子大学にせよ、共学の大学にせよ、女性教員の割合が大きい大学ほど、女子学生が女性とリーダーシップを、そして女性と数学を結びつけて考える傾向が強い。

とりわけ、男性中心の分野で教員の性別と女子学生の成績に相関関係があることは、以前から多くの研究により明らかになっていたが、自然実験による因果関係の検証が可能になったのは最近になってからだ。アメリカの空軍士官学校では、必修科目のクラスわけを無作為におこなっているため、担当教員の性別が学生たちに及ぼす影響を知ることができる。それによると、STEM（科学、テクノロジー、工学、数学）系科目の入門コースで女性教員のクラスに割り振られた女子学生は、男性教員の場合よりも、のちにSTEM系を専攻する割合が大きい。それに対し、男子学生の専攻分野の選択は入門コースの教員の性別に影響されない。

スワースモア大学のトーマス・ディーは、アメリカの中学生の2万5000人の全国代表サンプルを分析し、生徒と教員の性別の一致がきわめて大きな意味をもつことを明らかにした。この研究によれば、13歳の生徒の場合、英語の教員が男性だと、英語の成績の男女格差が3分の1近く解消されるという。これは、同性の教員の存在が男子生徒の成績を向上させ、教員との性別の違いが女子生徒の成績を引き下げた結果だ。

同様に、科学の教員が女性だと、科学の成績の男女格差の半分が解消され、数学の教員が女性だと、数学の成績の男女格差（数学の格差は科学よりはるかに小さいが）が完全に解消される。アメリカの中学校教員の大多数（この研究の時点で83％）が女性で、数学と科学の教員の約半分を女性が占めていることを考えると、「中学校で生徒と教員の間に作用するジェンダーの力学は、男子生徒の読解力が際立って低い状況に拍車をかけ、女子生徒の数学と科学の成績が若干低い状況を緩和していると言える」と、ディーは結論づけている。[*8]

「内集団びいき」と「内集団差別」

ロールモデルの不足は、予言の自己成就を生む場合もある。大手法律事務所を対象にした研究によれば、法律事務所のパートナー（共同経営者）に女性が少ないことが、女性アソシエート（雇用されて働いている弁護士）のキャリアに重大な影響を及ぼしているという。

キャスリーン・マギンとキャシー・ミルクマンは、アメリカのある法律事務所の5年分の人事データと従業員面談データを入手した。マギンらがそれを分析したところ、下級レベルの女性アソシエートの離職率と女性上司の人数の間に強い関連があることがわかった。ロールモデル（メンターや後ろ盾にもなりえた人物）が少ないほど、女性アソシエートが昇進したり、事務所にとどまったりする確率が小さかったのだ。しかも、ロビン・エリーの研究によると、女性のロールモデルが少なければ、数少ないロールモデルの有用性も限られる。法律事務所の男性アソシエートは多くの男性パートナーを参考にできるが、女性アソシエートが参考にできる女性パートナーは2人だけで、その2人の仕事のスタイルが大きく異なれば、女性アソシエートたちは途方に暮れるほかない。

会社や組織がせっかくジェンダーの不平等を是正しようとしても、ロールモデルが足りなければ不平等が拡大しかねない。法律事務所のアソシエートは、自分と同格の同僚のなかに同性もしくは同人種の人が多いほど、就職後5年以内に退職する確率が高かった。「自分と似たような人」が大勢いれば、昇進の確率が低くなると思っているのだろう。ロールモデル不足は、この傾向をさらに増幅させる。女性アソシエート10人に対して女性パートナーが1人しかいなければ、女性アソシエートたちは、自分がパートナーに昇進できる確率がきわめて低いと考えても不思議はない。女性やその他のマイノリティは、同じ性別や人種の同僚と熾烈な競争をし、暗黙の「枠」を奪い合っているように感じているのかもしれない。

このような図式は、多くの研究で浮き彫りになっている。ある大手専門サービス企業では、女性が採用面接を担当すると、その女性にとって最も脅威になりそうな女性求職者、つまり最も有能な女性求職者が不利になり、最も能力の低い女性求職者が恩恵に浴する傾向が見られた。

スペインでは、大学における助教授から准教授へ、そして正教授への昇進は、学内外から無作為抽出で選ばれる評価委員会によって決定される。委員の男女割合は、その都度、無作為に変わる。データによると、女性の准教授が評価委員を務めて、助教授の准教授への昇進を審査する場合は、女性より男性に高い評価を与えることが多い。ただし、この現象が見られるのは、評価する側とされる側が同じ大学に属している場合に限られていた。

女性の評価委員たちは、ポストの「女性枠」を暗黙に想定し、同性の競争相手が増えることを恐れたのだろう。実際、評価委員の１人が男性から女性にかわると、同じ大学に属する女性研究者が准教授に昇進する確率は38％下落するという結果が出ている。評価委員が他大学の女性研究者の昇進を審査する場合、このような傾向は見られない。また、以上のような現象は、正教授への昇進審査ではいっさい発生しない。正教授は大学教員の最高位なので、同性の正教授を増やしても、その後の出世争いでライバルになる心配がないからだろう。むしろ、正教授たちは、自分が帰属する集団（「内集団」と呼ばれる）に高い評価をいだく結果、いわゆる「内集団びいき」の傾向を示し、同性の候補者や自分と同じ人脈に連なる候補者に有利な評価をすることが多い。

できるだけ優れた人材を採用して昇進させたい組織にとって、内集団びいきと内集団差別はいずれも好ましくない。さまざまなデータによって次第に明らかになってきたように、内集団差別は、同性のライバルが増えることへの恐怖に突き動かされて起きる。女性たちは、女性の就けるポストには限りがあり、ほかの有能な女性を昇進させれば出世競争がいっそう過酷になるのではないかと恐れるのだ。しかし、キャリアの階段を上り詰めると、自分と共通点のある人物を好ましく感じ、内集団差別が内集団びいきに転換するようだ。このような現象がどの程度までロールモデルの不足（そうした状況は、自分のような人物の「枠」が乏しいという認識につながる）によって引き起こされているかは明らかでない。男性看護師や男性教員も、女性より男性との競争を恐れているのだろうか？　残念ながら、この点に関する研究はまだない。[*9]

母親が子どもに与える影響、娘が父親に与える影響

ロールモデルになりうる存在は、いたるところにある。親もそうだ。女の子にとっては、たいてい母親が最初のロールモデルになる。18年間にわたる追跡調査によれば、ある人が平等主義的な考え方をもつかどうかは、母親が家の外で仕事をもっていたかと関連があるという。思春期の子どもはとりわけ、母親の就労状況に強い影響を受けるようだ。また、興味深いことに、女性たちが働きたいという意欲をどのくらいもつかは、その社会でワーキング・マザーに育てられた男性の割合と関連がある。インドの農村における女性リーダーのケースと同じように、仕事をもつ女性を身近で見て育った男性は、女性が仕事をもつことを受け入れる傾向があるからだ。

第二次世界大戦中に女性労働者の活用が進んだことの影響を分析した研究がある。戦時中に多くの男性が軍隊に動員されたことは、それによる労働力不足を補うために職に就いた世代の女性たちだけでなく、のちの世代にも影響を及ぼした。第二次世界大戦中に女性の労働力に対する需要が高まったとき、女性たちのなかには、とくに背中を押されなくても就労への意欲をいだいた人たちもいただろう。しかし、ジョージ・アカロフ（2001年のノーベル経済学賞受賞者）とレイチェル・クラントンの研究によれば、多くの女性たちは、「男の仕事」に就いても「女性らしさ」を失うわけではないと納得するために、大がかりな宣伝キャンペーンを通じてロールモデルを示される必要があった。

アメリカでその役割を担ったのが、工場で働く女性を象徴するキャラクターである「リベット打ちのロージー」だ。このキャラクターは、アメリカの文化的シンボルの1つになった。イギリスでは、ルビー・ロフタスという実在の工場勤務の女性を描いた絵が同様の役割を果たした。その絵は現在、ロンドンの帝国戦争博物館に所蔵されている。この時点で予想していた人はほとんどいなかったが、戦時中に職をもった女性たちはロールモデルとして若い世代に大きな影響を及ぼした。職場に出勤する母親の姿は、息子たちと娘たちの目にとまっていたのだ。*10

あまり研究が進んでいないが、興味深いテーマがもう1つある。それは、娘が親に及ぼす影響だ。1970～94年にアメリカ連邦最高裁判所の判事を務めた共和党員のハリー・ブラックマンは、1973年に「ロー対ウェード判決」で多数意見を執筆した裁判官として知られている。これは、人工妊娠中絶の権利を認めた画期的な判決である。ブラックマンはその後、連邦最高裁判所の歴史でも有数のリベラルな判事になった。

1975年の「スタントン対スタントン判決」では、男女の成人年齢に差を設けた州法を違憲とする多数意見を執筆した。「子どもは、男の子だろうと女の子だろうと、子どもであることに変わりはない……女性がもっぱら家庭にとどまって家族の世話に専念し、男性だけが市場に身を置いて、さまざまな考え方に触れるという時代は終わった……男の子が親の支援のもとで教育と訓練を受けるために、一定の年齢まで未成年として扱われるべきだとすれば、女の子も同じ年齢まで未成年として扱われるべきである」

ブラックマンは、娘のサリーをはじめとする家族と親密な関係にあった。2004年冬、ブラックマン関連の公文書が公開されたとき、サリーはニュースサイト「ウィメンズ・イーニュース」の取材に応じて、父親の逸話を披露した。サリーは、スキッドモア大学に通っていた1966年に妊娠が判明した。19歳のときのことだ。「当時の自分の判断が恥ずかしい。いまは後悔しかない。両親も失望させてしまった……あのとき私は、同時代の若い女性たちの多くと同じ選択をした。大学をやめて、20歳のボーイフレンドと結婚した。もし、ロー対ウェード判決が出たあとだったら、別の選択をしていたかもしれない」

結婚して数週間後、サリーは流産する。しかし、大学に戻るにはもう遅かった。そのまま夫と一緒に暮らし、のちにほかの州に移り住んだ。6年後、離婚。大学で学び直して企業弁護士になり、再婚し、娘を2人産んだ。彼女が想定外の妊娠をして9年後、父親はロー対ウェード判決で判断をくだす際、家族に意見を求めた。「父は本当に頭を抱えていて、母と私たち姉妹の意見を聞きたがった」とのことだ。

サリーの経験は、ブラックマンの判断に影響を与えたのか？　その可能性はある。アメリカの控訴裁判所で審理されたジェンダー関連の訴訟1000件近くのデータと、担当した224人の裁判官の家族構成に関するデータをもとに、アダム・グリンとマヤ・センが分析したところ、娘がいる裁判官は息子しかいない裁判官よりも、ジェンダー問題で女性の主張を支持する傾向があった（子どもの人数による影響は排除して分析した）。とくにブラックマンのような共和党員の裁判官は、民主党員の裁判官よりも、娘の存在に影響を受ける傾向が顕著だった。*11

グリンとセンがこの研究に取り組むきっかけになったのが、イェール大学のエボニヤ・ワシントンの研究だ。ワシントンは、アメリカ連邦議会の男性議員の判断が子どもの性別に影響されるかどうかを調べた。すると、子どもの人数の影響を排除して分析した場合、娘の人数が1人増えるごとに、採決でリベラルな態度を取る確率が高まることがわかった。その傾向は、女性の生殖上の権利に関する問題でとりわけ際立っていた。娘が父親の判断に影響を与えるのは、司法と政治の分野だけではない。デンマークのデータによれば、男性CEOに娘が生まれると、とくにそれが第一子の場合は、息子が生まれたケースに比べて女性社員の給料について厳しい判断をしなくなるという。[*12]

男性を変革の担い手に

さまざまな革新的な取り組みでは、男性を変革の担い手にすることを目標としている。女優のエマ・ワトソンが親善大使を務める国連のキャンペーン「ヒー・フォー・シー」もそうだ。これは「ジェンダーの平等のために団結するための運動」で、「人類の半分が結集して、もう半分を支援することにより、すべての人に恩恵をもたらすこと」を目指している。オーストラリア人権委員会の性差別担当コミッショナーを務めたエリザベス・ブロデリックの呼びかけで設立された「変革のために戦う男性の会」は、「男性たちが個人レベルと集団レベルでリーダーシップを発揮し、ジェンダーの平等を国内でも世界でも社会的・経済的な重要課題に引き上げる」ことを目指している。一方、人々に行動を変えさせるためのロールモデルとして女性を大切にしている組織は、枚挙にいとまがない。[*13]

［図10-2］ドーター・ウォーター

インドの女性たちが政治家を目指すように、そして、男性たちが選挙で女性に投票するように促す場合も、アメリカの男性政治家たちに女性の立場に立って考えるように促す場合も、まさに「百聞は一見にしかず」だ。実際の存在を目の当たりにすることが人々の行動に影響を及ぼすという点は、多くの研究で裏づけられている。娘が父親の考え方を変えることもあるし、インドの女性の村議会議長が男性有権者の行動に、企業の女性取締役が会社の幹部の男女構成に影響を及ぼすこともある。インドの農村に導入されたクオータ制がもたらした目覚ましい成果は、ロールモデルの有効性を浮き彫りにした。

次章で論じるように、クオータ制に対しては理にかなった懸念がいくつも示されているが、このアプローチがジェンダーの不平等を解消するうえで非常に強力な手段になりうることは間違いない。法律事務所の女性パートナー（共同経営者）を増やすことは今後も簡単ではないだろうが、脚光を浴びる地位にある女性の一人ひとりがロールモデルの役割を引き受ければ、状況を変える後押しができる。少なくとも、ジェンダーの平等を実現したい人や、就職先や選挙の投票先を検討している女性は、企業のCEOや選挙の候補者に娘が何人いるかを調べて損はない。

オーストラリアの「職場における男女平等局（WGEA）」は2014年、ある啓蒙キャンペーンを実施した。企業経営者たちに「ドーター・ウォーター」と名づけたボトル入りの水を贈り、それに以下の説明を添えた。「女性が公正に給料を支払われるかどうかは、CEOに娘がいるかどうかで決まるべきではなく、そうである必然性もありません。WGEAは、ジェンダー・バイアスの影響を完全に排除して給料の金額を決めるために、雇用主と従業員にとって必要なツールをすべて用意しています」（図10－2）

ジェンダー平等のためのデザイン――ロールモデルをつくる

- 壁に飾る肖像の多様性を高める。
- 「百聞は一見にしかず」の精神のもと、クオータ制やその他の方法により、ステレオタイプに反するリーダーや幹部の割合を増やす。
- 娘がいる男性はジェンダーの平等を重んじる傾向があると知っておく。

第11章 適切なグループをつくる

女性同士は協力するが、交渉では譲らない

世界のさまざまな国で、マイクロファイナンス機関による貧困層融資がおこなわれている。融資を受けている人の約4分の3が女性だ。なぜ、女性への融資が多いのか？　まず、女性はことのほか貧しい人が多く、融資を切実に必要としているという事情がある。しかし、マイクロファイナンス機関が女性に融資したがるのには、もっと実際的な理由もある。女性は男性よりも返済率が高いのだ。

主に女性を対象にしているのは、マイクロファイナンス機関だけではない。多くの地域では、回転型貯蓄信用講（メンバーが定期的に一定額を払い込み、その都度、集まったお金をメンバーの誰かに給

付することを繰り返し、全員が給付を受けるまでそれを続ける互助的金融システム）に参加している圧倒的多数が女性だ。ケニアでは、学校などの公共財が女性たちのカンパによって供給されることも多い。このようなカンパは、「ハランベー」（地元のスワヒリ語で「力を合わせる」という意味）と呼ばれている。

ダイバーシティについて論じるとき、知っておくべきなのは、どうして人は同質性に魅力を感じる場合があるのかという点だ。なぜ、女性だけで構成されるグループは、融資の返済、助け合い、公共財への貢献で高い成果を上げられるように見えるのか？

それを知りたいと考えたフィオナ・グレイグは、ケニアの首都ナイロビのスラム地区に赴き、いくつも実験を重ねた。それによると、スラムの女性住人は、男性ではなく女性と協力したがる傾向があった。女性のほうが協力的だと考えられているからだ。このような思い込みは、男性の行動について悲観的すぎる。実験によると、協力するチャンスがあれば、男性は女性たちが思っている以上に協力する可能性が高い。しかし、女性たちの男性に対する期待の低さは、予言の自己成就を生み出していた。女性たちはほかの女性を信頼して協力する場合が多く、その結果、ほかの女性たちの協力をさらに引き出せていたのだ。[*1]

このような戦略は、ナイロビのスラム地区だけでなく、アメリカのテレビのゲームショーでも効果がある。2002年、アメリカで『フレンド・オア・フォー（味方か敵か）』という番組が始まった。ゲーム理論家や行動科学者の間で研究されてきた「囚人のジレンマ」を応用した番組だ。2人のプレーヤーが同時に、「フレンド（味方）」もしくは「フォー（敵）」のどちらを選択するかを宣言する。2人とも「フレンド」を選べば、賞金を山わけできる。2人とも「フォー」を選べば、2人とも賞金はゼロ。片方が「フレンド」、もう片方が「フォー」を選べば、「フォー」を選択したプレーヤーが賞金を独り占めし、「フレンド」のほうのプレーヤーは賞金がゼロだ。

このルールのもとでは、できるだけ多くの賞金が欲しければ、「フォー」を選ぶべきだということになる。しかしその場合、相手も同じ行動を取れば、2人ともまったく賞金を手にできない危険がついて回る。そうかといって、協力的行動を取って「フレンド」を選ぶのにも、リスクがともなう。自分が「フレンド」を選択しても、相手が「フォー」を選べば、カモにされるだけだ。

賞金の金額は、前もっておこなうクイズの成績によって、200ドルから1万6400ドルまで変動する。番組終了までにおこなわれたゲームは合計315回。参加したプレーヤーは630人、支払われた賞金の総額は70万ドルを超す。

このゲームでは、プレーヤーの半分が「フレンド」を選んだ。この傾向は、相手が協力的行動を取ると信じるに足る理由がある場合にとりわけ際立っていた。プレーヤーたちは、何を手がかりに相手の行動を予測していたのか？　プレーヤーたちは少しだけ会話をし、一緒に雑学クイズに解答するとはいえ、お互いのことはほとんど知らない。しかし、この番組に出演しようとする人たちは過去の放送を見ているので、典型的な協力主義者がどのような人物かを知っている。協力的行動を取るプレーヤーは、女性の場合が多いのだ。そこで、女性プレーヤー同士がペアを組む場合は、互いに相手が協力的行動を取るものと判断し、2人とも「フレンド」を選ぶケースが多かった。[*2]

もっとも、囚人のジレンマの状況で有効な判断材料になる要素が、ほかの状況でも有効とは限らない。レイチェル・クロソンとウリ・ニーズィーは、ジェンダーと協力の関係に関する実験データを整理している。それによると、結果は、どのような行動が好ましいかという雰囲気、とくにこの点に関して女性が環境から受け取る暗黙のメッセージに左右される。人はそれらの要素を手がかりにして、ほかの人の行動を予測するからだ。しかし当然ながら、ある人の期待とほかの人の期待がぶつかり合う場合もある。

たとえば、ある金額のお金をどのようにわけ合うかについて、あなたと私が交渉するとしよう。私は女性なので、あなたは私に譲歩を期待するかもしれない。しかし、あなたが女性なら、私もあなたに譲歩を期待するかもしれない。互いの期待が合致しなければ、交渉は暗礁に乗り上げる。ある実験では、そのとおりの結果になった。その実験は、「最後通牒ゲーム」と呼ばれるゲームを土台にしたものだった。

一般的な最後通牒ゲームでは、2人のプレーヤーの片方（提案者）がお金を受け取り、そのうちいくらをもう片方（受領者）に分配するかを決めて提案する。受領者は、提案を受け入れるか突っぱねるかを決める。受領者が提案を受け入れれば、2人とも提案どおりにお金を受け取れる。受領者が提案を拒めば、2人ともいっさいお金を受け取れない。ただし、この実験では変則的なルールを採用し、受領者が提案を聞く前に、同意する最低金額を紙に記させるものとした。

すると、男性の受領者も女性の受領者も、女性の提案者に対して多くの金額の分配を期待する傾向が見られた。男性の提案者を相手にする場合よりも、同意の最低金額を高く設定したのだ。とくに女性の受領者は、女性の提案者がやさしく寛大に行動すると期待し、平均42％の分配を同意の最低条件とした（提案者が男性の場合は平均28％）。一方、提案者の側も、男性の受領者よりも女性の受領者に対して少ない分配金を提案した。とくに女性の提案者は、女性の受領者がやさしく寛大に行動すると期待し、平均43％の分配を提案した（受領者が男性の場合は平均51％）。

この実験で特筆すべき結果が見られたのは、女性と女性のペアだった。女性同士のペアは23％のケースで期待が折り合わず、お金を受け取れなかったのだ。ほかの組み合わせのペアが決裂するケースはほとんどなかった。男性と女性のペアの場合、男性は女性に対して多くの譲歩を期待し、その期待どおりの結果を手にしていた。女性も、男性と組むときは相手に多く譲歩するのが当然だと思っていて、受け取る金額が若干少なくても納得していた。男性と男性が組む場合は、男性の受領者が男性の提案者に対して大きな期待をいだかず、実際には期待より好ましい扱いを受ける結果、お金を受け取れていた。

同質のグループが好ましい結果を生む場合もあれば、そうでない場合もあるのだ。また、同質のグループをつくることの是非について賛否がわかれる場合もある。たとえば、男女別学の功罪はしばしば大きな議論になってきた。*3

男女別学のメリットとデメリット

アメリカのジョージ・W・ブッシュ政権は２００６年、公教育における男女別学の制限を大幅に緩和した。これは、教育機関での性差別を禁じる連邦改正教育法第９編が１９７２年に成立して以来、最も大規模な政策変更だと言う人も多い。この2006年の制度改正では、同じ学区内に同レベルの共学校が設けられていて、子どもと親が共学と別学のどちらでも選べるようになっていれば、男女別学の学校やクラスを設置できるものとされた。これが提案されたとき、一部の公民権活動家と女性団体は激しく批判した。学校での女性差別を正当化しかねないと考えたのだ。

しかし、法案は議会で共和党と民主党の両方から多くの支持を得て可決された。このあと、男女別学をおこなう公立学校は目を見張るほど増加した。一部の推計によれば、2015年の時点でその数は全米で1000校を超えた。もっとも、アメリカの公立学校の総数が10万校近いことを考えると、その割合はまだきわめて小さい。[*4]

女子校が増えれば、共学の学校では必然的に男女比のアンバランスが拡大する。男の子の割合が多くなるのだ。この状況は見過ごせない。スタンフォード大学のキャロライン・ホックスビーは、テキサス州の学校で教室の男女比が学業成績に及ぼす影響を分析した。それによると、男女ともに、教室に女の子が多いほど成績がよかった。この点は、女の子の平均点が男の子よりも低い科目である数学も例外でない。したがって、この現象は、成績のいい子どもがほかの子どもに好影響を及ぼす「波及効果」によるものではない。それは、言ってみれば「女の子効果」の賜物だ。同様の現象は、イスラエルとスペインの学校でも見られている。

こうした「女の子効果」がどの程度強くあらわれるかは、学年、科目、地域によって異なるが、さまざまな研究によると、おおむね男女別学は女の子には好影響を及ぼすが、男の子には悪影響を及ぼすようだ。教室に女の子がいることは男女両方に好影響を及ぼすが、とくに男の子が恩恵を受けるのだ。その理由を明らかにするためには、さらなる研究が必要だ。それでも、イスラエルの研究によれば、女の子の割合が大きいと子どもたちの満足度が高く、教員の消耗度も低いことがわかっている。教室の混乱や暴力も少なく、教員と子どもたちの関係、そして子どもたち同士の関係も良好だという[*5]。

グループをどのように構成するかは、非常に重要だ。近年、この点に関するデータが蓄積されており、無思慮にグループをつくることは妥当な姿勢と言えなくなっている。職場のチームにせよ、学校のクラスや企業の取締役会にせよ、なんらかのグループを築くときは、ジェンダーの力学を念頭に置くべきだ。どのようなグループも、ジェンダーの影響から逃れることはできない。それは、グループが片方の性別だけで構成される場合や、1人を除いて全員が同じ性別の場合、男女比がきれいに半々（そういうケースはほとんどないが）の場合にも言えることだ。

グループで作用する力学を知れば、特定の目的を達成するために戦略的にグループを組織することもできる。たとえば、「ピア効果（仲間効果）」についての研究によれば、異なる集団に属する人同士が接すると、集団間の関係が改善される場合があるという。

ある研究では、大学の新年度に寮のルームメートが無作為に選ばれたことで、異人種の学生と一緒に生活した学生に、どのような影響が生じるかを調べた。すると、アフリカ系アメリカ人の学生と一緒に生活した白人学生は、アファーマティブ・アクション（積極的差別是正措置）とキャンパスのダイバーシティを支持する割合が高かった。そうした学生は、有色人種と接することへの抵抗感が弱まり、実際に有色人種と接する機会も増えた（サンプル数が少ないため、有色人種の学生に対する影響については推論を導き出せていない）。このダートマス大学での研究によれば、どのような人物が寮のルームメートになるかによって、学生の勉強量と学内での社交活動も大きな影響を受けるという。グループの構成を軽く考えてはならないのだ。

学生寮では誰でもルームメートと仲良くしたいと思うものだが、それ以外の世界では、グループの規模が及ぼす影響も大きいようだ。ある研究によれば、思春期の子どもたちは、通っている学校の規模が小さいほど、多様な友達がいる。大きな学校は友達になりうる候補者の数が多く、選り好みの余地が大きいため、同じ性別、人種、年齢、社会的・経済的階層の子どもたちが寄り集まり、属性別のグループが形成されやすい。人は自分と似たような人と一緒にいるのが好きなのだ。しかし、選択肢が少なければ、属性の違いへのこだわりは小さくなり、異なる集団間の接触が増える。700を超す別個のサンプルを対象とする500件以上の研究結果を集約した分析によれば、接触が増えると、異なる集団間の偏見が弱まる場合が多いという。この結果は、心理学の「集団間接触理論」を裏づけるものと言える。[*6]

チームの「集団的知性」

人はたいてい、そうせざるをえない状況に置かれないかぎり、ダイバーシティを追求しようとはしない。しかし、ダイバーシティは数々の恩恵をもたらす。多くのラボ実験によれば、ダイバーシティが高まると、生産性が向上するようだ。ある大規模な研究では、約700人の被験者を2～5

人のグループにわけ、さまざまな課題に取り組ませた。具体的には、ブレインストーミングをしたり、視覚的パズルを解いたり、道徳上の判断をくだしたり、交渉をしたり、チェッカーのゲームでコンピュータと対戦したりといった課題だ。課題は最長5時間続いた。この研究をおこなったカーネギーメロン大学のアニタ・ウィリアムズ・ウリーらは、これらの課題に対する成績をもとに、それぞれのチームの「集団的知性」のレベルを明らかにした。そのレベルにより、チームがほかの課題でどの程度の成績を残せるかが判断できるというのだ。

実験によると、チームの集団的知性のレベルは、メンバーの知能レベルの平均や最もスコアが高い人物の知能レベルとはあまり関連がなかった。それよりも、チームの社会的感受性（他人の感情を理解する能力）が強く、メンバーに平等な発言機会が与えられていて、女性の割合が大きいほど、集団的知性のレベルが高かった。そして、ウリーらの表現を借りれば、「チームの集団的知性のレベルは、個々のメンバーがもっている能力のレベルよりも、（チームの成績に）直結する」という。チームの潜在能力を存分に発揮させたければ女性をメンバーに加えるべきだという発見は、ウリーらにとっても予想外だった。そのような現象が生じるのは、女性が男性より高度な社会的感受性をもっており、全員の能力をつなぎ合わせる接着剤の役割を果たして、全体が個の総和以上の成果を達成できる状況をつくり出していることが一因なのかもしれない。

このような実験結果には期待をかき立てられる。研究を重ねれば、集団的知性を基準にチームの能力を診断し、好成績を上げるチームと苦戦するチームを見わけることが可能になるかもしれない。チームの社会的感受性を高めて、全員の能力を最大限生かすために、発言機会の均等化などを助けるツールも開発できるだろう。[*7]

全員の意見が尊重される意思決定ルールをつくるのも有効な方法だ。クリストファー・カーポウィッツとタリ・メンデルバーグ、リー・シェイカーがおこなった実験によれば、意思決定で全会一致ルールを採用した場合は、過半数ルールの場合より、すべての1票が重みをもつだけでなく、より多くのメンバーが議論に加わり、一人ひとりの意見がグループ全体に共有される。女性が少数派のグループでは、全会一致ルールの重要性がひときわ大きい。「グループ内の社会的状況に応じた話し合いのプロセスを設計することにより、不平等の発生を避けられる」と、カーポウィッツらは指摘している。

逆説的に聞こえるかもしれないが、発言の自由を縛ることが好ましい結果につながる場合もある。「制約が生む創造性」と題された論文によれば、男女混合のグループでは、男女のかかわり方についてポリティカル・コレクトネス（差別や偏見を排除した言葉や表現の使用を求める考え方）のルールを課すと、グループの創造性が高まるという。発言のルールが定められて、ほかのメンバーとのかかわり方が明確になる結果、自己主張が規範に反するとみなされがちな女性たちも安心して発言できるようになるからだ。[*8]

無作為にチームをつくることが容易なラボ実験と異なり、実際の組織を対象に実験をおこなう場合はたいてい、すでに存在するチームを使って実験しなくてはならない。しかし、それには好ましい面もある。現実のチームは、ラボ実験のチームより長期間にわたり存続し、チームの成績がもつ重みも大きいからだ。ラボ実験で得られた結果の一部は、現実のチームを対象にした実験によっても裏づけられている。あるグローバルな専門サービス企業を対象にした研究では、ジェンダーの多様性が高いオフィスほど、売り上げが多いという結果が出ている。しかし、同じ研究によれば、多様性の高いチームで働く社員は、ほかのメンバーと協力することへの抵抗感が強く、協力に消極的な傾向がある。それでも、会社がダイバーシティを推進していると社員が思っていれば、協力への消極性が和らぐという。[*9]

似たような人物より、互いに補完し合える人物を

研究によれば、経営幹部チームのジェンダーの多様性と会社の業績の間に関連を見いだせるケースもあるが、そうでないケースもある。それに、2つの現象の間に相関関係があるとしても、因果関係があるとは限らないし、因果関係があるとしても、どちらが原因で、どちらが結果かという問題が残る。ジェンダーの多様性が高い企業の業績が良好なのは、多様性が好業績を生むからではなく、好業績の会社に多くの女性が集まるからという可能性もある。

この難しい問題を克服するために、ある研究は新興企業を研究対象にした。新興企業では、ものごとが起きる順序をコントロールしやすいからだ。具体的には、オーストラリアの大規模なデータベースを使い、新興企業の発足時に社内で最高水準の給料を受け取っていた人のなかに女性が含まれているかどうかと、その企業が長く存続できるかどうかの間に関連があるかを調べた。ほかの多くの要因の影響を除外して分析したところ、男性だけでスタートした企業に比べて、女性が少なく

とも1人含まれていた企業のほうが大きな成功を収め、市場に長くとどまっていた。また、オランダの大学生を無作為にチームわけして起業させた研究でも、ジェンダーの多様性が業績（売り上げ、利益、1株当たりの利益）に好影響を及ぼすことがわかっている。*10

このように、多様性は好業績を生む場合があるのだ。ただし、つねにそのような結果になるわけではない。では、どのような場合に好結果が得られるのか？　ある特別のプロジェクトを担うチームをつくるとしよう。選出されるメンバーは5人だ。そこで、あなたは10種類の資質に関してそれぞれスコアをつけて、候補者を吟味する。スコアは、最低＝1点、最高＝10点とした。すると、91点の候補者がちょうど5人いた。いずれも、9項目で満点、1項目で1点という成績だった。この5人が候補者のなかの最高点だ。あなたは、5人をすべてチームに加えられて運がよかったと考える。しかし、本当にそれでいいのか？　5人は最高スコアの人たちではあるが、この5人を集めてもチームの多様性は確保できない。実は5人とも、10種類の資質のうち、創造性のスコアが1点だったのだ。合計点がもっと低くても、創造性のスコアが高い人物を、せめて1人、あるいはもっと多く加えるべきなのではないか？

ウォール街の株式アナリストに関する研究によれば、チームの花形アナリストの人数が増えるほど、さらに新しい花形アナリストが1人加わった場合にもたらされる恩恵は小さくなる。そして、しまいには花形アナリストが加わることの効果はマイナスになるという。この研究をまとめた論文の題名「料理人が多すぎると、スープが駄目になる——花形社員がグループの成果を低下させる理由」にあるとおりの結果が生じたのだ。

チームをつくるときに重要なのは、似たような人物を集めるのではなく、互いに補完し合える人物を集めることだ。みんなで協力して問題を解決する必要があるときは、メンバーの能力の平均が高いチームより、多様な視点をもったチームのほうが成功する場合がある。

スコット・ペイジの名著『「多様な意見」はなぜ正しいのか』（邦訳・日経BP社）は、成功するチームがスター選手ぞろいとは限らない理由を明晰に説明している。高度な集団的知性が発揮されるためには、メンバーの能力と多様性の両方が必要なのだ。もちろん、メンバーの能力が補完関係にあるべきだといっても、重なり合う部分がまったくなければ好結果は生まれない。中国語が完璧にできて英語がまったくわからない人と、英語が完璧にできて中国語がまったくわからない人は、互いの能力が補完関係にあるが、この2人が組んでもコンビの能力は個の総和より大きくならない。[*11]

ジェンダーの多様性を成果の向上につなげたければ、メンバーの視点の違いが価値を生むようにすることに加えて、調整に要するコストをできるだけ抑える必要がある。組織行動論、心理学、社会学、経済学の研究によれば、人材の多様性が高まる結果として、課題に対処するために必要な能力の多様性が高まる場合は、成果の向上につながる。メンバーが増えるとともに有用な知識が充実し、好ましい効果が積み重なっていくのだ。それに対し、課題と無関係の属性や個人的な思い込みの多様性が高まる場合は、チームの成果に悪影響が及ぶ。メンバー同士の違いがさまざまな形で相互に作用し合えば、たいていはその悪影響を修正することが難しい。ときには、違いを乗り越えられない場合もある。[*12]

女性を「お飾り」にしないために

ある研究では、アメリカの複数の株式投資信託運用会社における2000以上のチームについてデータを分析した（期間は1996～2003年）。この研究によると、運用チームが多様なメンバーで構成される場合は、確かに成績に悪影響が及ぶ。同質なメンバーで構成されるチームの成績は、男女混合チームを大幅に上回ったのだ。これらの職場では、チームに求められる役割がはっきりしており、その達成度はファンドの運用成績という形で明確に数値化できる。運用成績がいいチームは、報酬と昇進の面で報われる。多くのチームは数年間にわたって一緒に活動していて、チームの成績を少しでも高めるように努め、メンバー同士の関係を築いていた。

この当時、ファンドマネジャーに占める女性の割合は10％程度にすぎなかった。したがって、同質なチームのほとんどは男性だけのチームで、女性だけのチームは全体の2％にすぎなかった。研究グループは、男女混合チーム＝1、片方の性別だけのチーム＝0というダミー変数を使ってチームのジェンダーの多様性を数値化したが、同質なチームの圧倒的多数は男性だけのチームだったのだ。また、男女混合チームの場合も、女性がチーム内で圧倒的な少数派であるケースがほとんどだった。この研究はあくまでも、女性だけのチームが極端に少なく、個々のチーム内での女性の割合も極端に少ない環境において、多様性のあるチーム構成が好結果を生まないことを明らかにしたものと考えるべきだ。[*13]

最善のチームをつくりたい組織は、「閾値」を考慮する必要がある。ハーバード・ビジネススクールのロザベス・モス・カンターが1977年に発表した先駆的論文によれば、チームの成績を左右する要素の1つは、メンバーの属性別の構成割合だ。1970年代のアメリカ企業を調べたところ、「チーム内の人とのかかわり方にきわめて大きな影響を及ぼすのは、異なる社会的・文化的集団に属する人がどのような構成割合で参加しているか」だとわかったという。前出の株式投資信託運用会社のように、特定の属性の人たちがメンバーの大多数を占めているチームでは、少数派の人は「トークン」（目につきやすい象徴的存在）として扱われてしまう。少数派であるがために目につきやすく、その人の属する集団の特性ばかりが着目される。ほかのメンバーを補完できる能力をもっていても、みずからの集団の代表と位置づけられる結果、せっかくの能力を存分に発揮できない。

多くの人は、性別や人種、民族、国籍、宗教、性的指向、政治的傾向などの面で、グループ内で明らかに異質な存在になった経験があるだろう。そのような立場に置かれると、中南米系アメリカ人の会計士は、会計のエキスパートとしてより、中南米系の代弁者とみなされがちだ。アメリカの大学でコンピュータ科学を教える中国人教授は、中国に関する専門家という扱いをされやすい。このようにトークンの役割を与えられると、本人は居心地が悪いし、その人物の信頼性も損なわれやすい。違いがことさらに強調される結果、少数派が多数派の流儀や考え方に従わざるをえない場合もある。少数派は、実力を証明するために、ほかの人たちより大きな成果を上げなくてはならないという重圧を感じることもあるだろう。

極端な場合は、「女王蜂症候群」と呼ばれる現象が生じる。ほかの女性の出世を許さず、自分だけ高い地位を守ろうとする女性を描写する言葉だ。「女王蜂」たちは、自分のあとに続く人たちのために道を整えるのではなく、多数派の同僚たちのほうばかりを見て、その人たちと同化し、自分と同じ社会集団からの新規メンバーと距離を置く。この現象は、女性のステレオタイプに反する職種や役割に就く第一世代の女性によく見られるようだ。

チーム構成のバランスが取れていれば、ステレオタイプの影響が弱まるため、少数派のメンバーも、その人が属する集団のトークンではなく、一人の人間として見られるようになる。では、少数派の割合がどの水準以上だとバランスが取れていると言えるのか？　具体的な数字を示すのは難しいが、チームのメンバーが経験する力学が変わり、成果に違いが生まれるためには、かならずしも半々の割合までは必要ないようだ。多くの論者によると、グループが属性ごとの分断の力学を脱却し、多様性の恩恵に浴するためには、少数派の割合が3分の1、絶対数で最低3人以上という「閾値」を超える必要があるという。[*14]

カンターの論文から10年後、政治学者のドルーデ・ダレロプが閾値の理論を政治の世界に当てはめた。その研究によると、ビジネスの世界で人々が職場の男女構成に影響されるのと同じように、政治家も議会や委員会の男女構成に影響されているようだ。しかも、政治の世界では、多様性の恩恵を引き出すことがことのほか重要なのかもしれない。男性の有権者と女性の有権者では、何を重んじるかが異なる可能性があるからだ。実際、アメリカでは女性参政権が認められたあと、政府の医療支出が増え、インドでは地方議会にマイノリティの議席枠が設けられたあと、マイノリティへの支援が手厚くなった。[*15]

メンバーの男女構成が大きく偏っている組織では、以上の点が原因で難しい問題が生まれる。80人のメンバーで構成される専門コンサルティング会社に女性が8人しかいなければ、男性だけの会社やメンバー構成のバランスが取れた会社に比べて、好ましい成果を上げられない場合がある。

コロンビア大学のキャサリン・フィリップスとデーモン・フィリップスによれば、1988～98年のNHL（アメリカのアイスホッケー・リーグ）の成績にもそのようなパターンが見られる。勝利数が多いのは、選手の国籍の多様性が低いチームと多様性が高いチームだったのだ（この期間のNHLでは、合計で28カ国出身の選手がプレーしていた）。比較的同質なチームはそもそも調整の必要性が小さく、逆に多様性が著しく高いチームは否応なくそれに対処しなくてはならない。チームにたくさんの国の選手が参加していれば、出身国の違いによる断絶は和らぐ。極端な話、ほぼすべての選手が別々の国の出身だとすれば、出身国の違いに基づくカテゴリーわけは意味を失う。それに対し、出身国が数カ国の場合は、同じ出身国の選手同士が寄り集まる結果、グループ間の分断が拡大し、いさかいが生まれる。[*16]

公正なチームづくりの重要性

私は大学の授業で学生をチームわけするとき、こうしたことに気を配っている。学生たちは、男性だけや女性だけのチームに振りわけられると、たいてい驚く。ハーバード大学ケネディ行政大学院では、世界経済フォーラムの「ヤング・グローバル・リーダーズ」向けのプログラムを開講している。同性だけでチームを組ませると、プログラムの受講生たちはきっぱりと不満を表明する。多様性のあるチームで活動したいと思っているからだ。私は説明する。クラス全体の性別構成がバランスを欠いている状況では、すべてのチームを男女混合にしようとすると、どうしてもチーム内でトークンになる人が出てくるのだ、と。この点を指摘すると、教室の議論が盛り上がる。

その際、私は本章で述べてきた内容の多くを紹介し、チームづくりのコツを伝授する。以下のような内容だ。

*清潔な飲用水や充実した医療体制のような公共財を供給するなど、メンバー間の調整が必要な課題では、同質性の高いグループが強みを発揮する。前出のテレビ番組『フレンド・オア・フォー』では、男女ペアや男性ペアに比べて、女性ペアのほうが好結果を上げた。女性たちは、女性のほうが男性よりも協力的行動を取ると考え、実際に互いがそのように行動する。その結果、好循環が生まれるのだ。

*テストに解答するなど、個人単位で問題解決に取り組む場合は、ピア効果（仲間効果）を念頭に置く必要がある。多様性がある集団では、成績への波及効果が生じる可能性があるからだ（そのような現象は、専門的には「外部性」という言葉で説明される）。たとえば、女子生徒は、勤勉に学び、授業を妨げない傾向がある。そのため、教室で女の子の割合を多くすると、男の子の成績にも好ましい影響が及ぶことがわかっている。

*家を建てるなど、みんなで問題解決に取り組む課題では、多様性の高いグループが好ましい。

メンバーの知識と視点が補完し合うからだ。チームがもつべき重要な能力に、聞く力と橋渡しの能力がある。この2つの能力は、そのチームにおける女性の割合と相関関係があるとわかっている。また、異なる社会的集団の人たちが集まってチームを構成することの弊害を和らげるために、少数派の人の割合と人数が「閾値」を上回るようにすることが望ましい。たとえば、スタッフの男女比が男性20％と女性80％だとして、それをいくつかのチームにわける場合は、すべてのチームの男女比を2対8にするのは避けたほうがいい。男女比のバランスが取れたチームをいくつか設け、それ以外の女性は女性だけのチームに振りわけるのが賢明だ。

チームわけが公正におこなわれたとメンバーが感じることは、どのくらい重要なのか？　学生や受講生は、どのような基準でチームわけがなされたかに強い関心をいだく。チームわけは、無作為におこなわれたのか？　成績が基準になったのか？　精巧なアルゴリズムが用いられたのか？　学生や受講生がこの点を気にするのには、いくつかの理由がある。明白な理由の1つは、チームの成果によって個人の成績が決まる場合があるという点だ。しかし、理由はそれだけではない。学生や受講生は、チームにおける自分の位置づけや役割を知るための手がかりが欲しいと思ってもいる。公正さを重んじる気持ちも強い。多くの研究から明らかなように、人は公正なプロセスを経ていると思えば、自分にとって好ましくない結果でも受け入れる場合が多い。

では、どのような方法なら公正だと考えられるのか？　無作為方式なら誰も文句はないだろうと思うかもしれないが、多くの場合、それは最も支持される方法ではない。チューリヒ大学のブルーノ・フライらの研究によると、最も支持されるのは、たいてい先着順などの従来型の方法だという。また意外なことに、私の学生たちは、自分たちでチームを決めるより、私が決めるほうを好むことが多い。[*17]

差別の連鎖を断ち切る手段

公正性の面で議論の対象になっている手法の1つに、第10章で取り上げたクオータ制がある。インドの農村やノルウェー企業の取締役会では、この仕組みにより、有効なロールモデル（お手本となる人物）をつくり出せた。しかし、ヨハンナ・モラーストロームがボストンでおこなったラボ実験によれば、人々はクオータ制を公正と感じない。チームのメンバーが無作為にではなく、クオータ制によって決められた場合、人々はほかのメンバーと協力することに消極的になるという。オーストラリアでおこなわれた実験では、クオータ制でメンバーが選ばれたチームは、メンバー同士が互いに足の引っ張り合いまでした。

クオータ制は、期待されている効果を発揮できない場合もある。スペインでは2007年に、いずれの性別も選挙の候補者に占める割合が40％を下回らないよう求める法律が制定された。しかし、実際の数字は40％に届かないままだ。女性たちは、政党の候補者として選ばれた場合も、つねに好結果を得られるわけではない。ある研究によると、政党の執行部は女性候補を不利に扱っている。ある年の上院議員選では、政党が勝算のある選挙区を女性候補に割り振った割合は20％だけ。逆に、勝ち目の乏しい選挙区の53%が女性に与えられていた。2000年以降、政党の候補者を男女同数にすることを求めているフランスでも、同様のことが起きている。*18

クオータ制の利点と弊害についてどのように考えるかは、その人がもっている基本認識によって決まる面が大きい。ある職にふさわしい資質をもった女性の数が少なすぎる——前述の「パイプライン問題」が存在するという考え方だ——と思っていたり、女性枠を設ければチームが機能する妨げになると思っていたりする人は、クオータ制がチームの成績を悪化させると心配する。それに対し、ステレオタイプのせいで有能な女性の抜擢が妨げられていると考える人は、クオータ制の効果に楽観的な考え方をいだく。

どちらの考え方が正しいかは、ケースバイケースで異なる。なかには、実際にパイプライン問題が切実な分野もある。STEM（科学、テクノロジー、工学、数学）の分野で女性の割合が少ない状況について調べた研究によれば、アメリカでは工学分野の学士号取得者および博士号取得者のうち、女性が占める割合は約20%にすぎない。この状況では女性エンジニアの絶対数が少なく、クオータ制（たとえば、連邦政府の資金で実施されるプロジェクトでは、エンジニアの最低40%を女性とするなど）を導入することには無理があるかもしれない。

しかし、こうしたことだけを理由にクオータ制全般を否定するのはきわめて不適切だ。ムリエル・ニーデルレ、カーミット・シーガル、リーゼ・ヴェステロンがアメリカでおこなったエレガントな実験は、クオータ制を導入すると、優秀な女性が競争に参加するケースが増えることを明らかにした（その後、同様の実験はほかの多くの国でもおこなわれている）。能力があるのに、自信不足や自己ステレオタイプに邪魔されて遠慮していた女性たちが、競争に加わるようになったのである。潜在的な候補になりうる女性は十分にいた。前に踏み出す勇気をもてないだけだったのだ。[*19]

アファーマティブ・アクション（積極的差別是正措置）をめぐる議論では、十分な資質をもった女性や有色人種の候補者が不足しているのではないかとしばしば主張されてきた。しかし、そうしたパイプライン問題は、言われているほど深刻なものではない。アメリカでは、連邦政府と商取引をおこなう企業にアファーマティブ・アクションの採用が求められている。それが企業業績に及ぼす悪影響を恐れる人は多いが、実際に悪影響が生じたというデータはない。十分な資質をもった女性は大勢いたが、それまでは差別により締め出されていただけだった。企業はそうした人材を見つけて採用するようになったのだ。では、企業はどうやってそのような人材を確保しているのか？

この点を明らかにするために、アメリカの4つの大都市（アトランタ、ボストン、デトロイト、ロサンゼルス）の企業を調査した研究がある。その調査に対する回答によると、アファーマティブ・アクションを義務づけられた企業は、採用活動の幅を広げ、それまでは対象にしなかったような場所や人物にも目を向けるようになった。その結果、以前より多様な人たちのなかから人材を選べるようになったのだ。連邦政府と商取引をしている企業はそうでない企業に比べて、対象期間中に女性社員の割合が大きく上昇した。もっとも、マサチューセッツ大学アマースト校のフィダン・アナ・カートゥルスが1973〜2003年の30年間のデータを分析したところ、アファーマティブ・アクションの最大の受益者は、男女を問わず、アフリカ系アメリカ人とアメリカ先住民の人たちだという。[*20]

それでも、パイプライン問題を懸念する声は一向になくならない。企業がアファーマティブ・アクションやクオータ制のノルマを達成するために、人材の質で妥協して採用するとすれば、誰の得にもならない。なにより、差別されている集団に対するマイナスのステレオタイプを強める恐れがある。さまざまな研究によると、この種の制度により採用された人たちは、周囲から色眼鏡で見られ、本人も恥辱感をいだきがちだ。その点、採用選考の過程で能力本位の評価が大きな比重をもつようにすれば、そうしたマイナスのステレオタイプを和らげることができる。具体的に言うと、採用プロセスを2段階にし、まず能力本位の選考で候補者をふるいにかけ、そのうえで特定の属性の人を優遇すればいいだろう。[*21]

近年は、パイプライン問題を懸念するよりも、クオータ制の有効性を信じる考え方が広がっている。クオータ制を導入すれば、能力があるのに活躍の機会を十分に得られずにいた人たちを引き上げられると考える人が増えているのだ。今日、政治の分野でなんらかのクオータ制を設けている国は、世界の半分以上に達する。選挙で政党の候補者の一定割合を女性枠としたり（法律で義務づけている国もあるし、政党が自発的におこなっている国もある）、議席の一定割合を女性に割り当てたりしている。

こうした動きの背景には、差別の連鎖を断ち切りたいなら、差別されてきた人たちのために機会を確保する措置が不可欠だという認識もあるのだろう。「女性はリーダーに適さない」という固定観念があれば、女性たちはリーダーシップのスキル習得に時間とお金をかけず、リーダーシップを担う機会もあまり追求しなくなる。仮にステレオタイプを打破してリーダーになろうとする女性が登場したとしても、多くの場合はリーダーに選ばれない。そのため、女性リーダーが増えず、その結果として「女性はリーダーに適さない」という思い込みが解消されないまま残る。クオータ制は、このような連鎖を断ち切ることができる。この制度は、資質不足の人物を優遇するのではなく、資質のある候補者の母集団を拡大させる機能をもっているのだ。

取締役会の多様性と企業業績の関係

第10章で述べたように、ノルウェーは2003年、株式公開企業および国有企業に対して、取締役会で男女のいずれも40%を下回らないよう義務づける法律を制定した。その後、ベルギー、フランス、ドイツ、アイスランド、イタリア、オランダ、スペインでも同様の法律がつくられた。本書執筆時点で、ブラジル、カナダ、フィリピン、スコットランド、南アフリカ、アラブ首長国連邦（UAE）、欧州連合（EU）でも、取締役会の構成に関してクオータ制などの数値基準の導入が検討されている。ドイツのアンゲラ・メルケル首相は2014年、それまでの主張を翻し、大企業に対して30%のクオータ制を義務づける案を支持すると表明した。その際、メルケルは連邦議会でこう述べた。「女性のスキルを活用しないという贅沢はできない」[*22]

しかし、この選択は正しかったのか？　取締役会で女性の割合が上昇すれば、企業の業績に好影響が及ぶという証拠はあるのか？　いま手に入るデータから判断するかぎり、そうだとも、そうでないとも断定しにくい。取締役会の多様性と企業業績の間に因果関係があると立証した研究は、まだ存在しない。取締役の人選を無作為におこなったり、ある取締役会がどの企業を経営するかを無作為に決めたりはしていないので、因果関係が明らかにならないのだ。仮に取締役会の多様性と企業業績の間に関連性を見いだせたとしても、取締役会の多様性が業績を押し上げたのか、業績が良好だと取締役会の多様性が高まるのかはわからない。

因果関係の有無はともかく、取締役会の多様性と企業業績の間に関連性があるかという点については、多くの研究がなされている。しかし、スタンフォード大学のデボラ・ロードとアマンダ・パッケルのまとめによれば、これまでの研究結果はこの点に関して結論が一致していない。

女性取締役の割合と企業業績の間に正の相関関係を見いだしている研究は多い。クレディ・スイス・リサーチ・インスティテュートが2005～11年に世界の2300社以上を調べたところ、ジェンダーの平等が企業業績に大きな好影響をもたらすとわかった。しかし、そうした好影響が見て取れるようになったのは、2008年の世界金融危機以降だった。多様性の効果は、企業が逆境に置かれているときにとりわけ威力を発揮するのだろうか？

ミリアム・シュワルツ＝ジヴがイスラエル企業を調べた研究によると、重要なのは閾値を超えることだ。少なくとも3人以上の女性取締役がいる企業は、そうでない企業より自己資本利益率（ROE）と純利益率が高いことが明らかになっている。その一方で、ジェンダーの多様性と企業業績の間に相関関係を見いだしていない研究や、負の相関関係を見いだしている研究もある。

このように研究結果がまちまちの状況では、140件の研究結果を集約した分析が参考になるかもしれない。それによると、取締役会の女性比率と利益率（会計上の利益率）の間には、おおむね緩やかな正の相関関係がある。一方、取締役会の多様性と株価の関係については、ジェンダーの平等性が高い国（世界経済フォーラムの「グローバル・ジェンダー・ギャップ指数」で判断）では正の相関関係があったが、平等性が低い国では負の相関関係があった。投資家が企業の業績をどのように予測するかは、その国で共有されているジェンダーの規範に左右される面があるのかもしれない。取締役会のジェンダーの多様性は、ジェンダーの平等性が高い国では好材料、ジェンダーの平等性が低い国では悪材料とみなされたのだ。参考までに述べておくと、取締役会について一般に関心をもたれる要素はどれも、企業業績との関連を裏づける実証的なデータがほとんどない。この点は、取締役の人数、社外取締役の人数、取締役たちが費やす時間や労力の量、取締役の損失補償契約の内容、取締役の義務、ＣＥＯが取締役会の会長を兼務しているか否かのすべてに言えることだ。[*23]

これらの研究では、それぞれの企業で取締役会の多様性がどのようにして実現したかは考慮されていない。それに、クオータ制は導入されはじめたのが比較的最近なので、企業業績に及ぼす影響についてはほとんど明らかになっていない。唯一の研究は、ノルウェー企業に関するものだ。それによると、クオータ制の導入は、短期的には利益と企業価値の両方に悪影響を及ぼす。クオータ制導入後のノルウェー企業の利益を同時期のほかの北欧企業と比較したところ、クオータ制が導入された企業は、人件費支出が多い傾向があったのだ。これは、社員の給料が引き上げられた結果というより、人員削減があまり実行されなかったことの結果だった。研究によれば、女性取締役は男性取締役に比べて、社員を大切にする可能性があるという。そのため、クオータ制のもとで女性取締役が増えたノルウェー企業は、２００８年の金融危機を機にほかの国の企業が人員整理をおこなった時期に、相対的に業績が悪化したのだろうか？

ここでどのような因果関係が作用したかはわからない。これらの企業で起きたことを再現するのは不可能だからだ。関係する要素があまりに多い。ノルウェー企業で起きたことは、女性取締役たちがくだした決定の結果だった可能性もあるし、女性取締役の存在が男性取締役たちの意見に作用した結果だった可能性もある。クオータ制の導入（もしくは取締役会の多様性の拡大）が経営陣の行動に悪影響を及ぼした可能性も排除できないし、取締役会の男女構成は業績にほとんど影響を及ぼさなかった可能性も考えられる。もしかすると、取締役会というチームが新しく形成されたばかりだったことが、業績の悪化をもたらしたのかもしれない。チームは、時間を経るにつれてうまく機能しはじめるものだからだ。多様性のあるチームは、とくにその傾向が強い。リチャード・ハックマンの研究によると、航空機の「インシデント（危機になりうる事態）」の発生は、クルーが一緒に飛行してきた時間の長さに強い関連がある。インシデントの73％は、クルーがはじめて一緒に飛ぶときに起きていた。[*24]

行動デザインの原則を生かす

クオータ制は人々の行動に介入するものではないが、行動の経路を変えることにより、人々に影響を及ぼす。この制度を導入するかどうかは、政治的判断の問題だ。恩恵と代償を比較衡量して決めればいい。クオータ制の利点は、ある地位に就く女性の割合を一挙に変えられることだ。漸進的なアプローチを採用する場合と異なり、ステレオタイプによる抵抗を受けつつ、痛みを味わいながら新しいやり方を浸透させていく手間が省ける。そうしたことにエネルギーが割かれれば、チームが成果を上げる妨げになりかねない。クオータ制に対しては逆差別という批判がついて回るが、その懸念に対処するためには、前述したように採用プロセスを2段階にするのがいいだろう。まず能力本位で（できれば候補者の素性を隠して）選抜をおこない、そのうえで特定の属性の人たちを優先的に採用すればいい。

チームの構成を軽く考えてはならない。チームを適切に構成するのは簡単ではないが、行動デザインの原則がヒントを与えてくれる。最も重要なのは、少数派の割合と人数を「閾値」より大きくすることだ。男女混合のチームをつくるときは、男女いずれも最低3人以上、割合にして3分の1以上を占めるようにすべきだ。女性の割合が20％に満たない職場グループでは、女性は男性に比べて低い評価を受けることが多い。女性の割合が増えるほど、女性の成績に対する評価は高まっていく。チームメンバーの成績を評価するときは、この点も考慮しよう。

採用選考時の最終候補者リストに多様な人材を含めるアプローチが好評だが、これも問題がないわけではない。幹部人材紹介会社は、最終候補者リストに女性を最低1人は加えると約束する場合がある。しかし、1人だけでは期待されたような効果を得られず、むしろ逆効果になる可能性がある。複数の女性を加えられないのなら、1人も加えないほうがいい。少数派の人がチーム内でトークンのように位置づけられる状況は、誰にとっても好ましくない。*25

最後にもう一点。チームをつくるときは、有効性が実証されている基本原則に従うべきだ。たとえば、人数を多くしすぎることは避けたほうがいい。いくつかの研究によれば、理想は、ものの考え方に多様性があり、しかし価値観はおおむね共有できている4～6人のメンバーを集めたチームだとされている。

また、集団思考に陥らないことも重要だ。人は、自分が最初にいだいた考えを裏づけるような情報を好む。その種の情報に触れると、確信ばかりが強まる。実際には、認識の正確性が高まったわけではないのに、である。このような落とし穴を避けるために、自分の考えを揺さぶるような情報にも目を向けること、そして、多様な人材の貢献を引き出し、多様な意見に耳を傾ける仕組みをつくることを心がけるべきだ。[*26]

ジェンダー平等のためのデザイン――集団的知性が花開く環境をつくる

- さまざまな視点と専門性の持ち主が互いに補完し合えるように、突出した能力はもっていなくても多様なメンバーを集める。
- 少数派のメンバーを「トークン」（目につきやすい象徴的存在）にしないように、少数派のメンバーが「閾値」以上の人数になるようにする。
- 多様な考え方が尊重され、誰もがチームに貢献できるように、全員の主張を反映できるプロセスをつくる。全会一致ルールを設けてもいいし、ポリティカル・コレクトネス（差別や偏見を排除した言葉や表現の使用を求める考え方）のルールを定めてもいい。

第12章 規範を確立する

みんなが納税していると、納税したくなる

2011年、イギリスの「行動インサイトチーム」（通称ナッジ・ユニット）は、税金の督促状を10万通以上送付した。同チームは、行動科学の知見（インサイト）を生かして政府の活動を改善することを目指し、この前年にイギリス首相官邸に設置された。10万人全員が基本的に同じ内容の督促状を受け取ったが、1つの短い段落だけ、何通りかの文面を用意した。第一のパターンは、「10人中9人は、期限どおりに納税しています」という文面。第二のパターンは、これを微修正し、「イギリスの10人中9人は、期限どおりに納税しています」という文面。第三のパターンは、「イギリスの10人中9人は、期限どおりに納税しています。あな

たは数少ない未納者の1人です」という文面だった。ほかに、この段落自体が存在しないパターン、納税は公共サービスを確保するために重要だと記されたパターンの督促状を受け取った人たちもいた。

最も効果があったのは、第三のパターンだった。1カ月足らずで300万ドル相当を上回る税収を生み出せたのだ。行動インサイトチームはこの結果に興味をいだき、さらに実験を重ねた。すると、どの実験でも効果が最も大きかったのは、ほかの人たちの行動を知らせ、読み手が少数派だと指摘する文面だった。

そのような情報を伝えたときに起きること、それは社会規範の確立だ。人は一般に、多数派と同じ行動を取りたがる。この点は、数々のフィールド実験によっても裏づけられている。旧来の経済理論とは異なり、人はほかの誰も投票していないとき、選挙で投票したいと思わない。合理的に考えれば、投票率が低ければ自分の1票の重みが増すので、投票への意欲が強まるはずだ。しかし、実際はそうならない。多数派の行動を模倣して、投票率が高いときに投票し、投票率が低いときには投票に行かない人が多いのだ。選挙だけではない。人は、省エネ、公共放送局への寄付、リサイクルも、ほとんどの人がやっていると言われた場合に実践する確率が高まる。人は一定の条件が満たされたときに協力的な行動を取る性質があり、みんながやっていると言われると、社会貢献に前向きになる。[*1]

人は、過去にほとんどの人が誘いに応じたと知らされると、就職の誘いに応じやすくなる傾向もある。非営利団体のティーチ・フォー・アメリカは、一流大学を卒業したばかりの人たちを貧困地区の学校に講師として派遣している。同団体はあるとき、講師候補に選ばれた何千人もの学生たちに参加意思を確認するための手紙を送付した際、フィールド実験をおこなった。その手紙に前年の参加率として高い数字を記すと、学生の参加表明率が高かった。しかも、参加表明した学生たちは、実際にプログラムに参加し、半年後も講師を続けている確率が高かった。

ほかの多くの人がどのような行動を取っているかを知らせることにより、自分もその行動を取るべきだと思わせることができるらしい。「こうなっている」が「こうあるべき」になるのだ。この現象は、「群衆行動」と呼ばれている。人は他人の行動を見て、どのような行動が普通、適切、有益かを判断し、その行動を取るのである。

この現象を浮き彫りにした初期の研究に、駐車場での実験がある。駐車場に停車してある自動車のフロントガラスの上にチラシを置いておき、その場でポイ捨てする人と、持ち帰ったり、ゴミ箱に捨てたりする人の割合を調べた実験だ。お察しのとおり、駐車場に多くのチラシが散らかっていると、自分もチラシをその場に捨てる人が多かった。この研究をおこなった研究者の1人であるロバート・チャルディーニはさらに、さまざまな局面で規範がどのような影響をもつかを調べた。チャルディーニの研究によれば、気がかりなことに、ほかの人たちが悪い行動を取っていると知ると、自分も悪い行動を取る人が増えることがわかっている。ある実験では、アリゾナ州のペトリファイド・フォレスト国立公園で多くの人が樹木の化石の一種、珪化木（ペトリファイド・ウッド）を盗んでいることを指摘した標識を設置すると、珪化木を持ち帰る観光客が多くなったという。*2

イギリスが女性取締役を増やした方法

私は2013年春、ヴィンス・ケーブル大臣率いる英国ビジネス・イノベーション・技能省を訪れ、以上の知見を紹介した。同省は当時、クオータ制に頼らずにイギリス企業の取締役会の女性比率を高めることを目指していた。行動インサイトチームの取り組みに刺激を受け、同チームの発見をジェンダーの問題に応用したいと考えていたのだ。しかも急いでいた。イギリス企業が「デーヴィス報告書」で課された目標を達成できるように支援したかったからだ。

2011年2月、マーヴィン・デーヴィス（デーヴィス・アバソック卿）率いる独立委員会が企業の女性取締役数の調査結果をもとに報告書をまとめ、勧告をおこなった。その内容は、イギリスを代表する株価指数FTSE100の構成企業100社に対して、2015年までに女性取締役の割合を25%以上に高めることを求めるものだった。デーヴィス卿はこう述べた。「この25年間、フルタイムの職に就く女性の数が約1・3倍に増えたほか、柔軟な勤務形態の拡大や同一賃金法の制定など、職場におけるジェンダーの平等に向けて多くの前進がありました。とはいえ、まだ不十分な点がたくさん残っています。現在、FTSE100の構成企業のうち18社には、女性取締役がまったくおらず、FTSE250の構成企業の半分近くにも、女性取締役が1人もいません。本格的な変化を起こそうと思えば、ビジネス界のものの考え方を根本から変えなくてはなりません」

このとき、内務大臣と女性・平等担当大臣を兼ねていたテリーザ・メイ（のちに首相に就任）も、こう述べている。「女性は人口の半分以上を占めているにもかかわらず、FTSE100構成企業の取締役に占める割合は12・5%にすぎません。デーヴィス卿の報告書は、その原因と対策を知るための重要な一歩になるでしょう。報告書の内容をしっかり検討したいと思います[*3]」

報告書の表紙に描かれたイラスト（図12－1参照）は、この状況を視覚的に表現していた。しかし、このようなメッセージは賢明なのだろうか？　行動インサイトチームのリーダー、デーヴィッド・ハルパーンがほかの分野における規範の影響力について調べた研究結果を見るかぎり、賢いやり方とは思えない。女性取締役が圧倒的な少数派であることを強調すれば、その状況が当たり前だというイメージが生まれる。その結果、人々がその状況を規範とみなして従うようになり、データにあらわれた現実が持続してしまう恐れがあるのだ。

なにしろ、ジェンダーの問題ではただでさえ、ゴミのポイ捨てや選挙の投票や税の納付よりはるかに強い固定観念が根を張っている。経済学者のニコール・フォルタンはこの点に関して、1990年、95年、99年の「世界価値観調査」の結果を分析している。その研究によれば、経済協力開発機構（OECD）の25カ国のデータを見ると、「雇用が不足しているときは女性よりも男性を優遇して職に就けるべきだ」という主張に賛同する人が過半数を占める国では、職に就いている女性の割合が小さいという。多くの国では、男性が稼ぎ手の役割を担い、女性が家を守るという発想がいまだに根強い[*4]。

私はビジネス・イノベーション・技能省に、これまでのメッセージ伝達方法の有効性を検証するためにフィールド実験をおこなうよう提案した。もしかすると、実験すれば、そのやり方で問題が

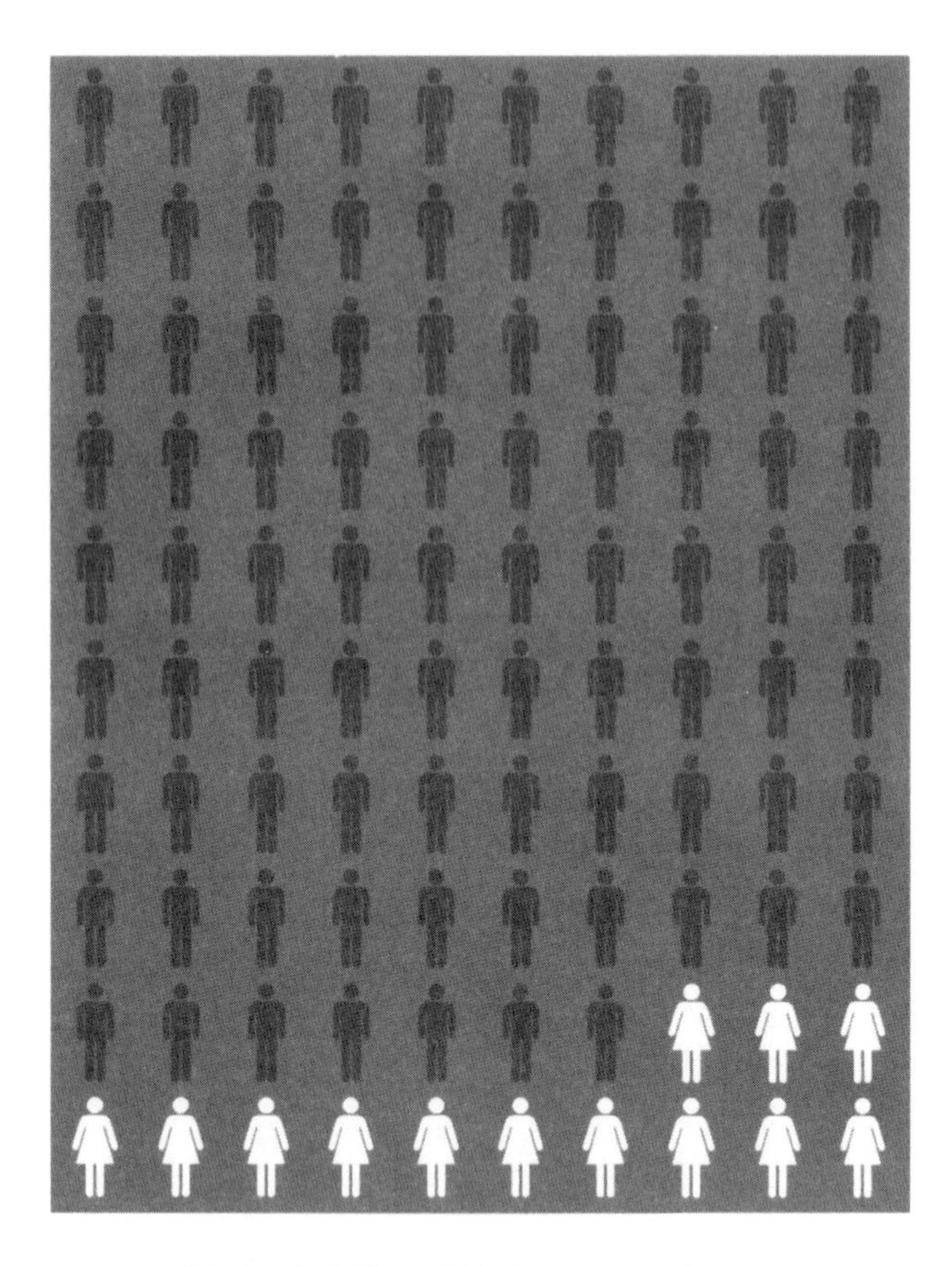

［図12-１］企業の取締役会における女性の割合

なかったと確認できるかもしれない。ジェンダーの分野では他の分野ほど規範の影響力が強くないのなら、女性リーダーがきわめて少ない現状を強調しても、女性リーダーを増やす妨げにはならないだろう。

しかし、実験することにより有益な教訓を得られる可能性もある。たとえば、女性取締役の少なさを強調せず、男女両方の取締役がいる企業の多さを強調するメッセージを打ち出したら、どうだろう？ 私はそのようなメッセージの実例を見せるために、ハーバード大学ケネディ行政大学院の「女性と公共政策プログラム」のケリー・コンリーが作成したイラスト（図12－2参照）を持参した。

結局、ビジネス・イノベーション・技能省は実験をおこなわなかった。ほかの課題が優先されて、私の提案は脇に押しやられてしまったのだ。それでも、２０１３年の大臣の発言には変化が見られた。大臣は、女性取締役の割合が小さいことを強調せず、「ＦＴＳＥ１００構成企業の94％、ＦＴＳＥ３５０構成企業の３分の２以上に女性取締役がいます」と述べたのだ。[*5]

２０１５年末までに、ＦＴＳＥ１００構成企業の女性取締役の割合は、目標の25％を上回るようになった。女性取締役を増やそうとする取り組みは成功したのか？ おおむね成功だったと言っていい。小さな留保を忘れずにこの成果を熱烈に称えるのが、最も適切な反応だろう。まず、目覚ましい成果が得られたことは間違いない。ほとんど進歩のない日々が何年も続いたのちに、イギリスは女性取締役の割合を2倍以上に高めることに成功したのだ。しかも強制措置なしに、である。その過程では、政府、産業界、ＮＧＯなどが多くの努力を払った。ＦＴＳＥ１００構成企業の女性取締役比率を30％まで高めることを目指すＮＧＯ「30％クラブ」などの精力的な活動も目立った。[*6]

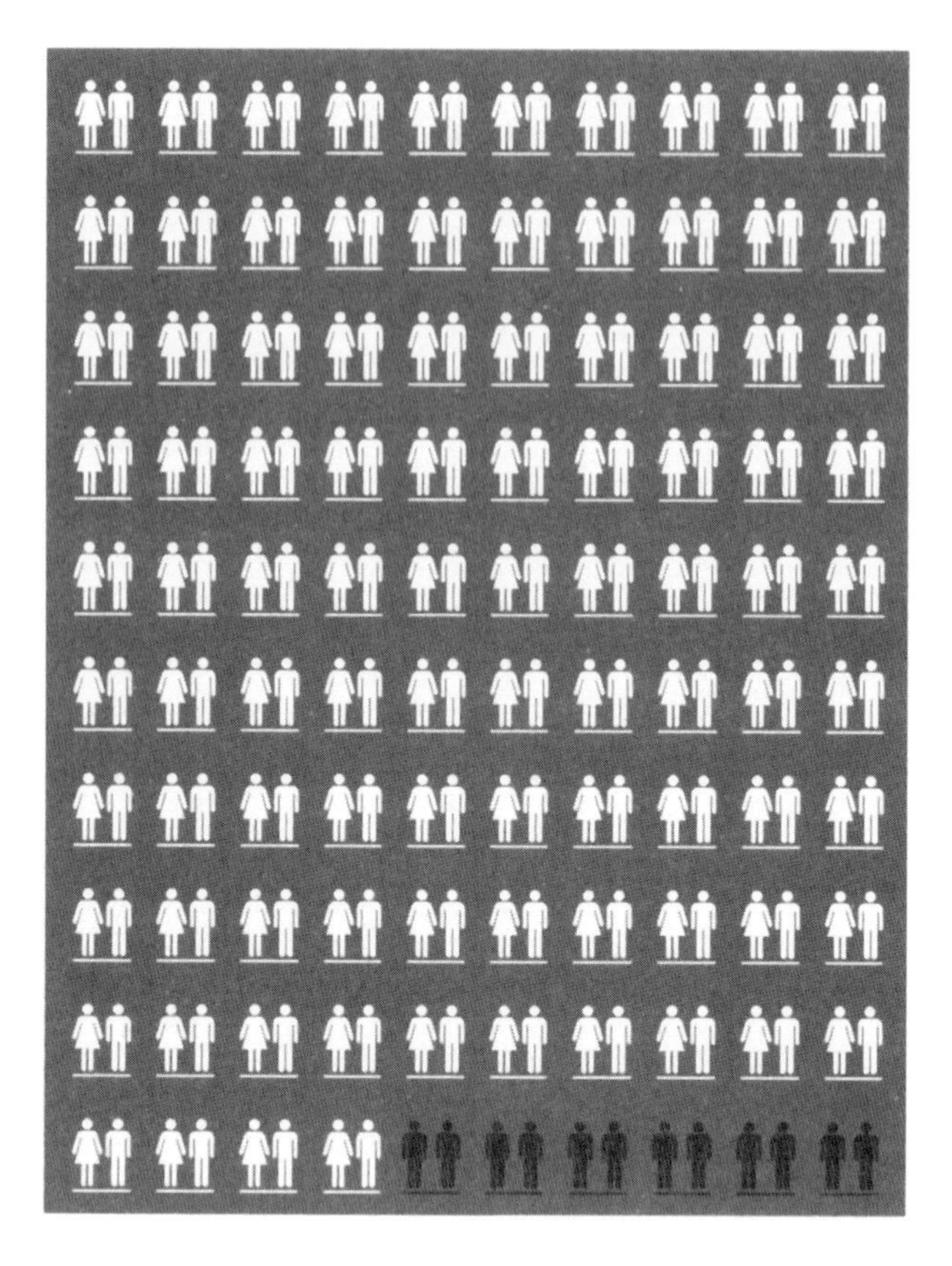

［図12-2］取締役会に男女両方が名を連ねている企業の割合

留保が必要なのは、この成果からどのような教訓を引き出すべきかという点だ。ビジネス・イノベーション・技能省は比較試験をおこなっておらず、メッセージの発し方を変更したことの効果は明らかでない。イギリスの成果は、新しい規範を表現したメッセージ——取締役会に男女両方がいるのが当たり前になったというメッセージ——を打ち出したことの賜物という面が大きかったのか？　それとも、ほかの措置の効果が大きかったのか？　この点は断定できない。

男性と女性のゼロサムゲーム

効果の有無を断定することは不可能にせよ、私と共同研究者たちはこの問題になんらかの学術的な回答を示したいと考えた。ただし、フィールド実験はできなかったので、ラボ実験をおこなった。すると、ショッキングな結果が得られた。実験では、まず第一陣の被験者に「雇用主」の役割を与え、数学の課題に取り組むチームと、言語の課題に取り組むチームを採用させた（チームの人数は5人）。数学と言語を課題のテーマに選んだのは、規範を示すことにより、ステレオタイプに沿った行動を是正できるのかを調べるためだ。ステレオタイプのもとでは、数学は男性、言語は女性と結びつけて考えられる場合が多い。私たちは、この第一陣の被験者たちが取った行動を第二陣の被験者（やはり雇用主の役割を与えた）の一部に教えた。第一陣の行動に、第二陣に対する規範としての役割をもたせようと考えたのだ。

第二陣の男性被験者たちは、第一陣の選択を知らされない場合、若干ステレオタイプどおりに判断する傾向が見られた。60％の人は、数学の課題を男性多数のチームに、言語の課題を女性多数のチームに取り組ませたのだ。女性被験者たちの場合、そのような選択をした人は約50％だった。それに対し、第一陣の被験者の大半が両方の課題で女性多数のチームをつくったと伝えた場合は、なんと、第二陣の男性被験者たちが選ぶ女性メンバーの割合が減ってしまった。どちらの課題でも、約70％が男性多数のチームに任せたのだ。規範を示すことで行動に影響を及ぼそうとしたことが裏目に出た形だ。第一陣の大半が男性多数のチームに任せたと伝えた場合は、第二陣の男性被験者たちの選択にほとんど影響が見られなかった。では、第二陣の女性被験者たちはどのような選択をしたのか？　女性たちは、示された情報に関係なく、平均して男女を半々ずつ選ぶ傾向があった。[*7]

女性の起用を増やすことに男性たちが抵抗するのは、珍しいことではない。この問題は、一方の利益が他方の損失を意味する「ゼロサムゲーム」の状況にある。チームの定員を増やさないかぎり、チームで片方の性別の割合を増やせば、もう片方の性別の割合は減らざるをえないからだ。

ドイツの通信企業ドイツテレコムはほかの多くの企業に先駆けて、中級管理職と上級管理職にジェンダーのクオータ制を導入した。これは、ドイツを代表する株価指数ＤＡＸ30の構成企業としては初の試みだった。同社は２０１０年3月15日、２０１５年末までに中級管理職と上級管理職の30％以上を女性にするという目標を打ち出した。ジェンダーの多様性に関して目標を設定した企業の多くがそうだったように、同社でも男性社員はこれを歓迎しなかった。役職ポストのパイが目の前で削られていくように感じたからだ。ドイツのメディアは、「男性差別」「男女の戦い」といった言葉を使ってこのニュースを報じ、「男性の居場所はどこに？」と問いかけた。[*8]

「規範起業家」の役割

男性たちは、ラボ実験でも、企業のオフィスや取締役会でも、女性を優遇する措置に対して抵抗を示す。エアロン・ディアの２０１５年の著書『取締役会の同質性に挑む』（未邦訳）が指摘しているように、ジェンダーの多様性を好ましいものとする規範は、理屈としては受け入れられていても、ほとんどの企業では実態が追いついていない。それでもディアは、イギリスの状況は比較的楽観している。法律で縛らずに女性取締役の割合を増やしたイギリス政府は、キャス・サンスティーンが１９９６年の著作で使った言葉を借りれば、「規範起業家」の役割を果たせているように見えるからだ。

規範起業家は、人々が潜在的にいだいている善悪の観念を土台に——それが抽象的にしか意識されておらず、実際の行動の指針になっていない場合もあるだろうが——新しい規範を形づくっていく。ディアによれば、アメリカはダイバーシティに関して新しい規範をつくりやすい条件が整っているという。たとえば、多くのアメリカ企業が２００３年の「グラッター対ボリンジャー判決」を支持している。連邦最高裁判所は同判決で、ミシガン大学ロースクールのアファーマティブ・アクション（積極的差別是正措置）を合憲と判断した。多くの企業はこの裁判で意見書を提出し、多様性が増すグローバル市場でアメリカの産業界が競争していくためには、企業が多様な人材にアクセスできることが必要だと主張した。数年後、これらの企業の多くは、「フィッシャー対テキサス大学オースティン校判決」でも同様の趣旨の意見書を提出し、ダイバーシティの重要性はいっそう高まっていると訴えた。[*9]

規範起業家は、組織が多様性を抽象的な原則として信奉するだけでなく、実際にその精神に従って行動するよう促す。その際、ほかの人たちが取っている行動を知らせることによって規範をリセットするためには、人々が状況をゼロサムゲームとみなしていないほうが成功しやすいようだ。そこで、組織はパイを大きくする方法を見いだす必要がある。たとえば、執行委員会や取締役会の定員を増やしてもいいだろう。これは、多くのノルウェー企業が女性取締役を40％以上にするよう義務づけられたときに用いた方法だ。

よく知られているように、パイの大きさが変わらないものと考える「パイ不変心理」は、創造的な問題解決を妨げる要因になる。人々が新規参入者をことごとく脅威とみなしていれば、男女を問わず新規参入者は歓迎されない。実際、ニコール・フォルタンの研究によれば、男性が競争に肯定的な国ほど、職に就く女性の割合が高い。[*10]

しかし、パイを増やせる場合ばかりではない。誰かが選ばれれば、ほかの誰かが脱落するという状況は、どうしても出てくる。トップの座に就くために順番を待っていた男性たちは、新たに女性のライバルが登場すればうれしくない。このような反応は意外でもないし、目新しくもない。既存のやり方や規範の恩恵を受けている人は概して、新規参入の障壁が引き下げられることを歓迎しないものだ。

独占企業やカルテルを組んでいる企業はたいてい、その状態をあっさり手放したりはしない。そうした反発を無視すると、悪い結果がもたらされる場合もある。この点は、いわゆる「外集団脅威」に関する研究によっても明らかだ。バングラデシュとインドのデータによれば、女性の経済的自立が強まると、女性に対するドメスティック・バイオレンス（ＤＶ）が増えるケースまである。規範を変えようとするときは、変革の恩恵に浴する人と割を食う人の両方に慎重に配慮することが現実的な姿勢だ。[*11]

わが家のエネルギー消費量が近隣世帯より少ない理由

現実的なアプローチの1つに、人が自分を他人と比較せずにいられない性質を利用する方法がある。要するに、他人と競わせるのだ。エネルギー使用データの解析を手がけるアメリカ企業オーパワー社の例が参考になる。実は、私も同社のサービスの恩恵を受けている1人だ。オーパワーは、わが家で利用しているガス・電力会社ナショナル・グリッドを通じて、世帯ごとに「家庭エネルギー・レポート」を送ってくる（図12－3参照）。このレポートには、それぞれの世帯のエネルギー消費量が近隣の利用者と比較して示されている。

それによると、わが家は現在、近隣世帯の平均より省エネを実践できている。しかし、最初からそうだったわけではない。はじめてレポートを受け取ったときは、最も成績の悪いグループに分類されていた。これではまずいと考えた私たちは、屋根を断熱化し、太陽光発電の設備も導入したほか、オーパワーの「省エネアドバイス」に従い、夏のエアコンの設定温度を少し上げ、冬はセーターを着て体を温めるようにした。きわめてシンプルな省エネ法を実践しただけだったが、わが家のエネルギー使用量は大幅に減り、料金も節約できた。本書執筆時点で、アメリカのエネルギー供給会社70社がオーパワーのプログラムを導入しており、800万以上の世帯がその対象になっている。私は講演で規範の力を説明するとき、オーパワーの例を紹介することが多い。すると、聴衆のなかにかならず、同社のサービスを受けている人がいる。

実は、私たちのような世帯は実験の「被験者」だ。オーパワーは、レポートを受け取る世帯（介入グループ）と受け取らない世帯（比較グループ）を比較する形で多くのフィールド実験をおこなっているのだ。それによれば、平均すると、同社の取り組みは長期的にも大きな効果を上げている。レポートを繰り返し送付した世帯では、プログラム終了後もエネルギー使用量が低い水準に保たれるのだ。[*12]

しかし、行動科学の知見を実地に試す場合にはほぼ避けられないことだが、オーパワーの取り組みがすべての世帯に等しく効果を発揮するわけではない。一部の研究によると、保守的な考え方をもつ家庭では反発を買い、むしろエネルギー使用量が増える場合もあるという。また、思わぬ逆効果が生まれるケースもある。自分たちが平均より省エネを実践できていると知ると、エネルギー使用量が増えてしまう家庭があるのだ。この現象は、第2章で取り上げた「免罪符効果（モラル・ライセンシング）」を思い出させる。好ましい行動を取った（あるいは、そのような行動を取ったと思っている）人は、そのあと悪い行動を取ることが許されると思いやすいのだ。わが家もその落とし穴にはまった。そこで、家族の誰よりも省エネに熱心な夫は、家族全員にクギを刺すようになった。

昨冬の比較｜あなたは、近隣の省エネ世帯に比べて、天然ガスの使用量を36%抑えました。
あなたの昨冬の使用量（12月13日〜3月14日）

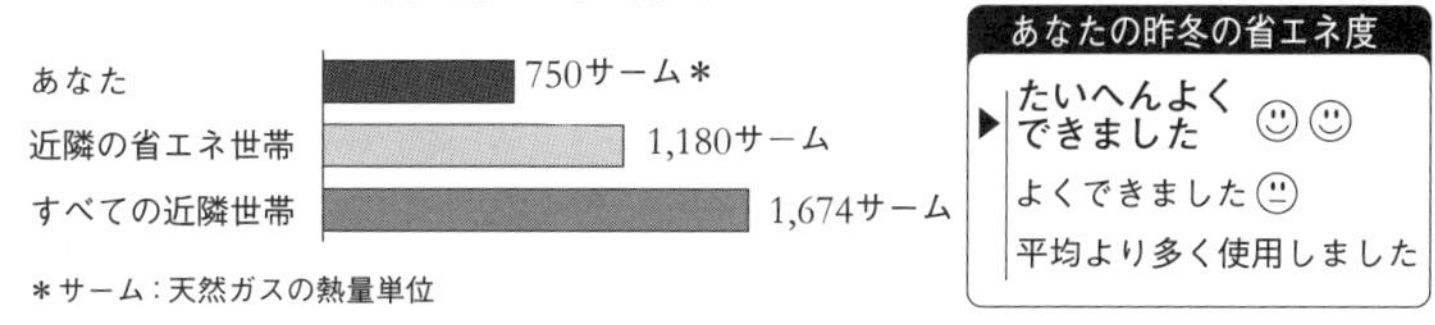

＊サーム：天然ガスの熱量単位

近隣世帯とは？

すべての近隣世帯　お宅と同程度の広さ（平均4,871平方フィート）の居住中の住宅約100軒

近隣の省エネ世帯　「すべての近隣世帯」のうち、省エネを徹底している上位20%の世帯

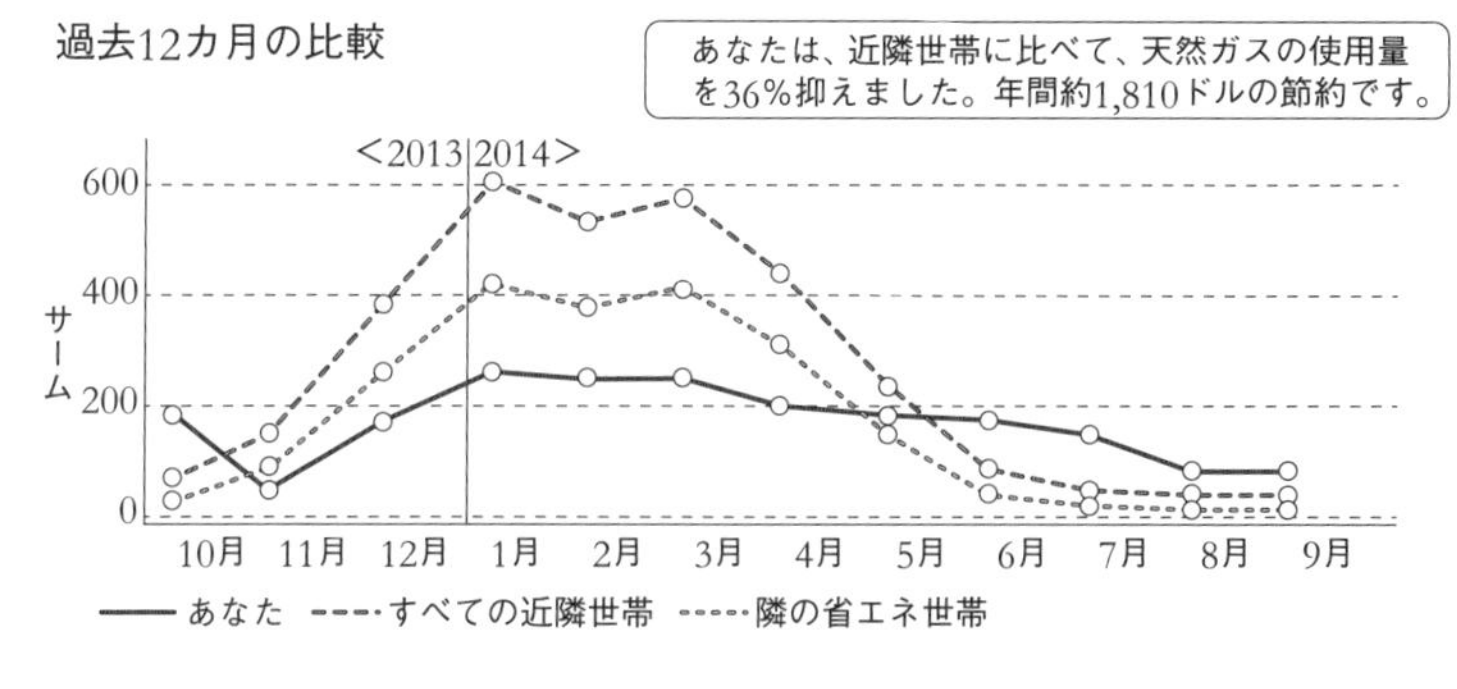

［図12-3］オーパワー社の「家庭エネルギー・レポート」（2014）

エアコンの使用量を減らしたからといって、エネルギーの無駄遣いをする権利を手にしたと思い違いをしないように、と。[*13]

それでも、反発や免罪符効果を生む可能性があるにせよ、オーパワーの取り組みは効果があるし、コストも少なくて済む。この点に関しては学術的な裏づけもある。さまざまな研究によれば、誰かになんらかの要素に目を向けさせたい場合は、その要素についてほかの人との比較を示せばいい。あなたが慈善事業に携わっていて、寄付金収入を増やしたいとしよう。当然、過去に寄付してくれた人たちに手紙や電子メールを送ることになる。その際、どのような要素を強く意識させたいだろうか？　ほかの人たちの寄付金額を意識させたいはずだ。その一環として、寄付金額を基準に寄付者を（金、銀、銅などという具合に）ランクわけしている慈善団体も多い。この場合、寄付したあとで人々の手元に残る資産額を基準にランクわけをしようとは思わないだろう。

寄付した金額を意識させるほうが有効なことは、簡単なラボ実験によっても明らかだ。実験で被験者に「独裁者ゲーム」をさせる。第9章でも述べたように、被験者の1人にお金を与え、それを別のもう1人（それが誰かは知らされない）にいくら分配するかを自由に決めさせるというゲームだ。お金は独り占めしてもいい。相手は、分配役（独裁者）が決めた金額に異を唱えることができない。このゲームを「太っ腹トーナメント」にして、相手に分配した金額のランキングを公表するものとした場合、自分の取り分にした金額のランキングが公表される「金儲けトーナメント」する場合に比べて、分配される金額が大幅に増える。人々の行動に影響を及ぼすためには、他人との比較を示すことが有効な手段になりうるが（その行動が数値計測可能なものなら、ほぼ間違いなく効果がある）、影響を及ぼしたい要素についての比較でなければ意味がないのだ。

ランキングが行動を変える

人は、どのくらい公正に行動すべきかも、他人の行動を参考にして決めているのか？　リチャード・ゼックハウザーと私は、それを知りたいと考えた。そのためにおこなった実験は、第11章で紹介した「最後通牒ゲーム」の修正版だ。具体的には、最後通牒ゲームに交渉の要素を持ち込む。2人のプレーヤーの片方（提案者）がもう片方（受領者）への分配額を提案する。受領者は、提案を受け入れるか拒絶するかを決める。受領者が受け入れれば、2人とも提案どおりにお金をもらえるが、受領者が拒めば、2人ともいっさいお金をもらえない。ここまでは一般的な最後通牒ゲームと同じだが、この実験ではそこにひとひねり加えた。私たちはすべての被験者にこう告げた――受領者が提案を受け入れるか拒むかを判断する前に、提案者たちの平均提案額を知らせることになっている、と。

すると、提案者たちが示す金額は、一定の規範の周辺に収斂した。それは50％対50％の分配率だ。提案者たちは、提案額がほかの提案者たちからかけ離れていれば拒絶されかねないと恐れたのである（実際、受領者たちはそのような反応を示す）。[*14]

ジェンダーの平等に関しても、ある国や企業がほかに比べてどの程度の水準にあるかを公表すれば、国や企業の行動を規範に沿ったものにできるかもしれない。最近は、ジェンダーの平等性に関する比較やランキングがいくつも発表されている。世界経済フォーラムは2006年以降、「グローバル・ジェンダー・ギャップ指数」を毎年発表している。これは、4つの領域における国ごとのジェンダー格差を明らかにしたものだ。4つの領域とは、経済参画（給料、雇用状況、リーダーへの就任）、政治参画（政治家の輩出）、教育（就学）、健康（平均寿命、新生児の男女比）である。毎年の報告書では、国ごとの状況の推移を示し、各領域と総合の国別ランキングを公表している。ランキングの上位を占めるのは北欧諸国で、中東・北アフリカ諸国は概して下位に沈んでいる。

世界経済フォーラムでジェンダーの不平等の問題を担当するサーディア・ザヒディは、こう述べている。「ジェンダーの平等を実現することは、正しいだけでなく、賢明なことでもあるという考え方は、非常に新しいものである。わずか5年前、人々の意識のなかにこのような考え方は存在しなかった」。同フォーラムの創設者で会長のクラウス・シュワブは、こう指摘する。「ジェンダーの平等が経済的な必須課題であることは明らかだ。すべての人の才能を生かせる国だけが経済的な競争力を維持し、繁栄できる。しかし、それよりも重要なのは、ジェンダーの平等が正義の問題だということだ。私たちは人類として、価値観のバランスを保つ義務も負っている」[*15]

世界銀行、国連開発計画（UNDP）、経済協力開発機構（OECD）、欧州ジェンダー平等研究所なども、さまざまな国別の報告書やランキングを発表している。重んじられている要素や調査方法は、それぞれ微妙に異なる。経済的機会の格差に重きを置く調査もあれば、女性の労働参加率などの絶対値を重視する調査もある。給料の金額のような「結果」を調査対象とするものもあるし、法制度などの入力変数を調査対象とするものもある。女性に対する暴力や、金融へのアクセスについて調べている調査もある。しかし、どの側面を調査するかは違っても、結論はおおむね類似している。ジェンダーの平等は、北欧諸国で最も進んでおり、中東、北アフリカ、サハラ以南のアフリカで最も遅れているのだ。

＊世界銀行は２００９年以降、『女性、経済活動、法律』と題した報告書を発行している。この報告書は、性別によって異なる取り扱いをする法制度がどの程度存在しているかを国別に明らかにしたものだ。具体的には、さまざまな制度や機関へのアクセス、財産の利用、就労、働くことへの支援、融資、裁判所の利用という６つの領域に光を当ててきた。２０１４年以降は、７つ目の領域として、暴力からの保護が追加された。

＊ＯＥＣＤ開発センターは２００９年以降、ジェンダーの不平等の度合いをあらわす総合指数「社会制度とジェンダー指数（ＳＩＧＩ）」を発表している。この指数は、差別的な家族制度、身体の安全の制限、男児優先主義、資源・資産の制限、市民的自由の制限という５つの下位指数から算出されている。

＊ＵＮＤＰは２０１０年以降、「ジェンダー不平等指数（ＧＩＩ）」を発表している。これは、３つの側面における不平等を映し出す指数だ。その３つの側面とは、性と生殖に関する健康（妊産婦死亡率と思春期女性の出産率）、エンパワーメント（立法府における議席割合と中・高等教育を受けた人の割合）、労働市場への参加（女性の就労率）である。

＊欧州ジェンダー平等研究所は２０１３年以降、「ジェンダー平等指数」を発表している。これ

は、仕事、お金、知識、時間、健康、力、暴力、そして複合的要因による不平等に関するＥＵ諸国のランキングだ。

デューク大学のジュディス・ケリーとハーバード大学のベス・シモンズによれば、この種の報告書やランキングは、手ごわい課題を国際的に解決するための「やわらかな影響力」を生み出す効果がある。たとえば、アメリカ国務省の『人身取引報告書』で要監視リストに載せられた国は、その後、人身取引を違法化するケースが多い。国だけでなく、企業もランキングに反応する。環境に及ぼす影響に関するランキングでも、このような現象は見られる。ある有名な機関が発表するランキングに対して数百社の企業がどのように反応したかを調べた研究によると、評価が低かった企業はランキング発表後に行動が改善したが、ランキング対象外の企業や評価が高かった企業は変化が見られなかった。[*16]

ハーバード・ビジネススクールのマイケル・ルカらは、大学ランキングが出願者の行動に及ぼす影響を調べた。それによると、ＵＳニューズ＆ワールド・リポート誌の大学ランキングで順位が上がると、すぐに出願者が増加する。ただし、この効果は、誌面で大学名がランキング順に掲載された場合にしか見られない。アルファベット順に掲載された場合は、順位が明記されていても、出願状況への影響はない。簡単に理解でき、目につきやすい比較になっているかどうかが重要なのだ。この点は、ジェンダーの平等を実現するために行動デザインを設計しようとする人たちも肝に銘じておく必要がある。

もう1つ注意すべきことがある。人や組織がランキングを強く意識するということは、ランキングが不正を生む恐れがあることを意味する。ベン・エデルマンとイアン・ラーキンの研究によれば、ランキングが低い人は、ランキングを高めようとして不正に手を染める場合がある。*17

法律の価値観表出機能

人々の行動に影響を及ぼす要素としては、法律も挙げることができる。人は、法律や非公式な社会規範で許容されている行動を知ることにより、社会でどのような行動が好ましいとされているかを理解する。法律には、好ましくないとされる行動を抑止するだけでなく、好ましいとされる価値観を伝える「表出機能」もあるのだ。違反の代償が小さくて抑止機能が乏しい場合でも、人は法律を通じて社会規範を知り、どのような行動が許容されるかを察する。

私が育ったスイスでは、信号無視をする人はほとんどいない。私も信号無視はしなかった。ところが、アメリカにやって来て、ハーバード大学のあるマサチューセッツ州ケンブリッジに住むようになると、信じられない光景を目の当たりにした。観光客以外は、ほぼ誰もが信号を無視して道路を渡っているのだ。やがて、私もほかの人たちと同じ行動を取るようになった（ただし、いまでもそばに子どもがいないか確認しているし、誰かと一緒のときは相手の動きを見るようにしている）。

信号無視に関するルールは、スイスとマサチューセッツ州ケンブリッジでは明らかに違う。しかし、信号無視をして罰金を科される確率や罰金の金額が大きく異なるとは思えない。両国の違いを生んでいる要因は、それ以外にあるはずだ。経済学の用語で言えば、両国は異なる「均衡」に落ちついている。なんらかの介入がなければ、どちらの国でも均衡が変わることは考えにくい。信号を無視するのが当たり前の人は、簡単には行動を変えないだろう。信号に従わないことを権利のように考えている人もいる。あまりに深く根を張っている習慣は、どのような介入によっても突き崩せない。しかし、アメリカ人の喫煙に対する姿勢が変わった例があるように、現状を変えることが不可能とは限らない。

アメリカで公共の場所での喫煙が当たり前だったのは、遠い昔の話ではない。しかし、喫煙に対する人々の認識が変わりはじめていたなかで、公共の場所での喫煙を禁じる法律が制定されたことにより、変化が確かなものになった。非喫煙者は、そばでタバコを吸ってほしくないと思えば、堂々とそれを主張できるようになったのだ。社会規範が喫煙の均衡から非喫煙の均衡へ移行し、しかも人々が規範逸脱者に制裁を加える意思を強めた結果、新しい規範がいっそう強化されていった。

自動車のスピード違反、万引き、組織の非倫理的行動、キセル乗車などに関する人々の行動が場所によって大きく異なるのも、法律と規制の違いが原因なのかもしれない。法律と規制は、非公式な統制システムを起動させる力をもっている。人々がある行動をどのように解釈するかを変える力があるのだ。たとえば、アイスホッケーのNHLがプレーヤーにヘルメットの着用を義務づけると、防具に関してどのような行動が適切とみなされるかが根底から変わった。それまで、ヘルメットを着けることは弱さのあらわれ、もっと言えば男らしくない行為と思われていたが、ルール改正をきっかけに、それは守られるべき規範になったのだ。[*18]

アメリカ史上有数の画期的な法律

アメリカの歴史でも有数の画期的な法律の1つである「連邦改正教育法第9編」も、新しい法律が新しい規範を形づくり、社会にきわめて大きな影響を及ぼした実例と言える。1972年6月23日、リチャード・ニクソン大統領の署名により成立した同法は、連邦政府の資金を受け取っている教育プログラムや教育活動での性差別を禁止した。この法律は、女性がスポーツに参加する道を開いたことで知られているが、それ以外の条項も社会規範に大きな影響を及ぼした。

たとえば、同法は、セクシュアル・ハラスメントからの保護、高等教育や数学・科学教育を受ける機会の平等、妊娠中や育児中の学生・生徒の公正な扱いなどを求めている。条文に以下の文言がある。「アメリカ合衆国では、いかなる人も性別を理由に、連邦政府の支援を受けた教育プログラムや教育活動への参加を拒まれたり、その恩恵に浴することを否定されたり、それらの場で差別を受けたりすることがあってはならない」

この法律が成立する前、アメリカで高校スポーツに参加している女子生徒は30万人に満たなかった。今日、その人数は推定300万人を超す。アメリカの教育文化ではスポーツ選手が花形的な存在であることを考えれば、これがいかに大きな変化だったかがよく理解できるだろう。法律が成立する前、連邦改正教育法第9編の制定推進派は、この法律がどのような影響を生むかについて口を閉ざしていた。同法の制定40周年に当たる2012年に製作されたドキュメンタリー『スポーティング・チャンス』に、この法律の制定過程が描かれている。エディス・グリーン下院議員、バーチ・バイ上院議員とともに法律制定に尽力したバーニス・サンドラー（女性の権利活動家）の回想によれば、グリーンはあまり注目を集めたくないと考えていた。社会のあり方を大きく変える可能性を秘めた法律だとわかれば、反対されかねないと恐れたのだ。「ロビー活動はしないでほしい。ロビー活動をすれば、質問される。そうすれば、この法律がどのような変化をもたらすかが知られてしまう」と、グリーンは言っていた。サンドラーは言う。「そのとおりだった。誰も注目していないのは、大きな好材料だった」

連邦改正教育法第9編の影響は、法律が成立してから数年経ってはじめて明らかになってきた。影響の大きさが見えてくると、営利につながるスポーツを適用除外にすべきだという提案がなされたり、いくつもの訴訟が連邦最高裁判所に持ち込まれたり、さまざまな政治的行動が起こされたりした。アメリカの国務長官などを歴任したコンドリーザ・ライスによれば、新しい法律が成立したことで、当時暮らしていたアラバマ州バーミングハムの社会規範が根底から変わったという。バーミングハムは、当時のアメリカの大都市のなかで最も人種隔離が徹底していたくらい保守的な町だった。「スポーツの分野で若い女性の活躍の場が目を見張るほど拡大した」と、ライスは振り返っている。効果は、スポーツの場だけにとどまらなかった。「連邦改正教育法第9編は、差別をなくすだけでなく、機会を提供する役割も果たしたと思う」[*19]

ルールが特定の価値観を表出する機能については、十分な検討がなされていない場合も多い。ときには、ある種の行動が暗黙に正当化され、そうした行動にご褒美が与えられることにより、悪い結果がもたらされる場合もある。1970〜78年に自動車大手フォード・モーターの社長を務めたリー・アイアコッカ（1978年に解雇という形で会社を去った）のケースがわかりやすい。アイアコッカは、小型車「フォード・ピント」の開発と市場投入を推し進めた人物とされている。ピントは構造上の欠陥により追突時に深刻な火災事故を起こしやすいことが問題になり、同社は150万台をリコールし、ガソリンタンクを補強することになった。

ダグラス・バーシュとジョン・フィールダーがこの事件についてまとめた応用倫理学のケーススタディ『フォード・ピント事件』（未邦訳）は、多くのビジネススクールで教材として用いられてきた。それによると、当時のフォードには、安全性重視の規範が存在しなかった。「アイアコッカは『安全性では車は売れない』とよく言っていた」という。このようなトップの発言は公式・非公式に、会社がどのような価値を重んじていて、社員のどのような行動が評価され、どのような行動が制裁の対象になるかという強力なメッセージを発信した。[*20]

倫理綱領に何を書くか以上に、その会社が日々どのように行動しているかのほうが大きな意味をもつようだ。規範起業家たちは、人がみんなと同じ行動を取りたい、ほかの人に負けたくない、社会的承認を得たいと欲する性質をうまく利用して、好ましい行動を引き出そうとする。このアプローチの有効性を実証する最もわかりやすい例がイギリス政府だろう。イギリス政府がクオータ制を導入せずに、企業の女性取締役を2倍以上に増やしたことに、誰もが注目すべきだ。

ジェンダー平等のためのデザイン——「規範起業家」になる

- 平等促進の成功例を目立たせる。
- ランキングをうまく活用して、人や組織が互いに競い合いながらジェンダーの平等を高めるように促す。
- 法律、ルール、倫理綱領などを通じて、規範を表現する。

第13章 透明性を高める

行動経済学的に賢明な燃費表示

はじめてロサンゼルスを訪れた旅行者（あるいは、市内の土地勘のない地域を訪れた住民）がいるとしよう。お腹はペコペコ。目の前に3軒のレストランがある。もちろん、いずれも知らない店だ。1軒目のドアに白い紙が張ってあり、そこにはっきりとアルファベットの「C」が記してある。近くに寄ってみると、小さな黒い文字で「衛生検査の成績」と書いてある。隣のレストランは「B」、さらに隣のレストランは「A」だ。空腹の旅行者は料理の種類（中華か、和食か、イタリアンか）にこだわりがなく、料金は3軒ともほぼ同じだとする。さて、旅行者はどの店を選ぶだろう？　答えは言うまでもない。

これが透明性の力だ。話は変わるが、あなたは前回、航空チケットをネット予約したとき、利用規約に目を通しただろうか？　おそらく、読んでもいないのに、「同意」をクリックしたに違いない。ウェブサイトの利用規約を読む人がどの程度いると思うかと尋ねられれば、その割合は小さいと、あなたは答えるだろう。でも、それが3％にすぎないことを知っていただろうか？　約400件の研究結果を集約した分析によると、私たちは利用規約だけでなく、製品の注意事項もろくに読まない。ほとんどの消費者は、そんなものに目もくれない。それなのに、どうして企業はわざわざ利用規約や注意事項を載せるのか？[*1]

まず、一部の企業は、この種の記載が消費者の行動に及ぼす影響を過大に評価している面がある。そのような企業は、「スポットライト効果」に陥っていると言わざるをえない。みずからの行動が実際以上に他人から関心を払われていると思い込む現象のことだ。また、一握りの消費者や消費者団体が行動を起こすだけで、社会全体に批判が拡大しかねないという事情もある。そのため、企業は最初の苦情や批判に素早く対処するだけでなく、消費者にほとんど読まれないことを承知の上で、予防的措置として利用規約やラベル表示を載せている。欧州連合（ＥＵ）とアメリカが家電製品のエネルギー効率を明示するよう義務づけたときは、多くの家電メーカーがただちにイノベーションに着手し、より省エネ効果の高い製品を売り出した。そのような製品への需要が高まると予測し、それに先回りして動いたのだ。[*2]

問題は、設計や実施方法に欠陥があると、せっかくの利用規約やラベル表示が十分に効果をもたらないことだ。この落とし穴を避けるためには、行動デザインの原則が役に立つ。その威力には、ときに目を見張らされる。まず、情報が目につきやすいほど、人はそれを意識にとめる。また、活字が読みやすく、文章がわかりやすいほど、人はそれに目を通してくれる。そして、比較を用いて説明すると（たとえば、「この自動車を選べば、平均的な新車に比べてガソリン代を5年間で１８５０ドル節約できます」という具合に）、人は内容をよく理解する。

第６章で個人の成績評価について述べたことは、あらゆる情報処理のプロセスに当てはまる。情報が複雑だったり、馴染みのないものだったりする場合はとりわけ、この点を軽んじてはならない。情報が正確に理解されるためには、その情報が目につきやすく、わかりやすく、比較対象が示されていることが重要なのだ。

アメリカで販売される自動車に義務づけられている燃費表示の形式は、この点で秀逸だ。少なくとも、行動経済学の視点からはそのように評価できる。まず、情報が比較形式で示されるので、消費者は複数の車種の維持コストを比べて検討できる。

また、「ＭＰＧ（ガソリン1ガロン当たりの走行マイル数）」のような複雑な表示方法は、もっとわかりやすいものに改められた。理解されやすい指標は、数値が上昇するのに比例して効果も大きくなるタイプのものだ。ＭＰＧはこの点で難があった。ＭＰＧが10から11に上昇すると、走行距離１００マイルにつきガソリンを1ガロン節約できる。しかし、ＭＰＧが33から34に上昇しても、これと同じだけの省エネ効果はない。ＭＰＧが33から50まで上昇してはじめて、１００マイル当たり1ガロンの節約が実現する。これに対し、「ＧＰｈＭ（１００マイル当たりの消費ガロン数）」を指標にすれば、もっと理解されやすい。値が上昇するのに比例してガソリン消費量が減少するからだ。

たとえば、推奨価格2万4000～3万ドルで販売されているハイブリッド車「トヨタ・プリウス」の2015年モデル。ガソリン走行時のGPhMは2・1だ（6台の車の値をもとに推計した平均値）。アメリカ環境保護局（EPA）によれば、プリウスに5年間乗れば、平均的な新車に比べてガソリン代を4500ドル節約できる。[*3] きわめて目につきやすく、理解しやすく、しかも比較形式で情報が示されている。

情報をシンプルに示すことの重要性を説得力豊かに訴えている人物と言えば、キャス・サンスティーンを忘れるわけにはいかない。オバマ政権でホワイトハウスの情報規制問題局（OIRA）の局長を務め、在任当時は「規制政策の元締め」と呼ばれた人物だ。退任直後に発表した著書『シンプルな政府』（邦訳・NTT出版）では、在任中に実施した数々のシンプル化の実例を紹介しつつ、どうやってコミュニケーションをシンプルにし、メッセージの効果を高めればいいかという指針を示している。

たとえば、「学生や消費者や投資家が『正しい情報をもたずに債務を負う』ことがないようにする」ために、企業に開示義務を課す仕組みもその1つだ。2009年に成立した「クレジットカード説明責任、責務および開示法」は、年間の金利と手数料を明示することを義務づけ、変更する場合は事前に通知するよう求めている。それに加えて、毎月の利用明細に「最低返済額警告」を記すことも要求している。これは、毎月の返済を最低額にとどめた場合、完済までにどれだけの期間を要し、それまでの金利負担がいくらになるかを利用者に知らせるためのものだ。

ハーバード・ビジネススクールのマイケル・ルカは、利用者に多くの知識をもたせるために、書類だけでなく、オンライン上でも透明性を徹底すべきだと主張している。ルカによれば、クレジットカード会社がオンラインツールを用意して、利用者が返済額ごとの長期的な結果を理解しやすいようにすることは、難しくない。*4

効果が乏しかったフード・ピラミッド

サンスティーンは、アメリカ人が食生活を見直す後押しもしようとした。さまざまな理由により国民の健康状態を向上させたいアメリカ政府は、食生活を改善するのが手っ取り早い方法だと考えた。そこで、アメリカ農務省は1992年、食生活の指針を図示した「フード・ピラミッド」を発表した。たとえば、ある分量の肉に対して果物や野菜をどのくらい摂取すればいいかという目安を示したものだ。しかし、ほとんどの人の食生活は変わらなかった。

チップ・ハースとダン・ハースは著書『スイッチ！』（邦訳・ハヤカワ文庫）で、フード・ピラミッドを容赦なく批判した。「（メッセージが）曖昧で……混乱を招き、人々の意欲を削ぐ」というのだ。サンスティーンが政府の役職に就任したのを機に、オバマ政権はもっと優れた情報提示の方法を模索しはじめた。サンスティーンは、「シンプル」を徹底することを好んだ。この場合は、ピラミッドをプレート（皿）にかえた。その「マイ・プレート」の図では、丸い皿を4つのスペースに区切り、野菜、穀物、タンパク質、果物の理想的な摂取割合をそれぞれのスペースの面積で示しているほか、皿のそばには乳製品をあらわすコップも配してある。

マイ・プレートは、わかりやすい情報提示の典型例だ。フード・ピラミッドと異なり、食卓に載る皿を連想させやすい。それに、比較が理解の助けになる。マイ・プレートの推奨では、ステーキは皿の4分の1程度であるべきなのに、ディナーの皿の半分をステーキが占めている人も多いだろう。そういう人は、自分の食生活の問題点をすぐに理解できる。このような情報の示し方には、見る人に強い印象を与える効果もある。ヨーグルト好きの私は、乳製品のコップがとても小さいのを見てショックを受けた。*5

ヘルシーな食生活を促す情報提示の方法として評価が高いのは、マイ・プレートだけではない。冒頭の事例に戻ろう。旅行者がどのレストランを選ぶかという話だ。レストランの衛生状況を明示させるのは、情報の透明性を確保する手段としてきわめて有効だとわかっている。カリフォルニア州のロサンゼルス郡公衆衛生局は1998年1月、レストランに対し、最新の衛生検査の結果(「A」「B」「C」の3段階評価)を記したカードを店外に掲げるよう義務づけた。この方法は、情報が目につきやすく、わかりやすく、比較もしやすい。利用客は、レストランの衛生状況にこれまで以上に注意を払うようになった。こうして利用客が衛生状況の好ましいレストランを選ぶようになると、レストランも衛生状況を改善しはじめ、食中毒の発生件数が減少した。次第に、域内のレストラン全般の衛生評価も高まっていった。

レストラン選びに次なる進歩をもたらすのは、データ分析かもしれない。最近は多くの自治体がウェブサイトやアプリをもっていて、消費者がレストランの衛生検査の成績を調べられるようにしている。ニューヨークは「ABCイーツ」というアプリを用意しているし、サンフランシスコは口コミ情報サイトのイェルプと協力して、レストランの衛生情報を公開している。研究者たちは、利用者が投稿したレビューから大量のデータを収集し、それをもとにレストランの質を推測するアルゴリズムも開発している。マイケル・ルカとチェ・イェジンの研究によれば、利用者のレビューだけに基づく統計モデルにより、衛生面の問題がある店と問題が生じたことがない店を80％以上の精度で識別できるという。[*6]

情報開示制度の成功と失敗をわけるもの

情報開示の制度は、人々をより健康に、より安全に、より賢明にし、より責任感をもって行動するよう促せる場合がある。この方法は、あまりコストをかけずに大きな恩恵が得られる可能性があり、政策決定者や規制当局者にとって魅力的な政策ツールになっている。最近は、組織のダイバーシティを高めることを目的に利用されるケースも増えている。ただし、制度のデザインが優れていなければ効果はない。アメリカ証券取引委員会（ＳＥＣ）は２０１０年、株式上場企業に対して、取締役会のダイバーシティについて情報の開示を求める方針を打ち出した。「取締役候補の人選で多様性を考慮しているか、それをどのように考慮しているか、それがどのくらい成功していると思うか」を明らかにせよというのだ。

お察しのとおり、このアプローチではうまくいかない。情報が目につきにくいし、わかりやすくもない。比較の要素もない。ダイバーシティを推進したければ、ダイバーシティとは何かを簡潔明瞭に定義すべきだが、ＳＥＣの方針はそれができていなかった。ＳＥＣは「企業の行動を促す」ことを目的にしていないと明言しており、その言葉どおり、新しいルールはそうした効果を発揮しなかったのである。エアロン・ディアの研究によれば、このルールの対象になった企業は、ダイバーシティについて考える際に、人口統計上の要素を念頭に置かない場合が多かった。たいてい、取締役の経歴の多様性という意味でダイバーシティをとらえていたのだ。このように、個人のアイデンティティに関する要素が考慮されない状況には、多くの大手機関投資家などが懸念を示した。ＳＥＣのルールでは、ジェンダーなどの人口統計面でのダイバーシティが実質的に高まるとは考えにくいと、ディアも指摘している。

アメリカと異なり、企業に同様の情報開示を義務づけている国の多くは、ダイバーシティとは何かを明確に定義している。たとえば、シンガポールの企業行動規範では、「取締役会のメンバー構成は、スキル、経験、ジェンダー、そして会社についての知識の面でのバランスとダイバーシティが確保されていなくてはならない」と明記している。２０１４年には、シンガポールの「取締役会の女性に関するダイバーシティについてのタスクフォース」が、ランキングの公表など、取締役会のダイバーシティを高めるための具体的な方策を盛り込んだ報告書を発表している。

「コンプライ・オア・エクスプレイン」

さらに強力な措置を導入するために、いわゆる「コンプライ・オア・エクスプレイン」の方針を採用している国もある。当局が好ましいとみなす方針、慣行、結果について基準を示し、その基準に従うか（＝コンプライ）、そうでないならその理由を公に説明せよ（＝エクスプレイン）、と求める手法だ。ドイツ、オランダ、イギリスの企業統治ルールは、取締役会の監査委員会と報酬委員会に関する基準を設定している。投資家は開示された情報を参考にして、取締役会の決定と行動、そしてその結果を評価し、適切な行動を取ることができる。

「コンプライ・オア・エクスプレイン」のアプローチは、やわらかなデフォルト（初期設定）を定めるという性格をもつ。デフォルトに従わないことを選ぶ企業には、説明が求められる。このような方法なら、企業の選択肢を狭めずに、企業の行動の参照点をつくり出せる。このアプローチには、行動を起こすことに腰が重いという人間の性質を味方につける効果もある。人や組織は、コストや痛みをともなうかもしれない行動を嫌うため、デフォルトどおりの選択をする傾向があるのだ。

デフォルトを設定することは、行動デザインの強力な手段だ。前述したように、企業年金制度の設計で全員加入をデフォルトとし、加入したくない人だけが非加入の手続きを取る制度にすると、加入率が跳ね上がる。不参加の意思表示をした人以外は全員参加する「オプト・アウト方式」を採用すると、参加の意思表示をした人だけが参加する「オプト・イン方式」の場合に比べて、加入率が1・4倍に達するという。[*7]

ジェンダーの平等を促進する手段として、「コンプライ・オア・エクスプレイン」を採用する国は増える一方だ。オーストラリア証券取引所は、ダイバーシティに関する方針を毎年報告するよう企業に求めている。企業は、社員全体に占める女性の割合に加えて、女性取締役と女性幹部の割合も報告し、ダイバーシティに関する目標と達成状況を報告しなくてはならない。

カナダのオンタリオ州証券委員会は２０１４年、トロント証券取引所の上場企業に対し、以下のことを毎年開示するよう義務づけた。

＊女性取締役の割合についての方針を書面で作成しているか、作成していないとすれば、それはなぜか？

＊取締役会もしくは取締役指名委員会は、取締役の指名と選考の過程で女性の割合を考慮したか、考慮しなかったとすれば、それはなぜか？

＊幹部の任命に当たって女性の割合を考慮しているか、考慮していないとすれば、それはなぜか？

＊女性取締役と女性幹部の割合についての目標と、その割合の年間の引き上げ目標を設定しているか、設定していないとすれば、それはなぜか？

＊本社と主要子会社の女性取締役と女性幹部の割合は、現状でどうなっているか？

情報開示のアプローチが最も徹底しているのは、２０１１年のデーヴィス報告書（前章参照）が強力な後押しとなったイギリスだろう。イギリスは、２０１５年末までに女性取締役の割合を25％以上にするという目標に向けて企業に情報開示を義務づけた。その結果、２０１５年の時点で、イギリスを代表する株価指数ＦＴＳＥ１００の構成企業のなかに、取締役が男性だけという企業は１社もなくなっていた。これはロンドン証券取引所の歴史上はじめてのことだ。ＦＴＳＥ２５０の構成企業も、２０１１年には半分以上の会社が男性取締役だけだったのに対し、２０１５年には90％の会社に女性取締役がいた。２０１３年には、オランダがイギリスに追随し、企業の監査委員会と執行委員会の30％以上を女性とするよう求めた。基準を達成できなかった企業は、理由を説明し、目標達成に向けてどのような措置を講じるかを表明しなくてはならない。[*8]

わかっていても実践できない？

情報を開示させるアプローチが好まれる理由の1つは、人々の主体性を奪うことなく、情報に基づいた判断を促せるからだ。開示された情報をどのように活用するかは、株主や投資家、アナリスト、世論が決めればいい。ジェンダーの問題に関心がない人は無視すればいいし、意思決定過程およびリーダー層に男女両方が加わることを重んじる人はその情報を参考に行動すればいい。

しかし、情報開示が実際にダイバーシティの向上をもたらすのか、効果があるとしてそれがどのような理由で生じるのかは、ほとんど明らかになっていない。多くの場合、制度が導入されてまだ日が浅いうえ、ほかの措置とあわせて実施されているため、因果関係を特定できないのだ。具体的にどのようなルールを設けているかも、国によって大きく異なる。それでも、この種の制度を採用している国と、採用していない国を見比べると、ある事実がくっきり見えてくる。

ダイバーシティの定義が曖昧で、企業の行動を促すことを意図していないアメリカでは、女性取締役の割合が大きく変わっていない。２０１１年に16・１％だった割合は、２０１４年の時点で

19・2%にしか増えていない。もし、イギリスでデーヴィス報告書が作成されず、開示制度によって透明性が確保されていなければ、アメリカを上回る成果は得られなかっただろう。[*9]

しかし、疑問がすべて解消されたわけではない。開示制度は、本当に機能するのか？ この点では、ほかの分野の開示制度（ランダム化比較試験が実施されている場合も多い）が参考になる。ほとんどの人はジェンダーの平等を支持すると述べるし、ほぼすべての企業は最も優秀な人材を採用するつもりだと約束する。同じように、多くの人は健康な食生活の重要性を認めている。ところが、食事のとき、フライドポテトとサラダの好きなほうを選んでいいと言われると、ポテトを選んでしまう人が少なくない。この点は、採用選考のとき、優秀な候補者と、自分と共通の趣味をもった候補者がいる場合、「能力」より「相性」を優先させてしまうのと似ている。

２０１０年にアメリカで成立した「患者保護・医療費負担適正化法」は、このような「よい意図」と「悪い行動」の断絶を埋めることを目的に、20店舗以上展開するレストランチェーンに対してメニューへのカロリー表示を義務づけた。しかし、データを見ると、期待どおりの効果がある場合ばかりではない。健康な食生活を実践しようと思っている人でも、メニューの情報を正しく理解するのは難しい。それに、情報が「目につきやすく、わかりやすく、比較対象が示されている」という条件を満たしていても、すべての人の行動が変わるとは限らない。イェール大学のクリスティーナ・ロベルトらはこう述べている。「表示が消費者とレストランの行動に及ぼしている影響を見ると、この制度は、一部の消費者に対して一部のケースで食生活の改善を促すものと言えそうだ」

この言葉遣いから明らかなように、効果はおおむね軽度で、個人差も大きいようだ。さまざまな研究によると、女性、標準体重の人、社会的属性の面で恵まれた人には有効な場合が多く、チェーンによる効果の違いも見られた。また、衛生検査の成績表示がそうだったように、顧客に対する影響より、レストランに対する影響を通じて効果が生まれる面が大きいのかもしれない。

アメリカの多くの自治体でカロリー表示制度が導入された２００５年から11年にかけて、ファストフード店のメニューを調べた研究がある。それによると、この時期にファストフード店のメニューそのものが変更されたケースが多かった。同じチェーンでも、カロリー表示が要求される町にある店舗は、そうでない町の店舗よりヘルシーな料理をメニューに載せる傾向があったのだ。

注意すべきなのは、どのような表示方法でも同様の効果があるわけではない、ということだ。有効なデザインの条件を備えている必要がある。とくに重要なのは、比較対象が示されていることだ。さまざまな実験結果やその他のデータを集約した研究によると、メニューにカロリーだけを表示しても効果はない。その情報が文脈の中に置かれ、理解しやすいように示された場合に、人はカロリー摂取を控える。たとえば、ブリトーが１０００カロリーだと知っていても、それだけでは人々の行動は変わらない。平均的な大人に推奨されるカロリー摂取量が１日当たり２０００カロリーだという情報をあわせて示されてはじめて、ブリトーのカロリー量という情報を文脈の中に位置づけることができる。

情報を目につきやすく、わかりやすくすると、やはり好ましい効果が見られた。たとえば、交通信号でお馴染みの３色を使い、「このままで問題なし」「もう一度考えよう」「ほかの料理に変更しよう」と表現してもいい。

概して、カロリー情報を表示するだけでは効果が乏しいが、その情報が「目につきやすく、わかりやすく、比較対象が示されている」ようにすれば、一部の人たちには軽度の好影響がある。しかし、弊害はないのか？　前出の「免罪符効果」が生じる可能性があることは、容易に想像できるだろう。ヘルシーなメニューを選んだ人は、デザートにフルーツではなくチョコレートケーキを食べてもかまわないと思いかねない。

企業の取締役会も、（アメリカで義務づけられているように）自社のダイバーシティ対策がどのくらい成果を上げていると思うかを開示すると、それで仕事が終わったと思い、この問題への関心を失う可能性がある。極端なケースでは、情報の開示を求めると、その義務を課された人に恩恵が及ぶ場合もあるようだ。研究によれば、嘘をつけば得をする立場にあることを打ち明けていた人が嘘をついた場合、そのことを開示していなかった人に比べて、倫理的な行動を取っていると評価されやすい。潜在的な利益相反の可能性を開示した人物ほど、信用されやすいこともわかっている。[*10]

こうした点には警戒が必要だが、透明性の強化を思いとどまるべきではない。重要なのは、逆効果になる危険性を頭に入れて対策を講じることだ。まず、人々にみずからの行動に関する説明責任をもたせることから始めればいい。

この点で、アメリカは思いきった措置を実践している。１９６３年の同一賃金法は、同じ仕事をしている男女の給料に差を設けることを禁じているが、それが徹底されているとは言えなかった。２０１０年にバラク・オバマ大統領により設置された同一賃金タスクフォースは、性別と人種ごとの給料データが存在しないことがその最大の原因だと考えた。そこで、オバマは２０１４年の大統領覚書で、連邦政府と商取引をおこなう企業に対して、そうしたデータを労働省に提出するよう求めるものとした。オーストラリア、オーストリア、ベルギー、イギリスなども、給料や昇進や社員構成に関する男女格差を緩和するために透明性を強化する法律を制定し、達成度が基準に満たない企業には改善計画の提出を求めている。*11

目標設定が生む推進力

職場のジェンダー格差を解消するためには、企業が意図と行動のギャップを克服できるように支援する必要がある。その点、情報開示制度を適切に設計すれば、企業がみずからの善良な意図どおりに行動して、男女を平等に扱い、等しくチャンスを与えるよう促せる。「目につきやすく、わかりやすく、比較対象が示されている」という基準を満たす形で情報を与えることには、大きな効果が期待できる。

タイミングの影響も無視できない。たとえば、人は思いがけないタイミングで好ましい情報を受け取ると、より強く反応する傾向がある。この点を浮き彫りにしたオンライン上の実験がある。データ入力の仕事に就いた人を3つのグループにわけ、1つのグループには安い時給、もう1つのグループには高い時給、そしてもう1つのグループには、安い時給に同意したあとで高い時給への引き上げを提示した。思いがけない朗報を受け取った第3のグループは、ほかの2つのグループよりも生産性が20%高かった。時給そのものは、第2のグループと変わらないにもかかわらず、である。*12

達成目標をはっきり示すことも有効だ。イギリスが女性取締役の割合を25％まで引き上げられた一因は、目標設定の効果にあったのかもしれない。「30％クラブ」のような団体の活動は、難しいが達成可能な目標を設定することにより、前進を強く促せる可能性があることを示唆している。交渉に関する多くの研究を見ても、目標設定がもつ意味は大きいようだ。また、個人だけでなく、企業も目標を設定することにより、資源を動員し、目標に向けて集中できる場合がある。ただし、大きな効果が期待できるがゆえに、目標設定に対しては反対意見がついて回る。

前述したように、ある集団が恩恵に浴すると別の集団が割を食う状況では、目標設定が反発を買いかねない。取締役の総数が変わらないまま、女性取締役の割合を30％まで高めるという目標を掲げれば、男性は反感をいだくかもしれない。女性が優遇されているというイメージが生まれれば、（そのイメージが正しかろうと、正しくなかろうと）女性にとってマイナスになるのではないかと恐れる人たちもいる。一方、目標設定全般にまつわる懸念を指摘する人たちもいる。目標を設定すれば強い重圧が生まれ、データの捏造が助長され、信頼が蝕まれる危険があるというのだ。これらの懸念も考慮したうえで、目標設定がどの程度の恩恵をもたらすかを判断するためには、さらに多くの研究が必要だ。

それでも、イングランド銀行（中央銀行）、バイエル（製薬）、BMW（自動車）、ダイムラー・クライスラー（［当時］自動車）、デロイト・トウシュ・トーマツ（会計事務所）、ドイツテレコム（通信）、KPMG（会計事務所）、ロイズ銀行（金融）、ルイ・ヴィトン（ファッションブランド）、メルク（製薬）、カンタス（航空）など、あらゆる業種の企業がダイバーシティに関する目標を発表してきた。たいていは女性取締役と女性幹部の割合について目標を設定しており、なかには45％という野心的な目標を掲げている企業もある。[*13]

長期の目標を設定している企業は、もっと短期の目標を立てたほうがよさそうだ。長期の大目標を小目標に分割すると、小目標を1つ達成するごとに達成感を味わえるため、課題への関心が高まり、努力を継続しやすくなることがわかっている。小規模で達成可能性の高い目標を設定すれば、貯蓄と借金返済が後押しされるという研究もある。この手法は、いくつもの目標を同時に追求しない場合にとりわけ効果が大きいという。

目標を細分化することの効用は、『予想どおりに不合理』（邦訳・ハヤカワ文庫）で有名なダン・アリエリーがクラウス・ヴェルテンブロックとおこなった実験によっても明らかだ。その実験では、1つのグループの学生には、3週間で3つのエッセーの校正をするよう求め、もう1つのグループには、エッセーの校正を1週間に1つずつ、3週間にわたっておこなうよう求め、もう1つのグループには、自分で作業のスケジュールを決めさせた。すると、1週間に1つずつ校正するという小目標を設定された学生たちは、3週間で3つという最終目標だけを示された学生たちに比べて、締め切りの遵守状況と作業の正確性の両方が良好だった。また、スケジュールを自分で決めさせられた学生は、たいてい自発的に小目標を設定した。[*14]

説明責任がステレオタイプを抑え込む

好ましい意図を貫きやすくするためには、みずからの行動に対する説明責任を課すことも有効な方法だ。研究によれば、他人を評価する役割を負う人物は、みずからの判断について説明を求められると、ステレオタイプに頼った判断をしにくい。

イスラエルでの実験がある。教員養成学校の女子学生たちに、8年生の子どもが書いた作文を採点するよう求めた。作文のテーマは、「私が経験したおもしろい出来事」だ。学生全員に同じ作文を読ませ、作文の採点は教師の重要な仕事だと念を押したうえで、1~100点で点数をつけるよう指示した。

このとき、学生を3つのグループにわけ、1つのグループには、作文の書き手がアシュケナージ(欧米系ユダヤ人)の子どもだと説明し、もう1つのグループには、スファラディ(アジア・アフリカ系ユダヤ人)の子どもだと説明する。残る1つのグループには、子どもの民族的背景に関する情報を伝えない。3つのグループのそれぞれ半分の学生には、この活動は彼女たちの評価能力を試すことが目的で、あとで作文の評価結果について公の場で説明を求めると言い渡す。説明責任を課すことが評価に及ぼす影響を明らかにすることがねらいだ。この学生たちには、最後に自分の評価とベテラン教師の評価を比較する機会が与えられるとも伝える。それに対し、もう半分の学生には、この活動の目的はさまざまな評価スタイルの違いを明らかにすることだと説明する。

ほかの研究と同じように、採点する側の民族は評価に影響を及ぼさなかった。しかし、子どもの民族は大きな影響をもった。アシュケナージの子どもが書いた作文は、スファラディの子どもによる作文よりも高い評価を受ける場合が多かった。しかし、学生たちが評価結果を公の場で説明させられると言い渡された場合は、アシュケナージびいきの傾向が見られなかった。

一般的に、説明責任がバイアスの緩和に効果を発揮する可能性が高いのは、説明すべき相手が豊富な知識の持ち主で、評価の正確性に強い関心をいだいていて、評価の妥当性を詳しく調べたいと考える理由がある場合だ。説明責任を課すことが有効なのは、人が他人の目を気にすることが理由なのだ。ただし、注意すべきことが2つある。

第一に、説明を求められることを事前に伝えておいたほうがうまくいく。前もって知らせておかないと、人は説明の場で自己弁護に走り、みずからの判断を正当化しようとばかりし、評価プロセスを改善しようとしない可能性がある。第二に、これは容易なことではないが、説明責任を問われる人たちには、説明する相手の考えを知らせないほうが望ましい。それを知っていればいるほど、聞き手の知りたいことに上っ面だけ迎合しようという誘惑に駆られるからだ。聞き手に迎合する人物は、みずからの主張を精査したり、評価プロセスを改善したりしない。もっとも、ほとんどの組織では、第二の点を実践するのは難しい。そこで、多くの組織は口先だけの対策になることを避けるために、ほかの対策を実践している。*15

ダイバーシティ研修の有効性に厳しい評価をくだしたフランク・ドビンらの研究（第2章参照）でも、社内のダイバーシティを高めるためにとりわけ重要なメカニズムの1つとして、評価者に説明責任を課す仕組みを挙げている。ダイバーシティの向上を担う専門のタスクフォースや担当役員、委員会などを設けると、ダイバーシティが高まる傾向が強い。どうして、このような現象が見られるのか？　この点を解き明かすために、ドビンらは、アトランタ、ボストン、サンフランシスコ、シカゴの企業に聞き取り調査をおこなった。

企業の人事マネジャーと現場マネジャーたちの回答によれば、ダイバーシティ向上のタスクフォースや専門の担当役員は、問題を見つけ出し、改善策を提案する役割をうまく果たせている。それに、タスクフォースや担当役員は、マネジャーたちに説明責任を課してチェック体制を設けることにより、約束どおりに行動するよう促せていた。調査対象企業で採用されていた説明責任の仕組みは、常に正式な調査という形を取るわけではなかった。ある研究によれば、正式なチェック体制が存在しなくても、効果が見られる場合もあるという。そのような環境でもマネジャーたちが約束どおりに行動するのは、ほとんどの人が嘘をつきたがらないからだ。[*16]

その点は、投票行動に関する研究によっても明らかだ。２０１０年のアメリカ連邦議会選は、投票率がきわめて低かった。ステファノ・デラヴィーニャ、ジョン・リスト、ウルリケ・マルメンディーア、ゴータム・ラオはこの選挙期間中、投票したかどうかあとで尋ねられると思っている人たちにとって、投票することにどの程度の価値があるかを調べた。具体的には、投票に行ったと堂々と言えるために支払ってもいいと思う金額を尋ねた。すると、その人たちは、10～15ドルくらい払ってもいいと思っていた。この研究結果から考えると、説明責任によってマネジャーたちの行動に影響を及ぼすためには、かならずしも正式なタスクフォースに対して説明させる必要はなく、誰かに尋ねられるかもしれないと思わせるだけで十分らしい。[*17]

人は他人の目を気にする。その点は企業も同じだ。だから、透明性を確保することが効果をもつ。情報の透明性が高ければ、適切に燃費を考慮して自動車を買ったり、将来のために早目に借金を返済したり、多様性と平等性が重んじられている企業に就職や投資をしたりするなど、誰もが正しい情報に基づいて判断できるようになる。それに、開示義務や「コンプライ・オア・エクスプレイン」のアプローチを通じて企業に責任をもたせることにより、ルールに従うことをやわらかなデフォルト（初期設定）にできる。情報の示し方が行動科学的に見て賢明であればあるほど、透明性が高まり、ジェンダーの平等を向上させるという難事業を成し遂げられる確率も高まる。

ジェンダー平等のためのデザイン——行動科学的に賢明な情報開示と説明責任

- 情報は、目につきやすく、わかりやすく、比較対象を示すようにする。
- 長期目標とあわせて、達成可能で具体的な短期目標も設定する。
- 人と組織にルールを守らせるために説明責任を課す。

おわりに

変革をデザインする

大切なのは「DESIGN」の3要素

私があなたに伝えられる重要なメッセージを1つ挙げるとすれば、それは、「ジェンダーの不平等は緩和できる」というものだ。人間の心理とバイアスについて、そして、それを改めるための行動デザインについての知識を総動員すれば、何十年もの年数を要さずに変革を実現できる。優れたデザインを設計しさえすれば、問題がすべて解決すると言うつもりはない。しかし、行動デザインは、私たちが活用できる最も有益な手段であり、最も活用されていない手段でもある。一人ひとりが行動を起こせば、社会は変革を成し遂げられる。

私がこの本を書いたのは、学術的研究を土台にした知見を紹介し、職場や学校で変革を実行するために必要な知識と自信と実践的アドバイスを授けたいと思ったからだ。以下では、あなたがいっそう変革に乗り出しやすくなるように、最後のアドバイスを送る。

まず、デザインの有効性を忘れないための合い言葉として「DESIGN」という略語を紹介したい。これは、次の3つの言葉の略だ。

D＝データ（data）
E＝実験（experiment）
SIGN＝標識（signpost）

有効な行動デザインの設計は、データを集めることから始まる。あなたの会社ではこの5年間、男女をそれぞれ何人採用し、何人昇進させ、どのような地位に就け、どのくらいの給料を支払っているのか？　あなたの学校では、男女がそれぞれ読み書きの能力を伸ばしているのか、変わりがないのか、それともその能力が低下しているのか？　ロビーや会議室に飾られている肖像のうち、男女はそれぞれ何人ずつか？　こうしたことを知っておく必要がある。

データを収集したあとは、実験をおこなう必要がある。デザインがまったく存在しない環境はない。あなたは現状でもなんらかのデザインの影響を受けており、その意味ではすでに実験に参加しているとも言える。単にそのことに自分で気づいておらず、比較グループを用いた実験の形が取られていないだけだ。しかし、実験を設計するときは、意識的に、そして責任感をもっておこなうことが求められる。倫理基準を守ることも忘れてはならない。大学の倫理委員会などの基準に従うべきだろう。[*1]

実験では、新しい「標識」の効果を試す。レストランの店頭に掲げる表示や、面接の手順、オフィスの壁に飾る肖像やポスターなど、人々に好ましい行動を促すための「標識」の有効性を実験するのだ。第2章では、ホテルの部屋の照明を自動的に点灯したり消灯したりするカードキーを紹介した。このカードキーのように、バイアスの影響から逃れられない人間の頭脳がバイアスを排除して意思決定できるようにする仕組みを考案しよう。人々の思考そのものを変えることは目指さない。行動デザインにおける「標識」の役割は、正しいやり方を頭に叩き込んだり、その都度じっくり考えたりしなくても、人々が適切な行動を取れる状況をつくることだからだ。

実践例は増えはじめている

まとめると、実践すべきことは以下のとおりだ。まず、ジェンダーの不平等が存在しているのか、なぜ存在するのかを明らかにするために、データを集める。次に、どのような方法がその不平等を和らげるために有効かを実験する。そして、実験の結果をもとに、行動科学の知見を生かした適切な「標識」をつくり、人々が不平等の是正につながる行動を取るよう促す。このほかに、もう1つ大切なことがある。「ＤＥＳＩＧＮ」の原則を採用する政府や企業、学校、大学が増えていることを同僚たちに伝えよう。

たとえば、老後資金の貯蓄について見てみると、デンマーク、ニュージーランド、イギリス、アメリカなどの国々では、行動科学に基づくアイデア（企業年金への自動加入、雇用主の自動的な資金拠出、本人の主体的選択、社員が現在ではなく未来の掛け金拠出を約束する「セイブ・モア・トゥモロー」の仕組みなど）を通じて、莫大な金額が蓄えられている。それに対し、政府の税優遇措置は、貯蓄を奨励する効果が大きくない。政府がその種の措置に1ドル費やしても、貯蓄は100分の1ドルしか増えない（それにもかかわらず、税優遇措置に、アメリカ政府は年間1000億ドル、イギリス政府は年間300億ドル相当をつぎ込んでいる）。

行動デザインの成功例はほかにも多い。イギリスでは、「行動インサイトチーム」（通称ナッジ・ユニット）が成果を上げている。必要事項があらかじめ記入してある願書を用意することにより、貧困層の大学進学率が25％上昇し、多くの人に共有されている規範を念押しすることにより、納税額が16％増加した。人々に食事メニューを前もって選択させる仕組みを導入することにより、健康的な食生活を促すこともできた。同チームは、データ収集、実験、実験結果の評価をおこなうことを通じて、こうしたことを成し遂げている。この点は、行動インサイトチームのリーダー、デーヴィッド・ハルパーンの著書『インサイド・ザ・ナッジ・ユニット』（未邦訳）に詳しい。

イギリスでは近年、分野ごとにいくつもの「ホワット・ワークス研究所」という組織が設立され、学業成績の向上や地域の発展を目的にデザインの設計を目指す人たちに実践的なノウハウを提供している。こうした分野での成功例を土台に、いよいよジェンダーの不平等を是正するためにこの手法を活用する時がやって来た。*2

イギリスだけでなく、オーストラリア、オーストリア、デンマーク、フィンランド、ドイツ、グアテマラ、メキシコ、オランダ、ノルウェー、シンガポール、南アフリカ、スウェーデン、アメリカなど、多くの国が同様の取り組みを始めている。そのような動きは、国際機関でも見られる。世界銀行は2015年、行動科学の活用を目指す新部門「グローバル・インサイツ・イニシアチブ」を発足させ、主要報告書の『世界開発報告』で行動科学の知見を取り上げた。ジム・ヨン・キム総裁はこう記している。「このアプローチは、意思決定と行動の質を目覚ましく改善させる可能性がある。応用可能な領域もきわめて大きい……今年の世界開発報告は、開発コミュニティが前進するために重要な新しいテーマを提唱している」

カリフォルニア大学バークレー校、カーネギーメロン大学、シカゴ大学、ハーバード大学、プリンストン大学、ペンシルベニア大学などの大学は、行動科学の研究で先頭を走っている。ハーバードでは、ケネディ行政大学院の公共リーダーシップ・センター内に、私とマックス・ベイザーマンが共同座長を務める「行動インサイト・グループ」がある。行動科学の知見を活用することは、リーダーにとって重要なスキルだからだ。よいリーダーは、行動デザイナーでもあるべきなのだ。[*3]

リーダーに求められること

リーダーには、多くのことが求められる。まずなにより、リーダーはフォロワーをもたなくてはならない。政治分野のリーダーは、どうやって有権者に投票所へ足を運ばせるかについてトッド・

ロジャーズらの研究を参考にすべきだ。アメリカのバラク・オバマとインドのナレンドラ・モディは、それに成功して勝利をつかんだ。有権者が投票の計画を立てるのを助け、ほかのほとんどの人が投票したと伝えることにも、投票を促す効果がある。この方法なら、コストはきわめて小さく、効果は既存の方法より大きい。[*4]

人材の確保も、リーダーに求められる重要な役割だ。イギリスの警察は、ある方法により、採用候補者の母集団を大幅に拡大させることに成功した。以前よりフレンドリーなトーンでメッセージを打ち出すことに加えて、採用試験直前の志願者にシンプルな問いを投げかけるようにしたのだ。その問いとは、「なぜ、警察官になりたいと思ったのですか？　なぜ、それがあなたのコミュニティにとって大きな意味をもつのですか？」というものだ。このようにメッセージのトーンを変え、警察官を目指した動機を思い出すよう促すと、マイノリティの合格率が50％上昇した。小さな変革で大きな成果を生み出すために必要だったのは、行動インサイトチームのメンバーが独創的なアイデアを思いつき、それを実験することだった。

リーダーは、人々にやる気をもたせ、ベストを尽くさせることにより、成果を高め、好ましい行動を促したい。ささやかなデザイン上の工夫を紹介しよう。スコット・ウィルターマスとフランチェスカ・ジーノの研究に基づく、ささやかな工夫だ。その研究によると、報酬が数回にわけて提示された場合、人はより一生懸命働くという。たとえば、2度の社員旅行という同じご褒美でも、それが2回にわけて示されると働き手の感じ方が変わる。目標が2つ設定されたとき、人は2つ目の目標に向けて頑張る。旅行の内容が2度ともまったく同じでも、1度目の旅行を獲得したあとで2度目の旅行を提示された場合は、第二のご褒美に向けて努力を続ける人が3倍以上に増えるという。最初のご褒美を獲得していても、次のご褒美のために努力しないと「損をする」ように感じるのだ。

よいリーダーは、生産性を高めるだけではない。みずから倫理的な判断をし、ほかの人たちにも同様の行動を促す。行動倫理学という新しい学問分野では、人が正しい行動を取るのを妨げる要因について研究が進んでいる。それによると、みずからが道徳的な行動を取るためには、老後資金の貯蓄や、減量のエクササイズを実践する場合と同様のデザインが有効だ。「すべきだと思うこと」と「したいと思うこと」の間の緊張関係を乗り越えたければ、いまのうちに未来の自分を縛っておけばいいのだ。行動する直前ではなく、ずっと前に行動を決めておくほうが、正しい行動を取れる確率は高まる。新しい行動デザインを導入しようとするリーダーは、いきなり大変革を推し進めようとしないほうがいい。たとえば、いますぐではなく、数カ月先に構造化面接を導入することへの同意を取りつけようと考えたほうがうまくいく。[*5]

ビジネス界では、グーグルほど「ＤＥＳＩＧＮ」の原則を実践できている企業は少ない。大半のテクノロジー企業がそうであるように、グーグルもジェンダーの平等に関しては改善の余地が大きい。それでも、同社はデータに基づき、無意識のバイアスに注意を喚起するための社員研修を実施している。同社の人事担当上級副社長を務めたラズロ・ボックは、データを見て、社内でどのようにバイアスが作用しているのかを考えた。「非常に上品な環境で、露骨なバイアスにはほとんどお目にかからない」と言う。「たまに愚か者が有害な行動を取ることがあるけれど、そのような人物はクビになる」。そのため、バイアスはほぼ水面下で作用しているのではないかと考えたのだ。バイアスの影響を受けて行動している社員自身も含めて、ほとんどの人がそれに気づいていない可能性があると考えたのだ。ボックは「潜在連合テスト（ＩＡＴ）」（第1章参照）を受けたあとで、こう述べている。「（このテストを受けると）それまでまったく気づいていなかっただけで、実はいたるところにバイアスの影響があったのだと思い知らされる」[*6]

現状を診断する第一歩として有用なツールは、ＩＡＴ（https://implicit.harvard.edu）だけではない。第5章で紹介したＥＤＧＥ（www.edge-cert.org）も役に立つ。データを把握し、組織の中で起きていることと改善すべきことを知れば、実験の段階に進むことができる。

学術的な研究によって何が明らかになっているかを知りたい場合は、ハーバード大学ケネディ行政大学院の「女性と公共政策プログラム」が設けている「ジェンダー・アクション・ポータル」(http://gap.hks.harvard.edu/) をお勧めしたい。このウェブサイトにアクセスすれば、経済、政治、健康、教育の分野でジェンダーの不平等を和らげるための方策について、科学的な知識を検索できる。フィールド実験やラボ実験に基づく知見の概略がわかりやすく紹介されている。採用におけるバイアスに関心がある人は、第6章で紹介した「アプライド」(www.beapplied. com) などのツールを用いてもいい。このツールを利用すれば、一定の手続きに従って採用活動を実践し、バイアスの影響を排除しやすくなる。[*7]

さあ、世界を変えるために行動しよう

いますぐ行動を起こすべきだ。デザインの設計はいつでも始められる。本書では、ジェンダー平等のためのデザインに関して多くのアイデアを示してきた。すべて科学的研究に裏打ちされたものだ。最後に、あなたがこれらのアイデアを試す際の手助けになるように、本書で論じてきた4つの領域――研修、人材マネジメント、職場と学校、ダイバーシティ――ごとに、デザイン上の原則の骨子を紹介しておこう。これを見れば、行動デザインを採用するときに目指すべきことを簡単におさらいできる。

1 研修――「研修」から「能力構築」へ
2 人材マネジメント――「直感」から「データ」と「仕組みづくり」へ
3 職場と学校――競争の環境を「不平等」なものから「平等」なものへ
4 ダイバーシティ――「数合わせ」から「成功の条件づくり」へ

おしまいに、もう1つ実例を紹介したい。私の地元であるボストンの例だ。その取り組みには、ケネディ行政大学院の「女性と公共政策プログラム」(wapp.hks.harvard.edu)も深くかかわっている。

2013年4月9日、当時のボストン市長トーマス・メニノがビジネス、行政、非営利、学術の分野のリーダーを集めて、「女性労働力評議会」を設置した。その目的は、「仕事の世界から男女の給料格差をなくし、女性の昇進を妨げる障害——目に見えるものと目に見えないものの両方——を取り除くこと」とされていた。評議会は、その目的を達成するために企業と行政機関と非営利団体ができることを報告書にまとめ、「100%タレント」と題した協定書を用意した。企業などが科学的な裏づけのあるデザインを3つ以上試し、その結果を研究者に評価させることを確約する協定書だ。本書執筆時点で50社が署名し、データ収集に協力している。これにより、ジェンダーに関して自社のデータを収集して分析する機会をはじめて得た企業も多かった。この取り組みは、これらの企業が問題の解決を目指し、有効性が実証されているデザイン上の工夫を採用するきっかけにもなっている。この点は、評議会にとって目覚ましい成功と言える。[*8]

世界中の企業、大学、政府が、ジェンダーの平等を実現するためのデザインづくりに向けて動きはじめている。より公正で、よりよい世界を築くという難事業を成し遂げることは、不可能ではない。あとは、あなた次第だ。

謝辞

本書は、10年近い旅の産物だ。その旅は、ハーバード大学ケネディ行政大学院のデーヴィッド・エルウッド学部長（当時）に誘われて「女性と公共政策プログラム」の責任者に就任したときから始まった。そのとき、私は胸躍った。行動経済学者として人と組織の意思決定を助けるために用いてきた知見とツールを、社会におけるジェンダーの不平等を解消するために活用できることになったからだ。私はすぐに、この2つの課題が同じものだと気づいた。意思決定の質を高めるためには、バイアスの影響を受けないようにする必要がある。ジェンダー・バイアスも、ほかのさまざまなバイアスと同様、適切な判断の妨げになる。人はバイアスの存在を意識していなくても、それにより思考と判断と決定が影響される。採用や昇進の判断を誤ったり、不公正な試験をおこなったり、教室や取締役会議室にステレオタイプを蔓延させたりしてしまうのだ。

行動科学を学んできた私は、これらの問題のいくつかを解決するツールをもっていた。私たちが生活し、学び、働く環境からバイアスを取り除くことは、私にとって、研究テーマというだけでなく、「女性と公共政策プログラム」を率い、ケネディ行政大学院の学部長を務めるうえでの基本指針にもなった。本を書きたいという意欲は強かったが、２０１１～14年は学部長の業務に忙殺されて執筆が進まなかった。それでも、デーヴィッド・エルウッドやスクールの幹部チームと仕事をし、多くを学ぶことにより、組織の仕組みと人間のマネジメントについて貴重な知識を得ることができた。デーヴィッド、ジョン・ヘイグ、スザンヌ・クーパー、サラ・ウォルド、メロディー・ジャクソン、マット・アルパー、チャーリー・ハイト、ベス・バンクス、カレン・ジャクソン゠ウィーヴァー、ジャニー・ウィルソンと仕事ができて光栄だった。

2014年夏、私は学部長を退き、教育と研究、「女性と公共政策プログラム」と素晴らしいチームのもとに戻ってきた。プログラムのエグゼクティブ・ディレクターであるヴィクトリア・バドソンは、政策立案者・意思決定者に理解しやすいように学術研究の成果を「翻訳」する達人だ。そのバドソンのリーダーシップのもと、同プログラムは、「ホワイトハウス女性・少女評議会」、ヒラリー・クリントン国務長官（当時）が立ち上げた「公共部門で働く女性プロジェクト」、ボストン市の「女性労働力評議会」など、多くの組織と協働してきた。アニシャ・アスンディ、ダニエル・ブードロー、ニコール・カーター・クイン、ケリー・コンリー、エム・ギャンバー、カーラ・マシューズ、ヘザー・マッキノン・グレノン、リンゼー・シェパードソンは日々、世界を女性と男性の両方にとってよりよい場所に変えている。私たちがあなたたちに助けられたことは計り知れない。

アニシャ、カーラ、ケリー、ニコールは、本書の計画に強い関心を示し、貴重な助言と感想を寄せてくれた。アニシャは、リサーチ・アシスタントの義務の範囲をはるかに越えた貢献をした。彼女のように高度な専門性と献身性をもった人物と一緒に仕事ができたことは、望外の幸せと言うほかない。コミュニケーションも含む、あらゆるデザインに関して卓越した審美眼をもつケリーのおかげで、本書は（そして、私の講演やウェブサイトなども）はるかに質が高いものになった。ニコールは、テーマがなんであれ、冷静なアドバイスが欲しいときにいつも相談に乗ってくれた。カーラは、私のスケジュールを管理し、貴重な意見を聞かせてくれた。

また、私が伝えたいコンセプトやデータについて考えをまとめるのを助け、本のカバーデザインについて相談に乗ってくれた人たち全員にお礼を言いたい。私たちは、カバーに使う色や文字のフォント、デザインを話し合い、どれがいいか投票をおこなった。これには、アメリカと祖国スイスの家族たちも参加した。この本を形にできたのは、ハーバード大学出版会のティム・ジョーンズとエリック・マルダー率いるチームのおかげだ。創造性を発揮し、忍耐強くつき合ってくれたティムとエリックに感謝したい。

本書のタイトルを決めるプロセスでも、「女性と公共政策プログラム」内外の多くの人の力を借りた。ジェンダーの平等とデザインという2つの要素をタイトルに盛り込むべきだとは思っていたが、まだ決め手を欠いていた。そこで、新しい友人たちに助言を求めた。その誰もが惜しみなく専門的な知識を提供してくれた。マックス・ベイザーマン、ジェーソン・ベックフィールド、ポール・ボネット、ドミニク・ボネット・チュルヒャー、メアリー・ブリントン、スティーブ・フロスト、ジャナ・ガルス、クラウディア・ゴールディン、キャロル・ハミルトン、デーヴィッド・レイブソン、マイケル・モーブッサン、キャスリーン・マギン、フェリックス・オーバーホルツァー＝ジー、リサ・オーバーホルツァー＝ジー、キャロル・シュワーツ、キャス・サンスティーン、ララ・ワーナー、リチャード・ゼックハウザー、マイケル・チュルヒャー、そしてアニシャとケリーとのやり取りを通じて、多くのことを学んだ。研究室のホワイトボードがまだ使い物になっていることは驚きだ。それくらい、私たちは多くのことをホワイトボードに書いて議論した。あなたたちに心からの感謝を伝えたい。

ケネディ行政大学院の「女性リーダーシップ評議会」の支援がなければ、本書は誕生しなかった。評議会のメンバーである偉大な女性リーダーたちは、私がまだ本格的に書きはじめる前から、このプロジェクトの可能性を信じてくれた。彼女たちは、知を生み出し、それを実践に移し、社会に影響を及ぼすという旅路の同伴者にもなってくれた。多くの学びをありがとう！　評議会からの信頼と支援に対して、現委員長のララ・ワーナー、歴代の委員長であるジャニー・ミンスコフ・グラント、ロクサーヌ・マンキン・カーソン、バーバラ・アニス、フランシーヌ・ルフラックに感謝したい。

エクソンモービル社の「女性エンパワーメント・イニシアチブ」のアビゲイル・ディズニー、そしてハーバード大学ウェザーヘッド国際問題研究所は、私たちの研究を支援してくれた。私がケネディ行政大学院でジェンダーの問題に取り組む土台をつくってくれた、先見の明の持ち主たち——ヴィクトリア・バドソン、スワン・ハント、ジェニー・マンスブリッジ、ジョー・ナイ、ホリー・テイラー・サージェント、シャーリー・ウィリアムズにもお礼を言いたい。また、「女性と公共政策プログラム」が協働してきたリーダーたち——ウィメンスフィアのアナリサ・バラレス、世界女性リーダー評議会のローラ・リズウッド、ハーバード・ロースクール交渉プログラムのロバート・ムヌーキン、シモンズ大学経営大学院のデボラ・コルブ、世界経済フォーラムのサーディア・ザヒディへの感謝も忘れるわけにはいかない。

クレディ・スイスの社外取締役としての仕事からも、多くのことを学んだ。ウルス・ローナー会長と取締役会の同僚たち、ティージャン・ティアムCEOとブレイディ・ドゥーガン前CEO、そして執行委員会のメンバーに、お礼を言いたい。この面々は行動科学に関心をもち、ジェンダーの平等を真剣に目指している。クレディ・スイスをこのような会社に育ててきた人たちと、私が社外取締役として接してきた同社の人たちにも感謝している。

本書に記した思考を形づくるうえでは、研究仲間の存在が不可欠だった。それは以下の人たちだ。モハマド・アルイシス、ナヴァ・アシュラフ、マックス・ベイザーマン、ブルーノ・フライ、フィオナ・グレイグ、ベネディクト・ハーマン、ケスリー・ホン、シュテフェン・ハック、ドロテア・キューブラー、ステファン・マイヤー、フェリックス・オーバーホルツァー＝ジー、マリヘ・パルヤヴィ、ファルザド・サイディ、アレクサンドラ・ヴァンジーン、リチャード・ゼックハウザー。そして、ハーバード大学の同僚たち、とくにマックス・ベイザーマンとともに共同座長を務めている「行動インサイトチーム」(同チームは、アビゲイル・ダルトンにより見事に運営されている)と、「女性と公共政策プログラム」の諮問委員会、ウェザーヘッド国際問題研究所ジェンダー不平等イニシアチブのメンバーたち。現在と過去の学生と研究員たち。世界経済フォーラムのヤング・グローバル・リーダーたちと、同フォーラムの「行動に関するグローバル・アジェンダ・カウンシル」と「女性へのエンパワーメントに関するグローバル・アジェンダ・カウンシル」のメンバーたち。友人としての義務の範囲を越えて本書のために力になってくれた長年の友人たちと新しい友人たち——キャンディス・ボーモント、デーヴィッド・ベーマー、デボラ・ボルダ、ベス・ブルック＝マーシニャク、スティーブ・フロスト、ミシェル・ガズデン＝ウィリアムズ、キャロル・ハミルトン、パット・ハリス、オリヴィア・リーランド、カロリナ・ミュラー＝メール、メラニー・リチャーズ、ミリアム・ストウブ＝ビザング、ケリー・トンプソン。

本書の多くの部分は、研究休暇でオーストラリアのシドニー大学に滞在していたときに執筆した。同大学への滞在を実現させ、私たち家族がシドニーの美しいマンリー地区に移り住むのを助けてくれたのは、マイク・ヒスコックスだ。同大学アメリカ研究センターに私を迎え入れてくれたベイツ・ギルとメリッサ・グラ＝マッキントッシュ、執筆を前進させるうえで有益な議論の場になった数々のワークショップの参加者たちにもお礼を言いたい。ニューサウスウェールズ州公務員管理委員会のグレーム・ヘッド委員長は、行動科学の知見を活用し、誰もが平等に参加できる仕組みをつくるために称賛すべき仕事をしている。ジェンダーの平等に関してリーダーシップを振るい、人々を鼓舞し、私のために多くの扉を開いてくれたキャロル・シュワーツ、起業家として範を示し、親切に接してくれたダイアン・ローレンス、そして新しい考え方を主導しているオーストラリア政府の「職場における男女平等局（WGEA）」にも感謝したい。

リンダ・バブコック、マックス・ベイザーマン、ハナ・ライリー・ボウルズ、ジャナ・ガルス、ケイト・グレーズブルック、キャス・サンスティーン、アニエラ・ウングレサンは、草稿の一部や全部に目を通してくれた。思慮深いフィードバックと賢明な助言に、どんなに助けられただろう！　校正刷りに目を通してくれたドリー・チュー、テリーサ・ランド、スザンヌ・シュワーツにも、心から感謝している。この段階での意見はとても貴重だった。そして、やはりアニシャにお礼を言いたい。終始、有能な監督者として支えてくれた。

本書に最も大きな影響を及ぼした人物は、ハーバード大学出版会の担当編集者トーマス・レビーンだ。著者が編集者に望みうる資質をすべて備えた編集者と言っていい。散漫な文章を1つの著作にまとめ上げ、学術研究を実践的な指針に転換するための理論と技術の持ち主であるトーマスは、私が自分の「声」を見いだし、自分のアイデアに命を吹き込むのを助けてくれた。ありがとう、トーマス！ 賢明なフィードバックを寄せてくれたケート・ブリック、勤勉にサポートしてくれたアマンダ・ペリーにもお礼を言いたい。制作進行を担当してくれたキンバリー・ジャンバティスト、てきぱきと索引をつくってくれたアン・マグワイアにも深く感謝している。ハーバード大学出版会のマイク・ジャラタノ、エミリー・ファーガソン、レベッカ・ホワイト、広報担当のゴールドバーグ・マクダフィー・コミュニケーションズのアンジェラ・バゲッタとリン・ゴールドバーグは、本書のプロジェクトを支援し、メッセージを広めるために力を尽くしてくれた。最初に会った瞬間から本書の意義を信じ、本書の主張に情熱をいだいてくれたスーザン・ドネリーにも感謝している。

私が本を書きたいと思い立ったとき、貴重な時間と経験と知識を惜しみなく提供してくれたのは、マックス・ベイザーマンだった。影響力ある著作を多数発表してきたマックスは、執筆の全過程を通じて私を手引きし、誰に会うべきかを指南し、落とし穴にはまらないように助言してくれた。あなたの友情と親切のおかげで、執筆がより楽しく円滑に進んだ。本当にありがとう！ マックスとキャス・サンスティーンは、最初に私をトーマスに引き合わせてくれた人物でもある。トーマスと仕事をした経験をもつ2人は、1時間の打ち合わせが数年にわたる実り多い協力関係に発展することを予期していたに違いない。ハーバード大学出版会に紹介してくれたジュディ・シンガー、初期に助言を送ってくれたドン・ムーア、さまざまな橋渡しをし、大切な人たちに紹介してくれたデーブ・ヌスバウムとケード・マッセー、そして著書『GIVE & TAKE』（邦訳・三笠書房）の精神をみずから実践して、賢明な助言を送ってくれたアダム・グラントにもお礼を言いたい。

家族の支援がなければ、本書を書き上げることはできなかった。両親のルースとポールは、世界で最高の親だ。いつも私を信じ、支え、無条件の愛を注いでくれた。姉妹のブリジットは、子どもの頃からいつも刺激を与えてくれた。思いやりがあり、親切で、愛情深いブリジットが築いた家族たち――ハンス＝リューディ、そして若く力強い女性であるガブリエラとミリアム（それぞれスイスのムルクとインドのデリーで暮らしている）――と親戚でいられることは、私にとって至高の経験と言っていい。

本書では、人が自信過剰になる傾向があることを指摘した。しかし、人はときとして、本当に数々の「最高」に恵まれている場合があることも事実だ。マイケルほどの夫は、どこを探してもいないだろう。あなたの深い愛情と理解が私をどれほど勇気づけてくれたかは、言葉では説明しきれない。あなたと暮らしていると、ジェンダーの平等を実践することがいとも簡単に思えてくる！　ドミニクとルカは、私たち夫婦にとって最高の贈り物だ。この2人以上に素晴らしい子どもは望みようがない。彼らは、現在を大切にして生きること、目の前の時間を楽しむことを教えてくれた。2人ほど、本書のメッセージを広める「大使」の役割にふさわしい存在はまずいない。

解説 何が有効か？――男女平等を実現するための〈行動デザイン〉

大竹文雄
（大阪大学大学院経済学研究科教授）

女性活躍はなぜ進まないのか

本書は、行動経済学を背景にして、デザインの力でジェンダー格差を解消するための理論と実践を示したものだ。著者は、ハーバード大学ケネディ行政大学院の行動経済学者、イリス・ボネット教授である。公共政策大学院で教えているだけあって、本書は企業実務や政策にすぐに役立つように書かれている。

働き方改革が、日本社会で大きな注目を集めている。長時間労働が健康に悪影響を与えるということから、労働時間の抑制を目指しているのもその1つである。また、正社員と非正社員の間の格差を解消して、多くの人が柔軟な働き方ができるようにするというのもそうである。さらには、仕事と家庭を両立できるような働き方にすることも目標とされている。こうした働き方改革は、「一億総活躍社会」という政府の政策目標から派生してきている。

安倍政権の一億総活躍社会は、「①若者も高齢者も、女性も男性も、障害や難病のある方々も、一度失敗を経験した人も、みんなが包摂され活躍できる社会。②一人ひとりが、個性と多様性を尊重され、家庭で、地域で、職場で、それぞれの希望がかない、それぞれの能力を発揮でき、それぞれが生きがいを感じることができる社会、③強い経済の実現に向けた取組を通じて得られる成長の果実によって、子育て支援や社会保障の基盤を強化し、それが更に経済を強くするという『成長と分配の好循環』を生み出していく新たな経済社会システム」を具体的なイメージとして掲げている。

このような社会を目指す背景には、少子高齢化の問題がある。人口減少社会に入った日本が経済成長を維持するためには、生産性の向上が必要だ。生産性の向上は、働いている人一人ひとりの生産性を上げていくことと、働く人の比率を高めていくことで達成できる。それが、「一億総活躍社会」という政策目標が掲げられている理由の1つである。実際、日本では今まで雇用機会均等法をはじめ、女性が活躍できる社会にするための様々な制度改革がなされてきた。2018年4月には、働き方改革関連法案が国会提出された。この法案には、長時間労働の是正、柔軟な働き方の実現、同一労働同一賃金の確保が含まれている。

ところが、日本の女性活躍のレベルは、国際的にはまだまだ低い。世界経済フォーラムが出している「グローバル・ジェンダー・ギャップ指数」の2017年の日本の順位は、

144か国中114位（2016年は144か国中111位）である。人手不足が深刻化しているなかで、女性の活躍を進めなければ、経営に悪影響が生じる企業もでてくるだろう。

女性の活躍が今まで進んでこなかった理由には、様々なものがある。伝統的な経済学では、女性の活躍が進まない理由として、教育、訓練、才能などの生産性の差があると考えてきた。しかし、これについては、同じような能力の人同士を比べても男女で差があるという実証研究が多い。また、労働市場で差別されるから、教育や訓練を受けても十分な見返りがないと考えて、教育や訓練を受けない女性が多いのかもしれない。もしそうなら、教育水準や訓練量の差そのものが男女差別によって生じているのではないか、ということになる。

経済学からの反論

それでも、伝統的経済学からの反論はある。生産性に比べて女性の賃金が低いということであれば、男女差別をしない経営者は、女性を積極的に採用して低い賃金で高い収益を上げられるはずだ。したがって女性差別をする企業は、女性差別をしない企業に淘汰されてしまうことになる。つまり、企業間の競争を厳しくするような政策によって、女性差別をする経営者を減らすことができるのだ。

また、男女差別が情報の不完全性から発生している可能性もある。企業にとって、どの従業員により多くの訓練を受けさせるべきかというのは重要な問題である。仕事をしながらの職業訓練（ＯＪＴ）にしても職場外での職業訓練（ＯｆｆＪＴ）にしても様々な訓練費用がかかる以上、企業にとっては訓練をするためには訓練費用が回収できることが必須である。それには、訓練によって能力が高まることに加えて、その企業により長く勤務してくれることが重要な判断材料になる。しかし、個々の労働者が、どのくらいの期間その企業に勤続しそうかははっきりわからない。一方で、性別や学歴別の平均的な勤続年数がわかっているとすれば、平均的に離職率が低いグループの社員に訓練をより多くすることが合理的になる。

こうした統計的差別によって、男女間格差が発生しているとすれば、その解決方法は、訓練費用も労働者が負担して生産性に見合った賃金を支払うということになるだろう。だが、訓練の一部は当該企業でしか活用できない技能であって、その場合の生産性の上昇が大きいということであれば、訓練費用の労働者負担も難しい。

一方、企業特殊訓練とは無関係と考えられるような、オーケストラの演奏者や大学教授で観察される男女格差はこれでは説明できない。さらに、仕事の中には、長時間労働をすることで生産性が上がっていったり、顧客の要望に柔軟に対応したり、チームで一緒に働くために、労働時間の自由度が小さいものもある。もし女性の方が家事負担が重く、仕事のために柔軟に労働時間を変えることができないのであれば、それが可能な男性との賃金格差が発生することになる。

それでは、柔軟な働き方がすべての職でできるようになって、企業間の競争が激しくなり、差別的な経営者がいなくなったとして、教育レベル、訓練レベルの男女差がなくなれば、男女間格差はなくなるだろうか。

最近の行動経済学や心理学の研究結果から考えると、それでも男女間格差は簡単には縮小しないだろうと予想できる。それは、女性よりも男性の方が、競争を好み、リスクをとり、自信過剰だという平均的な特性が残るからだ。仮に、女性の方が男性よりも生産性が高かったとしても、女性は競争率の高いポストには挑戦しないし、リーダーになろうとしないし、自己評価も高くなくなってしまう。結果的には、女性は男性よりも昇進しないし、リーダーも少ないということになる。企業にとっては、より生産性が高い人たちに重要なポストに就いてもらった方が得である。

一方、経営者も男女差別をしていないと思っていても、無意識に様々なバイアスをもっているために、知らず知らずに女性の活躍の機会を減らしているかもしれない。そうすると、女性活躍を推進していくことには、どうしても限界があるということになる。

無意識の思い込みを可視化する

私たちの頭の中にある様々なバイアスが無意識のうちに行動に影響を与えているのであれば、その仕組みに応じた対策を打たないと、逆効果になってしまうかもしれない。本書で紹介されているいくつかの例はとても衝撃的だ。ステレオタイプをはねのけるように命じるというのは、私たちは学校でも職場でも行いがちだ。しかし、第2章ではそれらが逆効果の場合があると指摘する。「被験者の学生たちに、ダイバーシティ研修の動画を見せ、高齢者を不利に扱わないように求めると、かえって高齢の求職者に厳しい評価をくだす傾向が強まる」というのだ。

自分には、バイアスがないと思っている人も多いだろう。しかし、本書に紹介されている次のストーリーを読んで、即座に状況を理解できるだろうか。

「父親と息子が交通事故に遭った。父親は死亡、息子は重症を負い、救急車で病院に搬送された。運び込まれた男の子を見た瞬間、外科医が思わず叫び声を上げた。手術なんてできない、その子は私の息子だから、と」

この文章で頭が混乱するのは、外科医と言われただけで男性の外科医を想像してしまうからだ。外科医が女性なら自然に理解できる。

私たちは、無意識のうちに様々な思い込みをしていて、それがかなり重要な意思決定にまで影響を与えている。本書の冒頭で著者が紹介したアメリカのオーケストラにおける演奏家の採用試験の例は印象的だ。採用試験でブラインド・オーディションが採用される前は、女性演奏家の割合が5%であったのが、採用後には35%以上になったという事実である。オーケストラの演奏という、プロにとって技術レベルがわかりやすい分野でよりよい演奏家を求めている場合でも、候補者の性別がわかる場合には、男性を採用する比率が高かったのだ。

バイアスを除去するには、「①バイアスの影響を受ける可能性の認識、②バイアスがはたらく方向性についての理解、③バイアスに陥った場合の素早い指摘、④頻繁なフィードバックと分析とコーチングを伴う研修の実施」という４つのステップが必要だという。最初の３つがクリアされたとしても、最も難しいのは、自分が好ましいと思っていたことをバイアスだと指摘されて、もともとしたくない行動をとらなくてはならない、ということだ。企業のダイバーシティ研修の多くは、これらのことを考慮していないために予算の浪費になっているという。

ダイバーシティ研修は逆効果?!

また、ダイバーシティ研修の多くに効果がないという可能性について、著者は２つのことを指摘する。第一に、「人々は多忙で疲弊しているために、自己コントロールを実践できず、多様な人たちを受け入れられる職場を築けない」という可能性である。脳の「システム２」と呼ばれる論理的な意思決定を行う部位が、認知的作業を熟考して行うことができれば、バイアスから逃れられる。しかし、「システム２」が働くには、注意力と労力が要求される。認知的な負荷がかかっている超多忙な社員に対して「システム２」に働きかけようとするダイバーシティ研修は、逆に、直感的な意思決定を行う「システム１」を発動させるきっかけになっているのかもしれない。

著者は、「認知的作業を多く抱えている人ほど、うわべしか見ずに判断し、性差別的な言葉を使いがちだ」と指摘している。これは、知的な人たちが長時間労働をしていると思われている職場でハラスメント事件が相次いでいることを考えると、重要な指摘だ。

もう1つ、ダイバーシティ研修が効果をもたないか悪影響を与える理由として、「免罪符効果（モラル・ライセンシング）」を指摘する。「人は好ましい行動を取ったあとに、悪い行動を取る傾向がある」のだ。もともと男女差別意識をもっていた人が、ダイバーシティ研修を受けると「免罪符」をもらったと感じて、より差別的になるという可能性だ。確かに、私たちは健康にいいことをすれば、少しぐらい健康に悪いものを食べてもいい、と思いがちだ。

つまり、男女差別を解消するための意識向上を目的とするダイバーシティ研修はやめた方がましだということである。みずからのバイアスを知る「解凍」、組織の現在の仕組みをもとに改善策を考える「変容」、そしてそれを定着させる「再凍結」によって構成される仕組みを取り入れることが必要だという。本書は、「再凍結」の手法として、行動デザインの方法論を示す。人々の価値観を変えることは難しくても、適切なデザインを導入すれば、行動は変えられるという。

行動デザインの可能性

私たちはどのような価値観をもつのも自由かもしれないが、人に迷惑をかけたり、生産性を下げたりするような行動をとることは望ましくない。男女平等政策についても同じである。職場の生産性を高めるために、ジェンダー差別を解消することが必要であっても、人々の価値観をすぐに変えることはできないかもしれない。しかし、社会規範に従いたいとか、合理的行動はこうあるべきだということを気づかせるような後押しをデザインによって行えるのであれば、即効性もある。行動経済学は、どのようなデザインをすれば効果がありそうかということを、理論的に教えてくれる。だが、そうしたデザインが実際に機能するかどうかは、細かい設定や職場の状況にも依存する。そこで、それを確かめるには、実験が必要だ。本書では、実際に効果があったデザインを紹介してくれる。

具体的なデザインについては、本書を読んでいただきたいが、私たちが行いがちな間違いの例を紹介しておこう。イギリス企業の取締役会の女性比率を高める際に、「FTSE100構成企業の取締役に占める割合は12・5%にすぎません」という大臣の発言があった。これは、行動経済学的には逆効果である。「女性取締役が圧倒的な少数派であることを強調すれば、その状況が当たり前だというイメージが生まれる。その結果、人々がその状況を規範とみなして従うようになり、データにあらわれた現実が持続してしまう恐れがある」というのだ。

実際、2013年の大臣の発言は「FTSE100構成企業の94%、FTSE350構成企業の3分の2以上に女性取締役がいます」というものに、著者らのアドバイスの影響で変更された。その結果かどうかは、はっきりしないが、イギリスは2015年までに目標を達成したという。行動経済学では似たような実験結果が知られている。「このルールを守っていない人が何%もいます」という注意や警告をすることは多い。しかし、これは逆効果で、「このルールを守っている人がほとんどです」というメッセージの方が効果的である。

本書で紹介されるデザインが各章末にまとめられている。ここでもあらためてまとめておいた。こうした行動デザインは、ジェンダー平等を達成するために、すぐに役立つものだ。それだけではない。誰もが改善すべきだと思っていても解決できない職場や社会の問題にそのまま応用できることばかりである。

本書が様々な問題の解決に役立つことを確信している。

本書で提示されている「ジェンダー平等のためのデザイン」一覧

慣行とプロセスを変える（第2章）

- 意識向上を目指すダイバーシティ研修をやめる。
- 理性的な判断を促すために、「反対を考える」「自分の内部の集合知を活用する」といった戦略の訓練を積ませる。
- 「解凍(アンフリーズ)→変容(チェンジ)→再凍結(リフリーズ)」を実践する。

交渉の機会を等しく確保する（第3章）

- 女性に発言や交渉を促す。
- 何が交渉可能かについて透明性を高める。
- 女性が他人のために交渉するよう促す。

能力を築く（第4章）

- 女性に——そして男性にも——汎用型のリーダーシップ研修を受けさせるのをやめる。
- メンタリング、スポンサーによる支援、人的ネットワークづくりなど、成功するために必要な要素を提供し、リーダーシップの能力をはぐくむ。
- 計画立案、目標設定、フィードバックなどの行動デザインを駆使して、好ましい行動を継続するための支援をする。

人事上の決定にデータを用いる（第5章）

- データを収集、追跡、分析して、パターンと傾向を見いだし、予測をおこなう。
- 数値計測により問題点をあぶり出し、よりよい解決策を探す。実験をおこない、どのような対策が有効かを明らかにする。
- アルゴリズムの活用を促すために、人間がアルゴリズムの判断を修正する余地をつくる。

賢い評価プロセスを設計する（第6章）
- 1人ずつではなく、一括で採用・昇進をおこない、候補者をほかの候補者と比較して評価をくだす。
- 履歴書から人種や性別などの情報を取り除く。
- 候補者の評価は、資質を測るためのテストや構造化面接でおこなう。自由面接は避ける。

適切な人材を引きつける（第7章）
- 求人広告などのコミュニケーションから、ジェンダーのステレオタイプに沿った表現を取り除く。
- オフィスの滞在時間ではなく、成果に基づいて給料を支払う。
- 求人に対する応募プロセスを透明にする。

リスクのある環境のバイアスを緩和する（第8章）

- リスクをともなう行動への積極性に男女で違いがあり、それが結果に影響を及ぼしている可能性があるときは、リスクのあり方を調整する。
- ステレオタイプにより個人の成果が阻害されないように、ステレオタイプが作用するきっかけになりかねない要素を取り除く。
- リスクに対する積極性の度合いに関係なく、誰もが能力を発揮できる環境をつくる。

等しい条件で競い合えるようにする（第9章）

- ジェンダー・バイアスが弊害を生まないように、バイアスの影響を排除できるデザインを設計する。
- ジェンダー・バイアスが自分と他人に及ぼす影響を和らげる。バイアスの影響を受けた自己評価を上司に伝えない。ほかの人たちが自己評価のバイアスを修正できるように、正しい評価を伝える。
- ジェンダー・バイアスが生む格差を事後的に埋め合わせる。

ロールモデルをつくる（第10章）

- 壁に飾る肖像の多様性を高める。
- 「百聞は一見にしかず」の精神のもと、クオータ制やその他の方法により、ステレオタイプに反するリーダーや幹部の割合を増やす。
- 娘がいる男性はジェンダーの平等を重んじる傾向があると知っておく。

集団的知性が花開く環境をつくる（第11章）

- さまざまな視点と専門性の持ち主が互いに補完し合えるように、突出した能力はもっていなくても多様なメンバーを集める。
- 少数派のメンバーを「トークン」（目につきやすい象徴的存在）にしないように、少数派のメンバーが「閾値」以上の人数になるようにする。
- 多様な考え方が尊重され、誰もがチームに貢献できるように、全員の主張を反映できるプロセスをつくる。全会一致ルールを設けてもいいし、ポリティカル・コレクトネス（差別や偏見を排除した言葉や表現の使用を求める考え方）のルールを定めてもいい。

「規範起業家」になる（第12章）

- 平等促進の成功例を目立たせる。
- ランキングをうまく活用して、人や組織が互いに競い合いながらジェンダーの平等を高めるように促す。
- 法律、ルール、倫理綱領などを通じて、規範を表現する。

行動科学的に賢明な情報開示と説明責任（第13章）

- 情報は、目につきやすく、わかりやすく、比較対象を示すようにする。
- 長期目標とあわせて、達成可能性で具体的な短期目標も設定する。
- 人と組織にルールを守らせるために説明責任を課す。

図版出典

序章

図序-1, 序-2　Image © 1995, Edward H. Adelson.

第 1 章

図1-1, 1-2　Image created by the Women and Public Policy Program at Harvard Kennedy School based on research originally conducted by J. R. Stroop, "Studies of Interference in Serial Verbal Reactions," *Journal of Experimental Psychology* 18（1935）: 643–662.

第 6 章

面接チェックリスト　Image created by the Women and Public Policy Program at Harvard Kennedy School.

第10章

図10-1　Image courtesy of Stephen Coit, reprinted with permission. All rights are reserved.

図10-2　Created by the Australian Workplace Gender Equality Agency in partnership with DDB. Photograph used with permission of the Workplace Gender Equality Agency.

第12章

図12-1　February 24, 2011. Department for Business, Innovation & Skills, United Kingdom. © Crown copyright, Open Government Licence v3.0.

図12-2　Image created by the Women and Public Policy Program at Harvard Kennedy School.

図12-3　Data from Opower Home Energy Report, 2014, http://www.opower.com. Reprinted with permission.

Each': How Separating Rewards into (Meaningless) Categories Increases Motivation," *Journal of Personality and Social Psychology* 104 (2013): 1-13; Todd Rogers and Max H. Bazerman, " Future Lock-in: Future Implementation Increases Selection of 'Should' Choices," *Organizational Behavior and Human Decision Processes* 106 (2008): 1-20; Max H. Bazerman and Ann E. Tenbrunsel, *Blind Spots: Why We Fail to Do What's Right and What to Do About It* (Princeton: Princeton University Press, 2012) [『倫理の死角——なぜ人と企業は判断を誤るのか』(NTT出版)]; Dan Ariely, *The Honest Truth About Dishonesty: How We Lie to Everyone—Especially Ourselves* (New York: Harper Perennial, 2012) [『ずる——嘘とごまかしの行動経済学』(ハヤカワ文庫)]; Francesca Gino, *Sidetracked: Why Our Decisions Get Derailed, and How We Can Stick to the Plan* (Boston: Harvard Business Review Press, 2013) [『失敗は「そこ」から始まる』(ダイヤモンド社)].

*6 Farhad Manjoo, "Exposing Hidden Bias at Google," *New York Times*, September 24, 2014, http://www.nytimes.com/2014/09/25/technology/exposing-hidden-biases-at-google-to-improve-diversity.html.

*7 私はEDGEの科学諮問委員会のメンバーを務めており,「アプライド」にも助言している.

*8 Boston Women's Workforce Council, City of Boston, http://www.cityofboston.gov/women/workforce/.

and Philip E. Tetlock, "Accounting for the Effects of Accountability," *Psychological Bulletin* 125 (1999): 255-275; and Elizabeth Levy Paluck and Donald P. Green, "Prejudice Reduction: What Works? A Review and Assessment of Research and Practice," *Annual Review of Psychology* 60 (2009): 339-367.

＊16 Alexandra Kalev, Frank Dobbin, and Erin Kelly, "Best Practices or Best Guesses? Assessing the Efficacy of Corporate Affirmative Action and Diversity Policies," *American Sociological Review* 71 (2006): 589-617.

＊17 Stefano DellaVigna, John A. List, Ulrike Malmendier, and Gautam Rao, "Voting to Tell Others" (NBER Working Paper, Cambridge, MA, January 2014), http://www.nber.org/papers/w19832.pdf.

おわりに　変革をデザインする

＊1 Michael Luca, "Were OkCupid's and Facebook's Experiments Unethical?" *Harvard Business Review*, https://hbr.org/2014/07/were-okcupids-and-facebooks-experiments-unethical.

＊2 David Halpern, *Inside the Nudge Unit: How Small Changes Can Make a Big Difference* (London: W.H. Allen, 2015); Gabriel D. Carroll, James J. Choi, David Laibson, Brigitte C. Madrian, and Andrew Metrick, "Optimal Defaults and Active Decisions," *Quarterly Journal of Economics* 124 (2009): 1639-1674; Richard H. Thaler and Shlomo Benartzi, "Save More Tomorrow™: Using Behavioral Economics to Increase Employee Saving," *Journal of Political Economy* 112 (2004): 164-187; Richard H. Thaler, *Misbehaving: The Making of Behavioral Economics* (New York: W.W. Norton & Company, 2015) [『行動経済学の逆襲』(早川書房)].

＊3 World Bank Group, World Development Report 2015 (Washington, DC: World Bank, 2015), https://openknowledge.worldbank.org/handle/10986/20597 [『世界開発報告 (WDR) 2015：心・社会・行動』] http://www.worldbank.org/ja/country/japan/publication/world-development-report]; Behavioral Insights Group, Harvard Kennedy School Center for Public Leadership, http://cpl.hks.harvard.edu/behavioral-insights-group. John Beshears and Francesca Gino, "Leaders as Decision Architects," *Harvard Business Review*, https://hbr.org/2015/05/leaders-as-decision-architects [「行動経済学でよりよい判断を誘導する方法」DIAMONDハーバード・ビジネス・レビュー，2016年1月号].

＊4 David W. Nickerson and Todd Rogers, "Do You Have a Voting Plan? Implementation Intentions, Voter Turnout, and Organic Plan Making," *Psychological Science* 21 (2010): 194-199; Neil Malhotra, Melissa R. Michelson, Todd Rogers, and Ali Adam Valenzuela, "Text Messages as Mobilization Tools: The Conditional Effect of Habitual Voting and Election Salience," *American Politics Research* 39 (2011): 664-681; Christopher J. Bryan, Gregory M. Walton, Todd Rogers, and Carol S. Dweck, "Motivating Voter Turnout by Invoking the Self," *Proceedings of the National Academy of Sciences USA* 108 (2011): 12653-12656.

＊5 Halpern, *Inside the Nudge Unit*; Scott S. Wiltermuth and Francesca Gino, " 'I'll Have One of

次を参照．George Loewenstein, "Confronting Reality: Pitfalls of Calorie Posting," *American Journal of Clinical Nutrition* 93 (2011): 679-680; Julie S. Downs, George Loewenstein, and Jessica Wisdom, "Strategies for Promoting Healthier Food Choices," *American Economic Review* 99 (2009): 159-164; Bryan Bollinger, Phillip Leslie, and Alan Sorensen, "Calorie Posting in Chain Restaurants," *American Economic Journal: Economic Policy* 3 (2011): 91-128.

*11 "Executive Order—Non-Retaliation for Disclosure of Compensation Information" (The White House, Office of the Press Secretary, April 8, 2014), https://www.whitehouse.gov/the-press-office/2014/04/08/executive-order-non-retaliation-disclosure-compensation-information; "Presidential Memorandum—Advancing Pay Equality Through Compensation Data Collection" (Office of the Press Secretary, The White House, April 8, 2014), https://www.whitehouse.gov/the-press-office/2014/04/08/presidential-memorandum-advancing-pay-equality-through-compensation-data; "Valerie Jarrett: Wage 'Transparency' Will Help Employers 'Avoid Lawsuits' " (*CNS News*, April 8, 2014), http://www.cnsnews.com/news/article/susan-jones/valerie-jarrett-wage-transparency-will-help-employers-avoid-lawsuits.

*12 Duncan Gilchrist, Michael Luca, and Deepak Malhotra, "When 3 + 1＞4: Gift Structure and Reciprocity in the Field," *Management Science* (April 2015), http://www.hbs.edu/faculty/Pages/item.aspx?num=45668.

*13 交渉については，次を参照．Leigh Thompson, *The Mind and Heart of the Negotiator*, 5th edition (Boston: Prentice Hall, 2011)；女性が目標にどう反応するかは，次を参照．Madeline E. Heilman and Victoria Barocas Alcott, "What I Think You Think of Me: Women's Reactions to Being Viewed as Beneficiaries of Preferential Selection," *Journal of Applied Psychology* 86 (2001): 574-582; Jennifer Whelan and Robert Wood, "Targets and Quotas for Women in Leadership" (Gender Equality Project, Center for Ethical Leadership, Ormond College, University of Melbourne, August 5, 2014), https://cel.edu.au/our-research/targets-and-quotas-for-women-in-leadership.

*14 目標を絞ることの重要性については，次を参照．Dilip Soman and Min Zhao, "The Fewer the Better: Number of Goals and Savings Behavior," *Journal of Marketing Research* 48 (2011): 944-957；貯蓄における小目標の有効性については，次を参照．Helen Colby and Gretchen B. Chapman, "Savings, Subgoals, and Reference Points," *Judgment & Decision Making* 8 (2013): 16-24；校正の実験は，次を参照．Dan Ariely and Klaus Wertenbroch, "Procrastination, Deadlines, and Performance: Self-Control by Precommitment," *Psychological Science* 13 (2002): 219-224.

*15 イスラエルの研究は，次を参照．Arie W. Kruglanski and Tallie Freund, "The Freezing and Unfreezing of Lay-Inferences: Effects on Impressional Primacy, Ethnic Stereotyping, and Numerical Anchoring," *Journal of Experimental Social Psychology* 19 (1983): 448-468；関連する研究結果は，次を参照．Louis A. Boudreau, Reuben M. Baron, and Peter V. Oliver, "Effects of Expected Communication Target Expertise and Timing of Set on Trait Use in Person Description," *Personality and Social Psychology Bulletin* 18(1992): 447-451; Louise F. Pendry and C. Neil Macrae, "What the Disinterested Perceiver Overlooks: Goal-Directed Social Categorization," *Personality and Social Psychology Bulletin* 22 (1996): 249-256；さまざまな研究のレビューは，次を参照．Jennifer S. Lerner

われない」を変える方法』（ハヤカワ文庫）〕, 引用個所は pp. 61-62.

＊6　Ginger Zhe Jin and Phillip Leslie, "The Effect of Information on Product Quality: Evidence from Restaurant Hygiene Grade Cards," *Quarterly Journal of Economics* 118（2003）: 409-551; Jun Seok Kang, Polina Kuznetsova, Yejin Choi, and Michael Luca, "Where Not to Eat? Improving Public Policy by Predicting Hygiene Inspections Using Online Reviews"（Proceedings of the Conference on Empirical Methods in Natural Language Processing, 2013）, http://www.hbs.edu/faculty/Pages/item.aspx?num=45649.

＊7　Brigitte C. Madrian and Dennis F. Shea, "The Power of Suggestion: Inertia in 401（k）Participation and Savings Behavior," *Quarterly Journal of Economics* 116（2001）: 1149-1187;「デフォルト」の功罪については，次を参照．N. Craig Smith, Daniel G. Goldstein, and Eric J. Johnson, "Choice Without Awareness: Ethical and Policy Implications of Defaults," *Journal of Public Policy & Marketing* 32（2013）: 159-172.

＊8　Australian Securities and Investments Commission, http://asic.gov.au/; Canadian Securities Exchange Home, http://www.cnsx.ca/CNSX/Home.aspx; Financial Conduct Authority, http://www.fca.org.uk/; Autoriteit Financiële Markten（The Netherlands Authority for the Financial Markets）, http://www.afm.nl/en; US Securities and Exchange Commission, http://www.sec.gov/; "Board of Director Gender Diversity 'Comply or Explain' Disclosure a New Reality for Canadian Reporting Issuers"（LaBarge Weinstein LLP）, http://www360.lwlaw.com/board-of-director-gender-diversity-comply-or-explain-disclosure-a-new-reality-for-canadian-reporting-issuers/; "Women on Boards 2011"（UK Government, February 2011）, https://www.gov.uk/government/uploads/system/uploads/attachment_data/file/31480/11-745-women-on-boards.pdf; "Women on Boards 2015: Fourth Annual Review"（UK Government, March 2015）, https://www.gov.uk/government/publications/women-on-boards-2015-fourth-annual-review.

＊9　アメリカの女性取締役については，次を参照．"2011 Catalyst Census: Fortune 500 Women Board Directors," Catalyst, December 13, 2011, http://www.catalyst.org/system/files/2011_Fortune_500_Census_WBD.pdf; "2014 Catalyst Census: Women Board Directors," Catalyst, January 13, 2015, http://www.catalyst.org/knowledge/2014-catalyst-census-women-board-directors.

＊10　Jason P. Block and Christina A. Roberto, "Potential Benefits of Calorie Labeling in Restaurants," *JAMA* 312（2014）: 887-888; Alexa Namba, Amy Auchincloss, Beth Leonberg, and Margo G. Wootan, "Exploratory Analysis of Fast-Food Chain Restaurant Menus Before and After Implementation of Local Calorie-Labeling Policies, 2005-2011," *Preventing Chronic Disease* 10（2013）: 1545-1151; Jonas J. Swartz, Danielle Braxton, and Anthony J. Viera, "Calorie Menu Labeling on Quick-Service Restaurant Menus: An Updated Systematic Review of the Literature," *The International Journal of Behavioral Nutrition and Physical Activity* 8（2011）: 135. さまざまなデザインについては，次を参照．Susan E. Sinclair, Marcia Cooper, and Elizabeth D. Mansfield, "The Influence of Menu Labeling on Calories Selected or Consumed: A Systematic Review and Meta-Analysis," *Journal of the Academy of Nutrition and Dietetics* 114（2014）: 1375-1388. データに関する議論については，

Lawrence Lessig, "The Regulation of Social Meaning," *University of Chicago Law Review* 62 (1995): 943-1045.

＊19　Title IX of the Education Amendments of 1972, US Department of Justice, http://www.justice.gov/crt/about/cor/coord/titleix.php; Jake Simpson, "How Title IX Sneakily Revolutionized Women's Sports," *The Atlantic*, June 21, 2012, http://www.theatlantic.com358/entertainment/archive/2012/06/how-title-ix-sneakily-revolutionized-womens-sports/258708/; "NCAA® to Debut Title IX Anniversary Documentary Sporting Chance'' presented by Northwestern Mutual on ESPN2, Northwestern Mutual, http://www.multivu.com/mnr/53644-northwestern-mutual-and-ncaa-title-ix-40th-anniversary-documentary-espn2.

＊20　Douglas Birsch and John Fielder, eds., *The Ford Pinto Case: A Study in Applied Ethics, Business, and Technology* (Binghamton, NY: SUNY Press, 1994).

第13章　透明性を高める

＊1　Carlos Jensen, Colin Potts, and Christian Jensen, "Privacy Practices of Internet Users: Self-Reports Versus Observed Behavior," *International Journal of Human-Computer Studies* 63 (2005): 203-227; Roger L. McCarthy, James P. Finnegan, Susan Krumm-Scott, and Gail E. McCarthy, "Product Information Presentation, User Behavior, and Safety," *Proceedings of the Human Factors and Ergonomics Society Annual Meeting* 28 (1984): 81-85.

＊2　スポットライト効果については，次を参照．Thomas Gilovich, Victoria Husted Medvec, and Kenneth Savitsky, "The Spotlight Effect in Social Judgment: An Egocentric Bias in Estimates of the Salience of One's Own Actions and Appearance," *Journal of Personality and Social Psychology* 78 (2000): 211-222；開示制度に対する生産者の反応と消費者の反応については，次を参照．George Loewenstein, Cass R. Sunstein, and Russell Golman, "Disclosure: Psychology Changes Everything," *Annual Review of Economics* 6 (2014): 391-419; "Energy Efficient Products," Energy-European Commission, https://ec.europa.eu/energy/en/topics/energy-efficiency/energy-efficient-products; "Energy Labeling Rule," Federal Register, https:// www.federalregister.gov/articles2014/08/12/2014-18501/energy-labeling-rule.

＊3　"Compare Side-by-Side: 2015 Toyota Prius," US Department of Energy: Energy Efficiency and Renewable Energy, http://www.fueleconomy.gov/feg/Find.do?action=sbs& id=35556.

＊4　Cass R. Sunstein, *Simpler: The Future of Government* (New York: Simon and Schuster, 2013)［『シンプルな政府――"規制"をいかにデザインするか』(NTT出版)］, 引用個所は p. 10; Michael Luca and Chelsea Burkett, "The Digital Opportunity Staring Credit Cards in the Face," *Harvard Business Review*, https://hbr.org/2014/06/the-digital-opportunity-staring-credit-cards-in-the-face.

＊5　"Choose My Plate: Frequently Asked Questions" (USDA, April 24, 2013), http://www.choosemyplate.gov/downloads/PermissionsFAQs.pdf; Richard P. Larrick and Jack B. Soll, "The MPG Illusion," *Science* 32 (2008): 1593-1594; Sunstein, *Simpler*; Chip Heath and Dan Heath, *Switch: How to Change Things When Change Is Hard* (New York: Crown Business, 2010)［『スイッチ！――「変

生徒たちの成績に悪影響を及ぼす．次の研究を参照．Scott E. Carrell, Bruce I. Sacerdote, and James E. West, "From Natural Variation to Optimal Policy? The Lucas Critique Meets Peer Effects"（NBER Working Paper, March 2011）, http://www.nber.org/papers/w16865；労働組合加入者の貯蓄に関しても，同様のことが言える．次を参照．John Beshears, James J. Choi, David Laibson, Brigitte C. Madrian, and Katherine L. Milkman, "The Effect of Providing Peer Information on Retirement Savings Decisions," *Journal of Finance* 70（2015）: 1161-1201.

＊14 Iris Bohnet and Richard Zeckhauser, "Social Comparisons in Ultimatum Bargaining," *Scandinavian Journal of Economics* 106（2004）: 495-510; John Duffy and Tatiana Kornienko, "Does Competition Affect Giving?" *Journal of Economic Behavior & Organization* 74（2010）: 82-103.

＊15 World Economic Forum, Global Gender Gap Reports, 2006-2015. とくに次を参照．"The Global Gender Gap Report 2006," World Economic Forum, http://www3.weforum.org/docs/WEF_GenderGap_Report_2006.pdf；ザヒディの発言は，次による．"Why the US Is Losing the Global Fight for Gender Equality," *Fortune*, October 27, 2014, http://fortune.com/2014/10/27/global-gender-gap-america/；シュワブの発言は，次による．"2095: The Year of Gender Equality in the Workplace, Maybe," *World Economic Forum News Release*, October 28, 2014, http://www.weforum.org/news/2095-year-gender-equality-workplace-maybe.

＊16 Judith G. Kelley and Beth A. Simmons, "Politics by Number: Indicators as Social Pressure in International Relations," *American Journal of Political Science* 59, no. 1（2015）: 55-70; Aaron K. Chatterji and Michael W. Toffel, "How Firms Respond to Being Rated," *Strategic Management Journal* 31（2010）: 917-945; Joseph S. Nye Jr., *Soft Power: The Means to Success in World Politics*（New York: Public Affairs, 2005）［『ソフト・パワー――21世紀国際政治を制する見えざる力』（日本経済新聞出版社）］.

＊17 大学ランキングが志願者数に及ぼす影響については，次を参照．Michael Luca and Jonathan Smith, "Salience in Quality Disclosure: Evidence from the US News College Rankings," *Journal of Economics & Management Strategy* 22（2013）: 58-77；ランキングの負の影響については，次を参照．Benjamin Edelman and Ian Larkin, "Social Comparisons and Deception across Workplace Hierarchies: Field and Experimental Evidence," *Organization Science* 26, no. 1（2014）: 78-98; Gary Charness, David Masclet, and Marie Claire Villeval, "The Dark Side of Competition for Status," *Management Science* 60, no. 1（2013）: 38-55.

＊18 次を参照．Robert Cooter, "Expressive Law and Economics," *Journal of Legal Studies* 27, no. 2（1998）: 585-608; Richard McAdams, "An Attitudinal Theory of Expressive Law," *Oregon Law Review* 79（2000）: 339-390; Cass Sunstein, "On the Expressive Function of Law," *University of Pennsylvania Law Review* 144（1996）: 2021; Robert D. Cooter and Iris Bohnet, "Expressive Law: Framing or Equilibrium Selection?"（Boalt Working Papers in Public Law, November 1, 2003）, http://escholarship.org/uc/item/65z2m533；組織における記述的規範と命令的規範を知る方法については，次を参照．Erin L. Krupka and Roberto A. Weber, "Identifying Social Norms Using Coordination Games: Why Does Dictator Game Sharing Vary?" *Journal of the European Economic Association* 11, no. 3（2013）: 495-524；社会規範とNHLの事例について，詳しくは次を参照．

across OECD Countries," *Oxford Review of Economic Policy* 21 (2005): 416-438.

*5 "Women on Boards: Two Years On," UK Government, https://www.gov.uk/government/news/women-on-boards-two-years-on.

*6 Women on Boards 2015: Fourth Annual Review, Department of Business, Innovation and Skills, UK Government, https://www.gov.uk/government/publications/women-on-boards-2015-fourth-annual-review. "Davies Report Says No More All-Male Boards on FTSE 100", *BBC* October 29, 2015, www.bbc.com/news/business=34663119.

*7 Maliheh Paryavi, Iris Bohnet, and Alexandra van Geen, "Descriptive Norms and Gender Diversity: Reactance from Men" (Harvard Kennedy School Working Paper, 2015).

*8 Flora Wisdorff, "Wie Die Telekom Die Frauenquote Erfüllen Will" *Welt Online*, December 3, 2014, sec. Wirtschaft, http://www.welt.de/wirtschaft/article134969155/Wie-die-Telekom-die-Frauenquote-erfuellen-will.html; "Die Frauenquote Bremst Männer Aus," *WirtschaftsWoche*, http://www.wiwo.de/erfolg/management/geschlechterkampf-die-frauenquote-bremst-maenner-aus/6984126.html.

*9 Aaron A. Dhir, *Challenging Boardroom Homogeneity: Corporate Law, Governance, and Diversity* (New York: Cambridge University Press, 2015); "Brief for Amici Curiae 65 Leading American Businesses in Support of Respondents in *Grutter v. Bollinger*, et al.," Leadership Conference on Civil and Human Rights, http://www.civilrights.org/equal-opportunity/legal-briefs/brief-for-amici-curiae-65-leading-american-businesses-in-support-of-respondents-in-grutter-v-bollinger-et-al.html; "*Fisher v. University of Texas*," Oyez Project at IIT Chicago- Kent College of Law, http://www.oyez.org/cases/2010-2019/2012/2012_11_34.

*10 Fortin, "Gender Role Attitudes and the Labour-Market Outcomes of Women across OECD Countries."

*11 Michael A. Koenig, Saifuddin Ahmed, Mian Bazle Hossain, and A. B. M. Khorshed Alam Mozumder, "Women's Status and Domestic Violence in Rural Bangladesh: Individual- and Community-Level Effects," *Demography* 40 (2003): 269-288; Nancy Luke and Kaivan Munshi, "Women as Agents of Change: Female Income and Mobility in India," *Journal of Development Economics* 94 (2011): 1-17.

*12 Hunt Allcott, "Social Norms and Energy Conservation," *Journal of Public Economics, Special Issue: The Role of Firms in Tax Systems* 95 (2011): 1082-1095; Hunt Allcott and Todd Rogers, "The Short-Run and Long-Run Effects of Behavioral Interventions: Experimental Evidence from Energy Conservation," *American Economic Review* 104, no. 10 (2014): 3003-3037.

*13 Schultz et al., "The Constructive, Destructive, and Reconstructive Power of Social Norms"；次の研究によれば，共和党支持者はエネルギー消費を増やした．Dora L. Costa and Matthew E. Kahn, "Energy Conservation 'Nudges' and Environmentalist Ideology: Evidence from a Randomized Residential Electricity Field Experiment," *Journal of the European Economic Association* 11 (2013): 680-702；しかし，次の研究によれば，そのような影響はないという．Allcott, "Social Norms and Energy Conservation"；同輩同士の社会規範についての情報は，学力がきわめて低い

＊26　Cass R. Sunstein and Reid Hastie, *Wiser: Getting Beyond Groupthink to Make Groups Smarter*(Boston: Harvard Business Review Press, 2014)［『賢い組織は「みんな」で決める――リーダーのための行動科学入門』(NTT出版)］; Michael J. Mauboussin and Dan Callahan, "Building an Effective Team: How to Manage a Team to Make Good Decisions" (Credit Suisse, Global Financial Strategies, 2014).

第12章　規範を確立する

＊1　Michael Hallsworth, John A. List, Robert D. Metcalfe, and Ivo Vlaev, "The Behavioralist As Tax Collector: Using Natural Field Experiments to Enhance Tax Compliance" (NBER Working Paper, March 2014), http://www.nber.org/papers/w20007；次を参照. "Fraud, Error and Debt: Behavioural Insights Team Paper" (UK Government: Behavioral Insights Team, Cabinet Office Paper), https://www.gov.uk/government/publications/fraud-error-and-debt-behavioural-insights-team-paper; P. Wesley Schultz, Jessica M. Nolan, Robert B. Cialdini, Noah J. Goldstein, and Vladas Griskevicius, "The Constructive, Destructive, and Reconstructive Power of Social Norms," *Psychological Science* 18 (2007): 429-434; Stephen Coleman, "The Minnesota Income Tax Compliance Experiment: State Tax Results," http://mpra.ub.uni- muenchen.de/4827/; Donna D. Bobek, Robin W. Roberts, and John T. Sweeney, "The Social Norms of Tax Compliance: Evidence from Australia, Singapore, and the United States," *Journal of Business Ethics* 74 (2007): 49-64; Alan S. Gerber and Todd Rogers, "Descriptive Social Norms and Motivation to Vote: Everyone's Voting and so Should You," *Journal of Politics*, 71, no. 1 (2009): 1-14; Rachel Croson and Jen (Yue) Shang, "Social Influence in Giving: Field Experiments in Public Radio," in *Experimental Approaches to the Study of Charity*, ed. Daniel M. Oppenheimer and Christopher Y. Olivola (New York: Psychology Press, 2011)；協調的な行動を取る条件については，次を参照. Urs Fischbacher, Simon Gächter, and Ernst Fehr, "Are People Conditionally Cooperative? Evidence from a Public Goods Experiment," *Economics Letters* 71 (2001): 397-404.

＊2　Lucas Coffman, Clayton R. Featherstone, and Jude Kessler, "Can Social Information Affect What Job You Choose and Keep?" (Working Paper, Abdul Latif Jameel Poverty Action Lab, November 22, 2014), http://www.povertyactionlab.org/evaluation/can-social- information-affect-what-job-you-choose-and-keep-field-experiment-united-states；ペトリファイド・フォレスト国立公園については，次を参照. Robert B. Cialdini, Linda J. Demaine, Brad J. Sagarin, Daniel W. Barrett, Kelton Rhoads, and Patricia L. Winter, "Managing Social Norms for Persuasive Impact," *Social Influence* 1 (2006): 3-15；駐車場の実験は，次を参照. Robert B. Cialdini, Raymond R. Reno, and Carl A. Kallgren, "A Focus Theory of Normative Conduct: Recycling the Concept of Norms to Reduce Littering in Public Places," *Journal of Personality and Social Psychology* 58 (1990): 1015-1026.

＊3　デーヴィス卿とテリーザ・メイの発言は，次の資料による. "Women on Boards," UK Government, https://www.gov.uk/government/news/women-on-boards.

＊4　Nicole M. Fortin, "Gender Role Attitudes and the Labour-Market Outcomes of Women

Action and Its Mythology," *Journal of Economic Perspectives* 19（2005）: 147-162；採用プロセスに関しては，次を参照．David Neumark and Harry J. Holzer, "What Does Affirmative Action Do?" *Industrial and Labor Relations Review*（2000）: 240-271；連邦政府と商取引をしている企業とそうでない企業については，次を参照．Fidan Ana Kurtulus, "The Impact of Affirmative Action on the Employment of Women and Minorities over Three Decades: 1973-2003," *Journal of Policy Analysis and Management*（Forthcoming）: http://economics.lafayette.edu/files/2011/04/kurtulus.pdf.

＊21　このテーマに関する議論は，次の優れたテキストを参照．Mukesh Eswaran, *Why Gender Matters in Economics*（Princeton: Princeton University Press, 2014）, 350-354；以下も参照．Madeline E. Heilman, Caryn J. Block, and Peter Stathatos, "The Affirmative Action Stigma of Incompetence: Effects of Performance Information Ambiguity," *Academy of Management Journal* 40（1997）: 603-625; and David C. Evans, "A Comparison of the Other-Directed Stigmatization Produced by Legal and Illegal Forms of Affirmative Action," *Journal of Applied Psychology* 88（2003）: 121-130.

＊22　"German Boardrooms to Introduce Female Quotas," *Telegraph*, November 26, 2014, http://www.telegraph.co.uk/news/worldnews/europe/germany/11255970/German-boardrooms-to-introduce-female-quotas.html.

＊23　"Gender Diversity and Corporate Performance"（Credit Suisse Research Institute, August 2012）, https://publications.credit-suisse.com/tasks/render/file/index.cfm?fileid= 88EC32A9-83E8-EB92-9D5A40FF69E66808; Deborah Rhode and Amanda K. Packel, "Diversity on Corporate Boards: How Much Difference Does Difference Make?"（SSRN Scholarly Paper, Rochester, NY, 2014）, http://papers.ssrn.com/abstract=1685615; Miriam Schwartz-Ziv, "Does the Gender of Directors Matter?"（SSRN Scholarly Paper, Rochester, NY, May 2, 2013）, http://papers.ssrn.com/abstract=2257867; Alison M. Konrad, Vicki Kramer, and Sumru Erkut, "Critical Mass: The Impact of Three or More Women on Corporate Boards," *Organizational Dynamics* 37（2008）: 145-164; Corinne Post and Kris Byron, "Women on Boards and Firm Financial Performance: A Meta-Analysis," *Academy of Management Journal* 58, no. 5（2015）: 1546-1571.

＊24　クオータ制の導入と市場の評価の関係については，次を参照．Kenneth R. Ahern and Amy K. Dittmar, "The Changing of the Boards: The Impact on Firm Valuation of Mandated Female Board Representation," *Quarterly Journal of Economics* 127（2012）: 137-197；クオータ制が利益に及ぼす影響については，次を参照．David A. Matsa and Amalia R. Miller, "A Female Style in Corporate Leadership? Evidence from Quotas," *American Economic Journal: Applied Economics* 5（2013）: 136-169；男性取締役より女性取締役のほうが利害関係者に配慮するという点については，次の研究を参照．Renée B. Adams and Patricia Funk, "Beyond the Glass Ceiling: Does Gender Matter?," *Management Science* 58, no. 2（2011）: 219-235; Richard J. Hackman, *Leading Teams: Setting the Stage for Great Performance*（Boston: Harvard Business School Press, 2002）.

＊25　Paul R. Sackett, Cathy L. DuBois, and Ann W. Noe, "Tokenism in Performance Evaluation: The Effects of Work Group Representation on Male-Female and White-Black Differences in Performance Ratings," *Journal of Applied Psychology* 76（1991）: 263-267.

Representation Increase Policy Influence for Disadvantaged Minorities? Theory and Evidence from India," *American Economic Review* 93（2003）: 1132-1151；次の論文の議論も参照．Jane Mansbridge, "Should Blacks Represent Blacks and Women Represent Women? A Contingent 'Yes,' " *Journal of Politics* 61（1999）: 628-657.

＊16　Katherine W. Phillips and Damon Phillips, "Nationality Heterogeneity, Performance, and Blau's Paradox: The Case of NHL Hockey Teams, 1988-1998"（Northwestern Kellogg School of Management Working Paper), http://www.kellogg.northwestern.edu/?sc_itemid=%7BE23AD21B-AFBA-4C56-A189-0269121664ED%7D；集団間の断絶全般については，次を参照．Dora C. Lau and J. Keith Murnighan, "Interactions within Groups and Subgroups: The Effects of Demographic Faultlines," *Academy of Management Journal* 48（2005）: 645-659.

＊17　手続きの公正さについては，次を参照．E. Allan Lind and Tom R. Tyler, *The Social Psychology of Procedural Justice, Critical Issues in Social Justice*（Boston: Springer US, 1988）；民主的な意思決定との関係については，次を参照．Felix Oberholzer-Gee, Iris Bohnet, and Bruno S. Frey, "Fairness and Competence in Democratic Decisions," *Public Choice* 91（1997）: 89-105.

＊18　Johanna Mollerstrom, "Favoritism Reduces Cooperation"（Working Paper, George Mason University, 2014); Andreas Leibbrandt, Liang Choon Wang, and Cordelia Foo, "Gender Quotas, Competitions and Peer Review: Experimental Evidence on the Backlash against Women"（Working Paper, Monash University, 2015）；スペインに関しては，次を参照．Manuel F. Bagues and Berta Esteve-Volart, "Can Gender Parity Break the Glass Ceiling? Evidence from a Repeated Randomized Experiment," *Review of Economic Studies* 77（2010）: 1301-1328；フランスに関しては，次を参照．Guillaume R. Fréchette, Francois Maniquet, and Massimo Morelli, "Incumbents' Interests and Gender Quotas," *American Journal of Political Science* 52（2008）: 891-909；クオータ制に関する優れたレビューは，次を参照．Rohini Pande and Deanna Ford, "Gender Quotas and Female Leadership," https://openknowledge.worldbank.org/handle/10986/9120; Mona Lena Krook, *Quotas for Women in Politics: Gender and Candidate Selection Reform Worldwide*（New York: Oxford University Press, 2009）.

＊19　次の研究は，クオータ制が女性の競争意欲を高めることを明らかにしている．Stephen J. Ceci, Donna K. Ginther, Shulamit Kahn, and Wendy M. Williams, "Women in Academic Science: A Changing Landscape," *Psychological Science in the Public Interest* 15（2014）: 75-141; Muriel Niederle, Carmit Segal, and Lise Vesterlund, "How Costly Is Diversity? Affirmative Action in Light of Gender Differences in Competitiveness," *Management Science* 59（2012）: 1-16; and Loukas Balafoutas and Matthias Sutter, "Affirmative Action Policies Promote Women and Do Not Harm Efficiency in the Laboratory," *Science* 335（2012）: 579-582; STEM分野における女性に関するデータは，次を参照．*Women, Minorities, and Persons with Disabilities in Science and Engineering 2015*（National Science Foundation, National Center for Science and Engineering Statistics, Special Report NSF 15-311, 2015), http://www.nsf.gov/statistics/wmpd/.

＊20　データのレビューは，次を参照．Jonathan S. Leonard, "Women and Affirmative Action," *Journal of Economic Perspectives* 3（1989）: 61-75. Roland G. Fryer Jr. and Glenn C. Loury, "Affirmative

*11　Boris Groysberg, Jeffrey T. Polzer, and Hillary Anger Elfenbein, "Too Many Cooks Spoil the Broth: How High-Status Individuals Decrease Group Effectiveness," *Organization Science* 22（2010）: 722-737; Scott Page, *The Difference: How the Power of Diversity Creates Better Groups, Firms, Schools, and Societies*（Princeton: Princeton University Press, 2008）［『「多様な意見」はなぜ正しいのか——衆愚が集合知に変わるとき』（日経BP社）］.

*12　Katherine Y. Williams and Charles A. O'Reilly III, "Demography and Diversity in Organizations: A Review of 40 years of Research," in *Research in Organizational Behavior*, ed. Barry M. Staw and Larry L. Cummings（Greenwich, CT: JAI Press, 1981）, 77-140; Elizabeth Mannix and Margaret A. Neale, "What Differences Make a Difference? The Promise and Reality of Diverse Teams in Organizations," *Psychological Science in the Public Interest* 6（2005）: 31-55; Robin J. Ely, "A Field Study of Group Diversity, Participation in Diversity Education Programs, and Performance," *Journal of Organizational Behavior* 25（2004）: 755-780; Karen A. Jehn, Gregory B. Northcraft, and Margaret A. Neale, "Why Differences Make a Difference: A Field Study of Diversity, Conflict, and Performance in Workgroups," *Administrative Science Quarterly* 44（1999）: 741-763; Steven Frost, *The Inclusion Imperative: How Real Inclusion Creates Better Business and Builds Better Societies*（London: Kogan Page, 2014）；チームの成果を高める方法に関しては，次を参照．J. Richard Hackman, *Leading Teams: Setting the Stage for Great Performances*（Boston: Harvard Business School Press, 2002）［『ハーバードで学ぶ「デキるチーム」5つの条件——チームリーダーの「常識」』（生産性出版）］; Amy C. Edmondson, *Teaming: How Organizations Learn, Innovate, and Compete in the Knowledge Economy*（San Francisco: Jossey-Bass, 2012）［『チームが機能するとはどういうことか——「学習力」と「実践力」を高める実践アプローチ』（英治出版）］.

*13　Michaela Bär, Alexandra Niessen, and Stefan Ruenzi, "The Impact of Work Group Diversity on Performance: Large Sample Evidence from the Mutual Fund Industry"（CFR Working Papers, 2007）, http://ideas.repec.org/p/zbw/cfrwps/0716.html.

*14　Rosabeth Moss Kanter, "Some Effects of Proportions on Group Life: Skewed Sex Ratios and Responses to Token Women," *American Journal of Sociology* 82（1977）: 965-990; Williams and O'Reilly, "Demography and Diversity in Organizations: A Review of 40 Years of Research."「女王蜂症候群」は1970年代につくられた言葉だ．詳しくは，次の記事を参照．Peggy Drexler, "The Tyranny of the Queen Bee," *Wall Street Journal*, March 6, 2013, http://www.wsj.com/articles/SB10001424127887323884304578328271526080496；トークン状態の女性メンバーがグループの多様性拡大の足を引っ張ること（同性との競争を恐れるからという場合もあれば，ほかの女性が失敗すれば女性全般に対するステレオタイプが強まりかねないと恐れるからという場合もある）については，次を参照．Michelle Duguid, "Female Tokens in High-Prestige Work Groups: Catalysts or Inhibitors of Group Diversification?" *Organizational Behavior and Human Decision Processes* 116（2011）: 104-115.

*15　Drude Dahlerup, "From a Small to a Large Minority: Women in Scandinavian Politics," *Scandinavian Political Studies* 11（1988）: 275-298; Grant Miller, "Women's Suffrage, Political Responsiveness, and Child Survival in American History," *Quarterly Journal of Economics* 123（2008）: 1287-1327；インドの地方議会については，次を参照．Rohini Pande, "Can Mandated Political

*5　テキサス州の研究は，次を参照．Caroline Hoxby, "Peer Effects in the Classroom: Learning from Gender and Race Variation"（NBER Working Paper, August 2000），http://www.nber.org/papers/w7867；イスラエルの研究は，次を参照．Victor Lavy and Analia Schlosser, "Mechanisms and Impacts of Gender Peer Effects at School," *American Economic Journal: Applied Economics* 3（2011）: 1-33；スペインの研究は，次を参照．Walter Garcia-Fontes and Antonio Ciccone, "Gender Peer Effects in School, a Birth Cohort Approach"（SSRN Scholarly Paper, Rochester, NY, June 1, 2014），http://papers.ssrn.com/abstract=2501514.

*6　Johanne Boisjoly, Greg J. Duncan, Michael Kremer, Dan M. Levy, and Jacque Eccles, "Empathy or Antipathy? The Impact of Diversity," *American Economic Review* 96（2006）: 1890-1905; Bruce Sacerdote, "Peer Effects with Random Assignment: Results for Dartmouth Roommates," *Quarterly Journal of Economics* 116（2001）: 681-704; Daniel A. McFarland, James Moody, David Diehl, Jeffrey A. Smith, and Reuben J. Thomas, "Network Ecology and Adolescent Social Structure," *American Sociological Review* 79（2014）: 1088-1121; Thomas F. Pettigrew and Linda R. Tropp, "A Meta-Analytic Test of Intergroup Contact Theory," *Journal of Personality and Social Psychology* 90（2006）: 751-783.

*7　Denise Lewin Loyd, Cynthia S. Wang, Katherine W. Phillips, and Robert B. Lount Jr., "Social Category Diversity Promotes Premeeting Elaboration: The Role of Relationship Focus," *Organization Science* 24（2013）: 757-772; Anita Williams Woolley, Christopher F. Chabris, Alex Pentland, Nada Hashmi, and Thomas W. Malone, "Evidence for a Collective Intelligence Factor in the Performance of Human Groups," *Science* 330（2010）: 686-688.

*8　Christopher F. Karpowitz, Tali Mendelberg, and Lee Shaker, "Gender Inequality in Deliberative Participation," *American Political Science Review* 106（2012）: 533-547, 引用個所は p. 533; Jack A. Goncalo, Jennifer A. Chatman, Michelle M. Duguid, and Jessica A. Kennedy, "Creativity from Constraint? How the Political Correctness Norm Influences Creativity in Mixed-Sex Work Groups," *Administrative Science Quarterly* 60（2015）: 1-30.

*9　Sara Fisher Ellison and Wallace P. Mullin, "Diversity, Social Goods Provision, and Performance in the Firm," *Journal of Economics & Management Strategy* 23（2014）: 465-481.

*10　Cristian L. Dezsö and David Gaddis Ross, "Does Female Representation in Top Management Improve Firm Performance? A Panel Data Investigation," *Strategic Management Journal* 33, no. 9（2012）: 1072-1089; Claude Francoeur, Réal Labelle, and Bernard Sinclair-Desgagné, "Gender Diversity in Corporate Governance and Top Management," *Journal of Business Ethics* 81（2008）: 83-95. "The CS Gender 3000: Women in Senior Management"（Credit Suisse Publications, January 2014），http://publications.credit-suisse.com /index.cfm/publikationen-shop/research-institute/the-cs-gender-3000-women-in-senior-management-2/; Andrea Weber and Christine Zulehner, "Female Hires and the Success of Start-Up Firms," *American Economic Review* 100（2010）: 358-361; Sander Hoogendoorn, Hessel Oosterbeek, and Mirjam van Praag, "The Impact of Gender Diversity on the Performance of Business Teams: Evidence from a Field Experiment," *Management Science* 59（2013）: 1514-1528.

Adam N. Glynn and Maya Sen, "Identifying Judicial Empathy: Does Having Daughters Cause Judges to Rule for Women's Issues?" *American Journal of Political Science* 59 (2015): 37-54.

*12 Ebonya L. Washington, "Female Socialization: How Daughters Affect Their Legislator Fathers' Voting on Women's Issues," *American Economic Review* 98 (2008): 311-332；男性CEOが娘から受ける影響については，次を参照．Michael S. Dahl, Cristian L. Dezső, and David Gaddis Ross, "Fatherhood and Managerial Style: How a Male CEO's Children Affect the Wages of His Employees," *Administrative Science Quarterly* 57 (2012): 669-693.

*13 www.heforshe.org と malechampionsofchange.com を参照．

第11章　適切なグループをつくる

*1 Bert D'Espallier, Isabelle Guérin, and Roy Mersland, "Women and Repayment in Microfinance: A Global Analysis," *World Development* 39 (2011): 758-772; Beatriz Armendáriz and Jonathan Morduch, *The Economics of Microfinance*, 2nd edition (Cambridge, MA: The MIT Press, 2010). マイクロファイナンスの成否を作用する要因については，次の論文の分析が優れている．"Where Credit Is Due," *Abdul Latif Jameel Poverty Action Lab & Innovations for Poverty Action Policy Bulletin*, February 2015, http://www.povertyactionlab.org/publication/where-credit-is-due；多くの議論があるとおり，これまでマイクロファイナンスは，言われていたような効果を発揮できていない．貧困の削減や女性のエンパワーメントに関して，状況を一変させるような成果は上がっていないのだ．それでも，新たな資金を得た貧困者たちは，お金の稼ぎ方と使い方の自由が拡大し，生活状況を改善できている．それに，あらゆるマイクロファイナンスを十把一絡げに考えるべきではない．革新的な制度設計により，期待をもたせる結果があらわれているケースもある．Fiona Greig and Iris Bohnet, "Exploring Gendered Behavior in the Field with Experiments: Why Public Goods Are Provided by Women in a Nairobi Slum," *Journal of Economic Behavior & Organization* 70 (2009): 1-9.

*2 Felix Oberholzer-Gee, Joel Waldfogel, and Matthew W. White, "Friend Or Foe? Cooperation and Learning in High-Stakes Games," *Review of Economics and Statistics* 92, no. 1 (2010): 179-187.

*3 Rachel Croson and Uri Gneezy, "Gender Differences in Preferences," *Journal of Economic Literature* 47 (2009): 448-474; Sarah J. Solnick, "Gender Differences in the Ultimatum Game," *Economic Inquiry* 39 (2001): 189-200.

*4 次を参照．"News," US Department of Education, http://www.ed.gov/news/pressreleases/2006/10/10242006.html; National Association for Single Sex Public Education, http://www.singlesexschools.org/；次の批評も参照．Sue Klein, Jennifer Lee, Paige McKinsey, and Charmaine Archer, "Identifying US K-12 Public Schools with Deliberate Sex Segregation" (Feminist Majority Foundation Education Equality Program, December 11, 2014), http://feminist.org/education/pdfs/IdentifyingSexSegregation12-12-14.pdf. 次も参照．Patricia B. Campbell and Jo Sanders, "Challenging the System: Assumptions and Data Behind the Push for Single-Sex Schooling," in *Gender in Policy and Practice: Perspectives on Single Sex and Coeducational Schooling*, ed. Amanda Datnow and Lea Hubbard (New York: Routledge, 2002).

Aspirations and Educational Attainment for Girls: A Policy Experiment in India," *Science* 335 (2012): 582-586; *Gender Equality: The Smart Thing to Do* (Women and Public Policy Program, Harvard Kennedy School, Cambridge, MA, 2011), www.youtube.com/watch?v=hdOcjKsUqOI.

***4** Johanna Mollerstrom, "Favoritism Reduces Cooperation" (Working Paper, George Mason University, 2014).

***5** Marianne Bertrand, Sandra E. Black, Sissel Jensen, and Adriana Lleras-Muney, "Breaking the Glass Ceiling? The Effect of Board Quotas on Female Labor Market Outcomes in Norway" (NBER Working Paper, June 2014), http://www.nber.org/papers/w20256; David A. Matsa and Amalia R. Miller, "A Female Style in Corporate Leadership? Evidence from Quotas," *American Economic Journal: Applied Economics* 5 (2013): 136-169.

***6** Fidan Ana Kurtulus and Donald Tomaskovic-Devey, "Do Female Top Managers Help Women to Advance? A Panel Study Using EEO-1 Records," *ANNALS of the American Academy of Political and Social Science* 639 (2012): 173-197.

***7** Melanne Verveer and Kim K. Azzarelli, *Fast Forward: How Women Can Achieve Power and Purpose* (Boston: Houghton Mifflin Harcourt, 2015).

***8** Eric P. Bettinger and Bridget Terry Long, "Do Faculty Serve as Role Models? The Impact of Instructor Gender on Female Students," *American Economic Review* 95 (2005): 152-157; Scott E. Carrell, Marianne E. Page, and James E. West, "Sex and Science: How Professor Gender Perpetuates the Gender Gap," *Quarterly Journal of Economics* 125 (2010): 1101-1144. Thomas S. Dee, "Teachers and the Gender Gaps in Student Achievement," *Journal of Human Resources* 42 (2007): 528-554.

***9** 採用審査担当者が同性の候補者と異性の候補者に与える評価の違いについては，次を参照. Allen I. Huffcutt, "An Empirical Review of the Employment Interview Construct Literature," *International Journal of Selection and Assessment* 19 (2011): 62-81; Manuel F. Bagues and Berta Esteve-Volart, "Can Gender Parity Break the Glass Ceiling? Evidence from a Repeated Randomized Experiment," *Review of Economic Studies* 77 (2010): 1301-1328.

***10** ロールモデルと思春期の子どもについては，次を参照. George A. Akerlof, "A Theory of Social Custom, of Which Unemployment May Be One Consequence," *Quarterly Journal of Economics* 94 (1980): 749-775; Keith B. Burt and Jacqueline Scott, "Parent and Adolescent Gender Role Attitudes in 1990s Great Britain," *Sex Roles* 46 (2002): 239-245. 母親がワーキングマザーだった男性については，次を参照. Raquel Fernández, Alessandra Fogli, and Claudia Olivetti, "Mothers and Sons: Preference Formation and Female Labor Force Dynamics," *Quarterly Journal of Economics* 119 (2004): 1249-1299. Nicole M. Fortin, "Gender Role Attitudes and the Labour-Market Outcomes of Women across OECD Countries," *Oxford Review of Economic Policy* 21 (2005): 416-438.

***11** Linda Greenhouse, *Becoming Justice Blackmun: Harry Blackmun's Supreme Court Journey* (New York: Times Books, 2006)；サリー・ブラックマンについては，次を参照. Cynthia L. Cooper, "Daughter of Justice Blackmun Goes Public about Roe," *WeNews: Womens Enews.org*, February 29, 2004, http://womensenews.org/story/the-nation/040229/daughter-justice-blackmun-goes-public-about-roe;

Grossman, "Chapter 57: Differences in the Economic Decisions of Men and Women: Experimental Evidence," in *Handbook of Experimental Economics Results*, ed. Charles R. Plott and Vernon L. Smith, vol. 1 (Elsevier, 2008), 509-519; John A. Rizzo and Richard J. Zeckhauser, "Pushing Incomes to Reference Points: Why Do Male Doctors Earn More?" *Journal of Economic Behavior & Organization* 63 (2007): 514-536；利他的行動の男女差に関するデータは，次を参照．Rachel Croson and Uri Gneezy, "Gender Differences in Preferences," *Journal of Economic Literature* 47 (2009): 448-474.

*16 Ceci et al., "Women in Academic Science: A Changing Landscape"; Lise Vesterlund, Linda Babcock, Maria Recalde, and Laurie Weingart, "Breaking the Glass Ceiling with 'No': Gender Differences in Declining Requests for Non-Promotable Tasks" (Working Paper, University of Pittsburgh, 2013), http://www.pitt.edu/~vester/Saying_no.pdf.

第Ⅳ部　ダイバーシティのデザイン

第10章　ロールモデルを生み出す

*1 Nilanjana Dasgupta and Shaki Asgari, "Seeing Is Believing: Exposure to counterstereotypic Women Leaders and Its Effect on the Malleability of Automatic Gender Stereotyping," *Journal of Experimental Social Psychology* 40 (2004): 642-658; Ethan G. Loewi, "Painting a New Path at the Kennedy School," *Harvard Crimson*, March 5, 2012, http://www.thecrimson.com/article/2012/3/5/women-portraits-kennedy-school/; Sapna Cheryan, Victoria C. Plaut, Paul G. Davies, and Claude M. Steele, "Ambient Belonging: How Stereotypical Cues Impact Gender Participation in Computer Science," *Journal of Personality and Social Psychology* 97 (2009): 1045-1060; Ioana M. Latu, Marianne Schmid Mast, Joris Lammers, and Dario Bombari, "Successful Female Leaders Empower Women's Behavior in Leadership Tasks," *Journal of Experimental Social Psychology* 49 (2013): 444-448. Irene V. Blair, Jennifer E. Ma, and Alison P. Lenton, "Imagining Stereotypes Away: The Moderation of Implicit Stereotypes through Mental Imagery," *Journal of Personality and Social Psychology* 81 (2001): 828-841.

*2 次の優れたケーススタディを参照．Rohini Pande, *Women as Leaders: Lessons from Political Quotas In India* (Harvard Kennedy School Case no. 1996, Cambridge, MA, July 18, 2013), https://www.case.hks.harvard.edu/casetitle.asp?caseNo =1996.0.

*3 Raghabendra Chattopadhyay and Esther Duflo, "Women as Policy Makers: Evidence from a Randomized Policy Experiment in India," *Econometrica* 72 (2004): 1409-1443; Lori Beaman, Raghabendra Chattopadhyay, Esther Duflo, Rohini Pande, and Petia Topalova, "Powerful Women: Does Exposure Reduce Bias?" *Quarterly Journal of Economics* 124 (2009): 1497-1540; Lakshmi Iyer, Anandi Mani, Prachi Mishra, and Petia Topalova, "The Power of Political Voice: Women's Political Representation and Crime in India," *American Economic Journal: Applied Economics* 4 (2012): 165-193; Lori Beaman, Esther Duflo, Rohini Pande, and Petia Topalova, "Female Leadership Raises

How Different Are Girls and Boys?" (IZA Discussion Papers, February 2009), http://ideas.repec.org/p/iza/izadps/dp4027.html; Muriel Niederle and Lise Vesterlund, "Explaining the Gender Gap in Math Test Scores: The Role of Competition," *Journal of Economic Perspectives* 24 (2010): 129-144.

＊10 たとえば，次を参照. The World Economic Forum's Global Gender Gap Reports, 2006-2015: "The Global Gender Gap Report 2015," World Economic Forum, http://reports.weforum.org/global-gender-gap-report-2015/.

＊11 Timothy N. Cason, William A. Masters, and Roman M. Sheremeta, "Entry into Winner-Take-All and Proportional-Prize Contests: An Experimental Study," *Journal of Public Economics* 94 (2010): 604-611; Seda Ertaç and Balazs Szentes, "The Effect of Information on Gender Differences in Competitiveness: Experimental Evidence" (Koç University-TUSIAD Economic Research Forum Working Paper, Koc University-TUSIAD Economic Research Forum, February 2011), http://econpapers.repec.org/paper/kocwpaper/1104.htm; David Wozniak, William T. Harbaugh, and Ulrich Mayr, "The Menstrual Cycle and Performance Feedback Alter Gender Differences in Competitive Choices," *Journal of Labor Economics* 32 (2014): 161-198.

＊12 Robert H. Frank and Philip J. Cook, *The Winner-Take-All Society: Why the Few at the Top Get So Much More Than the Rest of Us* (New York: Penguin Books, 1996) [『ウィナー・テイク・オール——「ひとり勝ち」社会の到来』(日本経済新聞社)]; Michael Mauboussin, *The Success Equation: Untangling Skill and Luck in Business, Sports, and Investing* (Allston, MA: Harvard Business School Press, 2012).

＊13 John Gray, *Men Are from Mars, Women Are from Venus: The Classic Guide to Understanding the Opposite Sex* (New York: Harper Paperbacks, 2012) [『ベスト・パートナーになるために——男と女が知っておくべき「分かち愛」のルール　男は火星から，女は金星からやってきた』(知的生きかた文庫)]; Hanna Rosin, *The End of Men: And the Rise of Women* (New York: Riverhead Hardcover, 2012).

＊14 ジェンダーの平等と価値観については，次を参照. Shalom H. Schwartz and Tammy Rubel-Lifschitz, "Cross-National Variation in the Size of Sex Differences in Values: Effects of Gender Equality," *Journal of Personality and Social Psychology* 97 (2009): 171-185. 発達と認知能力については，次を参照. Daniela Weber, Vegard Skirbekk, Inga Freund, and Agneta Herlitz, "The Changing Face of Cognitive Gender Differences in Europe," *Proceedings of the National Academy of Sciences USA* 111 (2014): 11673-11678；テストステロンとリスクへの積極性の関係については，次を参照. Anna Dreber and Moshe Hoffman, "Biological Basis of Sex Differences in Risk Aversion and Competitiveness" (Working Paper, UCLA, 2010), http://www.bec.ucla.edu/papers/HoffmanPaper1.pdf; Coren L. Apicella, Anna Dreber, Benjamin Campbell, Peter B. Gray, Moshe Hoffman, and Anthony C. Little, "Testosterone and Financial Risk Preferences," *Evolution and Human Behavior* 29, no. 6 (2008): 384-390；月経周期とリスクに対する積極性の関係については，次を参照. Arndt Bröder and Natalia Hohmann, "Variations in Risk Taking Behavior over the Menstrual Cycle: An Improved Replication," *Evolution and Human Behavior* 24 (2003): 391-398.

＊15 James Andreoni and Lise Vesterlund, "Which Is the Fair Sex? Gender Differences in Altruism," *Quarterly Journal of Economics* 116 (2001): 293-312; Catherine C. Eckel and Philip J.

2008)［『行動意思決定論――バイアスの罠』（白桃書房）］.「ほぼあらゆる人に見られる」という指摘は，次の論文による．Dale W. Griffin and Carol A. Varey, "Towards a Consensus on Overconfidence," *Organizational Behavior and Human Decision Processes* 65（1996）: 227-231, 引用個所は p. 228.

*5　Brad M. Barber and Terrance Odean, "Boys Will Be Boys: Gender, Overconfidence, and Common Stock Investment," *Quarterly Journal of Economics* 116（2001）: 261-292；女性の数学に対する自信については，次を参照．Shelley J. Correll, "Constraints into Preferences: Gender, Status, and Emerging Career Aspirations," *American Sociological Review* 69（2004）: 93-113. 女子学生が科学や工学の専攻を途中でやめる傾向については，次を参照．Elaine Seymour and Nancy Hewitt, *Talking About Leaving: Why Undergraduates Leave the Sciences*（Boulder: Westview Press, 2000）.

*6　高すぎる自己評価の影響については，次を参照．Timothy A. Judge, Jeffery A. LePine, and Bruce L. Rich, "Loving Yourself Abundantly: Relationship of the Narcissistic Personality to Self- and Other Perceptions of Workplace Deviance, Leadership, and Task and Contextual Performance," *Journal of Applied Psychology* 91（2006）: 762-776; Samantha C. Paustian-Underdahl, Lisa Slattery Walker, and David J. Woehr, "Gender and Perceptions of Leadership Effectiveness: A Meta-Analysis of Contextual Moderators," *Journal of Applied Psychology* 99（2014）: 1129-1145. 社員の自己評価が上司の評価に及ぼす影響については，次を参照．Richard Klimoski and Lawrence Inks, "Accountability Forces in Performance Appraisal," *Organizational Behavior and Human Decision Processes* 45（1990）: 194-208.

*7　Uri Gneezy, Muriel Niederle, and Aldo Rustichini, "Performance in Competitive Environments: Gender Differences," *Quarterly Journal of Economics* 118（2003）: 1049-1074; Muriel Niederle and Lise Vesterlund, "Do Women Shy Away from Competition? Do Men Compete Too Much?" *Quarterly Journal of Economics* 122（2007）: 1067-1101.

*8　オランダの高校生については，次を参照．Thomas Buser, Muriel Niederle, and Hessel Oosterbeek, "Gender, Competitiveness, and Career Choices," *Quarterly Journal of Economics* 129（2014）: 1409-1447；ブース経営大学院のMBA取得者については，次を参照．Ernesto Reuben, Paola Sapienza, and Luigi Zingales, "Competitiveness and the gender gap among young business professionals"（Working Paper, Columbia Business School, 2015, http://www.ereuben.net/research/GenderGapCompetitiveness.pdf）.

*9　マサイ族とカーシ族については，次を参照．Uri Gneezy, Kenneth L. Leonard, and John A. List, "Gender Differences in Competition: Evidence From a Matrilineal and a Patriarchal Society," *Econometrica* 77（2009）: 1637-1664; Anna Dreber, Emma von Essen, and Eva Ranehill, "Outrunning the Gender Gap-Boys and Girls Compete Equally," *Experimental Economics* 14（2011）: 567-582；課題の種類が男女のリスクに対する積極性に及ぼす影響については，次を参照．Christina Günther, Neslihan Arslan Ekinci, Christiane Schwieren, and Martin Strobel, "Women Can't Jump?—An Experiment on Competitive Attitudes and Stereotype Threat," *Journal of Economic Behavior & Organization* 75（2010）: 395-401; Olga Shurchkov, "Under Pressure: Gender Differences in Output Quality and Quantity Under Competition and Time Constraints," *Journal of the European Economic Association* 10（2012）: 1189-1213; Alison L. Booth and Patrick J. Nolen, "Choosing to Compete:

実験については，次を参照．Joshua S. Rubinstein, David E. Meyer, and Jeffrey E. Evans, "Executive Control of Cognitive Processes in Task Switching," *Journal of Experimental Psychology: Human Perception and Performance* 27（2001）: 763-797.「気づく」ことの難しさ全般については，次を参照．Christopher Chabris and Daniel Simons, *The Invisible Gorilla: How Our Intuitions Deceive Us*（New York: Harmony, 2011）［『錯覚の科学』（文春文庫）］; Max Bazerman, *The Power of Noticing: What the Best Leaders See*（New York: Simon & Schuster, 2014）［『ハーバード流「気づく」技術』（KADOKAWA）］.

*18　Nanette Fondas, "First Step to Fixing Gender Bias in Business School: Admit the Problem," *The Atlantic*, September 17, 2013, http://www.theatlantic.com/education/archive/2013/09/first-step-to-fixing-gender-bias-in-business-school-admit-the-problem/279740/; Jodi Kantor, "Harvard Business School Case Study: Gender Equity," *New York Times*, September 7, 2013.

第9章　平等な条件で競い合えるようにする

*1　Thomas S. Dee, "A Teacher Like Me: Does Race, Ethnicity, or Gender Matter?" *American Economic Review* 95（2005）: 158-165; Thomas S. Dee, "Teachers and the Gender Gaps in Student Achievement," *Journal of Human Resources* 42（2007）: 528-554.

*2　「B4プログラム」のファンが作成したブログもある．次を参照．"Boys Blokes Books: Because Boys Read, Too," http://boysblokesbooks.edublogs.org/；プログラムの評価については，たとえば次を参照．Janet Carroll and Kaye Lowe, "Boys, Blokes and Books: Engaging Boys in Reading," *Australasian Public Libraries and Information Services* 20（2007）: 72; OECDの報告書は，次を参照．The ABC of Gender Equality in Education, PISA（OECD Publishing, 2015）, http://www.oecd-ilibrary.org/education/the-abc-of-gender-equality-in-education_9789264229945-en; OECD Skills Outlook 2015（OECD Publishing, 2015）, http://www.oecd-ilibrary.org/education/oecd-skills-outlook-2015_9789264234178-en.

*3　奨学金制度に関して，詳しくは次を参照．Michael Kremer, Edward Miguel, and Rebecca Thornton, "Incentives to Learn," *Review of Economics and Statistics* 91（2009）: 437-456；費用対効果については，次を参照．Iqbal Dhaliwal, Esther Duflo, Rachel Glennerster, and Caitlin Tulloch, "Comparative Cost: Effectiveness Analysis to Inform Policy in Developing Countries. A General Framework with Applications for Education"（Poverty Action Lab, December 3, 2012）, http://www.povertyactionlab.org/publication/cost-effectiveness；駆虫プログラムについては，次を参照．Edward Miguel and Michael Kremer, "Worms: Identifying Impacts on Education and Health in the Presence of Treatment Externalities," *Econometrica* 72（2004）: 159-217; Sarah Baird, Joan Hamory Hicks, Michael Kremer, and Edward Miguel, "Worms at Work: Long-Run Impacts of a Child Health Investment"（NBER Working Paper, July 2015）, http://www.nber.org/papers/w21428; Michael Kremer and Edward Miguel, "The Illusion of Sustainability," *Quarterly Journal of Economics* 122（2007）: 1007-1065; "School-Based Deworming," The Abdul Latif Jameel Poverty Action Lab, http://www.povertyactionlab.org/scale-ups/school-based-deworming.

*4　Bazerman and Moore, *Judgment in Managerial Decision Making*, 7th edition（Hoboken, NJ: Wiley,

績が悪い. Marianne A. Ferber, Bonnie G. Birnbaum, and Carole A. Green, "Gender Differences in Economic Knowledge: A Reevaluation of the Evidence," *Journal of Economic Education* 14 (1983): 24-37; Keith G. Lumsden and Alex Scott, "The Economics Student Reexamined: Male-Female Differences in Comprehension," *Journal of Economic Education* 18 (1987): 365-375; William B. Walstad and Denise Robson, "Differential Item Functioning and Male-Female Differences on Multiple-Choice Tests in Economics," *Journal of Economic Education* 28 (1997): 155-171.

*13 Saul Geiser, "Back to the Basics: In Defense of Achievement (and Achievement Tests) in College Admissions" (Research & Occasional Paper Series: CSHE.12.08. Center for Studies in Higher Education, 2008), http://eric.ed.gov/?id=ED502730.

*14 Lee Jussim and Kent D. Harber, "Teacher Expectations and Self-Fulfilling Prophecies: Knowns and Unknowns, Resolved and Unresolved Controversies," *Personality and Social Psychology Review* 9 (2005): 131-155.

*15 Steven J. Spencer, Claude M. Steele, and Diane M. Quinn, "Stereotype Threat and Women's Math Performance," *Journal of Experimental Social Psychology* 35 (1999): 4-28; Claude M. Steele, *Whistling Vivaldi: How Stereotypes Affect Us and What We Can Do* (New York: W.W. Norton & Company, 2011); ステレオタイプ脅威と脳の活動については, 次を参照. Anne C. Krendl, Jennifer A. Richeson, William M. Kelley, and Todd F. Heatherton, "The Negative Consequences of Threat: A Functional Magnetic Resonance Imaging Investigation of the Neural Mechanisms Underlying Women's Underperformance in Math," *Psychological Science* 19 (2008): 168-175; Nalini Ambady, Margaret Shih, Amy Kim, and Todd L. Pittinsky, "Stereotype Susceptibility in Children: Effects of Identity Activation on Quantitative Performance," *Psychological Science* 12 (2001): 385-390; Vishal K. Gupta, Daniel B. Turban, and Nachiket M. Bhawe, "The Effect of Gender Stereotype Activation on Entrepreneurial Intentions," *Journal of Applied Psychology* 93 (2008): 1053-1061;解答用紙の人種記入欄の位置については, 次を参照. Kelly Danaher and Christian S. Crandall, "Stereotype Threat in Applied Settings Re-Examined," *Journal of Applied Social Psychology* 38 (2008): 1639-1655;取りうる対策に関しては, 次を参照. Geoffrey L. Cohen, Valerie Purdie-Vaughns, and Julio Garcia, "An Identity Threat Perspective on Intervention" in *Stereotype Threat: Theory, Process, and Application,* ed. Michael Inzlicht and Toni Schmader (New York: Oxford University Press, 2011), 280-296.

*16 Alison L. Booth and Patrick Nolen, "Gender Differences in Risk Behavior: Does Nurture Matter?" *Economic Journal* 122 (2012): 56-78; Gerald Eisenkopf, Zohal Hessami, Urs Fischbacher, and Heinrich W. Ursprung, "Academic Performance and Single-Sex Schooling: Evidence from a Natural Experiment in Switzerland," *Journal of Economic Behavior & Organization*, Behavioral Economics of Education 115 (2015): 123-143.

*17 次を参照. William J. Horrey and Christopher D. Wickens, "Examining the Impact of Cell Phone Conversations on Driving Using Meta-Analytic Techniques," *Human Factors: The Journal of the Human Factors and Ergonomics Society* 48 (2006): 196-205. これによれば, 自動車の運転と電話での会話という, とりわけ難しい作業を同時におこなわせる実験の結果を集約すると, 注意力を要求される課題を同時におこなえばおこなうほど, 両方の課題のパフォーマンスが低下する. 典型的なラボ

Taking on 'Who Wants to Be a Millionaire': A Comparison between Austria, Germany, and Slovenia," *International Journal of Psychology* 42 (2007): 317-330；オーストラリアの『ディール・オア・ノー・ディール』については，次を参照．Robert Brooks, Robert Faff, Daniel Mulino, and Richard Scheelings, "Deal or No Deal, That Is the Question: The Impact of Increasing Stakes and Framing Effects on Decision-Making under Risk," *International Review of Finance* 9 (2009): 27-50;『エル・フガドール』については，次を参照．Robin M. Hogarth, Natalia Karelaia, and Carlos Andrés Trujillo, "When Should I Quit? Gender Differences in Exiting Competitions," *Journal of Economic Behavior & Organization*, Gender Differences in Risk Aversion and Competition, 83 (2012): 136-150.

*9　John Coates, *The Hour Between Dog and Wolf: Risk Taking, Gut Feelings and the Biology of Boom and Bust* (New York: Penguin Press, 2012) [『トレーダーの生理学』(早川書房)]；ヴァンジーンの実験については，次を参照．Alexandra Van Geen, Risk in the Background: How Men and Women Respond (Working Paper, Erasmus University, Rotterdam), http://www.erim.eur.nl/fileadmin/erim_content/documents/jmp_vangeen.pdf；テストステロンとリスクへの積極性の関係については，次を参照．Coren L. Apicella, Anna Dreber, and Johanna Mollerstrom, "Salivary Testosterone Change Following Monetary Wins and Losses Predicts Future Financial Risk-Taking," *Psychoneuroendocrinology* 39 (2014): 58-64；コルチゾールについては，次を参照．Narayanan Kandasamy, Ben Hardy, Lionel Page, Markus Schaffner, Johann Graggaber, Andrew S. Powlson, Paul C. Fletcher, Mark Gurnell, and John Coates, "Cortisol Shifts Financial Risk Preferences," *Proceedings of the National Academy of Sciences USA* 111 (2014): 3608-3613.

*10　Catherine C. Eckel and Sascha C. Füllbrunn, "Thar SHE Blows? Gender, Competition, and Bubbles in Experimental Asset Markets," *American Economic Review* 105 (2015): 906-920, 引用個所は p. 919; Stefan Palan, "A Review of Bubbles and Crashes in Experimental Asset Markets," *Journal of Economic Surveys-Special Issue: A Collection of Surveys on Market Experiments* 27 (2013): 570-588.

*11　Michael Inzlicht and Talia Ben-Zeev, "A Threatening Intellectual Environment: Why Females Are Susceptible to Experiencing Problem-Solving Deficits in the Presence of Males," *Psychological Science* 11 (2000): 365-371; Stephen M. Garcia and Avishalom Tor, "The N-Effect: More Competitors, Less Competition," *Psychological Science* 20 (2009): 871-877.

*12　SATのスコアと大学入学後の学業成績の関係については，次を参照．Leonard Ramist, Charles Lewis, and Laura McCamley-Jenkins, "Student Group Differences in Predicting College Grades: Sex, Language, and Ethnic Groups" (ETS Research Report Series no. 1, June 1, 1994), https://research.collegeboard.org/sites/default/files/publications/2012/7/researchreport-1993-1-student-group-differences-predicting-college-grades.pdf and Nancy W. Burton and Leonard Ramist, "Predicting Success in College: SAT Studies of Classes Graduating Since 1980" (Collegeboard, January 1, 2001), https://research.collegeboard.org/publications/content/2012/05/predicting-success-college-sat-studies-classes-graduating-1980. 女性のスコアに関しては，次を参照．Mary Jo Clark and Jerilee Grandy, "Sex Differences in the Academic Performance of Scholastic Aptitude Test Takers" (ETS Research Report Series 1984, no. 2, 1984), https://www.ets.org/Media/Research/pdf/RR-88-51-Grandy.pdf；次の研究によれば，女性は論述試験よりも多肢選択試験の成

Paper, Southern Africa Labour and Development Research Unit, University of Cape Town, 2012), https://ideas.repec.org/p/ldr/wpaper/87.html；ポーランドについては，次を参照．Michał Krawczyk, "Framing in the Field. A Simple Experiment on the Reflection Effect"(Working Paper, Faculty of Economic Sciences, University of Warsaw, 2011), https://ideas.repec.org/p/war/wpaper/2011-14.html；イスラエルについては，次を参照．Gershon Ben-Shakhar and Yakov Sinai, "Gender Differences in Multiple-Choice Tests: The Role of Differential Guessing Tendencies," *Journal of Educational Measurement* 28 (1991): 23-35；政治知識の男女格差についての分析は，次を参照．Jeffery J. Mondak and Mary R. Anderson, "The Knowledge Gap: A Reexamination of Gender-Based Differences in Political Knowledge," *Journal of Politics* 66 (2004): 492-512.

*4 Katherine Baldiga, "Gender Differences in Willingness to Guess," *Management Science* 60 (2013): 434-448.

*5 Ibid.；ジェンダーとリスクへの積極性に関しては，次を参照．Rachel Croson and Uri Gneezy, "Gender Differences in Preferences," *Journal of Economic Literature* 47 (2009): 448-474; Catherine C. Eckel and Philip J. Grossman, "Men, Women and Risk Aversion: Experimental Evidence" in Charles R. Plott and Vernon L. Smith, eds., *Handbook of Experimental Economics Results* (New York: Elsevier, 2008), 1061-1073；ドイツの研究については，次を参照．Thomas Dohmen, Armin Falk, David Huffman, Uwe Sunde, Jurgen Schupp, and Gert G. Wagner, "Individual Risk Attitudes: Measurement, Determinants, and Behavioral Consequences," *Journal of the European Economic Association* 9 (2011): 522-550；リスクへの積極性と職選びの関係については，次を参照．Holger Bonin, Thomas Dohmen, Armin Falk, David Huffman, and Uwe Sunde, "Cross-Sectional Earnings Risk and Occupational Sorting: The Role of Risk Attitudes," *Labour Economics, Education and Risk* 14 (2007): 926-937, and Alan Manning and Farzad Saidi, "Understanding The Gender Pay Gap: What's Competition Got To Do With It?" *Industrial and Labor Relations Review* 63 (2010): 681-698.

*6 Sarah A. Fulton, Cherie D. Maestas, L. Sandy Maisel, and Walter J. Stone, "The Sense of a Woman: Gender, Ambition, and the Decision to Run for Congress," *Political Research Quarterly* 59 (2006): 235-248.

*7 Barbara Burrell, *A Woman's Place Is in the House: Campaigning for Congress in the Feminist Era* (Ann Arbor: University of Michigan Press, 1996); Jennifer L. Lawless, *Becoming a Candidate: Political Ambition and the Decision to Run for Office* (New York: Cambridge University Press, 2012); Jennifer L. Lawless and Richard L. Fox, *It Still Takes a Candidate: Why Women Don't Run for Office* (New York: Cambridge University Press, 2010); Jennifer L. Lawless and Richard L. Fox, *It Takes a Candidate: Why Women Don't Run for Office* (New York: Cambridge University Press, 2005); Jennifer L. Lawless and Richard L. Fox, "Men Rule: The Continued Under-Representation of Women in US Politics" (Women & Politics Institute, School of Public Affairs, American University, January 2012), https://www.american.edu/spa/wpi/upload/2012-Men-Rule-Report-web.pdf.

*8 『フー・ウォンツ・トゥ・ビー・ア・ミリオネア』のドイツ版，オーストリア版，スロベニア版におけるリスクへの積極性の男女格差については，次を参照．Fedor Daghofer, "Financial Risk-

Culture and Hiring," http://www.corporateculturepros.com/2011/07/corporate-culture-example-google-hiring/; Ryan Tate, "Google Couldn't Kill 20 Percent Time Even If It Wanted To," *Wired*, August 2013, http://www.wired.com/2013/08/20-percent-time-will-never-die/ and Laszlo Bock, *Work Rules! Insights from Inside Google That Will Transform How You Live and Lead* (New York: Twelve, 2015)［『ワーク・ルールズ！──君の生き方とリーダーシップを変える』（東洋経済新報社）］.

＊18　Izabella Kaminska, "Since You Asked: The Tech Industry and Its Problem with Women," *Financial Times*, February 27, 2015.

＊19　Boris Groysberg, *Chasing Stars: The Myth of Talent and the Portability of Performance* (Princeton: Princeton University Press, 2012); Boris Groysberg, "How Star Women Build Portable Skills," *Harvard Business Review*, February 2008, https://hbr.org/2008/02/how-star-women-build-portable-skills［「女性プロフェッショナルのキャリア開発」DIAMONDハーバード・ビジネス・レビュー，2008年6月号］; Boris Groysberg, Ashish Nanda, and Nitin Nohria, "The Risky Business of Hiring Stars," *Harvard Business Review*, May 2004, https://hbr.org/2004/05/the-risky-business-of-hiring-stars.

＊20　モリソン中将のユーチューブでのメッセージは，次を参照．https://www.youtube.com/watch?v=QaqpoeVgr8U；以下も参照．Julie Baird, "A Timely Halt to the War Within," *Sydney Morning Herald*, June 8, 2013, http://www.smh.com.au/comment/a-timely-halt-to-the-war-within-20130607-2nvl7html; Mary Gearin, "Army Chief Slams 'Global Disgrace' of Gender Gap," *ABC News*, June 14, 2014, http://www.abc.net.au/news/2014-06-14/australia-army-chief-delivers-speech-to-summit -on-wartime-rape/5523942; Mary Elizabeth Williams, "This Is How You Talk about Military Sex Abuse," *Salon*, June 13, 2013, http://www.salon.com/2013/06/13/this_is_how_you_talk_about_military_sex_ abuse/.

＊21　Robert Jensen and Emily Oster, "The Power of TV: Cable Television and Women's Status in India," *Quarterly Journal of Economics* 124 (2009): 1057-1094.

第Ⅲ部　職場と学校のデザイン

第8章　リスクを調整する

＊1　"The Test Prep Industry Is Booming," BloombergView, http://www.bloomberg.com/bw/articles/2014-10-08/sats-the-test-prep-business-is-booming.

＊2　"SAT Suite of Assessments," SAT Suite of Assessments, https://collegereadiness.collegeboard.org/

＊3　SATの数学試験のスコアについては，次を参照．Daniel Tannenbaum, "Do Gender Differences in Risk Aversion Explain the Gender Gap in SAT Scores? Uncovering Risk Attitudes and the Test Score Gap," (April 2012), http://home.uchicago.edu/~dtannenbaum/Research%20files/tannenbaum_SAT_risk.pdf；南アフリカについては，次を参照．Justine Burns, Simon Halliday, and Malcolm Keswell, "Gender and Risk Taking in the Classroom" (SALDRU Working

*9　Jeffrey A. Flory, Andreas Leibbrandt, and John A. List, "Do Competitive Workplaces Deter Female Workers? A Large-Scale Natural Field Experiment on Job Entry Decisions," *Review of Economic Studies* 82 (2015): 122-155.

*10　自己選択により，競争的な環境を避ける傾向について実験した研究は，次を参照．Nabanita Datta Gupta, Anders Poulsen, and Marie Claire Villeval, "Gender Matching and Competitiveness: Experimental Evidence," *Economic Inquiry* 51 (2013): 816-835. 次の２つの研究によれば，男性は女性より，競争的な給料決定方法の職を好む傾向が際立って強いという．Thomas Dohmen and Armin Falk, "Performance Pay and Multidimensional Sorting: Productivity, Preferences, and Gender," *American Economic Review* 101, no. 2 (2011): 556-590, and Muriel Niederle and Lise Vesterlund, "Do Women Shy Away From Competition? Do Men Compete Too Much?" *Quarterly Journal of Economics* 122 (2007): 1067-1101. しかし，次の研究によれば，母系社会では逆の傾向があるという．Uri Gneezy, Kenneth Leonard, and John A. List, "Gender Differences in Competition: Evidence from a Matrilineal and a Patriarchal Society," *Econometrica* 77 (2009): 1637-1664. 最近の研究によると，自己選択により競争的な環境を選ぶ傾向の男女格差は，女子校に通っている女の子の場合，そして競争が個人間ではなくチーム間で戦われる場合は，おおむね消滅するとのことだ．それぞれ以下を参照．Alison L. Booth and Patrick Nolen, "Gender Differences in Risk Behaviour: Does Nurture Matter?" *Economic Journal* 122 [2012]: 56-78 and Marie-Pierre Dargnies, "Men Too Sometimes Shy Away from Competition: The Case of Team Competition," *Management Science* 58 [2012]: 1982-2000).

*11　Uwe Jirjahn and Gesine Stephan, "Gender, Piece Rates and Wages: Evidence from Matched Employer-Employee Data," *Cambridge Journal of Economics* 28 (2004): 683-704; Claudia Dale Goldin, *Understanding the Gender Gap: An Economic History of American Women* (New York: Oxford University Press, 1992).

*12　Claudia Dale Goldin, "A Grand Gender Convergence: Its Last Chapter," *American Economic Review* 104 (2014): 1091-1119.

*13　Gabriel D. Carroll, James J. Choi, David Laibson, Brigitte C. Madrian, and Andrew Metrick, "Optimal Defaults and Active Decisions," *Quarterly Journal of Economics* 124 (2009): 1639-1674; James J. Choi, David Laibson, and Brigitte C. Madrian, "Reducing the Complexity Costs of 401(k) Participation Through Quick Enrollment," in *Developments in the Economics of Aging*, ed. David A. Wise (University of Chicago Press, 2009), 57-82.

*14　テルストラに関しては，同社のウェブサイトを参照．https://careers.telstra.com/.

*15　Laura Gee, "The More You Know: Information Effects in Job Application Rates by Gender in a Large Field Experiment," Department of Economics Discussion Papers No. 780 (Tufts University, September 2014), http://econpapers.repec.org/paper/tuftuftec/0780.htm.

*16　Steven D. Levitt and Stephen J. Dubner, *Think Like a Freak: The Authors of Freakonomics Offer to Retrain Your Brain* (New York: William Morrow, 2014) [『0ベース思考――どんな難問もシンプルに解決できる』(ダイヤモンド社)].

*17　Corporate Culture Pros, "Corporate Culture Example: Google's Eric Schmidt on Corporate

＊18　「アプライド」「ギャップジャンパーズ」「ユニティブ」については，それぞれ以下のウェブサイトを参照．www.beapplied.com, www.gapjumpers.me, www.unitive.works.

＊19　現状維持バイアスに関しては，次の論文が先駆的な研究と言える．William Samuelson and Richard Zeckhauser, "Status Quo Bias in Decision Making," *Journal of Risk and Uncertainty* 1（1988）: 7-59; and W. Kip Viscusi, Wesley A. Magat, and Joel Huber, "An Investigation of the Rationality of Consumer Valuations of Multiple Health Risks," *RAND Journal of Economics* 18（1987）: 465-479; Boris Groysberg and Deborah Bell, "Talent Management: Boards Give Their Companies an 'F,'" *Harvard Business Review*, May 28, 2013, https://hbr.org/2013/05/talent-management-boards-give.

第７章　求人のメッセージに注意を払う

＊1　Mark Tungate, *Branded Male: Marketing to Men*（London: Kogan Page Limited, 2008）, 62-74.

＊2　Carmen Nobel, "Should Men's Products Fear a Woman's Touch?"（HBS Working Knowledge, Nov 2013）, http://hbswk.hbs.edu/item/7149.html.

＊3　Sandra L. Bem and Daryl J. Bem, "Does Sex-Biased Job Advertising 'Aid and Abet' Sex Discrimination?" *Journal of Applied Social Psychology* 3（1973）: 6-18, 引用個所は p. 15. アメリカでは，性別による職種の分離が1960年代に弱まりはじめ，その傾向は70～80年代に加速した．この点について，そしてジェンダーの平等につながる要因全般についての優れた議論としては，次の著作を挙げることができる．Francine D. Blau, Mary Brinton, and David Grusky, eds., *The Declining Significance of Gender?*（New York: Russell Sage Foundation, 2006）.

＊4　Peter Kuhn and Kailing Shen, "Gender Discrimination in Job Ads: Evidence from China," *Quarterly Journal of Economics* 128（2013）: 287-336.

＊5　Danielle Gaucher, Justin Friesen, and Aaron C. Kay, "Evidence That Gendered Wording in Job Advertisements Exists and Sustains Gender Inequality," *Journal of Personality and Social Psychology* 101（July 2011）: 109-128.

＊6　Alvin E. Roth, *Who Gets What—and Why: The New Economics of Matchmaking and Market Design*（Boston: Eamon Dolan/Houghton Mifflin Harcourt, 2015）［『Who Gets What（フー・ゲッツ・ホワット）――マッチメイキングとマーケットデザインの新しい経済学』（日本経済新聞出版社）］.

＊7　Frances Trix and Carolyn Psenka, "Exploring the Color of Glass: Letters of Recommendation for Female and Male Medical Faculty," *Discourse & Society* 14（2003）: 191-220.

＊8　Nava Ashraf, Oriana Bandiera, and Scott Lee, "Do-Gooders and Go-Getters: Career Incentives, Selection, and Performance in Public Service Delivery"（LSE STICERD- Economic Organisation and Public Policy Discussion Papers Series No. 54, July 2015）, http://sticerd.lse.ac.uk/dps/eopp/eopp54.pdf；同様の傾向は，メキシコの公共部門の求人にも見られている．高い給料を提示すると，IQの値，人柄，公共部門の仕事への適性の面で優れた求職者が応募してきたのだ．次を参照．Ernesto Dal Bó, Frederico Finan, and Martín A. Rossi, "Strengthening State Capabilities: The Role of Financial Incentives in the Call to Public Service," *Quarterly Journal of Economics* 128（2013）: 1169-1218.

Industrial and Organizational Psychology 1 (2008): 333-334; DeVaul, Jervey, Chappell, Carver, Short, and O'Keefe, "Medical School Performance," 引用個所は p. 51.

＊11　85年間にわたる人事心理学の研究と19種類の選考方法を検討した研究は，次を参照．Frank L. Schmidt and John E. Hunter, "The Validity and Utility of Selection Methods in Personnel Psychology: Practical and Theoretical Implications of 85 Years of Research Findings," *Psychological Bulletin* 124 (1998): 262-274；紹介採用については，次を参照．Stephen V. Burks, Bo Cowgill, Mitchell Hoffman, and Michael Housman, "The Value of Hiring through Employee Referrals," *Quarterly Journal of Economics* 130 (2015): 805-839. 紹介採用が最も有効なのは，最も優秀な社員が紹介した人物の場合らしい．人はたいてい，自分と似たような人物を紹介するものだからだ．Jason Dana, Robyn Dawes, and Nathanial Peterson, "Belief in the Unstructured Interview: The Persistence of an Illusion," *Judgment and Decision Making* 8 (2013): 512-520; Robyn Dawes, *Everyday Irrationality: How Pseudo-Scientists, Lunatics, and the Rest of Us Systematically Fail to Think Rationally* (Boulder, CO: Westview Press, 2002). ランダムなデータに意味を見いだそうとする性質については，次を参照．Thomas Gilovich, *How We Know What Isn't So: The Fallibility of Human Reason in Everyday Life* (New York: Free Press, 1993) [『人間この信じやすきもの――迷信・誤信はどうして生まれるか』(新曜社)].

＊12　Lauren A. Rivera, "Hiring as Cultural Matching: The Case of Elite Professional Service Firms," *American Sociological Review* 77 (2012): 999-1022；構造化面接については，次を参照．Barbara F. Reskin and Debra Branch McBrier, "Why Not Ascription? Organizations' Employment of Male and Female Managers," *American Sociological Review* 65 (2000): 210-233.

＊13　Atul Gawande, *The Checklist Manifesto: How to Get Things Right* (New York: Picador, 2011) [『アナタはなぜチェックリストを使わないのか？――重大な局面で"正しい決断"をする方法』(晋遊舎)].

＊14　Hal Arkowitz and Scott O. Lilienfeld, "Why Science Tells Us Not to Rely on Eyewitness Accounts," *Scientific American*, January 8, 2009, http://www.scientificamerican.com/article/do-the-eyes-have-it/.

＊15　Daniel Kahneman, Paul Slovic, and Amos Tversky, eds., *Judgment Under Uncertainty: Heuristics and Biases* (Cambridge: Cambridge University Press, 1982); Daniel Kahneman, Barbara L. Fredrickson, Charles A. Schreiber, and Donald A. Redelmeier, "When More Pain Is Preferred to Less: Adding a Better End," *Psychological Science* 4, no. 6 (1993): 401-405. アンカリング効果と，いくら支払うつもりがあるかの関係については，次を参照．Dan Ariely, *Predictably Irrational: The Hidden Forces that Shape Our Decisions,* revised and expanded edition (New York: Harper Perennial, 2010) [『予想どおりに不合理――行動経済学が明かす「あなたがそれを選ぶわけ」』(ハヤカワ文庫)].

＊16　Irving Janis, *Groupthink: Psychological Studies of Policy Decisions and Fiascoes* (Boston: Cengage Learning, 1982); Cass R. Sunstein and Reid Hastie, *Wiser: Getting Beyond Groupthink to Make Groups Smarter* (Boston: Harvard Business Review Press, 2014) [『賢い組織は「みんな」で決める――リーダーのための行動科学入門』(NTT出版)].

＊17　Sunstein and Hastie, *Wiser.*

Quantity and Timing on Variety-Seeking Behavior," *Journal of Marketing Research* 27 (1990): 150-162; Itamar Simonson and Russell S. Winer, "The Influence of Purchase Quantity and Display Format on Consumer Preference for Variety," *Journal of Consumer Research* 19 (1992): 133-138.

＊5　Lauren A. Rivera, "Hiring as Cultural Matching: The Case of Elite Professional Service Firms," *American Sociological Review* 77 (2012): 999-1022.

＊6　"When Doctors Make Bad Calls," *Globe and Mail*, February 24, 2012, http://www.theglobeandmail.com/life/health-and-fitness/when-doctors-make-bad-calls/article549084/.

＊7　ルックスと協力への前向きさについては，次を参照．James Andreoni and Ragan Petrie, "Beauty, Gender and Stereotypes: Evidence from Laboratory Experiments," *Journal of Economic Psychology* 29 (2008): 73-93；ルックスと問題解決能力については，次を参照．Markus M. Mobius and Tanya S. Rosenblat, "Why Beauty Matters," *American Economic Review* 96 (2006): 222-235. 美貌の恩恵が女性より男性に強く見られる点については，次を参照．Bradley J. Ruffle and Ze'ev Shtudiner, "Are Good-Looking People More Employable?" (SSRN Research Paper, Social Science Research Network, February 5, 2014), http://papers.ssrn.com/abstract=1705244; Daniel S. Hamermesh, *Beauty Pays: Why Attractive People Are More Successful* (Princeton: Princeton University Press, 2013)［『美貌格差――生まれつき不平等の経済学』(東洋経済新報社)］．次も参照．Daniel S. Hamermesh and Jeff E. Biddle, "Beauty and the Labor Market," *American Economic Review* 84 (1994): 1174-1194. 候補者のルックスと選挙結果の関係については，次を参照．Michaela Wänke, Jakub Samochowiec, and Jan Landwehr, "Facial Politics: Political Judgment Based on Looks," in *Social Thinking and Interpersonal Behavior*, ed. Joseph P. Forgas, Klaus Fiedler, and Constantine Sedikides (New York: Psychology Press, 2012)；アメリカ大統領については，次を参照．William J. Ridings, *Rating the Presidents: A Ranking of US Leaders, from the Great and Honorable to the Dishonest and Incompetent*, revised edition (New York: Citadel, 2000)；ルックスと仕事の成績の関係については，次を参照．"To Those That Have, Shall Be Given," *Economist*, December 19, 2007；次の研究も参照．Maryanne Fisher and Anthony Cox, "The Influence of Female Attractiveness on Competitor Derogation," *Journal of Evolutionary Psychology* 7 (2009): 141-155.

＊8　Luc Behaghel, Bruno Crépon, and Thomas Le Barbanchon, "Unintended Effects of Anonymous Résumés," *American Economic Journal: Applied Economics* 7 (2015): 1-27. ベアゲルらの研究とは逆に，これまで不利に扱われてきた集団の人たちが匿名化により有利になることを示している研究（フランスの事例も含む）としては，前出の序章＊1の冒頭で紹介した研究のほかに，次を参照．Olaf Aslund and Oskar N. Skans, "Do Anonymous Job Application Procedures Level the Playing Field?" *Industrial and Labor Relations Review* (2012): 82-107; Emmanuel Duguet, Yannick L'Horty, Dominique Meurs, and Pascale Petit, "Measuring Discriminations: An Introduction," *Annals of Economics and Statistics* 99 (2010): 5-14.

＊9　Richard A. DeVaul, Faith Jervey, James A. Chappell, Patricia Carver, Barbara Short, and Stephen O'Keefe, "Medical School Performance of Initially Rejected Students," *JAMA* 257, no. 1 (1987): 47-51; 引用個所は p. 48.

＊10　Scott Highhouse, "Stubborn Reliance on Intuition and Subjectivity in Employee Selection,"

第6章　人事評価の方法を見直す

*1　チュー・イーティエンの発言は，次の記事による．“A Tip for Policy-Making: Nudge, Not Shove,” Challenge: Approaching the Public Service Differently, http://www.challenge.gov.sg/print/cover-story/a-tip-for-policy-making-nudge-not-shove；シンガポール政府が行動科学の知見を活用している事例については，次も参照．Donald Low, *Behavioural Economics and Policy Design: Examples from Singapore*（Singapore: World Scientific Publishing Company, 2011）.

*2　Amos Tversky and Daniel Kahneman, “Evidential Impact of Base Rates,” in *Judgment under Uncertainty*, ed. Daniel Kahneman, Paul Slovic, and Amos Tversky（Cambridge: Cambridge University Press, 1982）; Amos Tversky and Daniel Kahneman, “Extensional versus Intuitive Reasoning: The Conjunction Fallacy in Probability Judgment,” *Psychological Review* 90（1983）: 293-315; Marianne Bertrand and Sendhil Mullainathan, “Are Emily and Greg More Employable Than Lakisha and Jamal? A Field Experiment on Labor Market Discrimination,” *American Economic Review* 94（2004）: 991-1013.

*3　Iris Bohnet, Alexandra van Geen, and Max Bazerman, “When Performance Trumps Gender Bias: Joint vs. Separate Evaluation,” *Management Science*, September 29, 2015, http://dx.doi.org/10.1287/mnsc.2015.2186；実際の採用戦略については，次を参照．Paul Oyer and Scott Schaefer, “Personnel Economics: Hiring and Incentives”（NBER Working Paper, May 2010）, http://www.nber.org/papers/w15977; Jos van Ommeren and Giovanni Russo, “Firm Recruitment Behaviour: Sequential or Non-Sequential Search?” *Oxford Bulletin of Economics and Statistics* 76（2014）: 432-455; “Executive Masters in Leadership Capstone Project”（Georgetown University McDonough School of Business & Penn Schoen Berland, Jonathan Gardener）, http://msb.georgetown.edu/document/1242764748554/Favoritism+Research+McDonough+School+of+Business.pdf；数学と言語の課題に対する態度については，次を参照．Isabelle Plante, Manon Théorêt, and Olga Eizner Favreau, “Student Gender Stereotypes: Contrasting the Perceived Maleness and Femaleness of Mathematics and Language,” *Educational Psychology* 29（2009）: 385-405; Curtis R. Price, “Gender, Competition, and Managerial Decisions,” *Management Science* 58（2011）: 114-122. 男女の成績の違いに関するデータは一様でない．次を参照．Luigi Guiso, Ferdinando Monte, Paola Sapienza, and Luigi Zingales, “Culture, Gender, and Math,” *Science* 320（2008）: 1164-1165; OECD, “The ABC of Gender Equality in Education, PISA”（OECD Publishing, 2015）, http://www.oecd-ilibrary.org/education/the-abc-of-gender-equality-in-education_9789264229945-en.

*4　“Best Practices for Conducting Faculty Searches,” Harvard University Office of the Senior Vice Provost, Faculty Development and Diversity, http://www.faculty.harvard.edu/sites/default/files/Best%20Practices%20for%20Conducting%20Faculty%20Searches%2C%20Harvard%20FD%26D　%202014_V1.0.pdf; Daniel Read and George Loewenstein, “Diversification Bias: Explaining the Discrepancy in Variety Seeking Between Combined and Separated Choices,” *Journal of Experimental Psychology: Applied* 1（1995）: 34-49; Itamar Simonson, “The Effect of Purchase and David M. Kreps, "Chapter 10: Performance Evaluation," in *Strategic Human Resources: Frameworks for General Managers* (New York: Wiley, 1999).

*17 Iwan Barankay, "Rank Incentives Evidence from a Randomized Workplace Experiment" (under revision, University of Pennsylvania, Wharton School of Business, July 7, 2012). 評価を伝達することに関する心理学の研究結果については，次を参照．Avraham N. Kluger and Angelo DeNisi, "The Effects of Feedback Interventions on Performance: A Historical Review, a Meta-Analysis, and a Preliminary Feedback Intervention Theory," *Psychological Bulletin* 119 (1996): 254-284.

*18 Charles Duhigg, "How Companies Learn Your Secrets," *New York Times*, February 16, 2012, http://www.nytimes.com/2012/02/19/magazine/shopping-habits.html; David Lazer, Ryan Kennedy, Gary King, and Alessandro Vespignani, "The Parable of Google Flu: Traps in Big Data Analysis," *Science* 343 (2014): 1203-1205.

*19 Paul E. Meehl, *Clinical Versus Statistical Prediction: A Theoretical Analysis and a Review of the Evidence* (Northvale, NJ: Echo Point Books & Media, 1954). 次の著作における議論も参照．Daniel Kahneman, *Thinking, Fast and Slow*, reprint edition (New York: Farrar, Straus and Giroux, 2013) [『ファスト＆スロー――あなたの意思はどのように決まるか？』(ハヤカワ文庫)]；さまざまなデータのレビューは，次を参照．Colin F. Camerer and Eric J. Johnson, "The Process-Performance Paradox in Expert Judgment—How Can Experts Know so Much and Predict so Badly?" in *Toward a General Theory of Expertise: Prospects and Limits*, ed. K. Anders Ericsson and Jacqui Smith (Cambridge: Cambridge University Press, 1991), 195-217.

*20 Philip E. Tetlock, *Expert Political Judgment: How Good Is It? How Can We Know?* (Princeton, NJ: Princeton University Press, 2006); Michael Lewis, *Moneyball: The Art of Winning an Unfair Game* (New York: W.W. Norton & Company, 2004) [『マネー・ボール』(ハヤカワ文庫)].

*21 予測の精度については，次を参照．Robert Fildes, Paul Goodwin, Michael Lawrence, and Konstantinos Nikolopoulos, "Effective Forecasting and Judgmental Adjustments: An Empirical Evaluation and Strategies for Improvement in Supply-Chain Planning," *International Journal of Forecasting* 25 (2009): 3-23；アルゴリズムへの嫌悪感については，次を参照．Berkeley J. Dietvorst, Joseph P. Simmons, and Cade Massey, "Algorithm Aversion: People Erroneously Avoid Algorithms after Seeing Them Err," *Journal of Experimental Psychology* 144 (2015): 114；アルゴリズムへの嫌悪感を克服する方法については，次を参照．Berkeley J. Dietvorst, Joseph P. Simmons, and Cade Massey, "Overcoming Algorithm Aversion: People Will Use Algorithms If They Can (Even Slightly) Modify Them" (SSRN Scholarly Paper, Rochester, NY, June 11, 2015), http://papers.ssrn.com/abstract=2616787. 予測に関するデータのレビューは，次を参照．Michael Lawrence, Paul Goodwin, Marcus O'Connor, and Dilek Önkal, "Judgmental Forecasting: A Review of Progress over the Last 25 Years," *International Journal of Forecasting* 22 (2006): 493-518.

explained/index.php/Gender_pay_gap_statistics; OECD諸国については，次を参照．“Gender Wage Gap,” OECD, http://www.oecd.org/gender/data/genderwagegap.htm.

＊12　男女の給料格差に関しては，膨大な量の研究がなされている．私がとくに有益と感じたのは，以下の文献だ．Claudia Goldin and Solomon Polachek, “Residual Differences by Sex: Perspectives on the Gender Gap in Earnings,” *American Economic Review* 77（1987）: 143-151; Francine D. Blau and Lawrence M. Kahn, “Understanding International Differences in the Gender Pay Gap,” *Journal of Labor Economics* 21（2003）: 106; Francine D. Blau and Lawrence M. Kahn, “The US Gender Pay Gap in the 1990s: Slowing Convergence,” *Industrial & Labor Relations Review* 60（2006）: 45-66; Wiji Arulampalam, Alison L. Booth, and Mark L. Bryan, “Is There a Glass Ceiling over Europe? Exploring the Gender Pay Gap across the Wage Distribution,” *Industrial & Labor Relations Review* 60（2007）: 163-186; Heather Antecol, Anneke Jong, and Michael Steinberger, “The Sexual Orientation Wage Gap: The Role of Occupational Sorting and Human Capital,” *Industrial and Labor Relations Review* 61（2008）: 518-543; Shelley J. Correll, Stephen Benard, and In Paik, “Getting a Job: Is There a Motherhood Penalty?” *American Journal of Sociology* 112（2007）: 1297-1339; Alexandra Killewald, “A Reconsideration of the Fatherhood Premium: Marriage, Coresidence, Biology, and Fathers' Wages,” *American Sociological Review* 78（2013）: 96-116.

＊13　Brian McNatt, “Ancient Pygmalion Joins Contemporary Management: A Meta-Analysis of the Result,” *Journal of Applied Psychology* 85（2000）: 314-322.

＊14　Lisa L. Shu, Nina Mazar, Francesca Gino, Dan Ariely, and Max H. Bazerman, “Signing at the Beginning Makes Ethics Salient and Decreases Dishonest Self-Reports in Comparison to Signing at the End,” *Proceedings of the National Academy of Sciences USA* 109（2012）: 15197-15200.

＊15　給料決定の正式なルールの有無と，男女の給料格差の関係については，次を参照．Marta M. Elvira and Mary E. Graham, “Not Just a Formality: Pay System Formalization and Sex-Related Earnings Effects,” *Organization Science* 13（2002）: 601-617；次の研究によれば，正式な人事手続きが決まっている組織では，マネジャー職に就いている女性が多いという．Barbara F. Reskin and Debra Branch McBrier, “Why Not Ascription? Organizations' Employment of Male and Female Managers,” *American Sociological Review* 65（2000）: 210-233. そのような組織では，6年後も在職している女性が多いと，次の長期追跡調査は明らかにしている．James N. Baron, Michael T. Hannan, Greta Hsu, and Özgecan Koçak, “In the Company of Women: Gender Inequality and the Logic of Bureaucracy in Start-Up Firms,” *Work and Occupations* 34（2007）: 35-66；グーグルについては，次の書籍を参照．Bock, *Work Rules!*

＊16　いくつかの研究によると，社員の評価をおこなう人たちは，直属の部下に甘く，高い評価を与えすぎる傾向がある．また，評価にあまり差をつけない傾向もあるという．ランクづけの仕組みを導入しても，ひいきを完全になくすことはできない．部下に交替で高い評価を与えるようにすれば，ランクづけ制度を骨抜きにできるからだ．一般に，ランクづけがうまくいくのは，評価対象者のグループが大規模で，この種の制度を導入してもメンバー間の協力が阻害されない場合である．成績評価に関しては，次を参照．Elaine D. Pulakos and Ryan S. O'Leary, “Why Is Performance Management Broken?” *Industrial and Organizational Psychology* 4（2011）: 146-164, and James N. Baron

Gilbert, *Stumbling on Happiness* (New York: Vintage, 2007) [『明日の幸せを科学する』(ハヤカワ文庫)]. 貯蓄に関する実験は，次を参照. John Beshears, James J. Choi, David Laibson, and Brigitte C. Madrian, "Simplification and Saving," *Journal of Economic Behavior & Organization* 95 (2013): 130-145; Brigitte C. Madrian and Dennis F. Shea, "The Power of Suggestion: Inertia in 401(k) Participation and Savings Behavior," *Quarterly Journal of Economics* 116 (2001): 1149-1187.

*6　Janice Fanning Madden, "Performance-Support Bias and the Gender Pay Gap among Stockbrokers," *Gender & Society* 26 (2012): 488-518.

*7　1999年の報告書は，次を参照. "A Study on the Status of Women Faculty In Science at MIT," 1999, http://web.mit.edu/fnl/women/women.html; 2011年の報告書は，次を参照. "A Report on the Status of Women Faculty in the Schools of Science and Engineering at MIT, 2011," http://newsoffice.mit.edu//sites/mit.edu.newsoffice/files/documents/women-report-2011.pdf; Kate Zernike, "The Reluctant Feminist," *New York Times*, April 8, 2001, sec. Education, http://www.nytimes.com/2001/04/08/education/08ED-FEMI.html; Cathy Young, "Sex and Science," *Salon*, April 12, 2001, http://www.salon.com/2001/04/12/science_women/.

*8　"EDGE Is the Global Business Certification for Gender Equality," EDGE, http://www.edge-cert.org/; "World Bank Group to Seek Key Certification on Workplace Equality," World Bank, http://www.worldbank.org/en/news/feature/2015/03/11/world-bank-group-to-seek-key-certification-on-workplace-equality.

*9　成績評価のコメントにおけるジェンダー・バイアスについては，次の記事がわかりやすい（ただし，サンプルを無作為抽出したものではない）. Kieran Snyder, "The Abrasiveness Trap: High Achieving Men and Women Are Described Differently in Reviews," *Fortune*, August 26, 2014, http://fortune.com/2014/08/26/performance-review-gender-bias/; Emilio J. Castilla, "Gender, Race, and Meritocracy in Organizational Careers," *Academy of Management Proceedings* no. 1 (2005): G1-6; Emilio J. Castilla and Stephen Benard, "The Paradox of Meritocracy in Organizations," *Administrative Science Quarterly* 55 (2010): 543-676; Benoît Monin and Dale T. Miller, "Moral Credentials and the Expression of Prejudice," *Journal of Personality and Social Psychology* 81 (2001): 33-43; Maura A. Belliveau, "Engendering Inequity? How Social Accounts Create vs. Merely Explain Unfavorable Pay Outcomes for Women," *Organization Science* 23 (2011): 1154-1174.

*10　Claudia Goldin, *Understanding the Gender Gap: An Economic History of American Women* (New York: Oxford University Press, 1992); Ulrike Muench, Jody Sindelar, Susan H. Busch, and Peter I. Buerhaus, "Salary Differences between Male and Female Registered Nurses in the United States," *JAMA* 313 (2015): 1265-1267.

*11　オーストラリアの給料格差については，次を参照. "Australia's Gender Equality Scorecard," Workplace Gender Equality Agency, Australian Government, https://www.wgea.gov.au/sites/default/files/2013-14_summary_report_website.pdf. アメリカについては，次を参照. "The Simple Truth about the Gender Pay Gap: 2015 Edition," American Association of University Women, http://www.aauw.org/files/2015/02/The-Simple-Truth_Spring-2015.pdf. EUについては，次を参照. "Gender Pay Gap Statistics—Statistics Explained," EuroStat, European Union, http://ec.europa.eu/eurostat/statistics-

2015), https://openknowledge.worldbank.org/handle/10986/20597. [『世界開発報告（WDR）2015：心・社会・行動』http://www.worldbank.org/ja/country/japan/publication/world-development-report]

第Ⅱ部　人事のデザイン

第5章　人事上の決定にデータを活用する

＊1　詳しくは，アダム・グラントとケード・マッセーの企画による「ウォートン・ピープル・アナリティクス会議」を参照．http://www.peopleanalyticsconference.com/.

＊2　"The World Factbook," Central Intelligence Agency, https://www.cia.gov/library/publications/the-world-factbook/rankorder/2095rank.html.

＊3　Viktor Mayer-Schönberger and Kenneth Cukier, *Big Data: A Revolution that Will Transform How We Live, Work, and Think*（Boston: Eamon Dolan/Mariner Books, 2014）[『ビッグデータの正体――情報の産業革命が世界のすべてを変える』（講談社）]; Sasha Issenberg, *The Victory Lab: The Secret Science of Winning Campaigns*（New York: Broadway Books, 2013）; Benedict Carey, " 'Dream Team' of Behavioral Scientists Advised Obama Campaign," *New York Times*, November 12, 2012, http://www.nytimes.com/2012/11/13/health/dream-team-of-behavioral-scientists-advised-obama-campaign.html; "Are Indian Companies Making Enough Sense of Big Data?"（LiveMint, July 23, 2014）, http://www.livemint.com/Industry/bUQo8xQ3gStSAy5II9lxoK/Are-Indian-companies-making-enough-sense-of-Big-Data.html.

＊4　カナダのケベック州の育児休業プログラムの結果を分析した研究によれば，グーグルの考え方は正しいようだ．同州では，ほかの州と異なり，父親たちに5週間の育児休業の権利（「ダディー・クオータ」）が認められている．この権利は，父親が使わなければ，母親が代わりに使うことはできない．日誌のデータを分析すると，この制度により，父親の育児休業取得率が250%上昇し，長い目で見れば父親たちが家庭で過ごす時間が多くなった．興味深いのは，父親に育児休業の取得を義務づけなくても効果があったことだ．「パパ専用」の制度と銘打ったことにより，父親の育児休業取得を強く促し，夫婦の行動を変えることができたのだ．典型的な性別役割分担を弱められたのである．次を参照．Ankita Patnaik, "Reserving Time for Daddy: The Short and Long-Run Consequences of Fathers' Quotas"（SSRN Scholarly Paper, Rochester, NY, January 15, 2015）, http://papers.ssrn.com/abstract=2475970.

＊5　Laszlo Bock, *Work Rules!: Insights from Inside Google That Will Transform How You Live and Lead*（New York: Twelve, 2015）[『ワーク・ルールズ！――君の生き方とリーダーシップを変える』（東洋経済新報社）]; Farhad Manjoo, "The Happiness Machine," *Slate*, January 21, 2013, http://www.slate.com/articles/technology/technology/2013/01/google_people_operations_the_secrets_of_ the_world_s_most_scientific_human.single.html. 幸福について，とくにお金と幸福の関係については，次を参照．Elizabeth Dunn and Michael Norton, *Happy Money: The Science of Happier Spending*（New York: Simon & Schuster, 2014）[『「幸せをお金で買う」5つの授業』（KADOKAWA）]; Daniel

Fenella Carpena, Shawn Cole, Jeremy Shapiro, and Bilal Zia, "The ABCs of Financial Literacy—Experimental Evidence on Attitudes, Behavior and Cognitive Biases"（Poverty Action Lab Working Paper）: https://www.povertyactionlab.org/sites/default/files/Improving%20Financial%20Capabilities%202.pdf.

＊14　Edwin A. Locke, Gary P. Latham, Ken J. Smith, and Robert E. Wood, *A Theory of Goal Setting and Task Performance*（Englewood Cliffs, NJ: Prentice Hall College, 1990）；目標設定の重要性に関しては，次を参照．Dilip Soman and Min Zhao, "The Fewer the Better: Number of Goals and Savings Behavior," *Journal of Marketing Research* 48, no.6（2011）: 944-957.

＊15　Lisa D. Ordóñez, Maurice E. Schweitzer, Adam D. Galinsky, and Max H. Bazerman, "Goals Gone Wild: The Systematic Side Effects of Overprescribing Goal Setting," *Academy of Management Perspectives* 23, no.1（2009）: 6-16; Daniel J. Simons and Christopher F. Chabris, "Gorillas in Our Midst: Sustained Inattentional Blindness for Dynamic Events," *Perception* 28, no. 9（1999）: 1059-1074; Max H. Bazerman and Dolly Chugh, "Decisions without Blinders," *Harvard Business Review* 84, no. 1（January 2006）: 88-97.

＊16　計画を立てることと投票の関係については，次を参照．David W. Nickerson and Todd Rogers, "Do You Have a Voting Plan?: Implementation Intentions, Voter Turnout, and Organic Plan Making," *Psychological Science* 21, no.2（2010）: 194-199；運動との関係については，次を参照．Sarah Milne, Sheina Orbell, and Paschal Sheeran, "Combining Motivational and Volitional Interventions to Promote Exercise Participation: Protection Motivation Theory and Implementation Intentions," *British Journal of Health Psychology* 7（2002）: 163-184；予防接種との関係については，次を参照．Katherine L. Milkman, John Beshears, James J. Choi, David Laibson, and Brigitte C. Madrian, "Using Implementation Intentions Prompts to Enhance Influenza Vaccination Rates," *Proceedings of the National Academy of Sciences USA* 108（2011）: 10415-10420；締め切りとの関係については，次を参照．Utpal M. Dholakia, Richard P. Bagozzi, and Lisa Klein Pearo, "A Social Influence Model of Consumer Participation in Network-and Small-Group-Based Virtual Communities," *International Journal of Research in Marketing* 21（2004）: 241-263.

＊17　他人の評価と目標設定については，次を参照．Lawrence J. Becker, "Joint Effect of Feedback and Goal Setting on Performance: A Field Study of Residential Energy Conservation," *Journal of Applied Psychology* 63（1978）: 428-433；ウガンダの人的ネットワークについては，次を参照．Kathryn Vasilaky and Kenneth Leonard, "As Good as the Networks They Keep? Expanding Farmer's Social Networks Using Randomized Encouragement in Rural Uganda"（Working Paper, Princeton University, 2014）, http://paa2011.princeton.edu/papers/111216；インドの人的ネットワークについては，次を参照．Benjamin Feigenberg, Erica Field, and Rohini Pande, "The Economic Returns to Social Interaction: Experimental Evidence from Microfinance," *Review of Economic Studies* 80（2013）: 1459-1483; Emily Breza and Arun G. Chandrasekhar, "Social Networks, Reputation And Commitment: Evidence From A Savings Monitors Experiment"（NBER Working Paper, May 2015）, http://www.nber.org/papers/w21169；このテーマ全般については，次を参照．World Development Report 2015: Mind, Society and Behavior（Washington, DC: World Bank Reports,

*9 "New Campaign Encourages Men to Take Up Flexible Work Patterns," NewsComAu, http://www.news.com.au/lifestyle/parenting/new-campaign-encourages-men-to-take-up-flexible-work-patterns/story-fnet08ui-1227323658455; "Equilibrium Challenge," http://equilibriumchallenge.com.au/; The Workplace Gender Equality Agency, www.wgea.gov.au/; "Teilzeitmann," TeilzeitKarriere, http://www.teilzeitkarriere.ch/teilzeitmann.html; "Sensitising Men and Companies," NRP 60 Gender Equality, http://www.nfp60.ch/E/knowledge-transfer-and-communication/in-focus/Pages/_xc_project_part_time_man.aspx.

*10 George Loewenstein, "Out of Control: Visceral Influences on Behavior," *Organizational Behavior and Human Decision Processes* 65 (1996): 272-292; Todd Rogers and Max H. Bazerman, "Future Lock-in: Future Implementation Increases Selection of 'Should' Choices," *Organizational Behavior and Human Decision Processes* 106 (2008): 1-20; 主体的選択と企業年金の関係については，次を参照. Gabriel D. Carroll, James J. Choi, David Laibson, Brigitte C. Madrian, and Andrew Metrick, "Optimal Defaults and Active Decisions," *Quarterly Journal of Economics* 124 (2009): 1639-1674; Richard Thaler and Shlomo Benartzi, "Save More Tomorrow: Using Behavioral Economics to Increase Employee Saving," *Journal of Political Economy* 112 (2004): S164-187; Richard H. Thaler, *Misbehaving: The Making of Behavioral Economics* (New York: W.W. Norton & Company, 2015) [『行動経済学の逆襲』(早川書房)]；ジム通いとプレコミットメントについては，次を参照. Stefano DellaVigna and Ulrike Malmendier, "Paying Not to Go to the Gym," *American Economic Review* 96 (2006): 694-719；食生活とプレコミットメントについては，次を参照. Brian Wansink, *Slim by Design: Mindless Eating Solutions for Everyday Life* (New York: William Morrow, 2014); "stickK," http://www.stickk.com/; Richard H. Thaler and Cass R. Sunstein, *Nudge: Improving Decisions About Health, Wealth, and Happiness*, revised and expanded edition (New York: Penguin Books, 2009) [旧版の邦訳は『実践　行動経済学――健康，富，幸福への聡明な選択』(日経BP社)].

*11 Abhijit Banerjee, Esther Duflo, Rachel Glennerster, and Cynthia Kinnan, "The Miracle of Microfinance? Evidence from a Randomized Evaluation," *American Economic Journal: Applied Economics* 7 (2015): 22-53.

*12 インドのビジネス研修プログラムについては，次を参照. Erica Field, Seema Jayachandran, and Rohini Pande, "Do Traditional Institutions Constrain Female Entrepreneurship? A Field Experiment on Business Training in India," *American Economic Review* 100 (2010): 125-129;「金融能力の構築」に関するデータの優れたレビューに，次の文献がある. "Enhancing Financial Capability and Behavior in Low-and Middle-Income Countries," World Bank, http://documents.worldbank.org/curated/en/2014/01/19770351/enhancing-financial-capability-behavior-low-middle-income-countrie.

*13 ドミニカ共和国に関する研究は，次を参照. Alejandro Drexler, Greg Fischer, and Antoinette Schoar, "Keeping It Simple: Financial Literacy and Rules of Thumb," *American Economic Journal: Applied Economics* 6 (2014): 1-31; Sendhil Mullainathan and Eldar Shafir, *Scarcity: The New Science of Having Less and How It Defines Our Lives* (New York: Picador, 2014) [『いつも「時間がない」あなたに――欠乏の行動経済学』(邦訳・ハヤカワ文庫)]. インドの個人向け研修については，次を参照.

*4 Tammy D. Allen, Lillian T. Eby, Mark L. Poteet, Elizabeth Lentz, and Lizzette Lima, "Career Benefits Associated with Mentoring for Protegés: A Meta-Analysis," *Journal of Applied Psychology* 89 (2004): 127-136; David L. DuBois, Bruce E. Holloway, Jeffrey C. Valentine, and Harris Cooper, "Effectiveness of Mentoring Programs for Youth: A Meta-Analytic Review," *American Journal of Community Psychology* 30 (2002): 157-197; Lillian T. Eby, Tammy D. Allen, Sarah C. Evans, and Thomas Ng, "Does Mentoring Matter? A Multidisciplinary Meta-Analysis Comparing Mentored and Non-Mentored Individuals," *Journal of Vocational Behavior*, Mentoring, 72, no. 2 (April 2008): 254-267; "The Chronicle of Evidence-Based Mentoring," http://chronicle.umbmentoring.org/.

*5 Herminia Ibarra, Nancy M. Carter, and Christine Silva, "Why Men Still Get More Promotions than Women," *Harvard Business Review*, September 2010, https://hbr.org/2010/09/why-men-still-get-more-promotions-than-womenkakko [「メンタリングで女性リーダーは生まれない」DIAMONDハーバード・ビジネス・レビュー，2011年3月号]；スポンサーシップの有効性については，次を参照．Sylvia Ann Hewlett, *Forget a Mentor, Find a Sponsor: The New Way to Fast-Track Your Career* (Boston: Harvard Business Review Press, 2013).

*6 Nancy R. Baldiga and Katherine Baldiga Coffman, "Lab Evidence on the Effects of Sponsorship on Competitive Preferences" (Working Paper, 2015), https://drive.google.com/file/d/0B2fD6UtLe0bcbVZmLUtxNjQxNms/view.

*7 Iris Bohnet and Farzad Saidi, "Informational Differences and Performance: Experimental Evidence" (Working Paper, Harvard Kennedy School of Government, Cambridge, MA, 2015): http://wappp.hks.harvard.edu/files/wappp/files/informational_differences_and_performance_0.pdf；ユダヤ系ダイヤモンド商の信頼関係に，宗教に基づくネットワークが及ぼす影響については，次を参照．Yoram Ben-Porath, "The F-Connection: Families, Friends, and Firms and the Organization of Exchange," *Population and Development Review* 6, no. 1 (1980): 1-30；同じ出身国や言語の人たちのネットワークが職探しに役立つことについては，次を参照．Per-Anders Edin, Peter Fredriksson, and Olof Åslund, "Ethnic Enclaves and the Economic Success of Immigrants—Evidence from a Natural Experiment," *Quarterly Journal of Economics* 118 (2003): 329-357；ビジネス上の関係については，次を参照．C. Kirabo Jackson and Henry S. Schneider, "Do Social Connections Reduce Moral Hazard? Evidence from the New York City Taxi Industry," *American Economic Journal: Applied Economics* 3 (2011): 244-267；福祉や社会プログラムへの参加については，次を参照．Marianne Bertrand, Erzo F. P. Luttmer, and Sendhil Mullainathan, "Network Effects and Welfare Cultures," *Quarterly Journal of Economics* 115 (2000): 1019-1055, and David N. Figlio, Sarah Hamersma, and Jeffrey Roth, "Information Shocks and the Take-Up of Social Programs," *Journal of Policy Analysis and Management* (July 1, 2015): 1-25.

*8 Herminia Ibarra, "Homophily and Differential Returns: Sex Differences in Network Structure and Access in an Advertising Firm," *Administrative Science Quarterly* 37 (1992): 422-447; Herminia Ibarra, "Network Assessment Exercise: Executive Version" https://hbr.org/product/network-assessment-exercise-executive-version/497003-PDF-ENG; Dobbin and Kalev, "The Origins and Effects of Corporate Diversity Programs."

Pay," *Journal of Economic Perspectives* 14 (2000): 75-99; Claudia Goldin and Lawrence F. Katz, "The Power of the Pill: Oral Contraceptives and Women's Career and Marriage Decisions" (NBER Working Paper, February 2000), http://www.nber.org/papers/w7527; Marianne Bertrand, Claudia Goldin, and Lawrence F. Katz, "Dynamics of the Gender Gap for Young Professionals in the Financial and Corporate Sectors," *American Economic Journal: Applied Economics* 2 (2010): 228-255.

＊20　Anne-Marie Slaughter, *Unfinished Business: Women Men Work Family* (New York: Random House, 2015) [『仕事と家庭は両立できない？――「女性が輝く社会のウソとホント」』(NTT出版)]; Najy Benhassine, Florencia Devoto, Esther Duflo, Pascaline Dupas, and Victor Pouliquen, "Turning a Shove into a Nudge? A 'Labeled Cash Transfer' for Education" (NBER Working Paper, 2013), https://ideas.repec.org/p/nbr/nberwo/19227.html.

＊21　Department of Labor, "OFCCP News Release: Rule to Improve Pay Transparency for Employees of Federal Contractors Proposed by US Labor Department," http://www.dol.gov/opa/media/press/ofccp/OFCCP20141696.htm; "Valerie Jarrett: Wage 'Transparency' Will Help Employers 'Avoid Lawsuits,'" *CNS News*, April 8, 2014, http://www.cnsnews.com/news/article/susan-jones/valerie-jarrett-wage-transparency-will-help-employers-avoid-lawsuits.

第４章　ダイバーシティ研修の限界

＊1　Robin J. Ely, Herminia Ibarra, and Deborah Kolb, "Taking Gender into Account: Theory and Design for Women's Leadership Development Programs" (Harvard Business School, September 1, 2011), http://www.hbs.edu/faculty/Pages/item.aspx?num=41610. 2014年の研究は，次を参照．Andrea Gutmann and Petra Seisl, "WoMENizing: Eine empirische Studie zum Themenfeld Frauen und Karriere," January 2014, http://www.plan-ag.net/uploads/index_64_230630819.pdf；引用は次の記事による．"Mentoring für Frauen: Was bringt die Frauenförderung?" *Die Zeit*, March 2015, sec. Beruf, http://www.zeit.de/karriere/beruf/2014-12/frauen-foerder-programme-wirksamkeit/komplettansicht; "Why Leadership-Development Programs Fail," McKinsey & Company, http://www.mckinsey.com/insights/leading_in_the_21st_century/why_leadership-development_programs_fail; Harrison Monarth, "Evaluate Your Leadership Development Program," *Harvard Business Review*, January 22, 2015, https://hbr.org/2015/01/evaluate-your-leadership-development-program.

＊2　Frank Dobbin and Alexandra Kalev, "The Origins and Effects of Corporate Diversity Programs" (Rochester, NY: Social Science Research Network, 2013), http://papers.ssrn.com/abstract=2274946.

＊3　次を参照．Donna K. Ginther and Shulamit Kahn, "Women in Economics: Moving Up or Falling Off the Academic Career Ladder?" *Journal of Economic Perspectives* 18 (2004): 193-214；メンタリング・プログラムについての分析は，次を参照．Francine D. Blau, Janet M. Currie, Rachel T. A. Croson, and Donna K. Ginther, "Can Mentoring Help Female Assistant Professors? Interim Results from a Randomized Trial," *American Economic Review* 100 (2010): 348-352.

Role of Gender in Speech-Making in the Swedish Riksdag," *Political Research Quarterly* 67 (2014): 504-518; Victoria L. Brescoll, "Who Takes the Floor and Why: Gender, Power, and Volubility in Organizations," *Administrative Science Quarterly* 56 (2011): 622-641.

＊12 Katherine Baldiga Coffman, "Evidence on Self-Stereotyping and the Contribution of Ideas," *Quarterly Journal of Economics* 129 (2014): 1625-1660.

＊13 Bowles, Babcock, and McGinn, "Constraints and Triggers," 951-965; Emily T. Amanatullah and Michael W. Morris, "Negotiating Gender Roles: Gender Differences in Assertive Negotiating Are Mediated by Women's Fear of Backlash and Attenuated When Negotiating on Behalf of Others," *Journal of Personality and Social Psychology* 98 (2010): 256-267. 次の研究も，女性に交渉の経験がある場合に格差が縮小する傾向を見いだしている．Jens Mazei, Joachim Hüffmeier, Philipp Alexander Freund, Alice F. Stuhlmacher, Lena Bilke and Guido Hertel, "A Meta-Analysis on Gender Differences in Negotiation Outcomes and Their Moderators," *Psychological Bulletin* 141 (2015): 85-104.

＊14 Kristina A. Diekmann, " 'Implicit Justifications' and Self-Serving Group Allocations," *Journal of Organizational Behavior* 18 (1997): 3-16; Marianne Bertrand, Emir Kamenica, and Jessica Pan, "Gender Identity and Relative Income within Households," *Quarterly Journal of Economics* 130 (2015): 571-614; Tara Watson and Sara McLanahan, "Marriage Meets the Joneses: Relative Income, Identity, and Marital Status," *Journal of Human Resources* 46 (2011): 482-517; Ina Ganguli, Ricardo Hausmann, and Martina Viarengo, "Marriage, Education and Assortative Mating in Latin America," *Applied Economics Letters* 21 (2014): 806-811.

＊15 Nava Ashraf, "Spousal Control and Intra-Household Decision Making: An Experimental Study in the Philippines," *American Economic Review* 99 (2009): 1245-1277.

＊16 Christopher Udry, "Gender, Agricultural Production, and the Theory of the Household," *Journal of Political Economy* 104 (1996): 1010-1046; Esther Duflo and Christopher Udry, "Intrahousehold Resource Allocation in Cote d'Ivoire: Social Norms, Separate Accounts and Consumption Choices" (NBER Working Paper, May 2004), http://www.nber.org/papers/w10498; Alberto Alesina, Paola Giuliano, and Nathan Nunn, "On the Origins of Gender Roles: Women and the Plough," *Quarterly Journal of Economics* 128 (2013): 469-530.

＊17 Nava Ashraf, Corinne Low, Kathleen McGinn, and Remy Mukonka, "Negotiating a Better Future," Harvard Business School Profile, 2012, http://www.hbs.edu/faculty/Profile %20Files/GN_OnePage_9-18-12_67dedee3-ef8b-467f-88e3-80097232ecf5.pdf.

＊18 Alice F. Stuhlmacher and Eileen Linnabery, "Gender and Negotiation: A Social Role Analysis," *Handbook of Research on Negotiation* (Northampton: Edward Elgar Publishing, 2013), 221-248; Maria Konnikova, "Lean Out: The Dangers for Women Who Negotiate," *New Yorker*, June 10, 2014, http://www.newyorker.com/science/maria-konnikova/lean-out-the-dangers-for-women-who-negotiate.

＊19 Claudia Goldin, *Understanding the Gender Gap: An Economic History of American Women* (New York: Oxford University Press, 1992); Francine D. Blau and Lawrence M. Kahn, "Gender Differences in

Perspectives on Work Group Processes and Outcomes," *Administrative Science Quarterly* 46 (2001): 229-273.

第3章　主張する女性が直面するリスク

＊1　Iris Bohnet and Hannah Riley Bowles, "Introduction," *Negotiation Journal* 24 (2008): 389-392.

＊2　Hannah Riley Bowles, Linda Babcock, and Lei Lai, "Social Incentives for Gender Differences in the Propensity to Initiate Negotiations: Sometimes It Does Hurt to Ask," *Organizational Behavior and Human Decision Processes* 103 (2007): 84-103; Hannah Riley Bowles and Michele Gelfand, "Status and the Evaluation of Workplace Deviance," *Psychological Science* 21 (2010): 49-54.

＊3　Linda Babcock and Sara Laschever, *Women Don't Ask: The High Cost of Avoiding Negotiation—and Positive Strategies for Change* (New York: Bantam, 2003) [『そのひとことが言えたら…――働く女性のための統合的交渉術』(北大路書房)]; Fiona Greig, "Propensity to Negotiate and Career Advancement: Evidence from an Investment Bank That Women Are on a 'Slow Elevator,'" *Negotiation Journal* 24 (2008): 495-508.

＊4　Jenny Säve-Söderbergh, "Are Women Asking for Low Wages? Gender Differences in Wage Bargaining Strategies and Ensuing Bargaining Success" (Working Paper Series, Swedish Institute for Social Research, 2007), https://ideas.repec.org/p/hhs/sofiwp/2007_ 007.html; David Blackaby, Alison L. Booth, and Jeff Frank, "Outside Offers and the Gender Pay Gap: Empirical Evidence from the UK Academic Labour Market," *Economic Journal* 115 (2005): 81-107.

＊5　Jennifer Lawrence, "Why Do I Make Less Than My Male Co-Stars?" *Lenny*, October 13, 2015, http://us11.campaign-archive1.com/?u=a5b04a26aae05a24bc4efb63e&id=64e6f35176&e=fe292e1416#wage.

＊6　Hannah Riley Bowles, Linda Babcock, and Kathleen L. McGinn, "Constraints and Triggers: Situational Mechanics of Gender in Negotiation," *Journal of Personality and Social Psychology* 89 (2005): 951-965; Andreas Leibbrandt and John A. List, "Do Women Avoid Salary Negotiations? Evidence from a Large-Scale Natural Field Experiment," *Management Science* 61 (2014): 2016-2024.

＊7　Laszlo Bock, *Work Rules! Insights from Inside Google that Will Transform How You Live and Lead* (New York: Twelve, 2015) [『ワーク・ルールズ！――君の生き方とリーダーシップを変える』(東洋経済新報社)]. Francesca Gino, Caroline Ashley Wilmuth, and Alison Wood Brooks, "Compared to Men, Women View Professional Advancement as Equally Attainable, but Less Desirable," *Proceedings of the National Academy of Sciences USA* 112 (2015): 12354-12359.

＊8　Laura A. Liswood, *The Loudest Duck: Moving Beyond Diversity While Embracing Differences to Achieve Success at Work* (Hoboken: Wiley, 2009).

＊9　"Hannah Riley Bowles on Katie Couric's 'Lean In' Panel Discussion," WAPPP Wire, May 1, 2013, http://wapppwire.blogspot.com/2013/05/hannah-riley-bowles-on-katie-couric-in.html.

＊10　Bowles, Babcock, and McGinn, "Constraints and Triggers," 951-965.

＊11　Hanna Bäck, Marc Debus, and Jochen Müller, "Who Takes the Parliamentary Floor? The

Convergence: Debiasing Biased Litigants," *Law & Social Inquiry* 22 (1997): 913-925; Babcock and Loewenstein, "Explaining Bargaining Impasse"; Calvin K. Lai, Maddalena Marini, Steven A. Lehr, Carlo Cerruti, Jiyun-Elizabeth L. Shin, Jennifer A. Joy-Gaba, Arnold K. Ho, Bethany A. Teachman, Sean P. Wojcik, Spassena P. Koleva, Rebecca S. Frazier, Larisa Heiphetz, Eva E. Chen, Rhiannon N. Turner, Jonathan Haidt, Selin Kesebir, Carlee Beth Hawkins, Hillary S. Schaefer, Sandro Rubichi, Giuseppe Sartori, Christopher M. Dial, N. Sriram, Mahzarin R. Banaji, and Brian A. Nosek, "Reducing Implicit Racial Preferences: I. A Comparative Investigation of 17 Interventions," *Journal of Experimental Psychology*: General 143, no. 4 (2014): 1765-1785;「反対を考えるアプローチ」とジェンダーについて既存の研究を集約した研究は，次を参照．Lenton, Bruder, and Sedikides, "A Meta-Analysis on the Malleability of Automatic Gender Stereoypes."

*13　統計的推論とステレオタイプについては，次を参照．Mark Schaller, Charles H. Asp, Michelle Ceynar Roseil, and Stephen J. Heim, "Training in Statistical Reasoning Inhibits the Formation of Erroneous Group Stereotypes," *Personality and Social Psychology Bulletin* 22 (1996): 829-844.

*14　Irving Janis, *Groupthink: Psychological Studies of Policy Decisions and Fiascoes*, 2nd edition (Boston: Cengage Learning, 1982); Cass R. Sunstein and Reid Hastie, *Wiser: Getting Beyond Groupthink to Make Groups Smarter* (Boston: Harvard Business Review Press, 2014)［『賢い組織は「みんな」で決める――リーダーのための行動科学入門』(NTT出版)］.

*15　集合知については，次を参照．James Surowiecki, *The Wisdom of Crowds*, reprint edition (New York: Anchor, 2005)［『「みんなの意見」は案外正しい』(角川文庫)］. 集団的意思決定のルールについては，次を参照．Reid Hastie and Tatsuya Kameda, "The Robust Beauty of Majority Rules in Group Decisions," *Psychological Review* 112 (2005): 494-508.「自分の内部の集合知」については，次を参照．Jack B. Soll, Katherine L. Milkman, and John W. Payne, "A User's Guide to Debiasing," in *Handbook of Judgment and Decision Making*, ed. Gideon Keren and George Wu (Malden: Wiley Blackwell, 2015), vol. 2, 924-951.

*16　Elizabeth Levy Paluck, "Reducing Intergroup Prejudice and Conflict Using the Media: A Field Experiment in Rwanda," *Journal of Personality and Social Psychology* 96 (2009): 574-587.

*17　Kurt Lewin, "Group Decision and Social Change," in *Readings in Social Psychology*, ed. Eugene L. Hartley and Theodore M. Newcomb (New York: Henry Holt and Company, 1947); Bazerman and Moore, *Judgment in Managerial Decision Making*.

*18　プロセス（とくに発言の機会）の重要性については，次を参照．E. Allan Lind and Tom R. Tyler, *The Social Psychology of Procedural Justice* (New York: Springer, 1988)［『フェアネスと手続きの社会心理学――裁判，政治，組織への応用』(ブレーン出版)］, and Bruno S. Frey, Matthias Benz, and Alois Stutzer, "Introducing Procedural Utility: Not Only What, but Also How Matters," *Journal of Institutional and Theoretical Economics* (JITE) (2004): 377-401.

*19　Evan P. Apfelbaum, Nicole M. Stephens, and Ray E. Reagans, "Beyond One-Size Fits-All: Tailoring Diversity Approaches to the Representation of Social Groups" (Working Paper, MIT, 2015), 引用個所は p. 4. チームと組織の多様性についてこれ以前に論じた研究としては，次のものがある．Robin J. Ely and David A. Thomas, "Cultural Diversity at Work: The Effects of Diversity

Methodological Rigor of Studies Evaluating Cultural Competence Training of Health Professionals," *Academic Medicine* 80 (2005): 578-586.

*7 小学生のフィールド実験は，次を参照．Melissa A. Houlette, Samuel L. Gaertner, Kelly M. Johnson, Brenda S. Banker, Blake M. Riek, and John F. Dovidio, "Developing a More Inclusive Social Identity: An Elementary School Intervention," *Journal of Social Issues* 60 (2004): 35-55.

*8 Alexandra Kalev, Frank Dobbin, and Erin Kelly, "Best Practices or Best Guesses? Assessing the Efficacy of Corporate Affirmative Action and Diversity Policies," *American Sociological Review* 71 (2006): 589-617; Frank Dobbin, Alexandra Kalev, and Erin Kelly, "Diversity Management in Corporate America," *Contexts* 6 (2007): 21-27.

*9 認知的作業を多く抱えることの影響については，たとえば次を参照．Mark Muraven, Dianne M. Tice, and Roy F. Baumeister, "Self-Control as a Limited Resource: Regulatory Depletion Patterns," *Journal of Personality and Social Psychology* 74 (1998): 774-789.

*10 台湾の実験は，次を参照．Wen-Bin Chiou, Chao-Chin Yang, and Chin-Sheng Wan, "Ironic Effects of Dietary Supplementation: Illusory Invulnerability Created by Taking Dietary Supplements Licenses Health-Risk Behaviors," *Psychological Science* 22 (2011): 1081-1086. オバマ支持による免罪符効果については，次を参照．Daniel A. Effron, Jessica S. Cameron, and Benoît Monin, "Endorsing Obama Licenses Favoring Whites," *Journal of Experimental Social Psychology* 45 (2009): 590-593. ジェンダー・バイアスと免罪符効果については，次を参照．Emilio J. Castilla and Stephen Benard, "The Paradox of Meritocracy in Organizations," *Administrative Science Quarterly* 55 (2010): 543-676. ダイバーシティ研修の逆効果については，次を参照．Fay Hansen, "Diversity's Business Case Doesn't Add Up," *Workforce* 4 (2003): 28. 無意識のステレオタイプは，次を参照．Lenton, Bruder, and Sedikides, "A Meta-Analysis on the Malleability of Automatic Gender Stereotypes."

*11 Babcock and Loewenstein, "Explaining Bargaining Impasse: The Role of Self-Serving Biases"; Max H. Bazerman and Margaret A. Neale, "Heuristics in Negotiation: Limitations to Effective Dispute Resolution," in *Judgment and Decision Making: An Interdisciplinary Reader*, ed. H. R. Arkes and K. R. Hammond (New York: Cambridge University Press, 1986), 311-321; Adam D. Galinsky and Gordon B. Moskowitz, "Perspective-Taking: Decreasing Stereotype Expression, Stereotype Accessibility, and In-Group Favoritism," *Journal of Personality and Social Psychology* 78 (2000): 708-724; Victoria M. Esses and John F. Dovidio, "The Role of Emotions in Determining Willingness to Engage in Intergroup Contact," *Personality and Social Psychology Bulletin* 28 (2002): 1202-1214; Paluck and Green, "Prejudice Reduction." インドの実験は，次を参照．Ritwik Banerjee and Nabanita Datta Gupta, "Awareness Programs and Change in Taste-Based Caste Prejudice," *PLOS ONE* 10 (2015): 1-17; 引用個所は p. 5.

*12 「反対を考えるアプローチ」については，次を参照．Charles G. Lord, Mark R. Lepper, and Elizabeth Preston, "Considering the Opposite: A Corrective Strategy for Social Judgment," *Journal of Personality and Social Psychology* 47 (1984): 1231-1243. この点に関する議論は，次を参照．Larrick, "Debiasing"; Linda Babcock, George Loewenstein, and Samuel Issacharoff, "Creating *and Knowledge*, ed. Edward S. Reed, Elliot Turiel, and Terrance Brown (Sussex: Psychology Press, 2013). Emily Pronin, Daniel Y. Lin, and Lee Ross, "The Bias Blind Spot: Perceptions of Bias in Self Versus Others," *Personality and Social Psychology Bulletin* 28 (2002): 369-381; Emily Pronin, Thomas Gilovich, and Lee Ross, "Objectivity in the Eye of the Beholder: Divergent Perceptions of Bias in Self Versus Others," *Psychological Review* 111 (2004): 781-799；ハロー効果については，次を参照. Christopher G. Wetzel, Timothy D. Wilson, and James Kort, "The Halo Effect Revisited: Forewarned Is Not Forearmed," *Journal of Experimental Social Psychology* 17 (1981): 427-439；人種のステレオタイプについては，次を参照. John F. Dovidio and Samuel L. Gaertner, "Changes in the Expression and Assessment of Racial Prejudice," in *Opening Doors: Perspectives on Race Relations in Contemporary America*, ed. Harry J. Knopke et al. (Tuscaloosa: University of Alabama Press, 1991), 119-148.

*4　バイアスについて教えても効果がないことについては，次を参照. Do-Yeong Kim, "Voluntary Controllability of the Implicit Association Test (IAT)," *Social Psychology Quarterly* 66 (2003): 83-96；ステレオタイプを抑え込むように指示してもうまくいかないことについては，次を参照. Adam D. Galinsky and Gordon B. Moskowitz, "Perspective-Taking: Decreasing Stereotype Expression, Stereotype Accessibility, and In-Group Favoritism," *Journal of Personality and Social Psychology* 78 (2000): 708-724; Carol T. Kulik, Elissa L. Perry, and Anne C. Bourhis, "Ironic Evaluation Processes: Effects of Thought Suppression on Evaluations of Older Job Applicants," *Journal of Organizational Behavior* 21 (2000): 689-711; Irene V. Blair, Jennifer E. Ma, and Alison P. Lenton, "Imagining Stereotypes Away: The Moderation of Implicit Stereotypes through Mental Imagery," *Journal of Personality and Social Psychology* 81 (2001): 828-841; Giulio Boccato, Vincent Yzerbyt, and Olivier Corneille, "Another Look at the New Look: The Moderating Impact of Stereotypic Beliefs on the Delboeuf Illusion," *TPM-Testing, Psychometrics, Methodology in Applied Psychology* 14 (2007): 151-163；逆効果だという研究は，次を参照. Alison P. Lenton, Martin Bruder, and Constantine Sedikides, "A Meta-Analysis on the Malleability of Automatic Gender Stereotypes," *Psychology of Women Quarterly* 33 (2009): 183-196. 人種への言及を避けようとすることの影響については，次を参照. Evan P. Apfelbaum, Samuel R. Sommers, and Michael I. Norton, "Seeing Race and Seeming Racist? Evaluating Strategic Colorblindness in Social Interaction," *Journal of Personality and Social Psychology* 95 (2008): 918-932.

*5　バイアスを認識しても，後知恵バイアスなどが緩和されないことについては，次を参照. Baruch Fischhoff , "Perceived Informativeness of Facts," *Journal of Experimental Psychology: Human Perception and Performance* 3 (1977): 349-358; Baruch Fischhoff, "Debiasing," in *Judgment under Uncertainty* (Cambridge: Cambridge University Press, 1982).

*6　Elizabeth Levy Paluck and Donald P. Green, "Prejudice Reduction: What Works? A Review and Assessment of Research and Practice," *Annual Review of Psychology* 60 (2009): 339-367; 引用個所は p. 356. 2005年の論文は，次を参照. Eboni G. Price, Mary Catherine Beach, Tiff any L. Gary, Karen A. Robinson, Aysegul Gozu, Ana Palacio, Carole Smarth, Mollie Jenckes, Carolyn Feuerstein, Eric B. Bass, Neil R. Powe, and Lisa A. Cooper, "A Systematic Review of the

Implicit Preferences," *Evolution and Human Behavior* 31 (2010): 141-148. 連想のスピードについては，次を参照．Nalini Ambady and Robert Rosenthal, "Half a Minute: Predicting Teacher Evaluations from Thin Slices of Nonverbal Behavior and Physical Attractiveness," *Journal of Personality and Social Psychology* 64, no. 3 (1993): 431-441.

*23 Ernesto Reuben, Pedro Rey-Biel, Paola Sapienza, and Luigi Zingales, "The Emergence of Male Leadership in Competitive Environments," *Journal of Economic Behavior & Organization*, Gender Differences in Risk Aversion and Competition 83 (2012): 111-117.

*24 Nicholas D. Kristof and Sheryl WuDunn, *Half the Sky: Turning Oppression into Opportunity for Women Worldwide* (New York: Knopf, 2009) [『ハーフ・ザ・スカイ――彼女たちが世界の希望に変わるまで』(英治出版)]. 次のウェブサイトも参照．www.halftheskymovement.org/.

*25 Orley Ashenfelter and Timothy Hannan, "Sex Discrimination and Product Market Competition: The Case of the Banking Industry," *Quarterly Journal of Economics* 101 (1986): 149-173.

*26 "The Social Capitalist: Heidi Roizen," My Greenlight, http://mygreenlight.com/system/files/private/coaching/social_capitalist_transcript_-_heidi_roizen.pdf?token=LbR9yvD4YfNqXkqtFW3S.

第２章　バイアスを取り除くのは容易でない

*1 "Byrnes, Byrnes & Townsend: Case and Simulation," *Harvard Business Review*, https://hbr.org/product/byrnes-byrnes-townsend-case-and-simulation/395135-PDF-ENG; "Patriot National Insurance Co.: Case and Simulation," *Harvard Business Review*, https://hbr.org/product/patriot-national-insurance-co-case-and-simulation/395134-PDF-ENG. 学生たちのデータを分析して，私に提供してくれたのは，ハナ・ライリー・ボウルズとジェームズ・ロビンソンだ．

*2 Linda Babcock and George Loewenstein, "Explaining Bargaining Impasse: The Role of Self-Serving Biases," *Journal of Economic Perspectives* 11 (1997): 109-126. Amos Tversky and Daniel Kahneman, "Rational Choice and the Framing of Decisions," *Journal of Business* 59 (1986): 251-278. この２つの文献は，時間が経つにつれてバイアスがおのずと是正される可能性について楽観していない．Linda Babcock, Xianghong Wang, and George Loewenstein, "Choosing the Wrong Pond: Social Comparisons in Negotiations that Reflect a Self-Serving Bias," *Quarterly Journal of Economics* 111 (1996): 1-19. バイアスの認識とステレオタイプ・リアクタンスについては，たとえば次を参照．Laura J. Kray, Leigh Thompson, and Adam Galinsky, "Battle of the Sexes: Gender Stereotype Confirmation and Reactance in Negotiations," *Journal of Personality and Social Psychology* 80 (2001): 942；次も参照．Richard P. Larrick, "Debiasing," in *Blackwell Handbook of Judgment and Decision Making*, ed. Derek J. Koehler and Nigel Harvey (Blackwell Publishing Ltd, 2004), 316-338, and Max Bazerman and Don A. Moore, *Judgment in Managerial Decision Making*, 7th edition (Hoboken, NJ: Wiley, 2008) [『行動意思決定論――バイアスの罠』(白桃書房)].

*3 人が自分のバイアスを見落とす傾向については，次を参照．Lee Ross and Andrew Ward, "Naive Realism in Everyday Life: Implications for Social Conflict and Misunderstanding," in *Values*

少ない傾向があった．Colleen Flaherty Manchester, Lisa Leslie, and Amit Kramer, "Is the Clock Still Ticking? An Evaluation of the Consequences of Stopping the Tenure Clock," *ILR Review* 66, no. 1, Cornell University, 2013, http://digitalcommons.ilr.cornell.edu/ilrreview/vol66/iss1/1. 次の研究によれば，女性大学教員（専門は化学と英語）は，育児の負担を隠して「バイアス回避」を目指すケースがあるという．具体的には，育児休業を取らなかったり，終身在職権取得までの猶予期間の進行停止を申請しなかったりする．Robert Drago, Carol L. Colbeck, Kai Dawn Stauffer, Amy Pirretti, Kurt Burkum, Jennifer Fazioli, Gabriela Lazzaro, and Tara Habasevich, "The Avoidance of Bias against Caregiving: The Case of Academic Faculty," *American Behavioral Scientist* 49（2006）: 1222-1247.

＊18　Kate Antonovics and Brian G. Knight, "A New Look at Racial Profiling: Evidence from the Boston Police Department," *Review of Economics and Statistics* 91（2009）: 163-177; "Racial Profiling and Traffic Stops," National Institute of Justice, http://www.nij.gov/topics/law-enforcement/legitimacy/pages/traffic-stops.aspx.

＊19　"PISA 2012 Results: The ABC of Gender Equality in Education: Aptitude, Behaviour, Confidence," Organisation for Economic Co-operation and Development（OECD）, http://www.oecd.org/pisa/keyfindings/pisa-2012-results-gender.htm; Luigi Guiso, Ferdinando Monte, Paola Sapienza, and Luigi Zingales, "Culture, Gender, and Math," *Science* 320（2008）: 1164-1165; Curtis R. Price, "Gender, Competition, and Managerial Decisions," *Management Science* 58（2012）: 114-122.

＊20　数学の成績における男女格差の逆転現象については，次を参照．Guiso et al., "Culture, Gender, and Math"; Pedro Bordalo, Katherine Coffman, Nicola Gennaioli, and Andrei Shleifer, "Stereotypes"（Working Paper, Harvard University, May 2015）, http://scholar.harvard.edu/shleifer/publications/stereotypes；代表性ヒューリスティックについては，次を参照．Daniel Kahneman and Amos Tversky, "Subjective Probability: A Judgment of Representativeness," in *The Concept of Probability in Psychological Experiments*, ed. Carl-Axel S. Staël von Holstein（Dordrecht: Springer Netherlands, 1972）, 25-48.

＊21　Gordon W. Allport, *The Nature of Prejudice*（Cambridge, MA: Addison-Wesley, 1954）［『偏見の心理』（培風館）］; Susan T. Fiske and Steven L. Neuberg, "A Continuum of Impression Formation, from Category-Based to Individuating Processes: Influences of Information and Motivation on Attention and Interpretation," in *Advances in Experimental Social Psychology*, ed. Mark P. Zanna, vol. 23（Waltham, MA: Academic Press, 1990）, 1-74; Henri Tajfel, "Cognitive Aspects of Prejudice," *Journal of Social Issues* 25（1969）: 79-97; Henri Tajfel and Michael Billic, "Familiarity and Categorization in Intergroup Behavior," *Journal of Experimental Social Psychology* 10（1974）: 159-170; Michael I. Norton, Joseph A. Vandello, and John M. Darley, "Casuistry and Social Category Bias," *Journal of Personality and Social Psychology* 87（2004）: 817-831.

＊22　Mahzarin R. Banaji and Anthony G. Greenwald, *Blindspot: Hidden Biases of Good People*（New York: Delacorte Press, 2013）［『心の中のブラインド・スポット——善良な人々に潜む非意識のバイアス』（北大路書房）］. IATでの性差別的傾向と，性差別的なジョークに笑う傾向の関係については，次を参照．Robert Lynch, "It's Funny Because We Think It's True: Laughter Is Augmented by

1578; Ashleigh Shelby Rosette and Robert W. Livingston, "Failure Is Not an Option for Black Women: Effects of Organizational Performance on Leaders with Single versus Dual-Subordinate Identities," *Journal of Experimental Social Psychology* 48 (2012): 1162-1167; Paul Milgrom and John Roberts, *Economics, Organization and Management* (Englewood Cliffs, NJ: Prentice Hall, 1992), 引用個所は p. 344 [『組織の経済学』(NTT出版)].

＊14　Marc Mangel and Francisco J. Samaniego, "Abraham Wald's Work on Aircraft Survivability," *Journal of the American Statistical Association* 79 (1984): 259-267.

＊15　United States, National Aeronautics and Space Administration and Presidential Commission on the Space Shuttle Challenger Accident, "Report to the President: Actions to Implement the Recommendations of the Presidential Commission on the Space Shuttle Challenger Accident" (Washington, D.C.: National Aeronautics and Space Administration, 1986), http://history.nasa.gov/rogersrep/actions.pdf; Jack W. Brittain and Sim Sitkin, "Carter Racing" (revised 2000), http://www.deltaleadership.com/case-studies.php.

＊16　"U.S. Department of Commerce Women's History Month: March 2015," *US Census Bureau News*, February 26, 2015, https://www.census.gov/content/dam/Census/newsroom/facts-for-features/2015/cb15ff-05_women _history.pdf; Ian Ayres and Peter Siegelman, "Race and Gender Discrimination in Bargaining for a New Car," *American Economic Review* 85 (1995): 304-321;「統計的差別」を最初に指摘したのは，ケネス・アローとエドマンド・フェルプスだ．それぞれ以下を参照．Kenneth J. Arrow, "The Theory of Discrimination," in *Discrimination in Labor Markets*, by Orley Ashenfelter and Albert Rees (Princeton: Princeton University Press, 1973), 3-33, Edmund S. Phelps, "The Statistical Theory of Racism and Sexism," *American Economic Review* 62 (1972): 659-661.

＊17　大量の研究が明らかにしているように，労働市場で女性は全般として「子どもによる給料ペナルティ」を科されるのに対し，男性は「子どもによる給料プレミアム」や「結婚による給料プレミアム」の恩恵に浴している．次を参照．Michelle J. Budig and Paula England, "The Wage Penalty for Motherhood," *American Sociological Review* 66 (2001): 204-225; Jane Waldfogel, "The Effect of Children on Women's Wages," *American Sociological Review* 62 (1997): 209-217. 女性が「子どもによる給料ペナルティ」を科される大きな理由としては，週当たりの労働時間の少なさ，キャリアの男女差，柔軟な働き方を優先させる職業選択が挙げられてきた．Claudia Goldin, "A Grand Gender Convergence: Its Last Chapter," *American Economic Review* 104 (2014): 1091-1119. 次の研究によれば，アメリカのある大学で育児休業を取得する教員の大半（72%）は女性だという．Jennifer H. Lundquist, Joya Misra, and KerryAnn O'Meara, "Parental Leave Usage by Fathers and Mothers at an American University," *Fathering* 10 (2012): 337-363.　次の研究では，有給の育児休業制度がある大学に終身在職権を目指す前提で採用されていて，2歳未満の子どもがいる既婚教員181人を調べた．それによると，女性の69%は育児休業を取得しているが，男性は12%どまりだ．Steven E. Rhoads and Christopher H. Rhoads, "Gender Roles and Infant/Toddler Care: Male and Female Professors on the Tenure Track," *Journal of Social, Evolutionary, and Cultural Psychology* 6 (2012): 13-31. 次の研究によれば，アメリカ中西部のある研究大学では育児休業を取得した教員は給料が

Paola Sapienza, and Luigi Zingales, "How Stereotypes Impair Women's Careers in Science," *Proceedings of the National Academy of Sciences USA* 111 (2014): 4403-4408.

＊7　Laurie A. Rudman, "Self-Promotion as a Risk Factor for Women: The Costs and Benefits of Counterstereotypical Impression Management," *Journal of Personality and Social Psychology* 74 (1998): 629-645; Laurie A. Rudman and Peter Glick, "Feminized Management and Backlash toward Agentic Women: The Hidden Costs to Women of a Kinder, Gentler Image of Middle Managers," *Journal of Personality and Social Psychology* 77 (1999): 1004-1010; Madeline E. Heilman, Aaron S. Wallen, Daniella Fuchs, and Melinda M. Tamkins, "Penalties for Success: Reactions to Women Who Succeed at Male Gender-Typed Tasks," *Journal of Applied Psychology* 89 (2004): 416-427; Alice H. Eagly and Linda L. Carli, *Through the Labyrinth: The Truth about How Women Become Leaders* (Boston: Harvard Business Review Press, 2007); Amy J. C. Cuddy, Susan T. Fiske, and Peter Glick, "When Professionals Become Mothers, Warmth Doesn't Cut the Ice," *Journal of Social Issues* 60 (2004): 701-718.

＊8　ジェンダーに関するフィールド実験（「監査調査」「コレスポンデンス調査」とも呼ばれる）とその手法に対する批判に関しては，次を参照．Ghazala Azmat and Barbara Petrongolo, "Gender and the Labor Market: What Have We Learned from Field and Lab Experiments?" (CEP Occasional Paper, Centre for Economic Performance, LSE, 2014), https://ideas.repec.org/p/cep/cepops/40.html；人種偏見に関するデータ（監査調査に基づく）については，たとえば次を参照．Devah Pager, Bruce Western, and Bart Bonikowski, "Discrimination in a Low-Wage Labor Market: A Field Experiment," *American Sociological Review* 74 (2009): 777-799.

＊9　『アンダーソン・クーパー360度』の当該部分については，次を参照．http://ac360.blogs.cnn.com/2013/03/12/how-are-powerful-women-perceived/; Wendy M. Williams and Stephen J. Ceci, "National Hiring Experiments Reveal 2:1 Faculty Preference for Women on STEM Tenure Track," *Proceedings of the National Academy of Sciences USA* 112 (2015): 5360-5365.

＊10　Eagly and Carli, *Through the Labyrinth*; Marianne Bertrand and Kevin Hallock, "The Gender Gap in Top Corporate Jobs," *Industrial and Labor Relations Review* 55 (2001): 3-21; Francine Blau and Jed DeVaro, "New Evidence on Gender Differences in Promotion Rates: An Empirical Analysis of a Sample of New Hires," *Industrial Relations* 46 (2007): 511-550. 次のウェブサイトに掲載されている報告書も参照．http://womenintheworkplace.com/.

＊11　Ina Ganguli, Ricardo Hausmann, and Martina Viarengo, "Gender Differences in Professional Career Dynamics: New Evidence from a Global Law Firm" (Working Paper, Harvard University).

＊12　M. Ena Inesi and Daniel M. Cable, "When Accomplishments Come Back to Haunt You: The Negative Effect of Competence Signals on Women's Performance Evaluations," *Personnel Psychology* 68 (2014): 615-657；初期のレビュー論文には，次のものがある．Robert L. Dipboye, "Some Neglected Variables in Research on Discrimination in Appraisals," *Academy of Management Review* 10 (1985): 116-127.

＊13　Kim M. Elsesser and Janet Lever, "Does Gender Bias against Female Leaders Persist? Quantitative and Qualitative Data from a Large-Scale Survey," *Human Relations* 64 (2011): 1555-

E. Beall, and Robert Sternberg, *The Psychology of Gender, Second Edition* (New York: The Guilford Press, 2005); Madeline E. Heilman and Elizabeth Parks-Stamm, "Gender Stereotypes in the Workplace: Obstacles to Women's Career Progress," in *Social Psychology of Gender*, vol. 24, *Advances in Group Processes* (Emerald Group Publishing Limited, 2007), 47-77; Victoria L. Brescoll and Eric Luis Uhlmann, "Can an Angry Woman Get Ahead? Status Conferral, Gender, and Expression of Emotion in the Workplace," *Psychological Science* 19, no. 3 (2008): 268-275.

*3 Robert W. Livingston, Ashleigh Shelby Rosette, and Ella F. Washington, "Can an Agentic Black Woman Get Ahead? The Impact of Race and Interpersonal Dominance on Perceptions of Female Leaders," *Psychological Science* 23, no. 4 (2012): 354-358; Robert W. Livingston and Nicholas A. Pearce, "The Teddy-Bear Effect: Does Having a Baby Face Benefit Black Chief Executive Officers?" *Psychological Science* 20, no. 10 (2009): 1229-1236；いわゆる「怒れる黒人女性」のステレオタイプに関して，より広範な議論は，次を参照．Melissa V. Harris-Perry, *Sister Citizen: Shame, Stereotypes, and Black Women in America* (New Haven: Yale University Press, 2013). アジア系，中南米系，先住民系のアメリカ人などの場合，ジェンダーと人種という２つのアイデンティティが単純に累積するだけなのか，２つの要素が互いに作用し合うのかという議論については，次を参照．Valerie Purdie-Vaughns and Richard P. Eibach, "Intersectional Invisibility: The Distinctive Advantages and Disadvantages of Multiple Subordinate-Group Identities," *Sex Roles* 59 (2008): 377-391；ジェンダー面の人物像に関しては，次を参照．Adam D. Galinsky, Erika V. Hall, and Amy J. C. Cuddy, "Gendered Races Implications for Interracial Marriage, Leadership Selection, and Athletic Participation," *Psychological Science* 24, no. 4 (2013): 498-506; Erika V. Hall, Adam D. Galinsky, and Katherine W. Phillips, "Gender Profiling: A Gendered Race Perspective on Person-Position Fit," *Personality and Social Psychology Bulletin* 41, no. 6 (2015): 853-868.

*4 Amy J. C. Cuddy, Susan T. Fiske, Virginia S. Y. Kwan, Peter Glick, Stéphanie Demoulin, Jacques-Philippe Leyens, Michael Harris Bond, Jean-Claude Croizet, Naomi Ellemers, Ed Sleebos, Tin Tin Htun, Hyun-Jeong Kim, Greg Maio, Judi Perry, Kristina Petkova, Valery Todorov, Rosa Rodríguez-Bailón, Elena Morales, Miguel Moya, Marisol Palacios, Vanessa Smith, Rolando Perez, Jorge Vala, and Rene Ziegler, "Stereotype Content Model across Cultures: Towards Universal Similarities and Some Differences," *British Journal of Social Psychology* 48, no. 1 (2009): 1-33; Amy J. C. Cuddy, Elizabeth Baily Wolf, Peter Glick, Susan Crotty, Jihye Chong, and Michael I. Norton, "Men as Cultural Ideals: Cultural Values Moderate Gender Stereotype Content," *Journal of Personality and Social Psychology* 109, no. 4 (2015): 622-635.

*5 Katherine L. Milkman, Modupe Akinola, and Dolly Chugh, "What Happens Before? A Field Experiment Exploring How Pay and Representation Differentially Shape Bias on the Pathway into Organizations," *Journal of Applied Psychology* 100, no. 6 (2015): 1678-1712.

*6 科学系の大学教員がいだくバイアスについては，次を参照．Corinne A. Moss-Racusin, John F. Dovidio, Victoria L. Brescoll, Mark J. Graham, and Jo Handelsman, "Science Faculty's Subtle Gender Biases Favor Male Students," *Proceedings of the National Academy of Sciences USA* 109 (2012): 16474-16479；数学力に対する評価とバイアスの関係については，次を参照．Ernesto Reuben,

*11　Marie Vlachová and Lea Biason, eds., "Women in an Insecure World: Violence against Women, Facts, Figures and Analysis（Geneva Center for the Demographic Control of Armed Forces, UNICEF, September 2005）, http://www.unicef.org/emerg/files/women_insecure_world.pdf; "The Worldwide War on Baby Girls," *Economist*, March 4, 2010, http://www.economist.com/node/15636231; Rohini Pande, "Keeping Women Safe," *Harvard Magazine*, September 8, 2015, http://harvardmagazine.com/2015/01/keeping-women-safe; Nicholas D. Kristof and Sheryl WuDunn, "The Women's Crusade," *New York Times*, August 17, 2009, http://www.nytimes.com/2009/08/23/magazine/23Women-t.html; Valerie M. Hudson and Andrea M. den Boer, *Bare Branches: The Security Implications of Asia's Surplus Male Population*（Cambridge: MIT Press, 2005）.

*12　Robert Jensen, "Do Labor Market Opportunities Affect Young Women's Work and Family Decisions? Experimental Evidence from India," *Quarterly Journal of Economics* 127（2012）: 753-792.

*13　ジェンダーのステレオタイプを変える取り組みに関する研究を集約した論文は，以下のように指摘している．私も同じ意見だ．「男性のステレオタイプだけを変えようとした研究が不足しているため，どのくらい介入による影響を受けやすいかに男性のステレオタイプと女性のステレオタイプで違いがあるのかを結論づけることは，現時点では不可能だ」. Alison P. Lenton, Martin Bruder, and Constantine Sedikides, "A Meta-analysis on the Malleability of Automatic Gender Stereotypes," *Psychology of Women Quarterly* 33（2009）: 183-196. 後れを取る男性たちについては，次を参照. "The Weaker Sex," *Economist*, March 7, 2015, http://www.economist.com/news/international/21645759-boys-are-being-outclassed-girls-both-school-and-university-and-gap; "Nature plus Nurture," *Economist*, March 7, 2015, http://www.economist.com/news/leaders/21645734-girls-do-better-boys-school-and-university-both-can-still-improvesometimes; "The Weaker Sex," *Economist*, May 30, 2015, http://www.economist.com/news/leaders/21652323-blue-collar-men-rich-countries-are-trouble-they-must-learn-adapt-weaker-sex. 引用個所は p. 9.

*14　Richard F. Martell, David M. Lane, and Cynthia Emrich, "Male-Female Differences: A Computer Simulation," *American Psychologist* 51（1996）: 157-158.

*15　Sheryl Sandberg, *Lean In: Women, Work, and the Will to Lead*（New York: Knopf, 2013）［『LEAN IN（リーン・イン）――女性，仕事，リーダーへの意欲』（日本経済新聞出版社）］.

*16　私はクレディ・スイスの社外取締役を務めている．

第Ⅰ部　問題

第1章　無意識のバイアスはいたるところに潜んでいる

*1　Kathleen L. McGinn and Nicole Tempest, "Heidi Roizen"（Harvard Business School Case Collection, January 2000, Revised April 2010）, http://www.hbs.edu/faculty/Pages/item.aspx?num=26880.

*2　たとえば，次を参照. Laurie A. Rudman and Peter Glick, "Prescriptive Gender Stereotypes and Backlash Toward Agentic Women," *Journal of Social Issues* 57（2001）: 743-762; Alice H. Eagly, Anne

Søren Leth-Petersen, and Torben Heien Nielsen, "Active vs. Passive Decisions and Crowd-Out in Retirement Savings Accounts: Evidence from Denmark," *Quarterly Journal of Economics* 129 (2014): 1141-1219; Gregory M. Walton, "The New Science of Wise Psychological Interventions," *Psychological Science* 23 (2014): 73-82.

＊5　Pedro Bordalo, Katherine Coffman, Nicola Gennaioli, and Andrei Shleifer, "Stereotypes" (Working Paper, Harvard University, Cambridge, MA, May 2015), http://scholar.harvard.edu/shleifer/publications/stereotypes.

＊6　Chang-Tai Hsieh, Erik Hurst, Charles I. Jones, and Peter J. Kienow, "The Allocation of Talent and U.S. Economic Growth" (National Bureau of Economic Research [NBER] Working Paper, January 2013), http://www.nber.org/papers/w18693.

＊7　US Central Intelligence Agency, "Country Comparison: Total Fertility Rate," *The World Factbook*, https://www.cia.gov/library/publications/the-world-factbook/rankorder/2127rank.html.

＊8　Marc Teignier and David Cuberes, "Aggregate Costs of Gender Gaps in the Labor Market: A Quantitative Estimate" (Social Science Research Network [SSRN] Scholarly Paper, February 10, 2014), http://papers.ssrn.com/abstract=2405006; *Closing the Gender Gap: Act Now* (OECD Publishing, 2012), http://www.oecd-ilibrary.org/social-issues-migration-health/close-the-gender-gap-now_9789264179370-en; Groundbreakers (Ernst & Young, 2009), www.ey.com; "The Economic Power of Women's Empowerment, Keynote Speech by Christine Lagarde, Managing Director, International Monetary Fund" (International Monetary Fund, September 8, 2015), https://www.imf.org/external/np/speeches/2014/091214.htm; Stephen J. Ceci, Donna K. Ginther, Shulamit Kahn, and Wendy M. Williams, "Women in Academic Science: A Changing Landscape," *Psychological Science in the Public Interest* 15 (2014): 75-141; Ina Ganguli, Ricardo Hausmann, and Martina Viarengo, "Closing the Gender Gap in Education: What Is the State of Gaps in Labour Force Participation for Women, Wives and Mothers?" *International Labour Review* 153, no. 2 (2014): 173-207.

＊9　Esther Duflo and Christopher Udry, "Intrahousehold Resource Allocation in Cote d'Ivoire: Social Norms, Separate Accounts and Consumption Choices" (NBER Working Paper, May 2004), http://www.nber.org/papers/w10498; Anita Williams Woolley, Christopher F. Chabris, Alex Pentland, Nada Hashmi, and Thomas W. Malone, "Evidence for a Collective Intelligence Factor in the Performance of Human Groups," *Science* 330 (2010): 686-688.

＊10　この点に関する優れた議論は，次を参照．Esther Duflo, "Women Empowerment and Economic Development," *Journal of Economic Literature* 50 (2012): 1051-1079. マクロレベルの分析はほとんどの場合，女性のエンパワーメントと経済発展の相関関係の強さを明らかにしようとするが，因果関係をはっきりさせることはできない．一方，ミクロレベルのデータは，たいてい実験に基づいており，因果推論を導き出すことができるが，その分析をどこまで一般化できるのかという問題がついて回る．ジェンダーの平等と経済発展の間に強い関連があることは明らかだが，経済が発展すればおのずと女性のエンパワーメントが進むとは言えないし，女性のエンパワーメントが進みさえすれば経済が発展するとも言えない．

注

※掲載のリンクは2016年時点のものである

序章　行動デザインの力

*1　Claudia Goldin and Cecilia Rouse, "Orchestrating Impartiality: The Impact of 'Blind' Auditions on Female Musicians," *American Economic Review* 90（2000）: 715-741. アメリカの予算規模上位10のオーケストラでは，2004年から13年にかけて，女性音楽家の割合が緩やかに上昇している．アジア系の割合は目覚ましく増えており，アフリカ系アメリカ人と中南米系アメリカ人の割合は1～2％程度で変わっていない．このデータは，次の資料による（未公刊データ．許諾を受けて引用）．League of American Orchestras, 2015: *Orchestra Statistical Report, Fiscal Years 2004-2013*（Anisha Asundi Diversity Request 2004-2013）, League of American Orchestras, New York City. 次の議論も参照. Jutta Allmendinger, J. Richard Hackman, and Erin V. Lehman, "Life and Work in Symphony Orchestras," *Musical Quarterly* 80, no. 2（1996）: 194-219; "Vienna Philharmonic's Conservatism Has Exposed It to Unsettling Truths," *Guardian*, March 11, 2013, sec. Music, http://www.theguardian.com/music/2013/mar/11/vienna-philharmonic-history.

*2　Chia-Jung Tsay, "Sight over Sound in the Judgment of Music Performance," *Proceedings of the National Academy of Sciences USA* 110, no. 36（2013）: 14580-14585.

*3　Shai Danziger, Jonathan Levav, and Liora Avnaim-Pesso, "Extraneous Factors in Judicial Decisions," *Proceedings of the National Academy of Sciences USA* 108（2011）: 6889-6892; Keren Weinshall-Margel and John Shapard, "Overlooked Factors in the Analysis of Parole Decisions," *Proceedings of the National Academy of Sciences USA* 108（2011）: E833; Shai Danziger, Jonathan Levav, and Liora Avnaim-Pesso, "Extraneous Factors in Judicial Decisions Persist," *Proceedings of the National Academy of Sciences USA* 108（2011）: E834. さまざまな分野で，面接などを受ける順序が評価に影響する場合があることもわかっている．音楽コンクールの場合もそうだ．意外なことに，最初にパフォーマンスを披露すると不利になるらしい．Victor A. Ginsburgh and Jan C. van Ours, "Expert Opinion and Compensation: Evidence from a Musical Competition," *American Economic Review* 93, no. 1（2003）: 289-296.

*4　Richard H. Thaler and Cass R. Sunstein, *Nudge: Improving Decisions About Health, Wealth, and Happiness*, revised and expanded edition（New York: Penguin Books, 2009）［旧版の邦訳は『実践行動経済学――健康，富，幸福への聡明な選択』（日経BP社）］; Raj Chetty, John N. Friedman,

【ワ行】

【ABC】

【マ行】

【ヤ行】

【ラ行】

【ナ行】

【ハ行】

【タ行】

【カ行】

索 引

[著者]
イリス・ボネット（Iris Bohnet）
スイス生まれの行動経済学者。ハーバード大学ケネディ行政大学院（通称「ケネディスクール」）教授（2011〜14年は学部長）。専門はジェンダー・異文化間の平等を実現するための行動デザイン。同大学院「女性と公共政策プログラム」所長、「行動インサイト・グループ」共同座長、「ハーバード意思決定科学研究所」副所長等を務めるほか、世界経済フォーラム「行動科学に関するグローバル未来会議」の共同議長、クレディ・スイス・グループの社外取締役等も歴任。本書は「女性と公共政策プログラム」の10年間の研究成果であり、エビデンスに基づくジェンダー・ギャップ解決策を示した書として、フィナンシャル・タイムズ／マッキンゼーの年間最優秀ビジネス書（2016）の最終候補に選ばれている。

[訳者]
池村千秋（いけむら・ちあき）
翻訳者。訳書に『LIFE SHIFT』（L.グラットン、A.スコット）、『大停滞』『大格差』（T.コーエン）、『倫理の死角』（M.H.ベイザーマン、A.E.テンブランセル）、『年収は「住むところ」で決まる』（E.モレッティ）、『ベーシックインカムへの道』（G.スタンディング）等がある。

[解説者]
大竹文雄（おおたけ・ふみお）
大阪大学大学院経済学研究科教授。専門は労働経済学・行動経済学。NHK Eテレの経済番組「オイコノミア」講師を務め、経済学的思考をわかりやすく伝える手法で人気を博す。主な著書に『日本の不平等』（サントリー学芸賞、日経・経済図書文化賞、エコノミスト賞）、『経済学的思考のセンス』『競争と公平感』『競争社会の歩き方』他多数。

WORK DESIGN——行動経済学でジェンダー格差を克服する

2018年7月6日　初版第1刷発行
2021年5月25日　初版第8刷発行

著　者　イリス・ボネット
訳　者　池村千秋
解説者　大竹文雄

発行者　長谷部敏治

発行所　NTT出版株式会社
〒108-0023 東京都港区芝浦3-4-1 グランパークタワー
営業担当　TEL 03(5434)1010　FAX 03(5434)0909
編集担当　TEL 03(5434)1001
https://www.nttpub.co.jp

装　幀　小口翔平＋三森健太（tobufune）

印刷・製本　精文堂印刷株式会社

Printed in Japan
ISBN 978-4-7571-2359-5　C0033
乱丁・落丁はお取り替えいたします
定価はカバーに表示してあります